高等学校大数据技术与应用规划教材

大数据时代管理信息系统

周　苏　王硕苹　主编

内 容 简 介

本书是为“管理信息系统”课程编写的理论知识与实验练习相结合的教材。

本书以信息技术发展为背景，把大数据时代、信息时代管理信息系统的概念、理论知识与技术融入实践当中，从而加深学生对该课程的认识和理解。全书内容包含了管理信息系统知识的各个方面，内容涉及大数据与信息管理、大数据商业规则、大数据时代思维变革、现代商务动力、信息系统技术基础、数据库与数据存储、数据挖掘与大数据分析、决策支持与人工智能、信息系统开发技术、信息系统安全管理、发展与展望等，并给出了 10 个实验与思考和 1 个课程实验总结，以帮助读者加深对教材中所介绍内容的理解。

本书适合作为高等学校信息管理、经济管理、电子商务类专业的教材，也可作为其他相关专业的参考用书。

图书在版编目（CIP）数据

大数据时代管理信息系统 / 周苏，王硕苹主编. —北京：中国铁道出版社，2017.1（2018.7 重印）
高等学校大数据技术与应用规划教材
ISBN 978-7-113-22444-8

Ⅰ. ①大… Ⅱ. ①周… ②王… Ⅲ. ①管理信息系统－高等学校－教材 Ⅳ. ①C931.6

中国版本图书馆 CIP 数据核字（2016）第 257328 号

书　　名：大数据时代管理信息系统
作　　者：周　苏　王硕苹　主编

策　　划：刘丽丽　周海燕　　**读者热线：**（010）63550836
责任编辑：周海燕　彭立辉
封面设计：穆　丽
责任校对：汤淑梅
责任印制：郭向伟

出版发行：中国铁道出版社（100054，北京市西城区右安门西街 8 号）
网　　址：http://www.tdpress.com/51eds/
印　　刷：三河市兴达印务有限公司
版　　次：2017 年 1 月第 1 版　　2018 年 7 月第 2 次印刷
开　　本：787 mm×1 092 mm　1/16　**印张：**17.5　**字数：**380 千
书　　号：ISBN 978-7-113-22444-8
定　　价：46.00 元

前　言

大数据（Big Data）的力量，正在积极地影响着社会的方方面面，冲击着社会的各个行业，同时也正在改变人们的学习和日常生活，包括人们的教育方式、生活方式、工作方式。大数据时代的到来赋予了管理信息系统这门传统课程以全新的意义。

随着全社会计算机应用水平的提高，对大学相关专业的管理信息系统课程提出了发展和提高的要求。本书是以大数据时代、信息时代为背景的全新的“管理信息系统”课程教材。全书以信息技术发展为背景，把大数据时代、信息时代管理信息系统更深入的概念、理论知识与技术融入实践当中，从而帮助学生加深对该课程的认识和理解，切实提高学生管理信息系统的知识和应用水平。全书内容包含了管理信息系统的各个方面，涉及大数据与信息管理、大数据商业规则、大数据时代思维变革、现代商务动力、信息系统技术基础、数据库与数据存储、数据挖掘与大数据分析、决策支持与人工智能、信息系统开发技术、信息系统安全管理、发展与展望等，并给出了10个实验与思考和1个课程实验总结，以帮助读者加深对教材中所介绍内容的理解，熟练掌握管理信息系统的应用与技巧。

本书涉及的每个实验均有“实验总结”和“教师评价”部分，全书最后的课程实验总结还设计了“课程学习能力测评”等内容，希望以此方便师生交流对学科知识、实验内容的理解与体会，以及对学生学习情况进行必要的评估。

本书的教学进度设计见“教学进度表”，实际执行时，应按照教学大纲编排教学进度，按照校历考虑本学期节假日安排，实际确定本课程的教学进度。

本课程的教学评测可以从以下几方面入手：

（1）每周延伸阅读、实验与思考（10次）。

（2）课程实验总结（第11章）。

（3）结合平时考勤。

（4）任课老师认为必要的其他考核方法。

与本书配套的教学PPT课件可从中国铁道出版社网站（www.51eds.com)下载，欢迎教师与作者交流并索取相关资料。作者联系方式：zhousu@qq.com，QQ81505050，个人博客 http://blog.sina.com.cn/zhousu58。

本书的编写得到了浙江大学城市学院、浙江商业职业技术学院、温州安防职业技术学院等多所院校师生的支持，孙曙迎、何洁、阚晓初、王文、张丽娜等参与了本书的部分编写工作，在此一并表示感谢。

由于信息技术发展日新月异，加之编者水平有限，书中疏漏与不妥之处在所难免，欢迎广大读者批评指正。

周　苏

2016年盛夏于西子湖畔

教学进度表

（__________学年第____学期）

课程号：______ 课程名称：大数据时代管理信息系统 学分：3 周学时：4

总学时：68 （其中理论学时：34 实践学时：34）

主讲教师：__________

序号	校历周次	章 节	学时	教学方法	课后作业布置
1	1	第 1 章 大数据与信息管理	2	课堂教学 延伸阅读	实验与思考
2	2	第 1 章 大数据与信息管理	2		实验与思考
3	3	第 2 章 大数据商业规则	2		实验与思考
4	4	第 3 章 大数据时代思维变革	2		实验与思考
5	5	第 3 章 大数据时代思维变革	2		
6	6	第 4 章 现代商务动力	2		实验与思考
7	7	第 4 章 现代商务动力	2		
8	8	第 5 章 信息系统技术基础	2		实验与思考
9	9	第 5 章 信息系统技术基础	2		
10	10	第 6 章 数据库与数据存储	2		实验与思考
11	11	第 7 章 数据挖掘与大数据分析	2		实验与思考
12	12	第 7 章 数据挖掘与大数据分析	2		
13	13	第 8 章 决策支持与人工智能	2		实验与思考
14	14	第 8 章 决策支持与人工智能	2		
15	15	第 9 章 信息系统开发技术	2		实验与思考
16	16	第 10 章 信息系统安全管理	2		实验与思考
17	17	第 11 章 发展与展望	2		课程实验总结

填表人（签字）： 日期：

系（教研室）主任（签字）： 日期：

目 录

第 7 章 数据挖掘与大数据分析 141

第 8 章 决策支持与人工智能 172

第 1 章 大数据与信息管理

我们正处在一个信息时代，这是一个知识成为生产力的时代。今天，人们正在比以往更多地利用信息，引进并更好地利用 IT 技术来创造、获得竞争优势。这里所说的 IT 技术，是一组加工信息的工具，而竞争优势实际上有赖于人们对 IT 技术的态度以及如何使用 IT 技术。

所谓大数据，狭义上可以定义为：难以用现有的一般技术管理的大量数据的集合。对大量数据进行分析，并从中获得有用观点，这种做法在一部分研究机构和大企业中，过去就已经存在了。现在的大数据和过去相比，主要有三点区别：第一，随着社交媒体和传感器网络等的发展，在我们身边产生出大量且多样的数据；第二，随着硬件和软件技术的发展，数据的存储、处理成本大幅下降；第三，随着云计算的兴起，大数据的存储、处理环境已经没有必要自行搭建。

1.1 信息时代与信息资源

首先，将信息技术和管理信息系统做如下定义：

信息技术（Information Technology，IT）：指各种以计算机为基础的工具，人们用它来加工信息，并支持组织的信息需求和信息处理任务。

管理信息系统（Management Information System，MIS）：涉及系统的规划、开发、管理和信息技术工具的运用，其目的是帮助人们完成与信息处理和信息管理相关的一切任务。

如今，每个组织都需要人、信息和信息技术这 3 种重要资源（以及许多其他资源，例如资本）来有效地在市场中投入竞争。实际上，人和信息，而不是技术，才是管理信息系统中最重要的资源。管理信息系统涉及信息、信息技术和人这 3 种重要的组织资源的协调和运用。

1.1.1 信息时代

人们常用最具代表性的生产工具来代表一个历史时期，人类文明的发展经历了石器时代、青铜时代、铁器时代、蒸汽时代、电气时代、原子时代等。用这种思维模式来观察 20 世纪可以看到，在近 100 年里，人类从电气时代走进了信息时代。

所谓信息时代（又称信息化时代），简单地说，就是信息产生价值的时代。信息化是当今时代发展的大趋势，代表着先进生产力。关于信息时代的时间跨度，欧美国家及其他发达国家的概念是从 1969 年至未来，在我国及部分发展中国家则指的是从 1984 年至未来，比欧美大约晚了 15 年。

20 世纪四五十年代，计算机的出现和逐步普及，把信息对整个社会的影响提高到重要的地位。信息量、信息传播的速度、信息处理的速度以及应用信息的程度等都以几何级数的方式在增长，人类社会进入了信息时代。

这一时期人类所取得的重大突破如下：

1945 年，第一部电子计算机（见图 1-1）投入使用。

图 1-1　第一台电子计算机 ENIAC

1957 年，第一颗人造卫星由苏联发射升空，开辟了航天时代。

1961 年，苏联进行了人类第一次无人驾驶的宇宙飞船登月试验，并取得成功。

1969 年，美国阿波罗号飞船使人类第一次在月球上留下足迹，如图 1-2 所示。

图 1-2　阿波罗号飞船飞上月球

1983 年，第一个机器人在联邦德国大众汽车股份公司投入服务。

1989 年，互联网首先在美国出现，全新的网络经济从此迅猛发展。

1.1.2　信息资源

在信息时代，知识来源于人们能及时获取信息并知道该用它做什么。

1. 数据、信息和商务智能

所谓数据，是指那些未经加工的事实，是对一种特定现象的描述。例如，当前的温度、影碟出租的价格以及人的年龄等，这些都是数据。而信息是指在特定背景下具有特定含义的简单数据。例如，假设你要决定穿什么衣服，当前的温度就是信息，因为它正好与你即将做出的决定（穿什么）相关。

信息可以是那些经过某种方式加工或以更具意义的形式提供的数据。例如，在企业中，影碟出租的价格对于一个销售人员来说可能是信息，而对于一个负责确定月末净利润的会计而言，它可能就只代表数据。

商务智能就是信息，但它又是一种知识——有关你的客户、竞争对手、商业合作伙伴、竞争环境以及内部运作的知识，它使你有能力做出有效的、重大的，通常也是战略上的商业决策。商务智能使组织能够发掘出信息的真实价值，从而采取创造性和有利的步骤来获取竞争优势。因此，商务智能不只是产品目录。它能将产品信息及其广告策略信息以及客户统计信息结合起来，从而帮助人们确定不同的广告媒介对于按地域划分的客户群的有效性。

2. 信息的个人维度

为了运用信息去工作，并且把信息作为一种产品来生产，可以从信息的 3 个维度——时间、空间和形式来确定人们对信息的需要，如图 1-3 所示。

（1）时间维度。信息的时间维度包括两方面：

① 在人们需要时及时获得信息。

② 所得到的信息与人们正要做的事情相关。

就像组织中的许多资源一样，信息也会变得陈旧和过时。例如，若想今天进行股票交易，就需要知道现在的股票价格，如果你的股票价格信息总是滞后，你就会被市场淘汰。因此，只有描述了适当时期的信息才是有用和相关的。

（2）空间维度。得不到的信息对人们来说就是无用的。信息的空间维度阐述了信息的便利性，即不管人们在哪里，都能够获得信息。信息的空间维度与计算机和智能手机是紧密相关的。

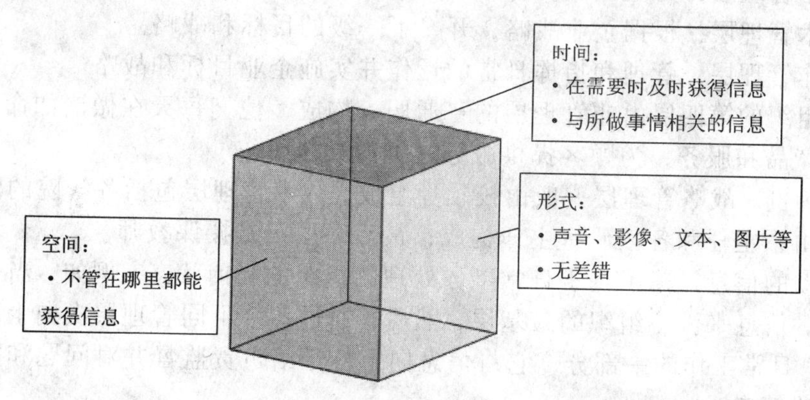

图 1-3　信息的个人维度

为员工提供远程接入时，为了保证信息的安全性和保密性，许多企业都建立了内部网。内部网是一种组织内部的网络，它能通过特殊的安全装置——防火墙（由软件、硬件或二者结合构成）防御来自外部的访问。因此，如果人们所在的企业拥有内部网，那么在办公室以外的任何地方都可以上网获取信息，只需要具备网络浏览器软件以及通过防火墙的密码。

（3）形式维度。信息的形式维度包括两方面：一是以最适当的形式——声音、文本、影像、动画、图像等——提供的信息；二是信息的准确性，即人们需要的是无差错的信息。

3．信息的组织维度

信息的组织维度包括信息的流动、信息的粒度、信息描述的内容以及信息是如何被使用的（被用作事务处理或信息分析处理）等内容。

大多数人把传统组织信息流和信息粒度的结构看成是一个多边四层的金字塔，如图 1-4 所示。组织中的信息面向 4 个方向流动，即向上、向下、水平和向内/向外。

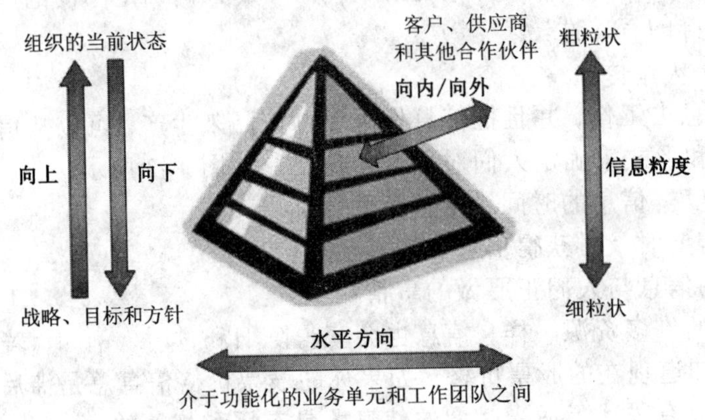

图 1-4　信息流和信息粒度的结构

组织结构从上到下的层次分别是：

（1）战略管理层：为组织提供整体的方向和指导。

（2）战术管理层：根据企业战略，开发下一级的目标和战略。

（3）运作管理层：管理和指挥日常的运作并实施企业目标和战略。

最后，组织的第四层由非管理层的普通职工构成，他们每天在做诸如命令处理，开发并生产产品和服务，为顾客提供服务之类的具体工作。

以学校为例，战略管理层一般由校领导组成，战术管理层包括各学院的院长，运作管理层则由系主任和各教研室主任构成；最后一层则是授课教师。

向上流动的信息描述了基于日常事务处理的组织的当前状态。例如，当一项销售活动发生时，信息来源于组织的最基层，然后，通过各个不同管理层次向上流动。信息收集是 IT 日常工作的一部分，它将信息向上传送给负责监督并对问题和机遇做出相应对策的决策者。

向下流动的信息包括战略、目标和指令，许多组织利用协同技术和系统共享并传递这类信息。

信息水平流动或者水平流动的信息是介于各职能业务部门和工作小组之间的。例如，学校各个系都要进行课程安排，这些信息会水平流向教务部门，然后形成全校的课程安排表（在网上学生可以随时随处获得它），而且协同技术和系统也支持信息的水平流动。

最后，向外/向内流动的信息包括与顾客、供应商、经销商和其他商业伙伴交流的信息。这些信息流才是电子商务的实质。如今所有组织都不是孤立的，必须确保自己的组织拥有与外界所有商业伙伴沟通的信息技术工具。

（1）信息粒度。图 1-4 说明了信息的另一个组织维度——粒度。信息粒度指的是信息详尽的程度。信息粒度由粗到细，粗粒度信息是指高度概括的信息，而细粒度信息则是非常具体的信息。组织中最高层处理的都是粗粒度信息，如年销售量；而组织的最低层需要的则是细粒度信息。以销售为例，非管理层需要的是描述每笔交易的具体信息——交易发生的时间、现金支付还是信用卡支付、销售人员是谁、顾客是谁等。

因此，组织最低层产生的交易信息（细粒度）在信息的向上流动过程中相互整合，从而具有粗粒状特征。

（2）信息描述的内容。信息的另一个组织维度是信息所描述的内容。信息有可能是内部的或外部的、客观的或主观的，也可能是几者兼而有之。

① 内部信息主要描述组织中特定业务的内容。

② 外部信息描述了组织周围的环境。

③ 客观信息定量地描述了已被人们所知的事物。

④ 主观信息则试图描述当前还不为人所知的事物。

1.1.3 人资源

任何组织中最重要的资源就是人。人（知识工作者）订立目标、执行任务并服务于顾客。特别是 IT 专家，他们还为组织提供了一个稳定可靠的技术环境，使组织能平稳运作并在市场中获得竞争优势。

1. 精通信息和技术

在企业中，最有价值的财产不是技术，而是人的头脑。IT 是一种能帮助人们加工处理信息的工具，但它只能在人的大脑支配下工作。例如，电子制表软件能帮助人们快速生成一张高质量图表，但它既无法告诉操作者该建立条形图还是饼状图，也不能帮助决策者决定是采用区域销售还是人员销售，这些都是需要人来完成的任务。这也正是在经济管理类专业中包括人力资源管理、会计学、金融学、市场营销学和生产运作管理等课程的原因所在。

尽管如此，技术对人们来说也是一个相当重要的工具。技术能提高人的工作效率，帮助人们更好地理解问题、剖析机会。因此，学习如何运用技术十分重要。同样，理解所处理的信息也相当重要。

一个精通技术的知识工作者懂得如何运用技术以及何时运用技术，即懂得应该购买什么技术，如何开发利用应用软件的优点，以及把各个企业连接起来需要怎样的技术基础等。

精通信息的知识工作者应当做到：

（1）确定自己的信息需求。

（2）知道如何获得信息以及在哪里获得信息。

（3）理解信息的含义（例如，将信息转变为商务智能）。

（4）能够在信息的基础上采取适当的行动，以帮助组织获取最大利益。

2. 人的社会责任感

作为一名精通技术与信息的知识工作者，不仅要学会如何运用技术和信息来为组织获取利益，同时还必须认识到自己的社会责任：这就是道德的重要性所在。道德是一系列帮助指导人的行为、行动和选择的原则或标准。道德同法律的影响一样，但道德又不同于法律，法律会明确要求或禁止人们的某些行为，而道德则更多的是对个人或文化的诠释。因此，一项决策或行动可能的结果或期望的结果对不同的人来说可能会有对有错。所以，道德方面的决策是复杂的，如图 1–5 所示。

图 1–5 由 4 个象限组成，对于一项行为，在道德方面所做决定的复杂度位于第 III 象限(合法但违背道德)。我们希望总能处于象限 I。如果人们的所有行为都保持在该象限，就说明既遵守了法律又是合乎道德的，因此这是一种向社会负责的方式。由于人们可以更加方便、快捷地获取、发送和使用信息，所以技术增加了社会中道德的复杂度。

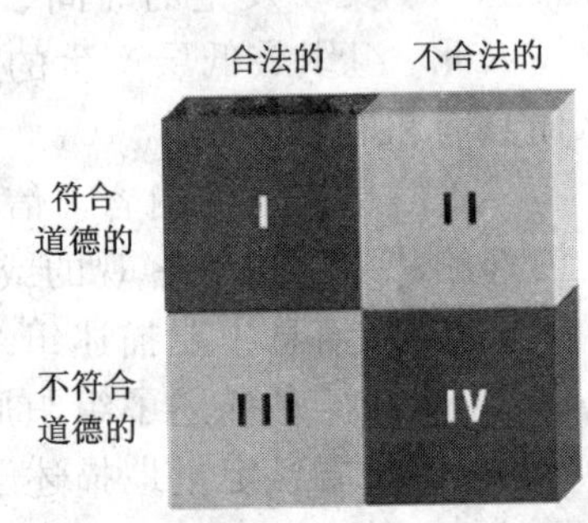

图 1–5　判断行为是否符合道德和法律的四象限

对于保护个人和组织的网络资源的重要性，我们强调得还不够。在信息时代，作为一个富有社会责任感和道德责任感的人，不仅要约束好自己的行为，还会涉及其他人的行为，例如在面对计算机犯罪时如何保护自己。

1.1.4　信息技术

信息技术是管理信息系统中的第三种重要资源。信息技术（IT）是指各种以计算机为基础的工具，人们用它来加工信息，并支持组织的信息需求和信息处理任务。因此，IT 包括用来获取股票价格的智能电话、移动终端、个人计算机、组织间互相沟通的大型网络以及因特网。

1. 信息技术的主要类型

信息技术有两种基本类型：硬件和软件。硬件通常是指组成计算机系统的物理设备；软件就是用来完成某个特定的任务，由计算机硬件执行的一系列指令。

（1）硬件。可以分为六类：输入设备、输出设备、存储设备、CPU（中央处理器）、RAM（随机存储器，即内存）、远程通信设备和连接设备。

① 输入设备是获取信息和指令的工具，包括键盘、鼠标、触摸屏、游戏杆、条形码阅读器和读卡器（用于读取信用卡及其他）。

② 输出设备是用来看、听或接收信息处理结果的工具，包括打印机、显示器和扬声器等。

③ 存储设备是用来存储信息以备日后使用的工具，包括硬盘、闪存和 DVD（数字化视频光盘）等。

④ CPU是解释并执行软件指令、协调其他硬件设备共同工作的硬件。

⑤ RAM是临时保存正在处理的信息和CPU当前需要的系统和应用软件指令的存储器。

⑥ 远程通信设备是用来与其他人或区域之间收发信息的工具。例如，上网使用的调制解调器就是一种远程通信设备。

⑦ 连接设备包括连接打印机的并行端口、打印机与并行端口之间的连接线和内部连接设备等。

（2）软件。分为三大类：应用软件、系统软件和工具软件。

① 应用软件是帮助用户解决特定问题或完成特定任务的软件。例如，Microsoft Word能帮助用户写学期论文，因此它是一种应用软件。

② 系统软件负责处理像技术管理与协调所有技术设备之间交互工作这类特定任务。系统软件包括操作系统软件和工具软件。操作系统软件是一种控制用户应用软件并管理硬件设备如何协调工作的系统软件。流行的个人操作系统软件包括 Microsoft Windows、Linux（开源操作系统）以及UNIX等。

③ 工具软件是一种能为客户操作系统提供附加功能的软件。工具软件包括防病毒软件、屏幕保护软件、加密软件等。

2. 普适计算

全球商业经济在任何时间、地点、地理范围，任何语言或文化下都持续运作。对于任何一个想成功的企业来说，都必须构建一个技术平台和基础构架，并以同样的方式运作。这就提出了普适计算这一观念。

普适计算是有关计算技术的一种观念，它强调通过技术，应该能在任何时间和任何地点工作，获取所需的组织内外的商业合作伙伴的信息。为支持这一观念，分布式计算、共享信息、移动计算就显得尤为重要。

（1）分布式计算是将计算功能分布到企业各职能部门和知识工作者的计算机上的一种环境。由于价格低廉、功能强大的小型系统（如智能手机、笔记本式计算机、台式计算机、小型计算机和服务器）的出现，分布式计算变得更加可行。技术架构也是十分重要的，如集成中间件可以使不同的计算机和网络彼此之间交流并共享信息。

（2）共享信息是指组织将信息放置在一个集中地点，允许任何人获取并使用的一种环境。例如，共享信息允许销售部门的员工获取在制品的制造信息，以确定产品何时能够发货。在学校，教务部门可以获取财政部门的信息，以确定通过奖学金或贷款某学生可以少付多少学费。为了支持共享信息，大多数企业都将信息保存在数据库中。事实上，数据库已成为企业组织信息并向所有人提供信息的标准。

（3）移动计算是一个广义的术语，它描述了使用技术进行无线连接以及使用集中式的地点信息和应用软件的能力。移动计算就是无线连接。例如，移动商务这一术语描述了利用移动电话、笔记本式计算机等无线设备进行的电子商务。利用这些无线设备，用户在飞机场候机时也能买卖股票、查看天气预报、下载音乐、阅读电子邮件等。如今的商业是全球化的，已经打破了地理界限。我们所需要的是，无论在哪里都能进行移动计算以及通过无线的方式获取信息及软件。

1.1.5 信息系统的管理角色——信息主管 CIO

信息系统的建设与应用，不仅能有效提高组织的效益，更重要的是能实现一种先进的管理理念和管理思想。而要达到这个目的，从管理者的角度出发，必须要有一个能够对信息系统资源进行合理组织和有效配置，把信息系统建设与组织经营管理的目标紧密结合起来的高层管理人员，这个管理角色就是信息主管（Chief Information Officer，CIO），其中文意思是“首席信息运营官”或“信息主管”。

1. CIO 的产生

事实上，CIO 这个职位是随着信息管理热潮的兴起而诞生的。20 世纪 80 年代起，为保证信息资源的充分开发和有效利用，人们对信息管理问题给予了高度重视。为了从组织机构上保证和加强联邦政府各部门的信息资源管理活动，美国政府要求各部门都要设立 CIO 这一职位，并委派副部长和部长助理级官员来担任此职，从较高层次上全面负责本部门信息资源的开发利用。

CIO 的出现有效地改善了美国政府部门宏观层次的信息资源管理，其成功经验促使一些大公司将这一职位连同其名称一起引入到企业管理中。1981 年，美国波士顿第一国民银行经理 William R. Synnott 和坎布里奇研究与规划公司经理 William H. Grube 两人在其著作《信息资源管理：20 世纪 80 年代的机会和战略》中强调了在企业中设立 CIO 的必要性，并首次给 CIO 下了一个明确的定义：“CIO 是负责制定公司的信息政策、标准、程序方法，并对全公司的信息资源进行管理和控制的高级行政管理人员。”之后，企业 CIO 开始出现在美国的一些大公司和企业集团里。由于设置合理、成效显著，其他企业也竞相效仿，并很快在美、日等发达国家普及开来。在西方工商企业界眼中，CIO 是一种新型的信息管理者。他们不同于一般的信息技术部门或信息中心的负责人，而是已经进入公司最高决策层，相当于副总裁或副总经理地位的重要官员。CIO 的产生，标志着现代企业管理从传统的人、财、物三要素管理走向了人、财、物、信息四要素管理的新阶段，从战略高度充分开发信息资源。科学管理信息资源和有效利用信息资源，已是现代企业能够在日益激烈的市场竞争中克敌制胜的公开的秘密。

2. CIO 在组织管理中的地位和作用

CIO 这个职位的地位随着信息技术在企业中的价值而提升。其实，CIO 的概念本身已经告诉人们，这个职位是那些重视把信息技术作为发展企业核心竞争力的企业才值得设立的。这些企业至少要在信息化方面做出战略发展的定位，以长远发展的眼光来规划和实现自己的信息化目标。在一个组织中，CIO 是全面负责信息工作的主管，但又不同于以往只是负责信息系统开发与运行管理的单纯技术型的信息部门经理。作为组织高级管理决策层的一员，CIO 直接向最高管理决策者负责，并与总裁或首席执政官（Chief Executive Officer，CEO）、财务主管（Chief Financial Officer，CFO）一起构成组织的“CEO-CFO-CIO 三驾马车”。换言之，CIO 是既懂信息技术又懂业务和管理，且身居要职的复合型人物。推动组织信息化的复杂性告诉人们，信息系统的实施应用往往是一把手工程，CIO 只有在成为 CEO 的左膀右臂时，才能协调信息技术与业务部门的合作，帮助企业提升信息化水平。

按照这个要求，CIO 的基本职能如下：

（1）参与高层管理决策，引导企业在信息社会中保持竞争优势。作为组织管理决策的核心人物，CIO 自然有权参与组织的高层管理决策活动，但 CIO 的参与具有其自身的特点，即运用自己掌握的信息资源武器帮助最高决策者制定组织发展的战略规划，通过充分有效地利用组织内外信息资源，寻求组织的竞争优势，或强化组织的竞争实力。同时，CIO 不应只是负责信息资源管理范围内的决策活动，还必须参与讨论组织发展的全局问题。为此，要求 CIO 必须对影响整个组织生存与发展的各方面问题都有相当全面和清楚的了解。

（2）发掘企业信息资源的战略价值。作为统管整个组织的信息资源的最高负责人，CIO 应该根据组织发展战略的需要，及时制定或修改组织的信息政策与信息活动规划，以实现行政管理的战略意图。

（3）管理组织的信息流程，规范组织信息管理的基础标准。作为信息管理专家，CIO 要主持拟定组织信息流程的大框架，建立信息管理的基础标准，如数据元素标准、信息分类代码标准、用户视图标准、概念数据库标准和逻辑数据库标准等，改造杂乱无章的数据环境。实践证明，一个组织只有以数据集成为基础，以总体数据规划为中心，面向信息流程进行应用系统开发，才能取得好的结果。

（4）负责组织的信息系统建设规划与管理。作为组织信息系统建设的直接领导者，CIO 对信息系统的开发计划、运行管理、安全管理、人员配备、经费预算等要进行宏观控制和协调，统筹考虑系统建设的硬件、软件和应用问题。此外，还要代表本单位与专业的信息系统开发者、技术设备提供商打交道，建立与技术服务商的“战略协作伙伴关系”，并根据组织的业务管理需要，对他们提出的信息技术“全套解决方案”进行审议。

（5）为组织经营管理提供有效的信息技术支持。管理和技术是当今组织发展的两大关键，管理问题相对而言是比较稳定的，而技术热点在迅速变化。作为信息专家，CIO 必须密切注意信息技术的发展变化，分析新技术对组织经营管理与竞争战略的影响，以便及时做出快速反应。

（6）评估信息技术的投资回报问题。面对眼花缭乱的信息技术，CIO 必须注意研究信息技术对企业的价值回报问题，在信息技术投入和组织管理效益之间寻求某种平衡。这是一个 CIO 能够在现代组织日趋激烈的技术竞争中立于不败之地的重要条件。信息技术的先进性和可用性都是毋庸置疑的，但如果脱离本单位的实际情况，盲目而片面地追求引进和实施一些新技术，不考虑其成本效益关系，就会把自己置于被动地位，丧失在高层管理决策中的地位。

（7）组织内部的宣传、咨询和培训。作为分管信息技术部门和信息服务部门的最高负责人，CIO 在行政管理层次上要宣传信息部门及人员的作用，让组织的高层领导充分认识到信息资源对组织发展的重要性，同时应指导高层管理人员更有效地利用组织内部和外部的信息资源，为他们提供信息或信息技术咨询服务。在运作层次上，CIO 要帮助信息技术人员以及所有用户转变观念和认识，对其意见、询问和求助给予很好的反馈，同时还要认真做好各级信息系统使用者的培训工作。这实际上就是要求 CIO

积极维护组织的信息化环境。

（8）信息沟通与组织协调。CIO 作为一个跨技术、跨部门的高层决策者，应充分利用组织内外可以控制的信息资源，不断完善组织的信息基础结构，并注意协调好组织管理与信息技术的关系。在传统的组织体制下，管理与技术是相对封闭的，管理者大都不知道信息技术究竟能为管理带来什么，而信息技术人员也只是从技术标准和设备性能上来考虑问题，不大清楚组织的目标，也不能有效地支持决策。CIO 则从组织管理的角度有意识地选择和运用信息技术，通过对信息资源的充分开发和有效利用来促进组织管理机制的变革和业务结构的调整甚至重组，从而提高组织的管理决策水平，增强组织的市场竞争力。

必须注意的是，上面讨论的是按照 CIO 本身的定义确定的职责范围，而眼下国内很多企业的 CIO 仍然主要在履行一个信息部门经理的责任，并无真正参与组织高层战略规划的权力，这与国外真正意义上的 CIO 还有不小的距离。这一方面可能与组织最高管理层的认识和观念有关，另一方面也可能与 CIO 人选本身的素质有关。

3．CIO 的素质要求

美国信息产业协会在 20 世纪 70 年代末曾为信息经理制定了明确的职业标准要求。其中规定，信息经理的一般工作职责包括“规划、设计、完善、安装、运行、维护及控制人工信息系统和自动化信息系统；在不同管理层次上为团体用户和个人用户提供信息管理方面的建议和帮助”。

为此，要求信息部门的经理应具备的素质包括：

（1）管理经验。作为一个高层管理者，CIO 必须具有多学科和交叉领域的职业技能，能运用信息科学的理论基础为各种层次的管理者和用户服务；对本行业的发展背景有全面的了解，对企业管理的目标有明确的认识，对经营决策和竞争环境的基本情况有充分的掌握，并且有丰富的管理实践经验。实践证明，一个成功的 CIO 至少需要 5～8 年的管理经验积累。

（2）技术才能。CIO 应具有一种或多种信息技术专长，具备为企业经营管理与竞争战略发展的需要推荐与开发新技术的能力，对信息技术的发展动向及其对企业的影响有敏锐的洞察力，富有远见和技术创新精神。

（3）经营头脑。CIO 的工作必须以提高企业的效益和竞争力为目标，因此，CIO 应具有经济方面的，规划预算信息密集、资本密集、劳动密集产品的基本知识，以及在各种竞争性组织资源之间及内部进行权衡的能力。要有精明的商业经营头脑，应了解信息技术何时何地何种情况下在哪些方面能为达成这一目标起到关键作用，能够把信息技术投资及时转变成对企业的回报，方可为自己在企业中树立起公认的有重大贡献的角色形象。

（4）信息素养。CIO 应具有强烈的信息意识和较高的信息分析能力，能够为企业高层的战略决策发挥信息支持作用。特别是对来自外界环境的大量模糊、零碎而杂乱的信息，应有高度的判别能力和挖掘信息价值的艺术，才能使自己的决策能力达到战略决策的水平。

（5）应变能力。面对日新月异的信息技术和急剧变化的竞争环境，CIO 要有较强的应变能力，能够抓住一瞬即逝的机遇，对各种变化做出迅捷及时的反应。CIO 还应有良好的心理素质，能承担得起来自技术和环境变化的压力，具有敢于迎接各种困难和挑战的勇气。

（6）表达能力。CIO 必须具备良好的口头和文字表达能力，能够把看起来莫测高深的信息技术向高层管理决策者和基层业务人员都解释清楚，消除企业中的“高技术恐惧症”。特别是对于非技术型用户，要尽量避免采用技术性术语。

（7）协调能力。作为企业信息流的规划者，CIO 要善于协调企业内部各层次、各部门、各环节的关系以及与其协作伙伴的关系。要有良好的人际关系和广泛的亲和能力，善于对话和沟通，能够适应企业的文化和传统，使信息技术与管理体制相得益彰。

（8）领导能力。CIO 要有领导威信和支配企业信息资源的权力，能建立一个有效的信息资源管理班子，既能指挥信息部门的工作，也能对企业的信息政策和策略起领导作用。

CIO 在企业管理中的地位和职能决定了他应该具备比信息经理要高得多的素质要求。一个合格的 CIO 必须是管理与技术两方面的全能型人物。而且总的来说，CIO 的组织管理水平比他的信息技术才能更重要。这也是与其所处的管理地位相对应的，毕竟 CIO 的职能与一般中层的信息部门经理是不同的。

1.2 大数据时代与大数据

信息社会所带来的好处是显而易见的：每个人口袋里有一部手机，每台办公桌上放着一台计算机，每间办公室内连接到局域网甚至互联网。半个世纪以来，随着计算机技术全面和深度地融入社会生活，信息爆炸已经积累到了一个开始引发变革的程度。它不仅使世界充斥着比以往更多的信息，而且其增长速度也在加快。信息总量的变化还导致了信息形态的变化——量变引起了质变。

最先经历信息爆炸的学科，如天文学和基因学，创造出了“大数据”这个概念。如今，这个概念几乎应用到了所有人类致力于发展的领域中。

1.2.1 天文学——信息爆炸的起源

综合观察社会各个方面的变化趋势，我们能真正意识到信息爆炸或者说大数据的时代已经到来。以天文学为例，2000 年斯隆数字巡天[①]项目（见图 1-6）启动的时候，位于新墨西哥州的望远镜在短短几周内收集到的数据，就比世界天文学历史上总共收集的数据还要多。到了 2010 年，信息档案已经高达 1.4×2^{42}B。2016 年在智利投入使用的大型视场全景巡天望远镜能在五天之内就获得同样多的信息。

天文学领域发生的变化在社会各个领域都在发生。2003 年，人类第一次破译人体基因密码的时候，辛苦工作了 10 年才完成了 30 亿对碱基对的排序。大约 10 年之后，

① 斯隆数字巡天（Sloan Digital Sky Survey，SDSS）：是使用位于新墨西哥州阿帕奇山顶天文台的 2.5 m 口径望远镜进行的红移巡天项目。以阿尔弗雷德·斯隆的名字命名，计划观测 25%的天空，获取超过 100 万个天体的多色测光资料和光谱数据。2006 年，斯隆数字巡天进入了名为 SDSS-Ⅱ的新阶段，进一步探索银河系的结构和组成，而斯隆超新星巡天计划搜寻 Ia 型超新星爆发，以测量宇宙学尺度上的距离。

世界范围内的基因仪每 15 min 就可以完成同样的工作。在金融领域，美国股市每天的成交量高达 70 亿股，而其中 2/3 的交易都是由建立在数学模型和算法之上的计算机程序自动完成的，这些程序运用海量数据来预测利益和降低风险。

图 1-6　美国斯隆数字巡天望远镜

互联网公司更是要被数据淹没了。谷歌公司每天要处理超过 24 PB（拍字节，2^{50}B）的数据，这意味着其每天的数据处理量是美国国家图书馆所有纸质出版物所含数据量的上千倍。

从科学研究到医疗保险，从银行业到互联网，各个不同的领域都在讲述着一个类似的故事，那就是爆发式增长的数据量。这种增长超过了人们创造机器的速度，甚至超过了人们的想象。

我们周围到底有多少数据？增长的速度有多快？许多人试图测量出一个确切的数字。尽管测量的对象和方法有所不同，但他们都获得了不同程度的成功。南加利福尼亚大学安嫩伯格通信学院的马丁•希尔伯特进行了一个比较全面的研究，他试图得出人类所创造、存储和传播的一切信息的确切数目。他的研究范围不仅包括书籍、图画、电子邮件、照片、音乐、视频（模拟和数字），还包括电子游戏、电话、汽车导航和信件。马丁•希尔伯特还以收视率和收听率为基础，对电视、电台这些广播媒体进行了研究。

据他估算，仅在 2007 年，人类存储的数据就超过了 300 EB（艾字节，2^{60}B）。下面这个比喻应该可以帮助人们更容易地理解这意味着什么：一部完整的数字电影可以压缩成 1 GB 的文件，而一艾字节相当于 10 亿吉字节（GB），一泽字节（ZB，2^{70}B）则相当于 1 024 EB。总之，这是一个非常庞大的数。

有趣的是，在 2007 年的数据中，只有 7%是存储在报纸、书籍、图片等媒介上的模拟数据，其余全部是数字数据。

模拟数据也称为模拟量，相对于数字量而言，指的是取值范围连续的变量或者数值，例如声音、图像、温度、压力等。模拟数据一般采用模拟信号，例如用一系列连续变化的电磁波或电压信号来表示。数字数据也称为数字量，相对于模拟量而言，指

的是取值范围是离散的变量或者数值。数字数据则采用数字信号，例如用一系列断续变化的电压脉冲（如用恒定的正电压表示二进制数 1，用恒定的负电压表示二进制数 0）或光脉冲来表示。

但在不久之前，情况却完全不是这样的。虽然 1960 年就有了“信息时代”和“数字村镇”的概念，在 2000 年的时候，数字存储信息仍只占全球数据量的 1/4，当时，另外 3/4 的信息都存储在报纸、胶片、黑胶唱片和盒式磁带这类媒介上。

早期数字信息的数量并不多。对于长期在网上冲浪和购书的人来说，那只是一个微小的部分。事实上，1986 年，世界上约 40%的计算能力都在袖珍计算器上运行，那时候，所有个人计算机的处理能力之和还没有所有袖珍计算器处理能力之和高。但是因为数字数据的快速增长，整个局势很快就颠倒过来。按照希尔伯特的说法，数字数据的数量每三年多就会翻一倍。相反，模拟数据的数量则基本上没有增加。

2013 年，世界上存储的数据达到约 1.2 ZB，其中非数字数据只占不到 2%。这样大的数据量意味着什么？如果把这些数据全部记在书中，这些书可以覆盖整个美国 52 次。如果将之存储在只读光盘上，这些光盘可以堆成五堆，每一堆都可以伸到月球。

公元前 3 世纪，埃及的托勒密二世竭力收集了当时所有的书写作品，所以伟大的亚历山大图书馆①（见图 1-7）可以代表当时世界上所有的知识量。亚历山大图书馆藏书丰富，有据可考的超过 50 000 卷（纸草卷），包括《荷马史诗》《几何原本）等。但是，当数字数据洪流席卷世界之后，每个地球人都可以获得大量的数据信息，相当于当时亚历山大图书馆存储的数据总量的 320 倍之多。

事情真的在快速发展。人类存储信息量的增长速度比世界经济的增长速度快 4 倍，而计算机数据处理能力的增长速度则比世界经济的增长速度快 9 倍。难怪人们会抱怨信息过量，因为每个人都受到了这种极速发展的冲击。

历史学家伊丽莎白·爱森斯坦发现，1453—1503 年，这 50 年之间大约印刷了 800 万本书籍，比 1200 年之前君士坦丁堡建立以来整个欧洲所有的手抄书还要多。换言之，欧洲的信息存储量花了 50 年才增长了一倍（当时的欧洲还占据了世界上相当部分的信息存储份额），而如今大约每三年就能增长一倍。

这种增长意味着什么呢？彼特·诺维格是谷歌的人工智能专家，也曾任职于美国宇航局喷气推进实验室，他喜欢把这种增长与图画进行类比。首先，他要我们想想来自法国拉斯科洞穴壁画②上的标志性的马，如图 1-8 所示。这些画可以追溯到一万七千年之前的旧石器时代。

① 亚历山大图书馆建成之时正是中国战国时期，此时百家争鸣，较有影响的十大家（儒、道、墨、法、名、阴阳、纵横、杂、农、小说）多有著述，且已出现如《诗经》（楚辞》《离骚》等文学作品，虽没有像亚历山大图书馆一样的集中式藏书中心，但也占据了世界知识量的相当份额。

② 法国拉斯科洞穴壁画：1940 年，法国西南部道尔多尼州乡村的 4 个儿童带着狗在追捉野兔。突然野兔不见了，紧追的狗也不见了。孩子们这才发现兔和狗跑进一个山洞，他们带着电筒和绳索也进入洞里，结果发现一个原始人庞大的画廊。它由一条长长的、宽狭不等的通道组成，其中有一个外形不规则的圆厅最为壮观，洞顶画有 65 头大型动物形象，有从 2 m 到 3 m 长的野马、野牛、鹿，有 4 头巨大公牛，最长的约 5 m 以上，真是惊世的杰作。这就是同阿尔塔米拉洞齐名的拉斯科洞穴壁画。它被誉为“史前的卢浮宫”。

图 1-7　举世闻名的古代文化中心——亚历山大图书馆（已毁于早期的战火）

图 1-8　拉斯科洞穴壁画

回想一下壁画上的那匹马。当时要画一幅马需要花费很久的时间，而现在不需要那么久了，这就是一种改变。虽然改变的可能不是最核心的部分——毕竟这仍然是一幅马的图像。但是诺维格说，想象一下，现在我们能每秒播放 24 幅不同形态的马的图片，这就是一种由量变导致的质变。一部电影与一幅静态的画有本质上的区别，大数据也一样，量变导致质变。物理学和生物学都告诉人们，当改变规模时，事物的状态有时也会发生改变。

以纳米技术为例，纳米技术专注于把东西变小而不是变大。其原理就是当事物到达分子级别时，它的物理性质就会发生改变。一旦知道这些新的性质，就可以用同样的原料来做以前无法做的事情。铜本来是用来导电的物质，但它一旦到达纳米级别就不能在磁场中导电了。银离子具有抗菌性，但当它以分子形式存在的时候，这种性质就会消失。一旦到达纳米级别，金属可以变得柔软，陶土可以具有弹性。同样，当增

加所利用的数据量时，也就可以做很多在小数据量的基础上无法完成的事情。

有时候，我们认为约束自己生活的那些限制，对于世间万物都有着同样的约束力。事实上，尽管规律相同，但是我们能够感受到的约束，很可能只对我们这样尺度的事物起作用。对于人类来说，唯一一个最重要的物理定律便是万有引力定律。这个定律无时无刻不在控制着人们。但对于细小的昆虫来说，重力是无关紧要的。对它们而言，物理宇宙中有效的约束是表面张力，这个张力可以让它们在水上自由行走而不会掉下去。但人类对于表面张力毫不在意。

大数据的科学价值和社会价值正是体现在这里。一方面，对大数据的掌握程度可以转化为经济价值的来源。另一方面，大数据已经撼动了世界的方方面面，从商业科技到医疗、政府、教育、经济、人文以及社会的其他各个领域。尽管我们还处在大数据时代的初期，但我们的日常生活已经离不开它。

1.2.2 大数据的定义

所谓大数据，狭义上可以定义为：用现有的一般技术难以管理的大量数据的集合。对大量数据进行分析，并从中获得有用观点，这种做法在一部分研究机构和大企业中，过去就已经存在。现在的大数据和过去相比，主要有三点区别：第一，随着社交媒体和传感器网络等的发展，产生出大量且多样的数据；第二，随着硬件和软件技术的发展，数据的存储、处理成本大幅下降；第三，随着云计算的兴起，大数据的存储、处理环境已经没有必要自行搭建。

所谓“用现有的一般技术难以管理”，是指用目前在企业数据库占据主流地位的关系型数据库无法进行管理的、具有复杂结构的数据。或者也可以说，是指由于数据量的增大，导致对数据的查询（Query）响应时间超出允许范围的庞大数据。

研究机构 Gartner 给出了这样的定义：“大数据”是需要新处理模式才能具有更强的决策力、洞察发现力和流程优化能力的海量、高增长率和多样化的信息资产。

麦肯锡[①]说：“大数据指的是所涉及的数据集规模已经超过了传统数据库软件获取、存储、管理和分析的能力。这是一个被故意设计成主观性的定义，并且是一个关于多大的数据集才能被认为是大数据的可变定义，即并不定义大于一个特定数字的数据才叫大数据。因为随着技术的不断发展，符合大数据标准的数据集容量也会增长；并且定义随不同的行业也有变化，这依赖于在一个特定行业通常使用何种软件，数据集有多大。因此，大数据在今天不同行业中的范围可以从几十太字节到几拍字节。”

随着“大数据”的出现，数据仓库、数据安全、数据分析、数据挖掘等围绕大数据商业价值的利用正逐渐成为行业人士争相追捧的利润焦点，在全球引领了又一轮数

---

① 麦肯锡公司：是世界级领先的全球管理咨询公司。自 1926 年成立以来，公司的使命就是帮助领先的企业机构实现显著、持久的经营业绩改善，打造能够吸引、培育和激励杰出人才的优秀组织机构。

麦肯锡在全球 52 个国家有 94 个分公司。在过去十年中，麦肯锡在中国完成了 800 多个项目，涉及公司整体与业务单元战略、企业金融、营销/销售与渠道、组织架构、制造/采购/供应链、技术、产品研发等领域。

麦肯锡的经验：关键是找那些企业的领导，他们能够认识到公司必须不断变革以适应环境变化，并且愿意接受外部的建议，这些建议在帮助他们决定作何种变革和怎样变革方面大有裨益。

据技术革新的浪潮。

1.2.3 用 3V 描述大数据特征

从字面来看，“大数据”这个词可能会让人觉得只是容量非常大的数据集合而已。但容量只不过是大数据特征的一个方面，如果只拘泥于数据量，就无法深入理解当前围绕大数据所进行的讨论。因为“用现有的一般技术难以管理”这样的状况，并不仅仅是由于数据量增大这一个因素所造成的。

IBM 说：“可以用 3 个特征相结合来定义大数据：数量（Volume，或称容量）、种类（Variety，或称多样性）和速度（Velocity），简称 3V，即庞大容量、极快速度和种类丰富的数据”，如见图 1-9 所示。

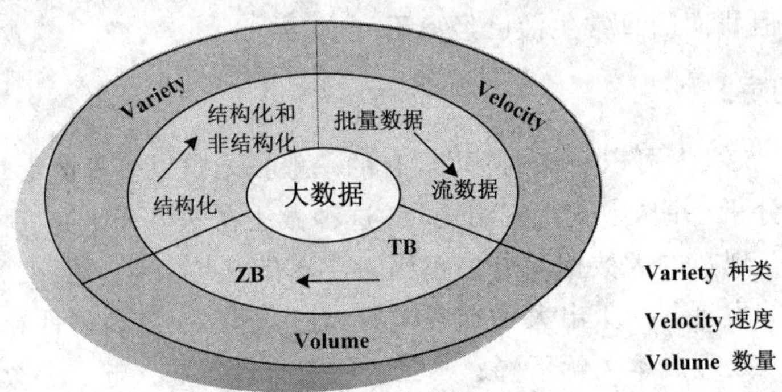

图 1-9　按数量、种类和速度来定义大数据

1. Volume（数量）

用现有技术无法管理的数据量，从现状来看，基本上是指从几十太字节到几拍字节这样的数量级。当然，随着技术的进步，这个数值也会不断变化。

如今，存储的数据数量正在急剧增长，存储的事物包括环境数据、财务数据、医疗数据、监控数据等。有关数据量的对话已从 TB 级别转向 PB 级别，并且不可避免地会转向 ZB 级别。但是，随着可供企业使用的数据量不断增长，可处理、理解和分析的数据比例却不断下降。

2. Variety（种类）

随着传感器、智能设备以及社交协作技术的激增，企业中的数据也变得更加复杂，因为它不仅包含传统的关系型数据，还包含来自网页、互联网日志文件（包括点击流数据）、搜索索引、社交媒体论坛、电子邮件、文档、主动和被动系统的传感器数据等原始、半结构化和非结构化数据。

种类表示所有的数据类型。其中，爆发式增长的一些数据，如互联网上的文本数据、位置信息、传感器数据、视频等，用企业中主流的关系型数据库是很难存储的，它们都属于非结构化数据。

当然，在这些数据中，有一些是过去就一直存在并保存下来的。和过去不同的是，除了存储，还需要对这些大数据进行分析，并从中获得有用的信息。例如，监控摄像机中的视频数据。近年来，超市、便利店等零售企业几乎都配备了监控摄像机，最初目的是为了防范盗窃，但现在也出现了使用监控摄像机的视频数据来分析顾客购买行

为的案例。

例如，美国高级文具制造商万宝龙（Montblane）过去是凭经验和直觉来决定商品陈列布局的，现在尝试利用监控摄像头对顾客在店内的行为进行分析。通过分析监控摄像机的数据，将最想卖出去的商品移动到最容易吸引顾客目光的位置，使得销售额提高了20%。

美国移动运营商T-Mobile也在其全美1 000家店中安装了带视频分析功能的监控摄像机，可以统计来店人数，还可以追踪顾客在店内的行动路线、在展台前停留的时间，甚至是试用了哪一款手机、试用了多长时间等，对顾客在店内的购买行为进行分析。

3. Velocity（速度）

数据产生和更新的频率，也是衡量大数据的一个重要特征。就像人们收集和存储的数据量和种类发生了变化一样，生成和需要处理数据的速度也在变化。不要将速度的概念限定为与数据存储相关的增长速率，应动态地将此定义应用到数据，即数据流动的速度。有效处理大数据需要在数据变化的过程中对它的数量和种类进行分析，而不只是在它静止后执行分析。

例如，遍布全国的便利店在24小时内产生的POS机数据，电商网站中由用户访问所产生的网站点击流数据，高峰时达到每秒近万条的微信短文，全国公路上安装的交通堵塞探测传感器和路面状况传感器（可检测结冰、积雪等路面状态）等，每天都在产生着庞大的数据。

IBM在3V的基础上又归纳总结了第四个V——Veracity（真实和准确）。“只有真实而准确的数据才能让对数据的管控和治理真正有意义。随着社交数据、企业内容、交易与应用数据等新数据源的兴起，传统数据源的局限性被打破，企业愈发需要有效的信息治理以确保其真实性及安全性。”

IDC（互联网数据中心）说：“大数据是一个貌似不知道从哪里冒出来的大的动力。但实际上，大数据并不是新生事物。然而，它确实正在进入主流，并得到重大关注，这是有原因的。廉价的存储、传感器和数据采集技术的快速发展、通过云和虚拟化存储设施增加的信息链路，以及创新软件和分析工具，正在驱动着大数据。大数据不是一个事物，而是一个跨多个信息技术领域的动力/活动。大数据技术描述了新一代的技术和架构，其被用于：通过使用高速（Velocity）的采集、发现和/或分析，从超大容量（Volume）的多样（Variety）数据中经济地提取价值（Value）。”

这个定义除了揭示大数据传统的3V基本特征，即Volume（大数据量）、Variety（多样性）和Velocity（高速），还增添了一个新特征：Value（价值）。

大数据实现的主要价值可以基于下面3个评价准则中的1个或多个进行评判：

（1）它提供了更有用的信息吗？

（2）它改进了信息的精确性吗？

（3）它改进了响应的及时性吗？

总之，大数据是个动态的定义，不同行业根据其应用的不同有着不同的理解，其衡量标准也在随着技术的进步而改变。

1.2.4 广义的大数据

狭义上，大数据的定义着眼点在于数据的性质，下面在广义层面上再为大数据下一个定义（见图 1-10）。

所谓大数据，是一个综合性概念，它包括因具备 3V 特征而难以进行管理的数据，对这些数据进行存储、处理、分析的技术，以及能够通过分析这些数据获得实用意义和观点的人才和组织。

“存储、处理、分析技术”指的是用于大规模数据分布式处理的框架 Hadoop、具备良好扩展性的 NoSQL 数据库，以及机器学习和统计分析等；“能够通过分析这些数据获得实用意义和观点的人才和组织”指的是目前十分紧俏的“数据科学家”这类人才，以及能够对大数据进行有效运用的组织。

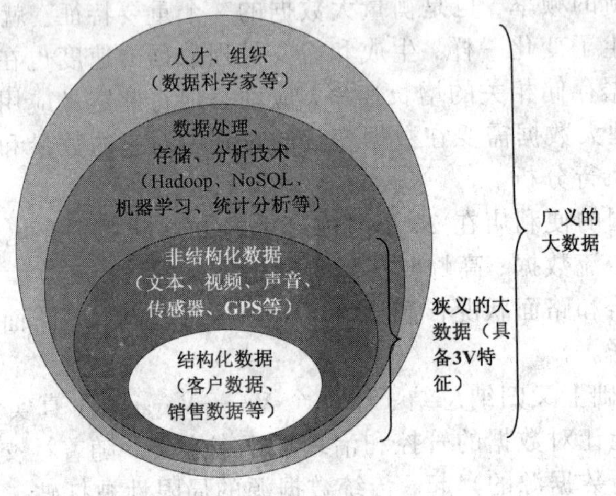

图 1-10 广义的大数据

1.3 大数据的结构类型

大数据具有多种形式，从高度结构化的财务数据，到文本文件、多媒体文件和基因定位图的任何数据，都可以称为大数据。数据量大是大数据的一致特征。由于数据自身的复杂性，作为一个必然的结果，处理大数据的首选方法就是在并行计算的环境中进行大规模并行处理（Massively Parallel Processing，MPP），这使得同时发生的并行摄取、并行数据装载和分析成为可能。实际上，大多数的大数据都是非结构化或半结构化的，这需要不同的技术和工具来处理和分析。

大数据最突出的特征是它的结构。图 1-11 所示为几种不同数据结构类型数据的增长趋势，由图可知，未来数据增长的 80%~90%将来自于不是结构化的数据类型（半结构化、准结构化和非结构化）。

虽然图 1-11 显示了 4 种不同的、相分离的数据类型，实际上，有时这些数据类型是可以被混合在一起的。例如，有一个传统的关系数据库管理系统保存着一个软件支持呼叫中心的通话日志，这里有典型的结构化数据，比如日期/时间戳、机器类型、问题类型、操作系统，这些都是在线支持人员通过图形用户界面上的下拉式菜单输入的。另外，还有非结构化数据或半结构化数据，比如自由形式的通话日志信息，这些可能来自包含问题的电子邮件，或者技术问题和解决方案的实际通话描述。另外一种可能是与结构化数据有关的实际通话的语音日志或者音频文字实录。即使是现在，大多数分析人员还无法分析这种通话日志历史数据库中最普通和高度结构化的数据，因为挖掘文本信息是一项强度很大的工作，并且无法简单地实现自动化。

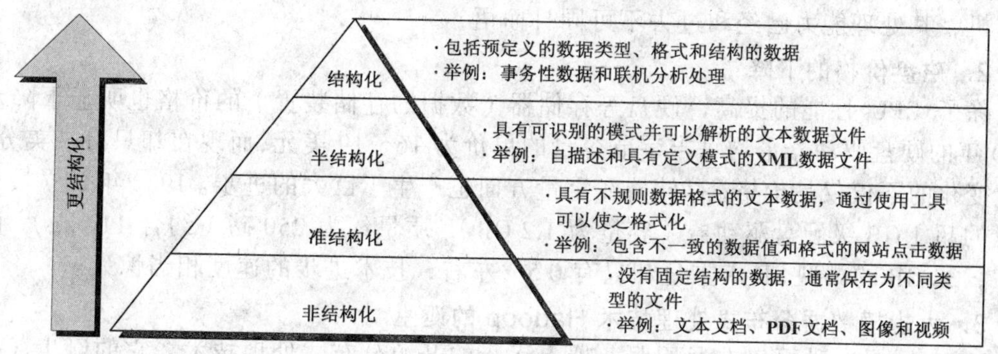

图 1-11　数据增长日益趋向非结构化

人们通常最熟悉结构化数据的分析，然而，半结构化数据（XML）、准结构化数据（网站地址字符串）和非结构化数据代表了不同的挑战，需要不同的技术来分析。

1.4　大数据的发展

如果仅仅是从数据量的角度来看，大数据在过去就已经存在了。例如，波音的喷气发动机每 30 min 就会产生 10 TB 的运行信息数据，安装有 4 台发动机的大型客机，每次飞越大西洋就会产生 640 TB 的数据。世界各地每天有超过 2.5 万架的飞机在工作，可见其数据量是何等庞大。生物技术领域中的基因组分析，以及以 NASA（美国国家航空航天局）为中心的太空开发领域，从很早就开始使用十分昂贵的高端超级计算机来对庞大的数据进行分析和处理。

现在和过去的区别之一，就是大数据已经不仅产生于特定领域中，而且还产生于人们每天的日常生活中，领英（LinkedIn）、微信、QQ 等社交媒体上的文本数据就是最好的例子。而且，尽管人们无法得到全部数据，但大部分数据可以通过公开的 API（应用程序编程接口）相对容易地进行采集。在 B2C（商家对顾客）企业中，使用文本挖掘（Text Mining）和情感分析等技术，就可以分析消费者对于自家产品的评价。

1.4.1　硬件性价比提高与软件技术进步

计算机性价比的提高，磁盘价格的下降，利用通用服务器对大量数据进行高速处理的软件技术 Hadoop 的诞生，以及随着云计算的兴起，甚至已经无须自行搭建这样的大规模环境——上述这些因素，大幅降低了大数据存储和处理的门槛。因此，过去只有像 NASA 这样的研究机构以及屈指可数的几家特大企业才能做到的对大量数据的深入分析，现在只要极小的成本和时间就可以完成。无论是刚刚创业的公司还是存在多年的公司，也无论是中小企业还是大企业，都可以对大数据进行充分的利用。

1. 计算机性价比的提高

承担数据处理任务的计算机，其处理能力遵循摩尔定律，一直在不断进化。所谓摩尔定律，是美国英特尔公司共同创始人之一的高登 • 摩尔（Gordon Moore）于 1965 年提出的一个观点，即“半导体芯片的集成度，大约每 18 个月会翻一番”。从家电卖场中所陈列的计算机规格指标就可以一目了然地看出，现在以同样的价格能够买到的计算机，其处理能力已经和过去不可同日而语。

2. 磁盘价格的下降

除了 CPU 性能的提高，硬盘等存储器（数据的存储装置）的价格也明显下降。2000 年的硬盘驱动器平均每吉字节容量的单价为 16～19 美元，而现在却只有 7 美分。

变化的不仅仅是价格，存储器在重量方面也产生了巨大的进步。1982 年日立最早开发的超 1 GB 级硬盘驱动器（容量为 1.2 GB），质量约为 250 磅（约合 113 kg）。而现在，32 GB 的微型 SD 卡重量却只有 0.5 g 左右，技术进步的速度相当惊人。

3. 大规模数据分布式处理技术 Hadoop 的诞生

Hadoop 是一种可以在通用服务器上运行的开源分布式处理技术，它的诞生成为目前大数据浪潮的第一推动力。如果只是结构化数据不断增长，用传统的关系型数据库和数据仓库，或者是其衍生技术，就可以进行存储和处理，但这样的技术无法对非结构化数据进行处理。Hadoop 的最大特征，就是能够对大量非结构化数据进行高速处理。

1.4.2 云计算的普及

大数据的处理环境在很多情况下并不一定要自行搭建。例如，使用亚马逊的云计算服务 EC2（Elastic Compute Cloud）和 S3（Simple Storage Service），就可以在无须自行搭建大规模数据处理环境的前提下，以按用量付费的方式，来使用由计算机集群组成的计算处理环境和大规模数据存储环境。此外，在 EC2 和 S3 上还利用预先配置的 Hadoop 工作环境提供了 EMR（Elastic Map Reduce）服务。利用这样的云计算环境，即使是资金不太充裕的创业型公司，也可以进行大数据分析。

实际上，在美国，新的 IT 创业公司如雨后春笋般不断出现，它们通过利用亚马逊的云计算环境，对大数据进行处理，从而催生出新型的服务。这些公司如网络广告公司 Razorfish、提供预测航班起飞晚点等“航班预报”服务的 FlightCaster、对消费电子产品价格走势进行预测的 Decide.com 等。

1.4.3 从交易数据分析到交互数据分析

对从像“卖出了一件商品”“一位客户解除了合同”这样的交易数据中得到的“点”信息进行统计还不够，我们想要得到的是“为什么卖出了这件商品”“为什么这个客户离开了”这样的上下文（背景）信息。而这样的信息，需要从与客户之间产生的交互数据这种“线”信息中来探索。以非结构化数据为中心的大数据分析需求的不断高涨，也正是这种趋势的一个反映。

例如，像亚马逊这样运营电商网站的企业，可以通过网站的点击流数据，追踪用户在网站内的行为，从而对用户从访问网站到最终购买商品的行为路线进行分析。这种点击流数据，正是表现客户与公司网站之间相互作用的一种交互数据。

举个例子，如果知道通过点击站内广告最终购买产品的客户比例较高，那么针对其他客户，就可以根据其过去的点击记录来展示他可能感兴趣的商品广告，从而提高其最终购买商品的概率。或者，如果知道很多用户都会从某一个特定的页面离开网站，就可以下功夫来改善这个页面的可用性。通过交互数据分析所得到的价值是非常大的。

对于消费品公司来说，可以通过客户的会员数据、购物记录、呼叫中心通话记录等数据来寻找客户解约的原因。最近，随着"社交化 CRM"呼声的高涨，越来越多的企业都开始利用微信等社交媒体来提供客户支持服务。上述这些都是表现与客户之间交流的交互数据，只要推进对这些交互数据的分析，就可以越来越清晰地掌握客户离开的原因。

一般来说，网络上的数据比真实世界中的数据更加容易收集，因此来自网络的交互数据也得到了越来越多的利用。不过，今后随着传感器等物态探测技术的发展和普及，在真实世界中对交互数据的利用也将不断推进。

例如，在超市中，可以将由植入购物车中的 IC 标签收集到的顾客行动路线数据和 POS 等销售数据相结合，从而分析出顾客买或不买某种商品的理由，这样的应用现在已经开始出现。或者，也可以像前面讲过的那样，通过分析监控摄像机的视频资料，来分析店内顾客的行为。以前也并不是没有对店内的购买行为进行分析的方法，不过，那种分析大多是由调查员肉眼观察并记录的，这种记录是非数字化的，成本很高，而且收集到的数据也比较有限。

进一步讲，今后更为重要的是对连接网络世界和真实世界的交互数据进行分析。在市场营销的世界中，O2O（Online to Offline，线上到线下）已经逐步成为一个热门的关键词。所谓 O2O，就是指网络上的信息（在线）对真实世界（线下）的购买行为产生的影响。例如，很多人在准备购买一种商品时会先到评论网站去查询商品的价格和评价，然后再到实体店去购买该商品。

在 O2O 中，网络上的哪些信息会对实际来店顾客的消费行为产生关联，对这种线索的分析，即对交互数据的分析，显得尤为重要。

1.5 大数据时代的管理信息系统

大数据技术的战略意义不在于掌握庞大的数据信息，而在于对这些含有意义的数据进行专业化处理。换言之，如果把大数据比作一种产业，那么这种产业实现盈利的关键在于提高对数据的"加工能力"，通过"加工"实现数据的"增值"，这无疑对大数据时代的管理信息系统的开发与应用提出了更高的要求。

1.5.1 对数据的大范围收集

对客户相关数据进行大范围的收集，并使之对客户服务产生价值，这方面的工作，在一部分先进企业中几年前就已经开始进行了。

在依靠数据分析能力的企业中，有一家很具有代表性，经常在各种事例中被提及，它就是位于美国拉斯维加斯的经营企业——Harrah's Entertainment（2010 年起改名为

Caesars Entertainment）。该公司不仅经营着同名的酒店，还经营着拉斯维加斯的若干家公司，包括 Caesars Palace、BALLY's、Paris 等。

这一类公司一般都会在大型建筑的建造和设施的更新方面投入巨额的资金。而与竞争对手不同的是，Harrah's 从 1994 年开始就将投资的重点转向 CRM 和培养顾客忠诚度的营销活动上。这个机制从 1997 年开始运行，现在作为其 CRM 战略核心的顾客忠诚度计划 Total Rewards 又进一步加速了这个机制的发展。

当顾客成为 Total Rewards 的会员后，只要在游玩时将会员卡插入机器，或者将会员卡出示给服务人员，就可以得到积分，当积分达到一定值之后就可以享受住宿优待和现金返还等服务。或者，对于频繁光顾公司的常客，还可以享受餐厅优先安排座位等服务。

另一方面，Harrah's 则可以收集到顾客的相关数据，除了顾客的住宿信息、住址、爱好（喜欢无烟房间还是吸烟房间）等基本信息以外，还包括光顾公司的频率、消费的金额，以及在哪个游戏上花费了最多的时间等的行为记录。这些数据被存储在数据仓库中并进行分析。于是，当顾客每次光顾公司时，系统就可以立即访问数据仓库，并实时判断出此顾客是否为优质顾客，如果是优质顾客是否需要给出优惠，什么样的优惠比较合适。当一位很久没来过的优质顾客再次光顾公司时，还可以对其提供特殊优待服务，以便使其成为常客。

1.5.2 连接开放数据

在大数据时代，一方面国家、地方政府等公职机关不断努力强化开放数据，另一方面，民间组织为了促进数据的顺利流通，也设立了数据的交易场所——数据市场。

所谓数据市场，就是将人口统计、环境、金融、零售、天气、体育等数据集中到一起，使其能够进行交易的机制。换句话说，就是数据的一站式商店。

目前在美国，除了 Factual、Infochimps 等创业型企业运营的数据市场之外，还有微软的 Windows Azure Marketplace、亚马逊的 Public Data Sets on AWS 等由大型厂商所运营的市场。

数据市场的基本功能包括收费、认证、数据格式管理、服务管理等，在所涉猎的数据对象、数据丰富程度、收费模式、数据模型、查询语言、数据工具等方面则各有不同。

【延伸阅读】 得数据者得天下

人们的衣食住行都与大数据有关，每天的生活都离不开大数据。大数据提高了人们的生活品质，为每个人提供创新平台和机会。

大数据通过数据整合分析和深度挖掘，发现规律，创造价值，进而建立起物理世界到数字世界到网络世界的无缝链接。大数据时代，线上与线下，虚拟与现实、软件与硬件、跨界融合，将重塑人们的认知和实践模式，开启一场新的产业突进与经济转型。

国家行政学院常务副院长马建堂说，大数据其实就是海量的、非结构化的、电子形态存在的数据，通过数据分析能产生价值，带来商机的数据。

而《大数据时代》的作者维克多·舍恩伯格这样定义大数据，“大数据是人们在大规模数据的基础上可以做到的事情，而这些事情在小规模数据的基础上无法完成。”

1. 大数据是“21世纪的石油和金矿”

工业和信息化部部长在为《大数据领导干部读本》作序时形容大数据为“21世纪的石油和金矿”，是一个国家提升综合竞争力的又一关键资源。

大数据可以大幅提升人类认识和改造世界的能力，正以前所未有的速度颠覆着人类探索世界的方法，焕发出变革经济社会的巨大力量。“得数据者得天下”已成全球普遍共识。

“从资源的角度看，大数据是‘未来的石油’；从国家治理的角度看，大数据可以提升治理效率、重构治理模式，将掀起一场国家治理革命；从经济增长角度看，大数据是全球经济低迷环境下的产业亮点；从国家安全角度看，大数据能成为大国之间博弈和较量的利器。”《大数据领导干部读本》序言中这样界定大数据的战略意义。

总之，国家竞争焦点因大数据而改变，国家间竞争将从资本、土地、人口、资源转向对大数据的争夺，全球竞争版图将分成数据强国和数据弱国两大新阵营。

《大数据领导干部读本》序言中写道，数据强国主要表现为拥有数据的规模、活跃程度及解释、处置、运用的能力。数字主权将成为继边防、海防、空防之后另一大国博弈的空间。谁掌握了数据的主动权和主导权，谁就能赢得未来。新一轮的大国竞争，并不只是在硝烟弥漫的战场，更是通过大数据增强对整个世界局势的影响力和主导权。

2. 大数据可促进国家治理变革

专家们普遍认为，大数据的渗透力远超人们想象，它正改变甚至颠覆人们所处的时代，将对经济社会发展、企业经营和政府治理等方方面面产生深远影响。

的确，大数据不仅是一场技术革命，还是一场管理革命。它提升人们认知能力，是促进国家治理变革的基础性力量。在国家治理领域，打造阳光政府、责任政府、智慧政府建设上都离不开大数据，大数据为解决以往的“顽疾”和“痛点”提供强大支撑；大数据还能将精准医疗、个性化教育、社会监管、舆情检测预警等以往无法实现的环节变得简单、可操作。

中国行政体制改革研究会副会长认同大数据是一场治理革命。他说：“大数据将通过全息数据呈现，使政府从‘主观主义’‘经验主义’的模糊治理方式，迈向‘实事求是’‘数据驱动’的精准治理方式。在大数据条件下，‘人在干、云在算、天在看’，数据驱动的‘精准治理体系’‘智慧决策体系’‘阳光权力平台’都将逐渐成为现实。”

《大数据领导干部读本》序言中写道，对于决策者而言，大数据能实现整个苍穹尽收眼底，可以解决“坐井观天”“一叶障目”“瞎子摸象”和“城门失火，殃及池鱼”问题。另外，大数据是人类认识世界和改造世界能力的升华，它能提升人类“一叶知秋”“运筹帷幄，决胜千里”的能力。

专家们认为，大数据时代开辟了政府治理现代化的新途径：大数据助力决策科学化，公共服务个性化、精准化；实现信息共享融合，推动治理结构变革，从一元主导到多元合作；大数据催生社会发展和商业模式变革，加速产业融合。

3. 中国具备数据强国潜力，2020 年数据规模将位居世界第一

2015 年是中国建设制造强国和网络强国承前启后的关键之年。今后的中国，大数据将充当越来越重要的角色,中国也具备成为数据强国的优势条件。

近年来，党中央、国务院高度重视大数据的创新发展，准确把握大融合、大变革的发展趋势，制订发布了《中国制造 2025》和“互联网+”行动计划，出台了《关于促进大数据发展的行动纲要》，为我国大数据的发展指明了方向，可以看作是大数据发展“顶层设计”和“战略部署”，具有划时代的深远影响。

工业和信息化部正在构建大数据产业链，推动公共数据资源开放共享，将大数据打造成经济体制增效的新引擎。

另外，中国是人口大国、制造业大国、互联网大国、物联网大国，这些都是最活跃的数据生产主体，未来几年成为数据大国也是逻辑上的必然结果。中国成为数据强国的潜力极为突出，2010 年中国数据占全球比例为 10%，2013 年占比为 13%，2020 年占比将达 18%。届时，中国的数据规模将超过美国，位居世界第一。专家指出，中国许多应用领域已与主要发达国家处于同一起跑线上，具备了厚积薄发、登高望远的条件，在新一轮国际竞争和大国博弈中具有超越的潜在优势。中国应顺应时代发展趋势，抓住大数据发展带来的契机，拥抱大数据，充分利用大数据提升国家治理能力和国际竞争力。

资料来源：数据科学家网

【实验与思考】 了解大数据时代与管理信息系统

“实验与思考”的目的：

（1）熟悉有关管理信息系统的基本概念。

（2）了解信息主管 CIO 的地位、作用及素质要求。

（3）熟悉大数据技术的基本概念和主要内容。

（4）通过因特网搜索与浏览，了解网络环境中主流的管理信息系统技术网站，掌握通过专业网站不断丰富管理信息系统最新知识的学习方法，尝试通过专业网站的辅助与支持来开展管理信息系统应用实践。

1. 工具/准备工作

在开始本实验之前，请认真阅读课程的相关内容。

需要准备一台带有浏览器，能够访问因特网的计算机。

2. 实验内容与步骤

[概念理解]

（1）查阅有关资料，根据你的理解和看法，综合给出“管理信息系统”的定义。

答：____

这个定义的来源是：

（2）什么是CIO？

答：

（3）请结合查阅相关文献资料，为“大数据”给出一个权威性的定义。

答：

这个定义的来源是：

（4）请具体描述大数据的3V。

答：

① Volume（数量）：

② Variety（多样性）：

③ Velocity（速度）：

[网络搜索] 请上网搜索并浏览，通过网络环境学习大数据技术和管理信息系统知识，了解更多应用案例，看看哪些网站在做大数据技术和管理信息系统的技术支持工作。请在表1-1中记录搜索结果。

表1-1 网站搜索记录

网站名称	网 址	主要内容描述

提示：一些大数据技术的专业网站：

http://www. thebigdata.cn/（中国大数据）

http://www. shujukexuejia.cn/（数据科学家）

http://www. 51bdtime.com/（大数据时代）

你习惯使用的网络搜索引擎是：

你在本次搜索中使用的关键词主要是：

[实验案例1] 商业驱动技术。

在任何商业活动中，人或者说知识工作者都是成功的关键，知识工作者既了解信息，又精通技术。尽管对于后者来说，可能并不拥有太多对于技术的“热情”。为技术而技术并不是件好事，商业活动会促使你进行选择并使用技术。

在网络服务公司担任CIO（首席信息运营官）的Mike Hugos指出："商业并不是关于技术的，而是利用技术来挣钱的。我发现大多数IT人员并不理解这一点。他们总是轻视简单的解决方案，转而投入复杂、昂贵的项目，而这些项目最终又不能交付。商业需要解决方案，而不是冰冷的技术。"Mike本身是一名IT人员，他认识到商业必定驱动技术，而不是相反。

人们的职业选择，往往也是商业驱动技术。技术是一组工具，它对于企业效率、效益来说十分重要且不可缺少。但是，只有当业务活动推动你对技术进行选择和使用时，对技术的使用才能获得成功。

请分析：你是否认同Mike Hugos的观点？为什么？

答：______________________________

____

____

[实验案例2] 调查你的职业和信息技术。

为了找到自己的最佳位置，从而在商业世界以最可能的方式获得成功，需要尽早进行一项关于职业的调查，关注于你的职业所需要的IT技能。

首先，考虑一下你想要从事的职业，将其记录下来。接着，在因特网中寻找与你的未来职业相关的工作。浏览这些工作，并确定你需要具备哪些IT技能，将这些技能也记录下来。

最后，将你的发现与班级同学中与你有相似职业兴趣的同学的发现做一下比较。汇总起来，就能够得到为了成功所需要掌握的较为全面的IT技能。

职业：____________________

IT技能	IT技能
__________	__________
__________	__________
__________	__________
__________	__________

3. 实验总结

____

____

____

____

4. 实验评价（教师）

____

____

第2章

大数据商业规则

2012年被称为“大数据的跨界年度”。大数据之所以会在2012年进入主流大众的视野，缘于3种趋势的合力。

第一，商业社交网站领英（LinkedIn）[①]等许多高端消费公司加大了对大数据的应用。有了领英使用大数据为求职者和招聘单位之间建立关联，猎头公司就不再需要对潜在雇员进行意外访问。只需一个简单的搜索，就可以与潜在雇员进行联系。同样，求职者也可以通过联系网站上的其他人，将自己推销给潜在的负责招聘的经理。

第二，大数据企业领英等公司都是在2012年上市的。此外，Splunk公司（一家为大中型企业提供运营智能的大数据企业）也在2012年完成了上市。这些企业的公开上市使华尔街对大数据业务的兴趣日渐浓厚。

第三，商业用户，例如亚马逊这样的以数据为核心的消费产品，也开始期待以一种同样便捷的方式来获得大数据的使用体验。

2.1 谷歌的大数据行动

谷歌的规模使其得以实施一系列大数据方法，而这些方法是大多数企业所不曾具备的。谷歌的优势之一是其拥有一支软件工程师队伍，这些工程师能为该公司提供前所未有的大数据技术。多年来，谷歌还不得不处理大量的非结构化数据，例如网页、图片等，它不同于传统的结构化数据，例如写有姓名和地址的表格。

谷歌的另一个优势是它的基础设施（见图2-1）。就谷歌搜索引擎本身的设计而言，数不胜数的服务器保证了谷歌搜索引擎之间的无缝连接。如果出现更多的处理或存储信息需求，抑或某台服务器崩溃时，谷歌的工程师们只需添加服务器就能保证搜索引擎的正常运行。据估计，谷歌的服务器总数超过100万个。

谷歌在设计软件的时候一直没有忘记自己所拥有的强大的基础设施。MapReduce和Google File System就是两个典型的例子。《连线》杂志在2012年暑期的报道称，这两种技术“重塑了谷歌建立搜索索引的方式”。

---

① 领英（LinkedIn）创建于2002年，2003年5月5日网站正式上线。总部坐落于美国加州硅谷，领英公司在全球27个城市设立了分部及办事处。领英致力于向全球职场人士提供沟通平台，并协助他们事半功倍，发挥所长。作为全球最大的职业社交网站，领英会员人数在世界范围内已超过3亿，每个《财富》世界500强公司均有高管加入，其更长远的愿景则是为全球33亿劳动力创造商业机会，进而创建世界首个经济图谱。

图 2-1　谷歌的机房

许多公司现在都开始接受 Hadoop 开源代码——MapReduce 和 Google File System 开发的一个开源衍生产品。Hadoop 能够在多台计算机上实施分布式大数据处理。当其他公司刚刚开始利用 Hadoop 开源代码时，谷歌在多年前就已经开始大数据技术的应用了。事实上，当其他公司开始接受 Hadoop 开源代码时，谷歌已经将重点转移到其他新技术上，这在同行中占据了绝对优势。这些新技术包括内容索引系统 Caffeine、映射关系系统 Pregel 以及量化数据查询系统 Dremel。

如今，谷歌正在进一步开放数据处理领域，并将其和更多第三方共享，例如它最近推出的 BigQuery 服务。该项服务允许使用者对超大量数据集进行交互式分析，其中"超大量"意味着数十亿行的数据。BigQuery 就是基于云的数据分析需求。此前，许多第三方企业只能通过购买昂贵的安装软件来建立自己的基础设施，才能进行大数据分析。随着 BigQuery 这一类服务的推出，企业可以对大型数据集进行分析，而无须巨大的前期投资。

除此以外，谷歌还拥有大量的机器数据，这些数据是人们在谷歌网站进行搜索及经过其网络时所产生的。每当用户输入一个搜索请求时，谷歌就会知道他在寻找什么，所有人类在互联网上的行为都会留下"足迹"，而谷歌具备绝佳的技术对这些"足迹"进行捕捉和分析。

不仅如此，除搜索之外，谷歌还有许多获取数据的途径。企业会安装"谷歌分析"（Google Analytics）之类的产品来追踪访问者在其站点的"足迹"，而谷歌也可获得这些数据。利用"谷歌广告联盟"（Google Adsense），网站还会将来自谷歌广告客户网的广告展示在其各自的站点上，因此，谷歌不仅可以洞察自己网站上广告的展示效果，对其他广告发布站点的展示效果也一览无余。

将所有这些数据集合在一起，我们可以看到：企业不仅可以从最好的技术中获益，同样还可以从最好的信息中获益。在信息技术方面，许多企业可谓耗资巨大，然而谷歌所进行的庞大投入和所获得的巨大成功，却罕有企业能望其项背。

2.2　亚马逊的大数据行动

互联网零售商亚马逊（Amazon，见图 2-2）同时也是一个推行大数据的大型技术公司，它已经采取一些积极的举措，很可能成为谷歌数据驱动领域的最大竞争伙伴。截至 2015 年，亚马逊营收超过 1 000 亿美元，即将超过沃尔玛，成为世界最大的零售商。如同谷歌一样，亚马逊也要处理海量数据，只不过它处理的数据带有更强的电商倾向。每次，当消费者在亚马逊网站上搜索想看的电视节目或想买的产品时，亚马逊就会增加对该消费者的了解。基于消费者的搜索行为和产品购买行为，亚马逊就可以知道接下来应该为消费者推荐什么产品。

图 2-2　互联网零售商——亚马逊

亚马逊的聪明之处还远不止于此。它会在网站上持续不断地测试新的设计方案，从而找出转化率最高的方案。亚马逊网站上的某段页面文字只是碰巧出现的吗？其实，亚马逊整个网站的布局、字体大小、颜色、按钮以及其他所有设计，都是在经过多次审慎测试后的最优结果。

以尝试设计新按钮为例，这种测试的思路如下：首先随机选择少量（例如 5%）的用户，让他们看到新的按钮设计，如果这部分人的点击率高于对照用户，就逐渐提高新按钮覆盖的用户比例，并测试其表现的稳定性；在相当比例用户中，具有稳定性且更佳表现的新设计将会替代原有的设计。对于亚马逊这样的大型企业，即便是千分之一的用户，数量也非常可观。如果他们拿出 10%的流量用作测试，而每个基础测试只需要千分之一的用户量，就意味着亚马逊时时刻刻都可以测试上百个新算法和新设计的效果。国内阿里巴巴集团算法部门也使用类似的思路和技术进行效果测试。

数据驱动的方法并不仅限于以上领域。根据亚马逊一位前任员工的说法，亚马逊的企业文化就是冷冰冰的数据驱动文化。数据会告诉人们什么是有效的、什么是无效的，新的商业投资项目必须要有数据支撑。

对数据的长期关注使亚马逊能够以更低的价格提供更好的服务。消费者往往会直接去亚马逊网站搜索商品并进行购买，一些搜索引擎则完全被抛诸脑后。争夺消费者控制权这一战争的硝烟还在不断弥漫。如今，苹果、亚马逊、谷歌以及微软，这 4 家公认的巨头不仅在互联网上进行厮杀，还将其争斗延伸至移动领域。

随着消费者把越来越多的时间花费在手机和平板计算机等移动设备上，他们坐在计算机前的时间已经变得越来越少，因此，那些能成功地让消费者购买他们的移动设备的企业，将会在销售和获取消费者行为信息方面具备更大的优势。企业掌握的消费者群体和个体信息越多，它就越能更好地制定内容、广告和产品。

令人难以置信的是，从支撑新兴技术企业的基础设施到消费内容的移动设备，亚马逊的触角已触及到更为广阔的领域。亚马逊在几年前就预见了将作为电子商务平台基础结构的服务器和存储基础设施开放给其他人的价值。"亚马逊网络服务"（Amazon Web Service，AWS）是亚马逊公司知名的面向公众的云服务提供者，能为新兴企业和老牌公司提供可扩展的运算资源。虽然 AWS 成立的时间不长，但有分析者估计它每年的销售额超过 15 亿美元。

这种运算资源为企业开展大数据行动铺平了道路。当然，企业依然可以继续投资建立以私有云为形式的自有基础设施，而且很多企业还会这样做。但是如果企业想尽快利用额外的、可扩展的运算资源，它们还可以方便、快捷地在亚马逊的公共云上使用多个服务器。如今亚马逊引领潮流、备受瞩目，靠的不仅是它自己的网站和 Kindle Fire 之类的新移动设备，支持着数千个热门站点的基础设施同样功不可没。AWS 带来的结果是，大数据分析不再需要企业在 IT 上投入固定成本。如今，获取数据、分析数据都能够在云端简单、迅速地完成。换句话说，如今，企业有能力获取和分析大规模的数据。而在过去，它们则会因为无法存储而不得不抛弃它。

2.3 将信息变成一种竞争优势

AWS 类型的服务与 Hadoop 类型的开源技术相结合，意味着企业终于能够尝到信息技术在多年以前向世人所描绘的果实。

数十年来，人们对所谓的"信息技术"的关注一直偏重于其中的"技术"部分，首席信息官（CIO）的职责就是购买和管理服务器、存储设备和网络。而如今，信息以及对信息的分析、存储和预测的能力，正成为一种竞争优势，如图 2-3 所示。

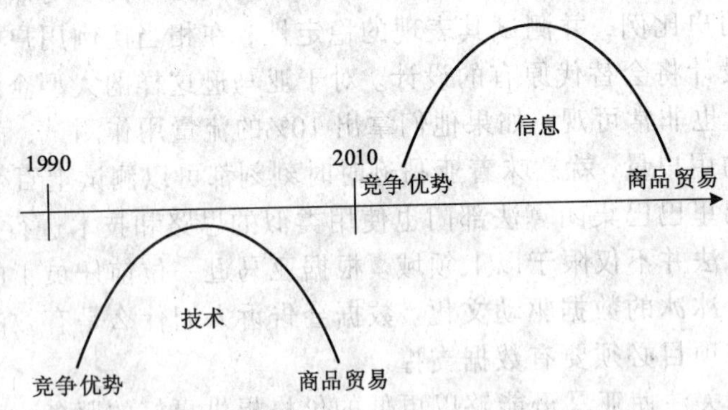

图 2-3 大数据将"信息技术"的焦点从"技术"转变为"信息"

信息技术刚刚兴起的时候，较早应用信息技术的企业能够更快地发展，超越他人。微软在 20 世纪 90 年代就树立并巩固了它的地位，这不仅得益于它开发了世界上应用最为广泛的操作系统，还在于当时它在公司内部将电子邮件作为标准的沟通机制。事实上，在许多企业仍在犹豫是否采用电子邮件的时候，电子邮件已经成为微软讨论招聘、产品决策、市场战略等事务的标准沟通机制。虽然群发电子邮件的交流在如今已是司空见惯，但在当时，这样的举措让微软较之其他未采用电子邮件的公司具有更多的速度和协作优势。

接受大数据并在不同的组织之间民主化地使用数据，将会给企业带来与之相似的优势。诸如谷歌这类企业已经从“数据民主”中获益。

通过将内部数据分析平台开放给所有跟自己公司相关的分析师、管理者和执行者，谷歌以及其他一些公司已经让组织中的所有成员都能提出跟商业有关的数据问题、获得答案并迅速行动。

过去的20年是信息技术的时代，接下来20年的主题仍会是信息技术。这些企业能够更快地处理数据，而公共数据资源和内部数据资源一体化将带来独特的洞见，使他们能够远远超越竞争对手。正如“大数据创新空间曲线”的创始人和首席技术官安德鲁·罗杰斯所言，“你分析数据的速度越快，它的预测价值就越大”。企业如今正在渐渐远离批量处理数据的方式（即先存储数据，之后再慢慢进行分析处理）而转向实时分析数据来获取竞争优势。

对于高管而言，好消息是：来自于大数据的信息优势不再只属于谷歌、亚马逊之类的大企业。Hadoop之类的开源技术让其他企业可以拥有同样的优势。无论是老牌财富100强企业还是新兴初创公司，都能够以合理的价格利用大数据来获得竞争优势。

2.3.1 数据价格与数据需求

与以往相比，大数据带来的颠覆不仅是可以获取和分析更多数据的能力，更重要的是，获取和分析等量数据的价格也正在显著下降。但是价格“蒸蒸日下”，需求却蒸蒸日上。这种略带讽刺的关系正如所谓的“杰文斯悖论”[①]一样。科技进步使存储和分析数据的方式变得更有效率，与此同时，公司也将对此做出更多的数据分析。简而言之，这就是为什么大数据能够带来商业上的颠覆性变化。

从亚马逊到谷歌，从IBM到惠普和微软，大量大型技术公司纷纷投身于大数据；而基于大数据解决方案，更多初创型企业如雨后春笋般涌现，提供基于云服务和开源的大数据解决方案。

大公司致力于横向的大数据解决方案，与此同时，小公司则以垂直行业的关键应用为重。有些产品可以优化销售效率，而有些产品则通过将不同渠道的营销业绩与实际的产品使用数据相联系，来为未来营销活动提供建议。这些大数据应用程序意味着小公司不必在内部开发或配备所有大数据技术；在大多数情况下，它们可以利用基于云端的服务来解决数据分析需求。

① 杰文斯悖论：19世纪经济学家杰文斯在研究煤炭的使用效率时发现，在提高煤的使用效率方面，原本以为效率的提高能满足人们对煤的需求，然而结果是，效率越高，消耗的煤就越多，煤炭总量就会更快耗竭，人们的需求无法得到满足。即技术进步可以提高自然资源的利用效率，但结果是增加而不是减少这种资源的需求，因为效率的改进会导致生产规模扩大。这就带来了一种技术进步、经济发展和环境保护之间的矛盾和悖论。公众对杰文斯悖论可能比较陌生，但事实上，这一悖论，大到对国家的发展，小到对普通民众的生活都有影响。

2.3.2 大数据应用程序的兴起

大数据应用程序在大数据空间掀起了又一轮波浪。投资者相继将大量资金投入到现有的基础设施中，又为 Hadoop 软件的商业供应商 Cloudera 等提供了投资。与此同时，企业并没有停留在大数据基础设施上，而是将重点转向了大数据的应用。

从历史上来说，企业必须利用自主生成的脚本文件来分析日志文件（一种由网络设备和 IT 系统中的服务器生成的文件），相对而言，这是一种人工处理程序。IT 管理员不仅要维护服务器、网络工作设备和软件的基础设施，还要建立自己的脚本工具，从而确定因这些系统所引发的问题的根源。这些系统会产生海量的数据；每当用户登录或访问一个文件时，一旦软件出现警告或显示错误，管理者就需要对这些数据进行处理，他们必须弄清楚究竟是怎么一回事。

有了大数据应用程序之后，企业不再需要自己动手创建工具。他们可以利用预先设置的应用程序从而专注于他们的业务经营。比如，利用 Splunk 公司（见图 2-4）的软件，可以搜索 IT 日志，并直观看到有关登录位置和频率的统计，进而轻松地找到基础设施存在的问题。当然，企业的软件主要是安装类软件，也就是说，它必须安装在客户的网站中。基于云端的大数据应用程序承诺，它们不会要求企业安装任何硬件或软件。在某些方面，它们可以被认为是软件即服务（Software as a Service，SaaS）后的下一个合乎逻辑的步骤。软件即服务是通过互联网向客户交付产品的一种新形式，现已经发展得较为完善。十几年前，客户关系管理（CRM）软件服务提供商 Salesforce 首先推出了“无软件”的概念，这一概念已经成为基于云计算的客户关系管理软件的事实标准，这种软件会帮助企业管理他们的客户列表和客户关系。

图 2-4 Splunk 公司

通过软件运营服务转化后，软件可以被随时随地地使用，企业几乎不需要对软件进行维护。大数据应用程序把着眼点放在这些软件存储的数据上，从而改变了这些软件公司的性质。换句话说，大数据应用程序具备将技术企业转化为“有价值的信息企业”的潜力。

例如，oPower 公司可以改变能量的消耗方式。通过与 75 家不同的公用事业企业合作，该公司可以追踪约 5 000 万美国家庭的能源消耗状况。该公司利用智能电表设备（一种追踪家庭能源使用的设备）中存储的数据，能为消费者提供能源消耗的具体报告。即使能源消耗数据出现一个小小的变动，也会对千家万户造成很大的影响。就像谷歌可以根据消费者在互联网上的行为追踪到海量的数据一样，oPower 公司也拥有大量的能源使用数据。这种数据最终会赋予 oPower 公司以及像 oPower 公司之类的公司截然不同的洞察力。目前该公司已经开始通过提供能源报告来继续建立其信息资产，这些数据资源和分析产品向我们展示了未来大数据商业的雏形。

然而，大数据应用程序不仅仅出现在技术世界里。在技术世界之外，企业还在不断研发更多的数据应用程序，这些程序将对人们的日常生活产生重大的影响。举例来说，有些产品会追踪与健康相关的指标并为人们提出建议，从而改善人类的行为。这类产品还能减少肥胖、提高生活质量、降低医疗成本。

2.3.3 实时响应、大数据用户的新要求

过去几年，大数据一直致力于以较低的成本采集、存储和分析数据，而未来几年，数据的访问将会加快。起初，在网站上点击按钮，却发现跳出来的是一个等待画面，而用户不得不等待交易的完成或报告的生成，这是一个令人沮丧的过程。2010 年，谷歌推出了 Google Instant，该产品可以在输入文本的同时就能看到搜索结果。通过引入该功能，一个典型用户在谷歌给出的结果中找到自己需要的页面的时间缩短为以前的 1/5~1/7。当这一程序刚刚被引进时，人们还在怀疑是否能够接受它。如今，人们早已习惯了这种程序。

数据分析师、经理及行政人员都希望能像谷歌一样用迅捷的洞察力来了解他们的业务。随着大数据用户对便捷性提出的要求越来越高，仅仅通过采用大数据技术已不能满足人们的需求。持续的竞争优势并非来自于大数据本身，而是更快的洞察信息的能力。Google Instant 这样的程序就向人们演示了“立即获得结果”的强大之处。

2.3.4 企业构建大数据战略

据 IBM 称：“我们每天都在创造大量的数据，大约是 2.5×10^{18} 字节——仅在过去两年间创造的数据就占世界数据总量的 90%。”据福雷斯特产业分析研究公司估计，企业数据的总量每年以 94%的增长率飙升。

在这样的高速增长之下，每个企业都需要一个大数据路线图，至少，企业应为获取数据制订一种战略，获取范围应从内部计算机系统的常规机器日志一直到线上的用户交互记录。即使企业当时并不知道这些数据有什么用，他们也要这样做，或许随后他们会突然发现这些数据的作用。正如罗杰斯所言，“数据所创造的价值远远高于最初的预期——千万不要随便将它们抛弃”。

企业还需要制订一个计划来应对数据的指数型增长。照片、即时信息以及电子邮件的数量非常庞大，而由手机、GPS 及其他设备构成的“传感器”所释放出的数据量甚至更大。在理想情况下，企业应让数据分析贯穿于整个组织，并尽可能地做到实时分析。通过观察谷歌、亚马逊和其他科技主导企业，可以看到大数据之下的种种机会。管理者需要做的就是往自己所在的组织中注入大数据战略。

成功运用大数据的企业往大数据世界中添加了一个更为重要的因素：大数据的所

有者。大数据的所有者是指首席数据官（CDO）或主管数据价值的副总裁。如果不了解数据意味着什么，世界上所有的数据对人们来说将毫无价值可言。拥有大数据所有者不仅能帮助企业进行正确的策略定位，还可以引导企业获取所需的洞察力。

谷歌和亚马逊这样的企业应用大数据进行决策已有多年，它们在数据处理上已经取得了不少成果。

2.4 大数据营销

行之有效的大数据交流需要同时具备愿景和执行两方面。愿景意味着诉说故事，让人们从中看到希望，受到鼓舞。执行则是指具体实现的商业价值，并提供数据支撑。

大数据还不能（至少现在还不能）明确产品的作用、购买人群以及产品传递的价值。因此，大数据营销由 3 个关键部分组成：愿景、价值以及执行。号称“世界上最大的书店”的亚马逊，“终极驾驶汽车”的宝马以及“开发者的好朋友”的谷歌，它们各自都有清晰的愿景。

但是单单愿景明确还不够，公司还必须有伴随着产品价值、作用以及具体购买人群的清晰表述。基于愿景和商业价值，公司能讲述个性化的品牌故事，吸引到它们大费周折才接触到的顾客、报道者、博文作者以及其他产业的成员。他们可以创造有效的博客、信息图表、在线研讨会、案例研究、特征对比以及其他营销材料，从而成功地支持营销活动——既可以帮助宣传，又可以支持销售团队销售产品。和其他形式的营销一样，内容也需要具备高度针对性。

即使这样，公司对自己的产品有了许多认识，但却未能在潜在顾客登录其网站时实现有效转换。通常，公司花费九牛二虎之力增加了网站的访问量，结果到了需要将潜在顾客转换为真正的顾客时，却一再出现问题。网站设计者可能将按钮放在非最佳位置上，可能为潜在顾客提供了太多可行性选择，或者建立的网站缺乏顾客所需的信息。当顾客想要下载或者购买公司的产品时，很容易产生各种不便。至于大数据营销，则与传统的营销方式没多大关系，其更注重创建一种无障碍的对话。通过开辟大数据对话，能将大数据的好处带给更为广泛的人群。

2.4.1 像媒体公司一样思考

大数据本身有助于提升对话。营销人员拥有的网站访客分析数据、故障通知单系统的顾客数据以及实际产品使用数据等，可以帮助他们理解营销投入如何转换为顾客行为，并由此建立良性循环。

随着杂志、报纸以及书籍等线下渠道广告投入持续下降，在线拓展顾客的新方法正不断涌现。谷歌仍然是在线广告行业的巨无霸，在线广告收入约占其总电子广告收入的 41.3%。同时，如社交网站、微信等社会化媒体不仅代表了新型营销渠道，也是新型数据源。现在，营销不仅仅是指在广告上投入资金，它意味着每个公司必须像一个媒体公司一样思考、行动。它不仅意味着运作广告营销活动以及优化搜索引擎列表，也包含了开发内容、分布内容以及衡量结果。大数据应用将源自所有渠道的数据汇集到一起，经过分析，做出下一步行动的预测——帮助营销人员制订更优的决策或者自

动执行决策。

2.4.2 营销面对新的机遇与挑战

据产业研究公司高德纳咨询公司称，到 2017 年，首席营销官（CMO）花费在信息技术上的时间将比首席信息官（CIO）还多。营销组织现在更加倾向于自行制订技术决策，IT 部门的参与也越来越少。越来越多的营销人员转而使用基于云端的产品以满足他们的需求。这是因为他们可以多次尝试，如果产品不能发挥效用，就直接抛弃掉。

过去，市场营销费用分三类：

（1）跑市场的人员成本。

（2）创建、运营以及衡量营销活动的成本。

（3）开展这些活动和管理所需的基础设施。

在生产实物产品的公司中，营销人员花钱树立品牌效应，并鼓励消费者采购。消费者采购的场所则包括零售商店、汽车经销店、电影院以及其他实际场所，此外还有网上商城（如亚马逊）。在出售技术产品的公司中，营销人员往往试图推动潜在客户直接访问他们的网站。例如，一家技术创业公司可能会购买谷歌关键词广告（出现在谷歌网站和所有谷歌出版合作伙伴的网站上的文字广告），希望人们会点击这些广告并访问他们的网站。在网站上，潜在客户可能会试用该公司的产品，或输入其联系信息以下载资料或观看视频，这些活动都有可能促成客户购买该公司的产品。

所有这些活动都会留下包含大量信息的电子记录，记录由此增长了 10 倍。营销人员从众多广告网络和媒体类型中选择了各种广告，他们也可能从客户与公司互动的多种方式中收集到数据。这些互动包括网上聊天会话、电话联系、网站访问量、顾客实际使用的产品的功能，甚至是特定视频的最为流行的某个片段等。从前公司营销系统需要创建和管理营销活动，跟踪业务，向客户收取费用，并提供服务支持的功能，公司通常采用安装企业软件解决方案的形式，但其花费昂贵且难以实施。IT 组织则需要购买硬件、软件和咨询服务，以使全套系统运行，从而支持市场营销、计费和客户服务业务。通过“软件即服务”模型（SaaS，又称“软营模式”），基于云计算的产品已经可以运行上述所有活动。企业不必购买硬件、安装软件、进行维护，便可以在网上获得最新和最优秀的市场营销、客户管理、计费和客户服务的解决方案。

如今，许多公司拥有的大量客户数据都存储在云中，包括企业网站、网站分析、网络广告花费、故障通知单等。很多与公司营销工作相关的内容（如新闻稿、新闻报道、网络研讨会、幻灯片放映以及其他形式的内容）也都在网上。公司在网上提供产品（如在线协作工具或网上支付系统），营销人员就可以通过用户统计和产业信息知道客户或潜在客户浏览过哪项内容。

现在营销人员的挑战和机遇在于将从所有活动中获得的数据汇集起来，使之产生价值。营销人员可以尝试将所有数据输入电子表格中，并做出分析，以确定哪些有效，哪些无用。但是，真正理解数据需要大量的分析。比如，某项新闻发布是否增加了网站访问量；某篇新闻文章是否带来了更多的销售线索；网站访问群体能否归为特定产业部分；什么内容对哪种访客有吸引力；网站上一个按钮移动位置又是否使公司的网站有了更高的顾客转化率。

营销人员的另一个问题是了解客户的价值，尤其是他们可以带来多少盈利。例如，一个客户只花费少量的钱却提出很多支持请求，可能就无利可图。然而，公司很难将故障通知单数据与产品使用数据联系起来，特定客户创造的财政收入信息与获得该客户的成本也不能直接挂钩。

2.4.3 自动化营销

大数据营销要合乎逻辑，不仅要将不同数据源整合到一起，为营销人员提供更佳的仪表盘和解析，还要利用大数据使营销实现自动化。然而，这颇为棘手，因为营销由两个不同的部分组成：创意和投递。

营销的创意部分以设计和内容创造的形式出现。例如，计算机可以显示出红色按钮还是绿色按钮、12 号字体还是 14 号字体可以为公司获得更高的顾客转换率。假如要运作一组潜在的广告，它也能分辨哪些最为有效。如果提供正确的数据，计算机甚至能针对特定的个人信息、文本或图像广告的某些元素进行优化。例如，广告优化系统可以将一条旅游广告个性化，将参观者的城市名称纳入其中。

从理论上来说，个人可以执行这种操作，但对于数以十亿计的人群来说，执行这种自定义根本就不可行，而这正是网络营销的专长。例如，谷歌平均每天服务的广告发布量将近 300 亿。大数据系统擅长处理的情况是：大量数据必须迅速处理，迅速发挥作用。

对此，一些解决方案应运而生，它们为客户行为自动建模以提供个性化广告。像 TellApart 公司（一项重新定位应用）这样的解决方案正在将客户数据的自动化分析与基于该数据展示相关广告的功能结合起来。TellApart 公司能识别离开零售商网站的购物者，当他们访问其他网站时，就向他们投递个性化的广告。这种个性化的广告将购物者带回到零售商的网站，通常能促成一笔交易。通过分析购物者的行为，TellApart 公司能够锁定高质量顾客的预期目标，同时排除根本不会购买的人群。

就营销而言，自动化系统主要涉及大规模广告投放和销售线索评分，即基于种种预定因素对潜在客户线索进行评分，比如线索源。这些活动很适合数据挖掘和自动化，因为它们的过程都定义明确，而具体决策有待制订（比如确定一条线索是否有价值）并且结果可以完全自动化（例如选择投放哪种广告）。

大量数据可用于帮助营销人员以及营销系统优化内容创造和投递方式。挑战在于如何使之发挥作用。社会化媒体科学家丹• 萨瑞拉已研究了数百万条文章，点“赞”以及分享，并且他还对转发量最多的文章关联词，发博客的最佳时间以及照片、文本、视频和链接的相对重要性进行了定量分析。大数据迎合机器的下一步将是大数据应用程序，将萨瑞拉这样的研究与自动化内容营销活动管理结合起来。

今后，我们将看到智能系统继续发展，遍及营销的方方面面：不仅是为线索评分，还将决定运作哪些营销活动以及何时运作，并且向每位访客呈现个性化的理想网站。营销软件不仅包括帮助人们更好地进行决策的仪表盘，而且，借助大数据，营销软件将可以用于运作营销活动并优化营销结果。

2.4.4 为营销创建高容量和高价值的内容

谈到为营销创建内容，大多数公司真正需要创建的内容有两种：高容量和高价值。比如，亚马逊有约 2.48 亿个页面存储在谷歌搜索索引中。这些页面被称为“长尾”。人们并不会经常浏览某个单独的页面，但如果有人搜索某一特定的条目，相关页面就会出现在搜索列表中。消费者搜索产品时，就很有可能看到亚马逊的页面。人类不可能将这些页面通过手动一一创建出来。相反，亚马逊却能为数以百万计的产品清单自动生成网页。创建的页面对单个产品以及类别页面进行描述，其中类别页面是多种产品的分类：例如一个耳机的页面上一般列出了所有耳机的类型，附上单独的耳机和耳机的文本介绍。当然，每一页都可以进行测试和优化。

亚马逊的优势在于，它不仅拥有庞大的产品库存（包括其自身的库存和亚马逊合作商户所列的库存），而且也拥有用户生成内容（以商品评论形式存在）的丰富资源库。亚马逊将巨大的大数据源、产品目录以及大量的用户生成内容结合起来。这使得亚马逊不但成为销售商的领导者，也成为了优质内容的一个主要来源。除了商品评论，亚马逊还有产品视频、照片（兼由亚马逊提供和用户自备）以及其他形式的内容。亚马逊从两方面收获这项回报：一是它很可能在搜索引擎的结果中被发现；二是用户认为亚马逊有优质内容（不只是优质产品）就直接登录亚马逊进行产品搜索，从而使顾客更有可能在其网站上购买。

按照传统标准来说，亚马逊并非媒体公司，但它实际上却已转变为媒体公司。就此而言，亚马逊也绝非独树一帜，商务社交网站领英也与其如出一辙。在很短的时间内，“今日领英”（LinkedIn Today）新闻整合服务已经发展成为一个强大的新营销渠道。它将商业社交网站转变为一个权威的内容来源，在这个过程中为网站的用户提供有价值的服务。

过去，当用户想和别人联系或开始搜索新工作时，就会频繁使用领英。“今日领英”新闻整合服务则通过来自网上的新闻和网站用户的更新，使网站更贴近日常生活。通过呈现与用户相关的内容（根据用户兴趣而定），领英比大多数传统媒体网站技高一筹。网站让用户回访的手段是每日发送电子邮件，其中包含了最新消息预览。领英已创建了一个大数据内容引擎，而这可以推动新的流量，确保现有用户回访并保持网站的高度吸引力。

2.4.5 内容营销

驱动产品需求和保持良好前景都与内容创作相关：博客文章、信息图表、视频、播客、幻灯片、网络研讨会、案例研究、电子邮件、信息以及其他材料，都是保持内容引擎运行的能源。

内容营销是指把和营销产品一样多的努力投入到为产品创建的内容的营销中。创建优质内容不再仅仅意味着为特定产品开发案例研究或产品说明书，也包括提供新闻故事、教育材料以及娱乐。

在教育方面，IBM 就有一个网上课程的完整组合。度假租赁网站 Airbnb（见图 2-5）创建了 Airbnb TV，以展示其在世界各个城市的房地产，当然，在这个过程中也展示了 Airbnb 本身。人们不能再局限于推销产品，还要重视内容营销，所以内容本身也必须引人注目。

图 2-5 Airbnb 服务

2.4.6 内容创作与众包

内容创作似乎是一个艰巨且耗资高昂的任务，但实际并非如此。众包是一种相对简单的方法，它能够将任务进行分配，生成对营销来讲非常重要的非结构化数据。许多公司早已使用众包来为搜索引擎优化（SEO）生成文章，这些文章可以帮助他们在搜索引擎中获得更高的排名。很多人将这样的内容众包与高容量、低价值的内容联系起来。但在今天，高容量、高价值的内容也可能使用众包。众包并不是取代内部内容开发，但它可以将之扩大。现在，各种各样的网站都提供众包服务。亚马逊土耳其机器人（AMT）经常被用于处理内容分类和内容过滤这样的任务，亚马逊自身使用 AMT 来确定产品描述是否与图片相符。其他公司连接 AMT 支持的编程接口，以提供特定垂直服务，如音频和视频转录。

类似 Freelancer.com 和 oDesk.com 这样的网站经常被用来查找软件工程师，或出于搜索引擎优化的目的创造大量低成本文章。而像 99designs 和 Behance 这样的网站则帮助创意专业人士（如平面设计师）展示其作品，内容买家也可以让排队的设计者提供创意作品。同时，跑腿网站跑腿兔（TaskRabbit）这样的公司正在将众包服务应用到线下，例如送外卖、商场内部清洗以及看管宠物等。

专门为网络营销而创造的相对较低价值内容与高价值内容之间的主要区别是后者的权威性。低价值内容往往为搜索引擎提供优质素材，以一篇文章的形式捕捉特定关键词的搜索。相反，高价值内容往往读取或显示更多的专业新闻、教育以及娱乐内容。博客文章、案例研究、思想领导力文章、技术评论、信息图表和视频访谈等都属于这一类。这种内容也正是人们想要分享的类型。此外，如果观众知道你拥有新鲜、有趣的内容，他们就更有理由频繁回访你的网站，也更有可能对你的产品进行持续关注。

这种内容的关键是，它必须具有新闻价值、教育意义或娱乐性，或三者兼具。对于正努力提供这种内容的公司来说，好消息就是众包使之变得比以往任何时候都更容易。

众包服务可以借由类似 99designs 网站这样的网站形式实现，但并不是必需的。只要为内容分发网络提供一个网络架构，就可以插入众包服务，生成内容。例如，可以为自己的网站创建一个博客，编写自己的博客文章；也可以发布贡献者的文章，比如客户和行业专家所撰写的文章。

如果为自己的网站创建了一个 TV 部分，就可以发布视频，包括自己创作的视频集、源自其他网站（如 YouTube）的视频以及通过众包服务创造的视频。视频制作者可以是自己的员工、承包商或行业专家，他们可以进行自我采访。也可以以大致相同的方式，对网络研讨会和网络广播进行众包。只需查找为其他网站贡献内容的人，再联系他们，看他们是否有兴趣加入你的网站即可。使用众包是保持高价值内容生产机器持续运作的有效方式，它只需一个内容策划人或内容经理对这个过程进行管理即可。

2.4.7 用投资回报率评价营销效果

内容创作的另一方面就是分析所有非结构化内容，从而了解它。计算机使用自然语言处理和机器学习算法来理解非结构化文本。这种大数据分析被称为“情绪分析”或“意见挖掘”。通过评估人们在线发布的论坛帖子、微信以及其他形式的文本，计算机可以判断消费者关注品牌的正面影响还是负面影响。

然而，尽管出于营销目的的数字媒体得以迅速普及，但是营销测量的投资回报率（ROI）仍然会出现惊人误差。根据一项对 243 位首席营销官和其他高管所做的调查显示，57%的营销人员制订预算时不采取计算投资回报率的方法。约 68%的受访者表示，他们基于以往的开支水平制订预算，28%的受访者表示依靠直觉，而 7%的受访者表示其营销支出决策不基于任何数据记录。

最先进的营销人员将大数据的力量应用到工作当中——从营销工作中排除不可预测的部分，并继续推动其营销。工作数据化，而其他人将继续依赖于传统的指标（如品牌知名度）或根本没有衡量方法。这意味着两者之间的差距将日益扩大。

营销的核心将仍是创意。最优秀的营销人员将使用大数据优化发送的每封电子邮件、撰写的每一篇博客文章以及制作的每一个视频。最终，营销的每一部分将借助算法变得更好，例如确定合适的营销主题或时间。正如现在华尔街大量的交易都是由金融工程师完成的一样，营销的很大一部分工作也将以相同的方式自动完成。创意将选择整体策略，但金融工程师将负责运作及执行。

当然，优秀的营销不能替代优质的产品。大数据可以帮助人们更有效地争取潜在客户，它可以帮助人们更好地了解顾客以及他们的消费数额。它还可以帮人们优化网站，这样，一旦引起潜在客户的注意，将他们转换为客户的可能性就更大。但是，在这样一个时代，评论以百万条计算，消息四处蔓延，单单靠优秀的营销是不够的，提供优质的产品仍然是首要任务。

【延伸阅读】 大数据企业的缩影——谷歌（Google）

谷歌（Google Inc.）创建于 1998 年 9 月，是美国的一家跨国科技企业（见图 2-6），致力于互联网搜索、云计算、广告技术等领域，开发并提供大量基于互联网的产品与服务，主要利润来自于 AdWords 等广告服务。

谷歌由在斯坦福大学攻读理工博士的拉里·佩奇和谢尔盖·布林共同创建，因此两人也被称为 Google Guys（家伙）。创始之初，Google 官方的公司使命为“集成全球范围的信息，使人人皆可访问并从中受益”。谷歌公司的总部称为 Googleplex，位于美国加州圣克拉拉县的芒廷维尤。2011 年 4 月，佩奇接替施密特担任首席执行官。2015 年 3 月 28 日，谷歌和强生达成战略合作，联合开发能够做外科手术的机器人；10 月 20 日，谷歌表示已向羽扇智（Mobvoi Inc.）展开投资；12 月谷歌位列《全球最具创新力企业报告》前三名。

图 2-6　Google（谷歌）总部

谷歌搜索引擎就是大数据的缩影，这是一个用来在互联网上搜索信息的简单快捷的工具，使用户能够访问一个包含超过 80 亿个网址的索引。谷歌坚持不懈地对其搜索功能进行革新，始终保持着自己在搜索领域的领先地位。据调查结果显示，仅一个月内，谷歌处理的搜索请求就会高达 122 亿次。

除了存储搜索结果中出现的网站链接外，谷歌还存储人们的所有搜索行为，这就使谷歌能以惊人的洞察力掌握搜索行为的时间、内容以及它们是如何进行的。这些对数据的洞察力意味着谷歌可以优化其广告，使之从网络流量中获益，这是其他公司所不能企及的。另外，谷歌不仅可以追踪人的行为，还可以预测人们接下来会采取怎样的行动。换句话说，在你行动之前，谷歌就已经知道你在寻找什么了。这种对大量的人机数据进行捕捉、存储和分析，并根据这些数据做出预测的能力，就是通常所说的大数据。

资料来源：相欣，腾讯科技，作者进行适当修改

【实验与思考】 大数据营销的优势与核心内涵

“实验与思考”的目的：

（1）熟悉世界级大数据企业谷歌、亚马逊、领英等的大数据行动。

（2）了解大数据营销的主要方法。

1．工具/准备工作

在开始本实验之前，请认真阅读课程的相关内容。

需要准备一台带有浏览器，能够访问因特网的计算机。

2．实验内容与步骤

阅读课文，请思考、分析并简单记录：

（1）谷歌是一家国际化的重要的大数据企业。请通过网络搜索，了解在大数据业务方面，谷歌公司的主要优势有哪些。

答：____

____

____

（2）在谷歌琳琅满目的先进技术中，你特别感兴趣的有哪些？

答：____

____

____

（3）除了谷歌，你还知道哪些重量级的国际化大数据企业？

答：____

____

____

（4）互联网零售商亚马逊是大数据应用的领先企业，同时也是一个推行大数据的大型技术公司，亚马逊是如何成为世界级大数据技术企业的？

答：____

____

____

（5）请仔细阅读本书 2.4 节，研究并简述：大数据营销的优势和核心内容是什么。

答：____

____

____

____

____

____

（6）搜索并浏览商业社交网站领英（LinkedIn），了解该网站是如何在世界范围内开展职场服务的？领英与微信等社交网站有什么不同？

答：____

____

____

____

____

3．实验总结

答：

4．实验评价（教师）

第3章 大数据时代思维变革

人类使用数据已经有相当长一段时间了，无论是日常进行的大量非正式观察，还是过去几个世纪以来在专业层面上用高级算法进行的量化研究，都与数据有关。

在数字化时代，数据处理变得更加容易、更加快速，人们能够在瞬间处理成千上万的数据。而“大数据”全在于发现和理解信息内容及信息与信息之间的关系。

实际上，大数据的精髓在于分析信息时的3个转变，这些转变将改变人们理解和组建社会的方法，这3个转变是相互联系和相互作用的。

3.1 转变之一：样本=总体

第一个转变就是，在大数据时代，我们可以分析更多的数据，有时候甚至可以处理和某个特别现象相关的所有数据，而不再是只依赖于随机采样。19世纪以来，当面临大量数据时，社会都依赖于采样分析。但是，采样分析是信息缺乏时代和信息流通受限制的模拟数据时代的产物。以前人们通常把这看成是理所当然的限制，但高性能数字技术的流行让人们意识到，这其实是一种人为的限制。与局限在小数据范围相比，使用一切数据为人们带来了更高的精确性，也让人们看到了一些以前无法发现的细节——大数据让人们更清楚地看到了样本无法揭示的细节信息。

很长时间以来，因为记录、存储和分析数据的工具不够好，为了让分析变得简单，人们会把数据量缩减到最少，人们依据少量数据进行分析，而准确分析大量数据一直都是一种挑战。如今，信息技术的条件已经有了非常大的提高，虽然人类可以处理的数据依然是有限的，但是可以处理的数据量已经大大地增加，而且未来会越来越多。

在某些方面，人们依然没有完全意识到自己拥有了能够收集和处理更大规模数据的能力，还是在信息匮乏的假设下做很多事情，假定自己只能收集到少量信息。这是一个自我实现的过程。人们甚至发展了一些使用尽可能少的信息的技术。例如，统计学的一个目的就是用尽可能少的数据来证实尽可能重大的发现。事实上，我们形成了一种习惯，那就是在制度、处理过程和激励机制中尽可能地减少数据的使用。

3.1.1 小数据时代的随机采样

数千年来，政府一直都试图通过收集信息来管理国民，只是到最近，小企业和个人才有可能拥有大规模收集和分类数据的能力，而此前，大规模的计数则是政府的事情。

以人口普查为例，据说古代埃及曾进行过人口普查，《旧约》和《新约》 中对此都有所提及。那次由奥古斯都恺撒[①]（见图 3-1）主导实施的人口普查，提出了“每个人都必须纳税”。

图 3-1　奥古斯都恺撒

1086 年的《末日审判书》对当时英国的人口、土地和财产做了一个前所未有的全面记载。皇家委员穿越整个国家对每个人、每件事都做了记载。然而，人口普查是一项耗资且费时的事情，尽管如此，当时收集的信息也只是一个大概情况，实施人口普查的人也知道他们不可能准确记录下每个人的信息。实际上，“人口普查”这个词来源于拉丁语的 censere，本意就是推测、估算。

三百多年前，一个名叫约翰·格朗特的英国缝纫用品商提出了一个很有新意的方法，来推算出鼠疫时期[②]伦敦的人口数，这种方法就是后来的统计学。这种方法不需要一个人一个人地计算。虽然这种方法比较粗糙，但采用这种方法，人们可以利用少量有用的样本信息来获取人口的整体情况。虽然后来证实他能够得出正确的数据仅仅是因为运气好，但在当时他的方法大受欢迎。样本分析法一直都有较大的漏洞，因此，无论是进行人口普查还是其他大数据类的任务，人们还是一直使用清点这种“野蛮”的方法。

考虑到人口普查的复杂性以及耗时耗费的特点，政府极少进行普查。古罗马在拥有数十万人口的时候每 5 年普查一次。美国宪法规定每 10 年进行一次人口普查，而随着国家人口越来越多，只能以百万计数。但是到 19 世纪为止，即使这样不频繁的人口普查依然很困难，因为数据变化的速度超过了人口普查局统计分析的能力。

① 盖乌斯·屋大维～全名盖乌斯·尤里乌斯·恺撒·奥古斯都（前 63 年 9 月 23 日——前 14 年 8 月 19 日），原名盖乌斯·屋大维·图里努斯，罗马帝国的开国君主，元首政制的创始人，统治罗马长达 43 年，是世界历史上最为重要的人物之一。他是恺撒的甥孙，公元前 44 年被恺撒收为养子并指定为继承人，恺撒被刺后登上政治舞台。公元前 1 世纪，他平息了企图分裂罗马共和国的内战，被元老院赐封为“奥古斯都”，并改组罗马政府，给罗马世界带来了两个世纪的和平与繁荣。公元前 14 年 8 月，在他去世后，罗马元老院决定将他列入“神”的行列。

② 鼠疫时期：鼠疫也称黑死病，它第一次袭击英国是在 1348 年，此后断断续续延续了 300 多年，当时英国有近 1/3 的人口死于鼠疫。到 1665 年，这场鼠疫肆虐了整个欧洲，几近疯狂。仅伦敦地区，就死亡六七万人以上。1665 年的 6 月至 8 月的仅仅 3 个月内，伦敦的人口就减少了十分之一。到 1665 年 8 月，每周死亡达 2 000 人，9 月竟达 8 000 人。鼠疫由伦敦向外蔓延，英国王室逃出伦敦，市内的富人也携家带口匆匆出逃，居民纷纷用马车装载着行李，疏散到了乡间。

中国的人口调查有近 4 000 年的历史，留下了丰富的人口史料。但是，在封建制度下，历代政府都是为了征税、抽丁等才进行人口调查，因而隐瞒匿报人口的现象十分严重，调查统计的口径也很不一致。具有近代意义的人口普查，在 1949 年以前有过两次：① 清宣统元年（1909）进行的人口清查；② 民国 17 年（1928）国民政府试行的全国人口调查。前者多数省仅调查户数而无人口数，推算出当时中国人口约为 3.7 亿多人，包括边民户数总计约为 4 亿人口。后者只规定调查常住人口，没有规定标准时间。经过 3 年时间，也只对 13 个省进行了调查，其他未调查的省的人数只进行了估算。调查加估算的结果，全国人口约为 4.75 亿人。

新中国成立后，先后于 1953、1964 和 1982 年举行过 3 次人口普查。1990 年人口普查是第 4 次全国人口普查。前 3 次人口普查是不定期进行的，自 1990 年开始改为定期进行。根据《中华人民共和国统计法实施细则》和国务院的决定以及国务院 2010 年颁布的《全国人口普查条例》规定，人口普查每 10 年进行一次，尾数逢 0 的年份为普查年度，如图 3-2 所示。两次普查之间，进行一次简易人口普查。2020 年为第七次全国人口普查时间。

图 3-2 中国人口普查

新中国第一次人口普查的标准时间是 1953 年 6 月 30 日 24 时，所谓人口普查的标准时间，就是规定一个时间点，无论普查员入户登记在哪一天进行，登记的人口及其各种特征都是反映那个时间点上的情况。根据上述规定，不管普查员在哪天进行入户登记，普查对象所申报的都应该是标准时间的情况。通过这个标准时间，所有普查员普查登记完成后，经过汇总就可以得到全国人口的总数和各种人口状况的数据。1953 年 11 月 1 日发布了人口普查的主要数据，当时全国人口总数为 601 938 035 人。

第六次人口普查的标准时间是 2010 年 11 月 1 日零时。2011 年 4 月，发布了第六次全国人口普查主要数据。此次人口普查登记的全国总人口为 1370536875 人。

美国在 1880 年进行的人口普查，耗时 8 年才完成数据汇总。因此，他们获得的很多数据都是过时的。1890 年进行的人口普查，预计要花费 13 年的时间来汇总数据。然而，因为税收分摊和国会代表人数确定都是建立在人口的基础上的，必须获得正确且及时的数据。很明显，当人们被数据淹没的时候，已有的数据处理工具已经难以应付了，所以就需要有新技术。后来，美国人口普查局就和美国发明家赫尔曼·霍尔瑞斯（被称为现代自动计算之父）签订了一个协议，用他的穿孔卡片制表机（见图 3-3）来完成 1890 年的人口普查。

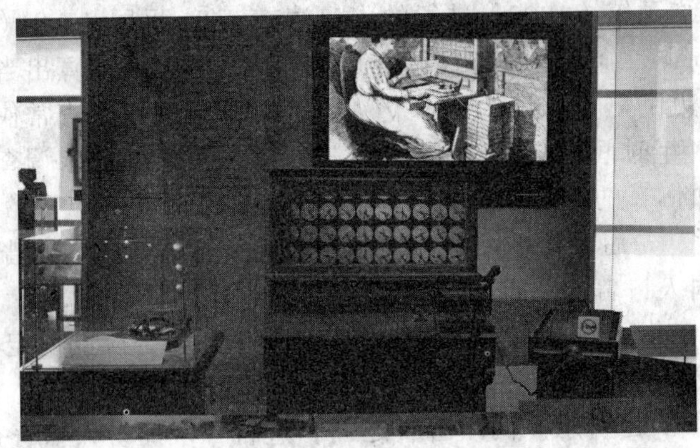

图 3-3　霍尔瑞斯普查机

经过大量的努力，霍尔瑞斯成功地在1年时间内完成了人口普查的数据汇总工作。这简直就是一个奇迹，它标志着自动处理数据的开端，也为后来 IBM 公司的成立奠定了基础。但是，将其作为收集处理大数据的方法依然过于昂贵。毕竟，每个美国人都必须填一张可制成穿孔卡片的表格，然后再进行统计。这么麻烦的情况下，很难想象如果不足十年就要进行一次人口普查应该怎么办。对于一个跨越式发展的国家而言，十年一次的人口普查的滞后性已经让普查失去了大部分意义。

这就是问题所在，是利用所有的数据还是仅仅采用一部分呢？最明智的自然是得到有关被分析事物的所有数据，但是当数量无比庞大时，这又不太现实。那如何选择样本呢？有人提出有目的地选择最具代表性的样本是最恰当的方法。1934 年，波兰统计学家耶日·奈曼指出，这只会导致更多更大的漏洞。事实证明，问题的关键是选择样本时的随机性。

统计学家证明：采样分析的精确性随着采样随机性的增加而大幅提高，但与样本数量的增加关系不大。虽然听起来很不可思议，但事实上，研究表明，当样本数量达到了某个值之后，从新个体身上得到的信息会越来越少，就如同经济学中的边际效应递减一样。

认为样本选择的随机性比样本数量更重要，这种观点是非常有见地的。这种观点为人们开辟了一条收集信息的新道路。通过收集随机样本，可以用较少的花费做出高精准度的推断。因此，政府每年都可以用随机采样的方法进行小规模的人口普查，而不是只能每十年进行一次。事实上，政府也这样做了。例如，除了十年一次的人口大普查，美国人口普查局每年都会用随机采样的方法对经济和人口进行 200 多次小规模的调查。当收集和分析数据都不容易时，随机采样就成为应对信息采集困难的办法。

在商业领域，随机采样被用来监管商品质量。这使得监管商品质量和提升商品品质变得更容易，花费也更少。以前，全面的质量监管要求对生产出来的每个产品进行检查，而现在只需从一批商品中随机抽取部分样品进行检查就可以了。本质上来说，随机采样让大数据问题变得更加切实可行。同理，它将客户调查引进了零售行业，将焦点讨论引进了政治界，也将许多人文问题变成了社会科学问题。

随机采样取得了巨大的成功，成为现代社会、现代测量领域的主心骨。但这只是一条捷径，是在不可收集和分析全部数据的情况下的选择，它本身存在许多固有的缺陷。它的成功依赖于采样的绝对随机性，但是实现采样的随机性非常困难。一旦采样过程中存在任何偏见，分析结果就会相去甚远。

在美国总统大选中，以固定电话用户为基础进行投票民调就面临了这样的问题，采样缺乏随机性，因为没有考虑到只使用移动电话的用户——这些用户一般更年轻和更热爱自由，不考虑这些用户，自然就得不到正确的预测。2008 年，在奥巴马与麦凯恩之间进行的美国总统大选中，盖洛普咨询公司、皮尤研究中心、美国广播公司和《华盛顿邮报》社这些主要的民调组织都发现，如果不把移动用户考虑进来，民意测试的结果就会出现 3 个点的偏差，而一旦考虑进来，偏差就只有一个点。鉴于这次大选的票数差距极其微弱，这已经是非常大的偏差了。

更糟糕的是，随机采样不适合考察子类别的情况。因为一旦继续细分，随机采样结果的错误率会大大增加。因此，当人们想了解更深层次的细分领域的情况时，随机采样的方法就不可取了。在宏观领域起作用的方法在微观领域失去了作用。随机采样就像是模拟照片打印，远看很不错，但是一旦聚焦某个点，就会变得模糊不清。

随机采样也需要严密的安排和执行。人们只能从采样数据中得出事先设计好的问题的结果。所以虽说随机采样是一条捷径，但它并不适用于一切情况，因为这种调查结果缺乏延展性，即调查得出的数据不可以重新分析以实现计划之外的目的。

3.1.2 全数据模式：样本=总体

采样的目的是用最少的数据得到最多的信息，而当人们可以获得海量数据的时候，它就没有什么意义了。如今，计算和制表不再像过去一样困难。感应器、手机导航、网站点击和微信等被动地收集了大量数据，而计算机可以轻易地对这些数据进行处理。但是，数据处理技术已经发生了翻天覆地的改变，但人们的方法和思维却没有跟上这种改变。

采样忽视细节考察的缺陷现在越来越难以被忽视。在很多领域，从收集部分数据到收集尽可能多的数据的转变已经发生了。如果可能，人们会收集所有的数据，即“样本=总体”。

“样本=总体”是指人们能对数据进行深度探讨。在上面提到的有关采样的例子中，用采样的方法分析情况，正确率可达 97%。对于某些事物来说，3%的错误率是可以接受的，但是无法得到一些微观细节的信息，甚至还会失去对某些特定子类别进行进一步研究的能力。我们不能满足于正态分布一般中庸平凡的景象，生活中有很多事情经常藏匿在细节之中，而采样分析法却无法捕捉到这些细节。

谷歌流感趋势预测不是依赖于随机样本，而是分析了全美国几十亿条互联网检索记录。分析整个数据库，而不是对一个小样本进行分析，能够提高微观层面分析的准确性，甚至能够推测出某个特定城市的流感状况。所以，现在经常会放弃样本分析这条捷径，选择收集全面而完整的数据。我们需要足够的数据处理和存储能力，也需要最先进的分析技术。同时，简单廉价的数据收集方法也很重要。过去，这些问题中的任何一个都很棘手。在一个资源有限的时代，要解决这些问题需要付出很高的代价。但是现在，解决这些难题已经变得简单容易得多。曾经只有大公司才能做到的事情，现在绝大部分公司都可以做到。

通过使用所有的数据，我们可以发现原本可能会在大量数据中淹没掉的情况。例如，信用卡诈骗是通过观察异常情况来识别的，只有掌握了所有的数据才能做到这一点。在这种情况下，异常值是最有用的信息，可以把它与正常交易情况进行对比。这是一个大数据问题，而且，因为交易是即时的，所以数据分析也应该是即时的。

然而，使用所有的数据并不代表这是一项艰巨的任务。大数据中的“大”不是绝对意义上的大，虽然在大多数情况下是这个意思。谷歌流感趋势预测建立在数亿的数学模型上，而它们又建立在数十亿数据节点的基础之上。完整的人体基因组有约 30 亿个碱基对。但这只是单纯的数据节点的绝对数量，不代表它们就是大数据。大数据是指不用随机分析法这样的捷径，而采用所有数据的方法。谷歌流感趋势和乔布斯的医生们采取的就是大数据的方法。

因为大数据是建立在掌握所有数据，至少是尽可能多的数据的基础上的，所以人们就可以正确地考察细节并进行新的分析。在任何细微的层面，都可以用大数据去论证新的假设。是大数据让人们发现了流感的传播区域和对抗癌症需要针对的那部分 DNA。它让人们能清楚分析微观层面的情况。

当然，有些时候人们还是可以使用样本分析法，毕竟人们仍然活在一个资源有限的时代。但是更多时候，利用手中掌握的所有数据成为了最好也是可行的选择。

社会科学是被“样本=总体”撼动得最厉害的学科。随着大数据分析取代了样本分析，社会科学不再单纯依赖于分析实证数据。这门学科过去曾非常依赖样本分析、研究和调查问卷。当记录下来的是人们的平常状态时，也就不用担心在做研究和调查问卷时存在的偏见了。现在，人们可以收集过去无法收集到的信息，不管是通过移动电话表现出的关系，还是通过推特信息表现出的感情。更重要的是，人们现在也不再依赖抽样调查了。

人们总是习惯把统计抽样看作文明得以建立的牢固基石，就如同几何学定理和万有引力定律一样。但是，统计抽样其实只是为了在技术受限的特定时期，解决当时存在的一些特定问题而产生的，其历史尚不足一百年。如今，技术环境已经有了很大的改善。在大数据时代进行抽样分析就像是在汽车时代骑马一样。在某些特定的情况下，人们依然可以使用样本分析法，但这不再是人们分析数据的主要方式。慢慢地，人们会完全抛弃样本分析。

3.2 转变之二：接受数据的混杂性

第二个转变就是，研究数据如此之多，以至于人们不再热衷于追求精确度。当我们测量事物的能力受限时，关注最重要的事情和获取最精确的结果是可取的。直到今天，数字技术依然建立在精准的基础上。假设只要电子数据表格把数据排序，数据库引擎就可以找出和检索的内容完全一致的检索记录。

这种思维方式适用于掌握“小数据量”的情况，因为需要分析的数据很少，所以必须尽可能精准地量化人们的记录。在某些方面，人们已经意识到了差别。例如，一个小商店在晚上打烊的时候要把收银台里的每分钱都数清楚，但是我们不会、也不可能用“分”这个单位去精确度量国民生产总值。

达到精确需要有专业的数据库。针对小数据量和特定事情，追求精确性依然是可行的，比如一个人的银行账户上是否有足够的钱开具支票。但是，在这个大数据时代，很多时候，追求精确度已经变得不可行，甚至不受欢迎。当人们拥有海量即时数据时，绝对的精准不再是人们追求的主要目标。大数据纷繁多样，优劣掺杂，分布在全球多个服务器上。拥有了大数据，我们不再需要对一个现象刨根究底，只要掌握大体的发展方向即可。当然，我们也不是完全放弃了精确度，只是不再沉迷于此。适当忽略微观层面上的精确度会让人们在宏观层面拥有更好的洞察力。

3.2.1 允许不精确

对“小数据”而言，最基本、最重要的要求就是减少错误，保证质量。因为收集的信息量比较少，所以必须确保记录下来的数据尽量精确。无论是确定天体的位置还是观测显微镜下物体的大小，为了使结果更加准确，很多科学家都致力于优化测量的工具。在采样的时候，对精确度的要求就更高更苛刻了。因为收集信息的有限意味着细微的错误会被放大，甚至有可能影响整个结果的准确性。

历史上很多时候，人们会把通过测量世界来征服世界视为最大的成就。事实上，对精确度的高要求始于 13 世纪中期的欧洲。那时候，天文学家和学者对时间、空间的研究采取了比以往更为精确的量化方式，用历史学家阿尔弗雷德·克罗斯比的话来说就是“测量现实”。后来，测量方法逐渐被运用到科学观察、解释方法中，体现为一种进行量化研究、记录，并呈现可重复结果的能力。伟大的物理学家开尔文男爵曾说过：“测量就是认知。”这已成为一条至理名言。同时，很多数学家以及后来的精算师和会计师都发展了可以准确收集、记录和管理数据的方法。

然而，在不断涌现的新情况里，允许不精确地出现已经成为一个亮点，而非缺点。因为放松了容错的标准，人们掌握的数据也多了起来，还可以利用这些数据做更多新的事情。这样就不是大量数据优于少量数据那么简单了，而是大量数据创造了更好的结果。

同时，我们需要与各种各样的混乱做斗争。混乱，简单地说就是随着数据的增加，错误率也会相应增加。所以，如果桥梁的压力数据量增加 1 000 倍，其中的部分读数就可能是错误的，而且随着读数量的增加，错误率可能也会继续增加。在整合来源不同的各类信息的时候，因为它们通常不完全一致，所以也会加大混乱程度。

混乱还可以指格式的不一致性，因为要达到格式一致，就需要在进行数据处理之前仔细地清洗数据，而这在大数据背景下很难做到。例如，I.B.M.、T.J. Watson Labs、International Business Machines 都可以用来指代 IBM，甚至可能有成千上万种方法称呼 IBM。

当然，在萃取或处理数据的时候，混乱也会发生。因为在进行数据转化的时候，我们是在把它变成另外的事物。比如，假设要测量一个葡萄园的温度①，但是整个葡萄园只有一个温度测量仪，就必须确保这个测量仪是精确的，而且能够一直工作。反过来，如果每 100 棵葡萄树就有一个测量仪，有些测试的数据可能会是错误的，可能会更加混乱，但众多的读数合起来就可以提供一个更加准确的结果。因为这里面包含了更多的数据，而它不仅能抵消掉错误数据造成的影响，还能提供更多的额外价值。

再来想想增加读数频率的这个事情。如果每隔一分钟就测量一下温度，至少还能够保证测量结果是按照时间有序排列的。如果变成每分钟测量十次甚至百次，不仅读数可能出错，连时间先后都可能搞混。试想，如果信息在网络中流动，那么一条记录很可能在传输过程中被延迟，在其到达的时候已经没有意义了，甚至干脆在奔涌的信息洪流中彻底迷失。虽然人们得到的信息不再那么准确，但收集到的数量庞大的信息让人们放弃严格精确的选择变得更为划算。

可见，为了获得更广泛的数据而牺牲了精确性，也因此看到了很多如若不然无法被关注到的细节。或者，为了高频率而放弃了精确性，结果观察到了一些本可能被错过的变化。虽然如果人们能够下足够多的功夫，这些错误是可以避免的，但在很多情况下，与致力于避免错误相比，对错误的包容会带给人们更多好处。

“大数据”通常用概率说话。人们可以在大量数据对计算机其他领域进步的重要性上看到类似的变化。例如，摩尔定律所预测的，过去一段时间里计算机的数据处理能力得到了很大的提高。摩尔定律认为，每块芯片上晶体管的数量每两年就会翻一倍。这使得计算机运行更快速了，存储空间更大了。大家没有意识到的是，驱动各类系统的算法也进步了，有报告显示，在很多领域这些算法带来的进步还要胜过芯片的进步。然而，社会从“大数据”中所能得到的，并非来自运行更快的芯片或更好的算法，而是更多的数据。

由于象棋的规则家喻户晓，且走子限制良多，在过去的几十年里，象棋算法的变化很小。计算机象棋程序总是步步为营是由于对残局掌握得更好了，而之所以能做到这一点也只是因为往系统里加入了更多的数据。实际上，当棋盘上只剩下六枚棋子或更少的时候，这个残局得到了全面的分析，并且接下来所有可能的走法（样本=总体）都被制入了一个庞大的数据表格。这个数据表格如果不压缩，会有 1 TB 那么多。所以，计算机在这些重要的象棋残局中表现得完美无缺和不可战胜。

大数据在多大程度上优于算法，这个问题在自然语言处理上表现得很明显（这是关于计算机如何学习和领悟人们在日常生活中使用语言的学科方向）。2000 年，微软研究中心的米歇尔·班科和埃里克·布里尔一直在寻求改进 Word 程序中语法检查的方法。但是他们不能确定是努力改进现有的算法、研发新的方法，还是添加更加细腻

---

① 温度是葡萄生长发育的重要因素。葡萄是温带植物，对热量要求高，但不同发育阶段对温度的要求不同。当气温升到 10℃以上时，欧洲品种先开始萌芽。新梢生长的最适温度为 25～30℃；开花期的最适温度为 20～28℃，品种间稍有差异，夜间最低温不低于 14℃，否则授粉受精不良；浆果生长不低于 20℃，低于 20℃，浆果生长缓慢，成熟期推迟；果实成熟期为 25～30℃，当低于 14℃时不能正常成熟，成熟期的昼夜温差应大于 10℃，这样有利于糖分的积累和品质的提高。生长期温度高于 40℃，对葡萄会造成伤害。零下 5℃以下低温根部会受冻。葡萄的生长发育还受大于 10℃以上活动积温的影响。不同成熟期的品种对活动积温的要求不同。在露地条件下，寒冷地区由于活动积温量低，晚熟和极晚熟品种不能正常成熟，只能栽植早熟和中熟品种。在温室条件下可不受此限制。

精致的特点更有效。所以，在实施这些措施之前，他们决定往现有的算法中添加更多的数据，看看会有什么不同的变化。很多对计算机学习算法的研究都建立在百万字左右的语料库基础上。最后，他们决定往4种常见的算法中逐渐添加数据，先是一千万字，再到一亿字，最后到十亿字。

结果有点令人吃惊。他们发现，随着数据的增多，4种算法的表现都大幅提高了。当数据只有500万的时候，有一种简单的算法表现得很差，但当数据达10亿的时候，它变成了表现最好的，准确率从原来的75%提高到了95%以上。与之相反，在少量数据情况下运行得最好的算法，当加入更多的数据时，也会像其他的算法一样有所提高，但是却变成了在大量数据条件下运行得最不好的。它的准确率会从86%提高到94%。

后来，班科和布里尔在他们发表的研究论文中写到，“如此一来，我们得重新衡量一下更多的人力物力是应该消耗在算法发展上还是在语料库发展上。”

3.2.2 大数据的简单算法与小数据的复杂算法

20世纪40年代，计算机由真空管制成，要占据整个房间这么大的空间。而机器翻译也只是计算机开发人员的一个想法。所以，计算机翻译也成了亟待解决的问题。

最初，计算机研发人员打算将语法规则和双语词典结合在一起。1954年，IBM以计算机中的250个词语和六条语法规则为基础，将60个俄语词组翻译成了英语，结果振奋人心。IBM 701通过穿孔卡片读取了一句话，并将其译成了“我们通过语言来交流思想”。在庆祝这个成就的发布会上，一篇报道就有提到，这60句话翻译得很流畅。这个程序的指挥官利昂• 多斯特尔特表示，他相信“在三五年后，机器翻译将会变得很成熟”。

事实证明，计算机翻译最初的成功误导了人们。1966年，一群机器翻译的研究人员意识到，翻译比他们想象的更困难，他们不得不承认自己的失败。机器翻译不能只是让计算机熟悉常用规则，还必须教会计算机处理特殊的语言情况。毕竟，翻译不仅仅只是记忆和复述，也涉及选词，而明确地教会计算机这些非常不现实。

在20世纪80年代后期，IBM的研发人员提出了一个新的想法。与单纯教给计算机语言规则和词汇相比，他们试图让计算机自己估算一个词或一个词组适合于用来翻译另一种语言中的一个词和词组的可能性，然后再决定某个词和词组在另一种语言中的对等词和词组。

20世纪90年代，IBM这个名为Candide的项目花费了大概十年的时间，将大约有300万句之多的加拿大议会资料译成了英语和法语并出版。由于是官方文件，翻译的标准就非常高。用那个时候的标准来看，数据量非常之庞大。统计机器学习从诞生之日起，就聪明地把翻译的挑战变成了一个数学问题，而这似乎很有效，计算机翻译能力在短时间内就提高了很多。然而，在这次飞跃之后，IBM公司尽管投入了很多资金，但取得的成效不大。最终，IBM公司停止了这个项目。

2006年，谷歌公司也开始涉足机器翻译，这被当作实现“收集全世界的数据资源，并让人人都可享受这些资源”这个目标的一个步骤。谷歌翻译开始利用一个更大更繁杂的数据库，也就是全球的互联网，而不再只利用两种语言之间的文本翻译。

为了训练计算机，谷歌翻译系统会吸收它能找到的所有翻译。它会从各种各样语言的公司网站上寻找对译文档，还会去寻找联合国和欧盟这些国际组织发布的官方文件和报告的译本。它甚至会吸收速读项目中的书籍翻译。谷歌翻译部的负责人弗朗兹·奥齐是机器翻译界的权威，他指出，"谷歌的翻译系统不会像 Candide 一样只是仔细地翻译 300 万句话，它会掌握用不同语言翻译的质量参差不齐的数十亿页的文档。"如果不考虑翻译质量，上万亿的语料库就相当于 950 亿句英语。

尽管其输入源很混乱，但较其他翻译系统而言，谷歌的翻译质量相对而言还是最好的，而且可翻译的内容更多。到 2012 年中，谷歌数据库涵盖了 60 多种语言，甚至能够接受 14 种语言的语音输入，并有很流利的对等翻译。之所以能做到这些，是因为它将语言视为能够判别可能性的数据，而不是语言本身。如果要将印度语译成加泰罗尼亚语，谷歌就会把英语作为中介语言。因为在翻译的时候它能适当增减词汇，所以谷歌的翻译比其他系统的翻译灵活很多。

谷歌的翻译之所以更好并不是因为它拥有一个更好的算法机制。和微软的班科和布里尔一样，这是因为谷歌翻译增加了很多各种各样的数据。从谷歌的例子来看，它之所以能比 IBM 的 Candide 系统多利用成千上万的数据，是因为它接受了有错误的数据。2006 年，谷歌发布的上万亿的语料库，就是来自于互联网的一些废弃内容。这就是"训练集"，可以正确地推算出英语词汇搭配在一起的可能性。

谷歌公司人工智能专家彼得·诺维格在一篇题为《数据的非理性效果》的文章中写道，"大数据基础上的简单算法比小数据基础上的复杂算法更加有效。"他们指出，混杂是关键。

3.2.3 纷繁的数据

通常传统的统计学家都很难容忍错误数据的存在，在收集样本的时候，他们会用一整套的策略来减少错误发生的概率。在结果公布之前，他们也会测试样本是否存在潜在的系统性偏差。这些策略包括根据协议或通过受过专门训练的专家来采集样本。但是，即使只是少量的数据，这些规避错误的策略实施起来还是耗费巨大。尤其是当人们收集所有数据的时候，这就行不通了。不仅是因为耗费巨大，还因为在大规模的基础上保持数据收集标准的一致性不太现实。

如今，人们已经生活在信息时代。人们掌握的数据库越来越全面，它包括了与这些现象相关的大量甚至全部数据。人们不再需要担心某个数据点对整套分析的不利影响。人们要做的就是要接受这些纷繁的数据并从中受益，而不是以高昂的代价消除所有的不确定性。

在华盛顿州布莱恩市的英国石油公司（BP）切里波因特炼油厂（见图 3-4）里，无线感应器遍布于整个工厂，形成无形的网络，能够产生大量实时数据。在这里，酷热的恶劣环境和电气设备的存在有时会对感应器读数有所影响，形成错误的数据。但是数据生成的数量之多可以弥补这些小错误。随时监测管道的承压使得 BP 能够了解到，有些种类的原油比其他种类更具有腐蚀性。以前，这都是无法发现也无法防止的。

图 3-4 切里波因炼油厂

有时候，当人们掌握了大量新型数据时，精确性就不那么重要了，人们同样可以掌握事情的发展趋势。大数据不仅让人们不再期待精确性，也让人们无法实现精确性。然而，除了一开始会与人们的直觉相矛盾之外，接受数据的不精确和不完美，反而使人们能够更好地进行预测，也能够更好地理解这个世界。

值得注意的是，错误性并不是大数据本身固有的特性，而是一个亟需人们去处理的现实问题，并且有可能长期存在。它只是人们用来测量、记录和交流数据的工具的一个缺陷。如果说哪天技术变得完美无缺了，不精确的问题也就不复存在了。因为拥有更大数据量所能带来的商业利益远远超过增加一点精确性，所以通常人们不会再花大力气去提升数据的精确性。这又是一个关注焦点的转变，正如以前，统计学家们总是把他们的兴趣放在提高样本的随机性而不是数量上。如今，大数据给人们带来的利益，让人们能够接受不精确的数据存在了。

3.2.4 数字数据与非结构化数据

据估计，只有 5%的数字数据是结构化的且能适用于传统数据库。如果不接受混乱，剩下 95%的非结构化数据都无法被利用，比如网页和视频资源。通过接受不精确性，人们打开了一个从未涉足的世界的窗户。

怎样看待使用所有数据和使用部分数据的差别，以及怎样选择放松要求并取代严格的精确性，将会对人们与世界的沟通产生深刻的影响。随着大数据技术成为人们日常生活中的一部分，人们应该开始从一个比以前更大更全面的角度来理解事物，也就是说应该将“样本=总体”植入人们的思维中。

现在，人们能够容忍模糊和不确定出现在一些过去依赖于清晰和精确的领域，当然过去可能也只是有清晰的假象和不完全的精确。只要能够得到一个事物更完整的概念，就能接受模糊和不确定的存在。就像印象派的画风一样（见图 3-5），近看画中的每一笔都感觉是混乱的，但是退后一步就会发现这是一幅伟大的作品，因为退后一步就能看出画作的整体思路了。

相比依赖于小数据和精确性的时代，大数据因为更强调数据的完整性和混杂性，可帮助人们进一步接近事实的真相。"部分"和"确切"的吸引力是可以理解的，但是，当人们的视野局限在可以分析和能够确定的数据上时，人们对世界的整体理解就可能产生偏差和错误。不仅失去了去尽力收集一切数据的动力，也失去了从各个不同角度来观察事物的权利。所以，局限于狭隘的小数据中，可以自豪于对精确性的追求，但是就算人们可以分析得到细节中的细节，也依然会错过事物的全貌。

图 3-5　印象派画作

大数据要求人们有所改变，必须能够接受混乱和不确定性。精确性似乎一直是人们生活的支撑，但认为每个问题只有一个答案的想法是站不住脚的。

3.3　转变之三：数据的相关关系

第三个转变即人们不再热衷于寻找因果关系，这是因前两个转变而促成的。寻找因果关系是人类长久以来的习惯，即使确定因果关系很困难而且用途不大，人类还是习惯性地寻找缘由。相反，在大数据时代，人们无须再紧盯事物之间的因果关系，而应该寻找事物之间的相关关系，这会给人们提供非常新颖且有价值的观点。相关关系也许不能准确地告知人们某件事情为何会发生，但是它会提醒人们这件事情正在发生。在许多情况下，这种提醒的帮助已经足够大了。

如果数百万条电子医疗记录显示橙汁和阿司匹林的特定组合可以治疗癌症，那么找出具体的药理机制就没有这种治疗方法本身来得重要。同样，只要知道什么时候是买机票的最佳时机，就算不知道机票价格疯狂变动的原因也无所谓。大数据告诉我们"是什么"而不是"为什么"。在大数据时代，人们不必知道现象背后的原因，不再需要在还没有收集数据之前，就把分析建立在早已设立的少量假设的基础之上。让数据发声，我们会注意到很多以前从来没有意识到的联系的存在。

3.3.1　关联物——预测的关键

虽然在小数据世界中相关关系也是有用的，但如今在大数据的背景下，相关关系大放异彩。通过应用相关关系，人们可以比以前更容易、更快捷、更清楚地分析事物。

所谓相关关系，其核心是指量化两个数据值之间的数理关系。相关关系强是指当一个数据值增加时，另一个数据值很有可能也会随之增加。我们已经看到过这种很强的相关关系，比如谷歌流感趋势：在一个特定的地理位置，越多的人通过谷歌搜索特定的词条，该地区就有更多的人患了流感。相反，相关关系弱就意味着当一个数据值增加时，另一个数据值几乎不会发生变化。例如，人们可以寻找关于个人的鞋码和幸福的相关关系，但会发现它们几乎扯不上什么关系。

相关关系通过识别有用的关联物来帮助人们分析一个现象，而不是通过揭示其内部的运作机制。当然，即使是很强的相关关系也不一定能解释每一种情况，比如两个事物看上去行为相似，但很有可能只是巧合。相关关系没有绝对，只有可能性。也就是说，不是亚马逊推荐的每本书都是顾客想买的书。但是，如果相关关系强，一个相关链接成功的概率是很高的。这一点很多人可以证明，他们的书架上有很多书都是因为亚马逊推荐而购买的。

通过找到一个现象的良好的关联物，相关关系可以帮助人们捕捉现在和预测未来。如果 A 和 B 经常一起发生，只需要注意到 B 发生了，就可以预测 A 也发生了。这有助于人们捕捉可能和 A 一起发生的事情，即使人们不能直接测量或观察到 A。更重要的是，它还可以帮助人们预测未来可能发生什么。当然，相关关系是无法预知未来的，它们只能用来预测可能发生的事情。但是，这已经极其珍贵了。

2004 年，沃尔玛对历史交易记录这个庞大的数据库进行了观察，这个数据库记录的不仅包括每一个顾客的购物清单以及消费额，还包括购物篮中的物品、具体购买时间，甚至购买当日的天气。沃尔玛公司注意到，每当在季节性飓风来临之前，不仅手电筒销售量增加了，而且 POP-Tarts 蛋挞（美式含糖早餐零食）的销量也增加了。因此，当季节性风暴来临时，沃尔玛会把库存的蛋挞放在靠之飓风用品的位置，以方便行色匆匆的顾客，从而增加销量。

在大数据时代来临前很久，相关关系就已经被证明大有用途。这个观点是 1888 年查尔斯• 达尔文的表弟弗朗西斯 · 高尔顿爵士提出的，因为他注意到人的身高和前臂的长度有关系。相关关系背后的数学计算是直接而又有活力的，这是相关关系的本质特征，也是让相关关系成为最广泛应用的统计计量方法的原因。但是在大数据时代之前，相关关系的应用很少。因为数据很少而且收集数据很费时费力，所以统计学家们喜欢找到一个关联物，然后收集与之相关的数据进行相关关系分析来评测这个关联物的优劣。那么，如何寻找这个关联物呢？

除了仅仅依靠相关关系，专家们还会使用一些建立在理论基础上的假想来指导自己选择适当的关联物。这些理论就是一些抽象的观点，给出事物是怎样运作的。然后收集与关联物相关的数据来进行相关关系分析，以证明这个关联物是否真的合适。如果不合适，人们通常会固执地再次尝试，因为担心可能是数据收集的错误，而最终却不得不承认一开始的假想甚至假想建立的基础都是有缺陷和必须修改的。这种对假想的反复试验促进了学科的发展。但是这种发展非常缓慢，因为个人以及团体的偏见会蒙蔽人们的双眼，导致人们在设立假想、应用假想和选择关联物的过程中犯错误。总之，这是一个烦琐的过程，只适用于小数据时代。

在大数据时代，通过建立在人的偏见基础上的关联物监测法已经不再可行，因为数据库太大而且需要考虑的领域太复杂。幸运的是，许多迫使人们选择假想分析法的限制条件也逐渐消失了。我们现在拥有如此多的数据，以及好的机器计算能力，因而不再需要人工选择一个关联物或者一小部分相似数据来逐一分析了。复杂的机器分析能辨认出谁是最好的代理，就像在谷歌流感趋势中，计算机把检索词条在5亿个数学模型上进行测试之后，准确地找出了哪些是与流感传播最相关的词条。

人们理解世界不再需要建立在假设的基础上，这个假设是指针对现象建立的有关其产生机制和内在机理的假设。因此，人们也不需要建立这样一个假设，关于哪些词条可以表示流感在何时何地传播；不需要了解航空公司怎样给机票定价；不需要知道沃尔玛的顾客的烹饪喜好。取而代之的是，人们可以对大数据进行相关关系分析，从而知道哪些检索词条是最能显示流感的传播的，飞机票的价格是否会飞涨，哪些食物是飓风期间待在家里的人最想吃的。用数据驱动的关于大数据的相关关系分析法，取代了基于假想的易出错的方法。大数据的相关关系分析法更准确、更快，而且不易受偏见的影响。

建立在相关关系分析法基础上的预测是大数据的核心。这种预测发生的频率非常高，以至于人们经常忽略了它的创新性。当然，它的应用会越来越多。

大数据相关关系分析的极致，非美国折扣零售商塔吉特（Target）莫属。该公司使用大数据的相关关系分析已经有多年。《纽约时报》的记者查尔奢·杜西格就在一份报道中阐述了塔吉特公司怎样在完全不和准妈妈对话的前提下，预测一个女性会在什么时候怀孕。基本上来说，就是收集一个人可以收集到的所有数据，然后通过相关关系分析得出事情的真实状况。

对于零售商来说，知道一个顾客是否怀孕是非常重要的。因为这是一对夫妻改变消费观念的开始，也是一对夫妻生活的分水岭。他们会开始光顾以前不会去的商店，渐渐对新的品牌建立忠诚。塔吉特公司的市场专员们向分析部求助，看是否有什么办法能够通过一个人的购物方式发现她是否怀孕。公司的分析团队首先查看了签署婴儿礼物登记簿的女性的消费记录。塔吉特公司注意到，登记簿上的妇女会在怀孕大概第三个月的时候买很多无香乳液。几个月之后，她们会买一些营养品，比如镁、钙、锌。公司最终找出了大概20多种关联物，这些关联物可以给顾客进行“怀孕趋势”评分。这些相关关系甚至使得零售商能够比较准确地预测预产期，这样就能够在孕期的每个阶段给客户寄送相应的优惠券，这才是塔吉特公司的目的。

在社会环境下寻找关联物只是大数据分析法采取的一种方式。同样有用的一种方法是，通过找出新种类数据之间的相互联系来解决日常需要。比方说，一种称为预测分析法的方法就被广泛地应用于商业领域，它可以预测事件的发生。这可以指一个能发现可能的流行歌曲的算法系统——音乐界广泛采用这种方法来确保它们看好的歌曲真的会流行；也可以指那些用来防止机器失效和建筑倒塌的方法。现在，在机器、发动机和桥梁等基础设施上放置传感器变得越来越平常了，这些传感器被用来记录散发的热量、振幅、承压和发出的声音等。

一个东西要出故障，不会是瞬间的，而是慢慢地出问题的。通过收集所有的数据，可以预先捕捉到事物要出故障的信号，比方说发动机的嗡嗡声、引擎过热都说明它们

可能要出故障了。系统把这些异常情况与正常情况进行对比，就会知道什么地方出了毛病。通过尽早地发现异常，系统可以提醒人们在故障之前更换零件或者修复问题。通过找出一个关联物并监控它，就能预测未来。

3.3.2 “是什么”，而不是“为什么”

在小数据时代，相关关系分析和因果分析都不容易，耗费巨大，都要从建立假设开始，然后进行实验。这个假设要么被证实要么被推翻，但是，由于两者都始于假设，这些分析就都有受偏见影响的可能，极易导致错误。与此同时，用来做相关关系分析的数据很难得到。

另一方面，在小数据时代，由于计算机能力的不足，大部分相关关系分析仅限于寻求线性关系。而事实上，实际情况远比人们所想象的要复杂。经过复杂的分析，就能够发现数据的“非线性关系”。

多年来，经济学家和政治家一直认为收入水平和幸福感是成正比的。从数据图表上可以看到，虽然统计工具呈现的是一种线性关系，但事实上，它们之间存在一种更复杂的动态关系：例如，对于收入水平在 1 万美元以下的人来说，一旦收入增加，幸福感会随之提升；但对于收入水平在 1 万美元以上的人来说，幸福感并不会随着收入水平提高而提升。如果能发现这层关系，人们看到的就应该是一条曲线，而不是统计工具分析出来的直线。

这个发现对决策者来说非常重要。如果只看到线性关系，那么政策重心应完全放在增加收入上，因为这样才能增加全民的幸福感。而一旦察觉到这种非线性关系，策略的重心就会变成提高低收入人群的收入水平，因为这样明显更划算。

当相关关系变得更复杂时，一切就更混乱了。比如，各地麻疹疫苗接种率的差别与人们在医疗保健上的花费似乎有关联。但是，哈佛与麻省理工的联合研究小组发现，这种关联不是简单的线性关系，而是一个复杂的曲线图。和预期相同的是，随着人们在医疗上花费的增多，麻疹疫苗接种率的差别会变小；但令人惊讶的是，当增加到一定程度时，这种差别又会变大。发现这种关系对公共卫生官员来说非常重要，但是普通的线性关系分析无法捕捉到这个重要信息。

大数据时代，专家们正在研发能发现并对比分析非线性关系的技术工具。一系列飞速发展的新技术和新软件也从多方面提高了相关关系分析工具发现非因果关系的能力。这些新的分析工具和思路为人们展现了一系列新的视野，人们看到了很多以前不曾注意到的联系，还掌握了以前无法理解的复杂技术和社会动态。但最重要的是，通过去探求“是什么”而不是“为什么”，相关关系帮助人们更好地了解了这个世界。

3.3.3 通过因果关系了解世界

传统情况下，人类是通过因果关系了解世界的。

首先，人们的直接愿望就是了解因果关系。即使无因果联系存在，人们也还是会假定其存在。研究证明，这只是人们的认知方式，与每个人的文化背景、生长环境以及教育水平无关。当人们看到两件事情接连发生的时候，就会习惯性地从因果关系的角度来看待它们。看看下面的三句话：“弗雷德的父母迟到了；供应商快到了；弗雷德生气了。”

我们读到这里时，可能立马就会想到弗雷德生气并不是因为供应商快到了，而是他父母迟到了的缘故。实际上，我们也不知道到底是什么情况。即使如此，我们还是不禁认为这些假设的因果关系是成立的。

普林斯顿大学心理学专家，同时也是 2002 年诺贝尔经济学奖得主丹尼尔·卡尼曼就是用这个例子证明了人有两种思维模式：第一种是不费力的快速思维，通过这种思维方式几秒钟就能得出结果；另一种是比较费力的慢性思维，对于特定的问题，需要考虑到位。

快速思维模式使人们偏向用因果联系来看待周围的一切，即使这种关系并不存在。这是人们对已有的知识和信仰的执着。在古代，这种快速思维模式是很有用的，它能帮助人们在信息量缺乏却必须快速做出决定的危险情况下化险为夷。但是，通常这种因果关系都是并不存在的。

卡尼曼指出，平时生活中，由于惰性，人们很少慢条斯理地思考问题，所以快速思维模式就占据了上风。因此，人们会经常臆想出一些因果关系，最终导致了对事物的错误理解。

父母经常告诉孩子，天冷时不戴帽子和手套就会感冒。然而，事实上，感冒和穿戴之间却没有直接的联系。有时，人们在某个餐馆用餐后生病了，就会自然而然地觉得这是餐馆食物的问题，以后可能就不再去这家餐馆了。事实上，人们肚子痛也许是因为其他的传染途径，比如和患者握过手之类的。然而，快速思维模式使人们直接将其归于任何他们能在第一时间想起来的因果关系，因此，这经常导致人们做出错误的决定。

与常识相反，经常凭借直觉而来的因果关系并没有帮助人们加深对这个世界的理解。很多时候，这种认知捷径只是给了人们一种自己已经理解的错觉，但实际上，人们因此完全陷入了理解误区之中。就像采样时人们无法处理全部数据时的捷径一样，这种找因果关系的方法也是人们大脑用来避免辛苦思考的捷径。

在小数据时代，很难证明由直觉而来的因果联系是错误的。现在，情况不一样了，大数据之间的相关关系，将经常会用来证明直觉的因果联系是错误的。最终也能表明，统计关系也不蕴含多少真实的因果关系。总之，快速思维模式将会遭受各种各样的现实考验。

为了更好地了解世界，人们会因此更加努力地思考。但是，即使是用来发现因果关系的第二种思维方式——慢性思维，也将因为大数据之间的相关关系迎来大的改变。

日常生活中，人们习惯性地用因果关系来考虑事情，所以会认为，因果联系是浅显易寻的。但事实却并非如此。与相关关系不一样，即使用数学这种比较直接的方式，因果联系也很难被轻易证明，也不能用标准的等式将因果关系表达清楚。因此，即使人们慢慢思考，想要发现因果关系也是很困难的。因为人们已经习惯了信息的匮乏，故此亦习惯了在少量数据的基础上进行推理思考，即使大部分时候很多因素都会削弱特定的因果关系。

就拿狂犬疫苗这个例子来说，1885 年 7 月 6 日，法国化学家路易·巴斯德接诊了一个 9 岁的小孩约瑟夫·梅斯特，他被带有狂犬病毒的狗咬了。那时，巴斯德刚刚研发出狂犬疫苗，也实验验证过效果。梅斯特的父母就恳求巴斯德给他们的儿子注射一针。巴斯德做了，梅斯特活了下来。发布会上，巴斯德因为把一个小男孩从死神手中救出而大受褒奖。

但真的是因为他吗？事实证明，一般来说，人被狂犬病狗咬后患上狂犬病的概率只有七分之一。即使巴斯德的疫苗有效，这也只适用于七分之一的案例中。无论如何，就算没有狂犬疫苗，这个小男孩活下来的概率还是有 85%。

在这个例子中，大家都认为是注射疫苗救了梅斯特一命。但这里却有两个因果关系值得商榷：第一个是疫苗和狂犬病毒之间的因果关系；第二个就是被带有狂犬病毒的狗咬和患狂犬病之间的因果关系。即使疫苗能够医好狂犬病，第二个因果关系也只适用于极少数情况。

不过，科学家已经克服了用实验来证明因果关系的难题。实验是通过是否有诱因这两种情况，分别来观察所产生的结果是不是和真实情况相符，如果相符就说明确实存在因果关系。这个衡量假设的验证情况控制得越严格，就会发现因果关系越有可能是真实存在的。

因此，与相关关系一样，因果关系被完全证实的可能几乎是没有的，我们只能说，某两者之间很有可能存在因果关系。但两者之间又有不同，证明因果关系的实验要么不切实际，要么违背社会伦理道德。比方说，怎样从 5 亿词条中找出和流感传播最相关的呢？人们难道真能为了找出被咬和患病之间的因果关系而置成百上千的病人的生命于不顾吗？因为实验会要求把部分病人当成未被咬的“控制组”成员来对待，但是就算给这些病人打了疫苗，又能保证万无一失吗？而且就算这些实验可以操作，操作成本也非常昂贵。

3.3.4 通过相关关系了解世界

不像因果关系，证明相关关系的实验耗资少，费时也少。与之相比，分析相关关系，既有数学方法，也有统计学方法，同时，数字工具也能帮人们准确地找出相关关系。

相关关系分析本身意义重大，同时它也为研究因果关系奠定了基础。通过找出可能相关的事物，可以在此基础上进行进一步的因果关系分析。如果存在因果关系，再进一步找出原因。这种便捷的机制通过实验降低了。因果分析的成本。我们也可以从相互联系中找到一些重要的变量，这些变量可以用到验证因果关系的实验中。

相关关系很有用，不仅仅是因为它能为人们提供新的视角，而且提供的视角都很清晰。而人们一旦把因果关系考虑进来，这些视角就有可能被蒙蔽掉。

例如，Kaggle，一家为所有人提供数据挖掘竞赛平台的公司，举办了关于二手车的质量竞赛。二手车经销商将二手车数据提供给参加比赛的统计学家，统计学家用这些数据建立一个算法系统来预测经销商拍卖的哪些车有可能出现质量问题。相关关系分析表明，橙色的车有质量问题的可能性只有其他车的一半。

当读到这里的时候，不禁也会思考其中的原因。难道是因为橙色车的车主更爱车，所以车被保护得更好吗？或是这种颜色的车子在制造方面更精良些吗？还是因为橙色的车更显眼、出车祸的概率更小，所以转手的时候，各方面的性能保持得更好？

马上，人们就陷入了各种各样谜一样的假设中。若要找出相关关系，可以用数学方法，但如果是因果关系，这却是行不通的。所以，没必要一定要找出相关关系背后的原因，当人们知道了“是什么”的时候，“为什么”其实没那么重要了，否则就会催生一些滑稽的想法。比方说上面提到的例子里，是不是应该建议车主把车漆成橙色呢？

考虑到这些，如果把以确凿数据为基础的相关关系和通过快速思维构想出的因果关系相比，前者就更具有说服力。但在越来越多的情况下，快速清晰的相关关系分析甚至比慢速的因果分析更有用、更有效。慢速的因果分析集中体现为通过严格控制的实验来验证的因果关系，而这必然是非常耗时耗力的。

近年来，科学家一直在试图减少这些实验的花费，例如，通过巧妙地结合相似的调查，做成“类似实验”。这样一来，因果关系的调查成本就降低，但还是很难与相关关系体现的优越性相抗衡。还有，正如之前提到的，在专家进行因果关系的调查时，相关关系分析本来就会起到帮助的作用。

在大多数情况下，一旦完成了对大数据的相关关系分析，而又不再满足于仅仅知道“是什么”时，就会继续向更深层次研究因果关系，找出背后的“为什么”。

因果关系还是有用的，但是它将不再被看成是意义来源的基础。在大数据时代，即使很多情况下，人们依然指望用因果关系来说明所发现的相互联系，但是，因果关系只是一种特殊的相关关系。相反，大数据推动了相关关系分析。相关关系分析通常情况下能取代因果关系起作用，即使不可取代的情况下，它也能指导因果关系起作用。

【延伸阅读】 亚马逊推荐系统

虽然亚马逊的故事大多数人都耳熟能详，但只有少数人知道它早期的书评内容最初是由人工完成的。当时，它聘请了一个由 20 多名书评家和编辑组成的团队，他们写书评、推荐新书，挑选非常有特色的新书标题放在亚马逊的网页上。这个团队创立了“亚马逊的声音”这个版块，成为当时公司皇冠上的一颗宝石，是其竞争优势的重要来源。《华尔街日报》的一篇文章中热情地称他们为全美最有影响力的书评家，因为他们使得书籍销量猛增。

亚马逊公司的创始人及总裁杰夫·贝索斯决定尝试一个极富创造力的想法：根据客户个人以前的购物喜好，为其推荐相关的书籍。

从一开始，亚马逊就从每一个客户那里收集了大量的数据。比如说，他们购买了什么书籍？哪些书他们只浏览却没有购买？他们浏览了多久？哪些书是他们一起购买的？客户的信息数据量非常大，所以亚马逊必须先用传统的方法对其进行处理，通过样本分析找到客户之间的相似性。但这些推荐信息是非常原始的，就如同在买一件婴儿用品时，会被淹没在一堆差不多的婴儿用品中一样。詹姆斯·马库斯回忆说：“推荐信息往往为你提供与你以前购买物品有微小差异的产品，并且循环往复。”

亚马逊的格雷格•林登很快就找到了一个解决方案。他意识到，推荐系统实际上并没有必要把顾客与其他顾客进行对比，这样做其实在技术上也比较烦琐。它需要做的是找到产品之间的关联性。1998年，林登和他的同事申请了著名的item-to-item协同过滤技术的专利。方法的转变使技术发生了翻天覆地的变化。

因为估算可以提前进行，所以推荐系统不仅快，而且适用于各种各样的产品。因此，当亚马逊跨界销售除书以外的其他商品时，也可以对电影或烤面包机这些产品进行推荐。由于系统中使用了所有的数据，推荐会更理想。林登回忆道："在组里有句玩笑话，说的是如果系统运作良好，亚马逊应该只推荐你一本书，而这本书就是你将要买的下一本书。"

现在，公司必须决定什么应该出现在网站上，是亚马逊内部书评家写的个人建议和评论，还是由机器生成的个性化推荐和畅销书排行榜？

林登做了一个关于评论家所创造的销售业绩和计算机生成内容所产生的销售业绩的对比测试，结果他发现两者之间相差甚远。他解释说，通过数据推荐产品所增加的销售远远超过书评家的贡献。计算机可能不知道为什么喜欢海明威作品的客户会购买菲茨杰拉德的书。但是这似乎并不重要，重要的是销量。最后，编辑们看到了销售额分析，亚马逊也不得不放弃每次的在线评论，最终，书评组被解散了。林登回忆说："书评团队被打败、被解散，我感到非常难过。但是，数据没有说谎，人工评论的成本是非常高的。"

如今，据说亚马逊销售额的三分之一都来自于它的个性化推荐系统。有了它，亚马逊不仅使很多大型书店和音乐唱片商店歇业，而且当地数百个自认为有自己风格的书商也难免受转型之风的影响。

知道人们为什么对这些信息感兴趣可能是有用的，但这个问题目前并不是很重要。但是，知道"是什么"可以创造点击率，这种洞察力足以重塑很多行业，不仅仅只是电子商务。所有行业中的销售人员早就被告知，他们需要了解是什么让客户做出了选择，要把握客户做决定背后的真正原因，因此专业技能和多年的经验受到高度重视。大数据却显示，还有另外一个在某些方面更有用的方法。亚马逊的推荐系统梳理出了有趣的相关关系，但不知道背后的原因——知道是什么就够了，没必要知道为什么。

【实验与思考】 深入理解大数据时代的三个思维变革

"实验与思考"的目的：

（1）熟悉大数据时代思维变革的基本概念和主要内容。

（2）分析理解在传统情况下，人们分析信息、了解世界的主要方法，理解大数据时代，人们思维变革的三大转变。

1. 工具/准备工作

在开始本实验之前，请认真阅读课程的相关内容。

需要准备一台带有浏览器，能够访问因特网的计算机。

2．实验内容与步骤

阅读课文，请思考、分析并简单记录。

（1）大数据时代人们分析信息、理解世界的三大转变是指：

答：

①____

②____

③____

（2）简述在大数据时代，为什么要“分析与某事物相关的所有数据，而不是依靠分析少量的数据样本”？

答：____

（3）简述在大数据时代，为什么“我们乐于接受数据的纷繁复杂，而不再一味追求其精确性”？

答：____

（4）什么是数据的因果关系？什么是数据的相关关系？

答：____

（5）简述在大数据时代，为什么“我们不再探求难以捉摸的因果关系，转而关注事物的相关关系”？

答：____

（6）你熟悉亚马逊等电商网站的推荐系统吗？请列举一个这样的实例（你选择购买什么商品，网站又给你推荐了其他什么商品）。

答：

3．实验总结

4．实验评价（教师）

第4章

现代商务动力 «‹

为了赢得信息时代的竞争优势，如今，人们采用了大量的 IT 应用系统，并且也逐渐掌握了整合这些 IT 应用系统的规则。

本章将介绍商务活动中所应用的一些极为重要的 IT 系统，如电子商务、客户关系管理系统 CRM、供应链管理系统 SCM、商务智能（BI）以及企业资源计划 ERP 等，这将帮助读者理解如何使用这些信息技术来支持组织的目标和战略。

4.1 影响信息系统的商业动力

研究显示，随着社会与商业竞争的日益激烈，企业必须不断进取，例如开发创新产品和革新业务流程，才能得以生存和发展，而信息技术正是有助于实现这些目标的强有力工具。

在为信息技术创建商业远景时，有两个既有用又相当重要的工具，这就是波特的五力模型和价值链分析。在既定的组织目标和战略下，这两个工具会帮助用户正确地使用技术，重要的是在组织的目标和战略框架下，为技术找到合适的位置。

4.1.1 波特的五力模型

迈克尔·波特教授创立的五力模型框架（见图 4-1）长期以来一直是帮助商业人士考虑企业战略规划和 IT 影响时的有用工具。

五力模型帮助商业人士从以下五方面理解一个行业的相对吸引力。

（1）买方能力。

（2）卖方能力。

（3）替代产品或服务的威胁。

（4）新进入行业者的威胁。

（5）现有竞争者的竞争。

可以用波特的五力模型来决定：进入一个特定行业，或者如果已经参与了此行业的竞争，则可以扩展业务。最重要的是，制定的战略应该得到可行技术的支持。

1. 买方能力

在五力模型中，当购买者可以选择的购买渠道很多时，买方能力较强，反之则弱。作为一个产品和服务的提供者，组织希望能减弱买方能力。你可以构建一种竞争优势，使其更加吸引顾客从你这里购买商品而不是从你的竞争对手那里购买。通过 IT 来减少买方能力的最好的一个做法就是许多企业提供的忠诚计划。

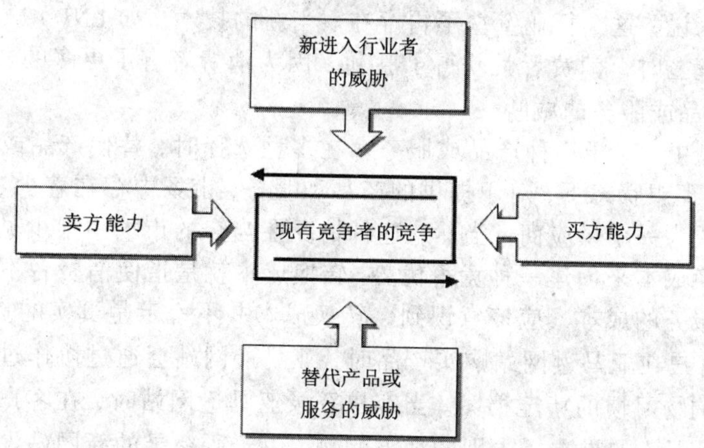

图 4-1　迈克尔·波特的五力模型

忠诚计划是在客户与一个特定企业之间的业务量基础上对客户提供回馈。只有跟踪许多客户，可能是上百万客户的活动及账目，这项计划才可能实施。如果没有大规模的 IT 系统，这项计划几乎是不现实的，或者根本不可行。因此，忠诚计划通过信息技术来减少买方能力，这在传统行业中很常见。例如，连锁酒店金卡用户、航空常旅客计划、电信 VIP 用户等，他们更加乐意与公司开展多数业务。

2. 卖方能力

在五力模型中，当购买者可选择的购买渠道很少时，卖方能力就强。卖方能力和买方能力是相反的：在市场中，作为卖方，希望买方能力弱，而你的卖方能力强。

在一个传统的供应链中，企业可能既是一个供应商（对客户而言），又是一个客户（对其他供应商而言）。而作为其他供应商的客户，又希望能够增加自己的买方能力。运用信息技术的 B2B 电子商务市场能够通过为企业寻找可选择的供应来源来创建一种竞争优势。B2B 电子市场是一种可以聚集大量买家和卖家的网络服务（这与阿里巴巴广受欢迎的客户集中网络模式很相似，这种模式是将买者和卖者聚集到网上进行在线拍卖）。

按照波特的五力模型，转换成本减少了替代产品或服务的威胁。手机运营商希望你能成为它的长期顾客。为了接受免费或无时间限制通话，必须签订一个一到两年的合同。这就带来了转换成本，因为一旦你在合同到期前变换了提供商，就不得不支付一笔罚金。

然而这还不是最大的转换成本。如果你在合同到期之前变换了手机运营商，将不能再持有原来的手机号码。这一策略阻止了许多客户变换运营商。

随着电话携号转网（LNP）的采用或者用户具备了将手机号从一个手机运营商转到另一个手机运营商的能力，这个转换成本就彻底消失了。

根据波特的五力模型框架，消除了这项转换成本的同时又增加了替代产品或服务的威胁。一个行业壁垒消失了，那么另一种力量——新进入者的威胁就增加了。因此，几年后，会出现更多新的手机运营商。这就是说，由于缺少 LNP 功能，所以当新的手机运营商想要吸引竞争对手的客户时，必须先经过一段困难时期。对于竞争激烈的手机服务行业来说，这个行业壁垒不再存在。当新的技术（如 LNP）减少或消除了转换成本和行业壁垒时，消费者就获得了胜利，因为消费者有了更多的选择。

3．替代产品或服务的威胁

在五力模型中，对于一种产品或服务存在多种选择时，替代产品或服务的威胁就高，反之则低。理想状态下，对于提供的产品和服务，市场中存在着少量的替代品时，企业会很愿意成为一个供应商。当然，这种情况在当今的市场中很少见，但是仍然可以通过增加转换成本来创建一种竞争优势。转换成本就是指使消费者不愿转而使用另一种产品或者服务的成本。应该意识到，转换成本并不一定是真实的货币成本。

例如，当客户在亚马逊网站购买产品时，亚马逊网站会通过协作过滤等技术建立一个有关客户购物习惯的特定档案。当客户登录亚马逊网站时，在客户的档案中已经有为其定制的产品。如果选择去别的地方购物，由于所登录的新网站没有关于客户或过去购买记录的档案，此时就产生了转换成本。因此，在一个有许多替代品的市场中，亚马逊网站通过为客户提供定制产品、增加客户转向其他在线零售商的转换成本，从而减少了替代产品或服务的威胁。

转换成本也可能是真实的货币成本。当你在手机提供商那里报名时，可能就被引入了转换成本。所有的运作和计划听上去真的很完美，但是却存在着很高的转换成本，因为大多数手机提供商要求你签署一个长期的合同（大约两年），只有这样你才能接受免费电话或晚间和周末无限制地通话。不幸的是，这种转换成本有时被巧妙地隐藏在细节中。

4．新进入行业者的威胁

在五力模型中，当新的竞争者很容易进入市场时，新进入行业者的威胁就大，而当进入市场的行业壁垒很高时，进入威胁就小。行业壁垒是指特定行业内客户期望的公司产品或服务所应具有的功能，一个新进入行业者为了竞争并得以立足必须提供这种功能。建立起这种壁垒，然后被克服，接着又会建立新的壁垒。

解释行业壁垒的一个很好例子，就是期望银行提供基于IT的服务，包括使用ATM、在线支付和账号监控等。在进入银行业时，由于必须免费提供 IT 服务，因此就存在许多与 IT 有关的行业壁垒。第一家提供这类服务的银行就赢得了先动优势，同时也建立了行业壁垒，当其他银行业的竞争者也具备了相似的与 IT 相关的系统并克服壁垒进入到该行业时，这种优势就消失了。

5．现有竞争者的竞争

当市场中的竞争很激烈时，五力模型中现有竞争者的竞争力量就强，反之则弱。简单地说，尽管几乎所有行业的竞争都加剧了，但某些行业的竞争强度还是高于其他行业。

零售业中存在激烈的竞争。一些公司通过许多不同的方法竞争，不过本质上它们都试着通过价格来打败或追上竞争对手。例如，大多数零售商都有忠诚计划，即为购买者提供特殊折扣。一方面，商家收集了可以收集到的有关顾客购买习惯的商业情报

并以此来制定价格和广告策略；另一方面，顾客也得到了较低的价格。将来，你可能会看到零售店采用无线技术跟踪顾客在店内的活动，并将其与购买的产品相匹配，从而决定购买顺序。

既然零售业的利润很低，零售商就通过与供应商开展基于 IT 的信息合作来提高供应链的效率。通过远程通信网络而不是基于纸张的系统与供应商进行交流，使得采购过程更加迅速、成本更低，而且也更精确。这相当于为客户提供了较低的价格——从而加剧了现有竞争者的竞争。

可见，波特的五力模型在评价任何行业相对吸引力时都是十分有效的。在使用这个模型时，应该制定两个目标。第一个目标显而易见，即对于进入此行业或扩展业务来说，这是一个有吸引力的行业吗？第二，应该看到 IT 怎样提供支持。IT 能够帮助供应商减少买方力量吗？IT 是否有助于降低行业壁垒，从而使组织能更容易、更顺利地进入一个新的市场？IT 是否有助于增加转换成本（货币或其他形式），使得只有较少的客户转向其他企业？作为一个行业中的买者，使用 IT 能给企业带来更多的供给选择，从而降低卖方能力吗？这些都是在使用 IT 时需要回答的一些重要问题。值得提醒的是，当你在提出这些问题并进行回答的时候，你的竞争对手也在进行着类似的分析。

4.1.2 价值链

价值链把整个组织活动看成一系列过程，每个过程都能为向顾客提供的产品或服务中添加一定的价值。所谓业务流程就是能够完成某一特定任务（比如处理客户的订单）的一系列标准的活动。价值链方法是一个重要的图解工具，它能帮助识别整个价值链中重要的业务流程。

图 4-2 描述了价值链的构成。在图的下半部分，是基本价值活动，它包括原材料的采购储藏、产品生产、运输、市场营销以及售后服务。图的上半部分所列的是支持基本价值活动的活动，包括管理、财会、融资、法律、人力资源、研发和采购。组织需要这些支持性的价值活动来保证基本价值活动的正常实施。

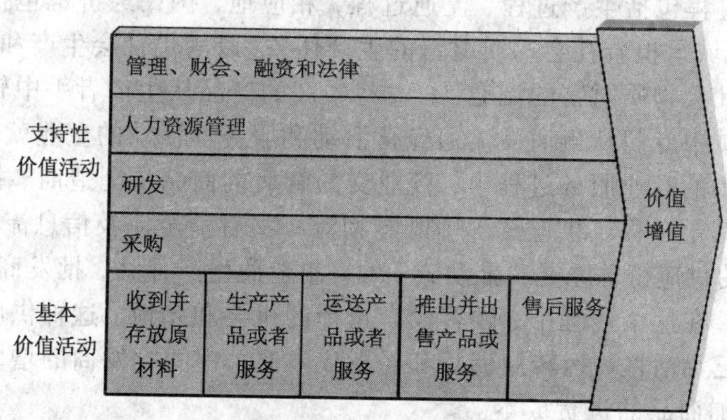

图 4-2 价值链的构成

所有的价值过程都产生一个单独的价值。然而，所有过程结合起来产生的总价值大于其单独产生价值的总和。我们把增加的价值称为价值增值，它被放在价值链的最右边。增值越大，客户支付给组织的价值就越多。对于一个组织来说，这就意味着一种竞争优势和经常的超额利润。

评价价值链是十分有效的，因为它迫使组织收集并分析高质量的信息，减少了决策过程“未经缜密的思考和计划即采取行动”。而且，当开始量化这种信息时，就能在建立一个好的投资回报的同时，也可以使用 IT 进一步增加价值增值过程的效果，并减少价值减值过程带来的不利影响。

学习波特的五力模型和价值链方法，是为了帮助 IT 人员有效地决定在哪里使用技术以及如何使用技术来支持重要的商业活动。

4.2 电子商务

商务活动是人类社会的基本活动，千百年来，人们创造了各种各样的购销、交易等商务活动。从商务活动的演变历史来看，首先是商品的买卖，然后是商业和贸易行业的兴起，再次是商业贸易的管理，进而联系着商品的生产者与消费者。电子商务将商品交易扩展到公共计算机网络上，从而引发了新的电子商务热潮，并由此产生了一个新兴的虚拟市场。

电子商务（Electronic Commerce，E-Commerce，也常采用 e-Business）是应用计算机技术和网络技术，以电子方式实现商品交易和服务交易的一种贸易形式。电子商务用于满足企业、商人和消费者提高产品和服务质量、加快服务速度、降低费用等多方面的需求，也帮助企业和个人通过网络查询和检索信息以支持决策。

4.2.1 商务活动与传统商业的问题

传统的商务活动主要有以物易物、面对面交易、送货上门、各种直销、邮购、各种商店、商场和市场等。自从有了电子技术以来，人们开始利用各种电子手段开展多种多样的商务活动。

社会再生产过程包括生产过程、流通过程，相应地，国民经济也包括生产领域和流通领域。生产领域承担着社会物质财富的生产任务，以满足社会生产和生活的需要；流通领域承担着社会物质财富的流通任务，将生产的产品从生产者手中转移到消费者手中。在流通领域中专门从事商品流通经营活动和服务性活动的企业就是商业企业。在商业企业所从事的商业服务过程中，商业交易背后的商品从制造商、批发商、转运商到最终用户，其全过程（供应链）中既有物流，又有资金流及信息流。

然而，传统的供应链体系是“推动式”的。制造商生产什么，批发商就推销什么，商店也就卖什么，在这个过程中，顾客没有选择的机会和余地。这种供应链有 3 个明显的弱点，即缺乏灵活性、运转周期长和经营成本高。中间批发商的增多必然会提高商品的价格，增加商品的进货成本。

从根本上说，传统商业过程注重物流而忽视了信息流，其经营管理方法的致命弱点就是信息反馈不及时。管理者在进行经营决策时，在很大程度上依赖主观经验。同时，随着商品经济的发展，流通过程中商品品种增多，经营范围扩大，经营区域广泛，

市场需求瞬息万变，服务、销售手段也千姿百态。商品、资金和信息的流通越来越快，带来的管理问题也越来越错综复杂，但凭经验的传统商业管理方法已无所适从。

4.2.2 电子商务的产生

电子商务的产生有着深刻的技术背景和商业背景，得益于全球经济一体化的迅速发展，依赖于信息处理技术及通信技术的迅速发展和成熟，也仰仗于因特网技术的不断完善和广泛应用。

一般认为电子商务经历了以下两个发展阶段，即20世纪60～90年代的EDI（电子数据交换）电子商务和20世纪90年代后的因特网电子商务。

1. 基于EDI的电子商务

从技术方面分析，早在20世纪60年代，人们就开始用电报报文来发送商务文件。进入70年代又普遍采用方便、快捷的传真机来代替电报。但由于传真文件是通过纸面文件打印来传递和管理信息的，不能将信息直接转入到信息系统中，因此，人们开始采用EDI作为企业间电子商务的应用技术，这就是电子商务的雏形。

EDI是将业务文件按一个公认的标准从一台计算机传输到另一台计算机上的电子传输方法。由于EDI大大减少了纸张票据，因此，被人们形象地称之为“无纸贸易”或“无纸交易”。

从普通商场的POS（销售点实时管理系统）、EOS（电子订货系统）和BMIS（商场管理信息系统），到跨越不同国界、不同企业的EDI，数据信息的控制处理越来越准确、有效，大量事务处理工作趋向标准化。特别是采用EDI作为国际经济和贸易往来的主要手段，从根本上改变了国际产业结构和贸易方式，并引发企业内部结构和运行机制的变化，取代了传统企业的采购、生产等独立功能，改善了整个企业的资金流动、库存、客户服务等方面，使贸易伙伴之间的各业务环节更加密切协调一致，从而获得了明显的经济和社会效益。所以，商业自动化的不断完善和发展，为电子商务的产生提供了良好的滋生环境。

2. 基于因特网的电子商务

真正促使电子商务发展的关键因素是因特网技术的飞速发展。20世纪90年代中期以后，因特网迅速走向普及，其功能也从信息共享演变为一种大众化的信息传播工具。以通信和网络技术为支撑的因特网应用无疑在环境、技术以及经济上都为电子商务创造了有利条件。这样，商业贸易活动开始逐步成为因特网应用的最大热点，使电子商务从某种程度上消除了业务活动在时空上的限制，从而使商贸业务的运行和发展更加趋于灵活性、实时性和全球化。

1993年，美国政府发表了《全球信息基础设施》（GII），诠释美国政府对于因特网发展的立场和观点。1995年又发表了《全球电子商务纲要》一文，全面阐述了美国政府对电子商务的立场、观点和战略思想，并拟定了一系列的原则，试图将之推广到世界各地。

1998年9月4日，美国总统克林顿和爱尔兰总理荷内成为历史上第一对通过电子方式签署国际协议的国家领导人。他们在爱尔兰的都柏林通过使用数字签名技术，代表双方政府签署了一项旨在促进电子商务的联合声明，主要阐述了两国政府发展并促进电子商务的原则立场：电子商务在未来的交易中将发挥越来越重要的作用；应承认电子（数字）签名在电子商务交易过程中具有充分的合法性等。

基于因特网的电子商务的迅速发展，是因为它比基于 EDI 的电子商务具有一些明显的优势，例如费用低廉、覆盖面广、功能更全面、使用更灵活等。

自 2000 年初以来，人们对于电子商务的认识，逐渐由电子商务扩展到“e 概念”的高度，人们认识到电子商务实际上就是电子技术同商务应用的结合。而电子技术不但可以和商务活动结合，还可以和医疗、教育、卫生、军事、政府等有关的应用领域结合，从而形成相关领域的 e 概念，如电子政务、远程教育、远程医疗、远程指挥、在线银行等，产生了不同的电子商务模式。

4.2.3 电子商务的定义

从涵盖的范围看，电子商务可以理解为是交易各方以电子方式进行的任何形式的商业交易，也可以理解为是一种多技术的集合体，包括交换数据（如电子数据交换 EDI、电子邮件 E-mail）、获得数据（共享数据库、电子公告牌）以及自动捕获数据（如条形码）等。

在电子商务不断发展的过程中，专家学者、政府部门、行业协会、IT 公司等从不同角度对电子商务提出了各自的见解。这些定义各有不同的出发点和含义。

一些具有代表性的电子商务定义如下：

定义 1：《中国电子商务蓝皮书：2001 年度》认为，电子商务指通过因特网（Internet）完成的商务交易。交易的内容可分为商品交易和服务交易，交易是指货币和商品的易位，交易要有信息流、资金流和物流的支持。

定义 2：美国政府在其《全球电子商务纲要》中指出：电子商务是指通过因特网进行的广告、交易、支付、服务等各项商务活动，全球电子商务将会涉及全球各国。

定义 3：欧洲经济委员会在比利时首都布鲁塞尔举办的全球信息社会标准大会上明确提出：电子商务是各参与方之间以电子方式而不是以物理交换或直接物理接触方式完成的任何形式的业务交易。这里的电子方式包括电子数据交换（EDI）、电子支付手段、电子订货系统、电子邮件、传真、网络、电子公告系统、条形码、图像处理、智能卡等。

定义 4：世界贸易组织（WTO）认为，电子商务是通过电子方式进行货物和服务的生产、销售、买卖和传递。这一定义奠定了审查与贸易有关的电子商务的基础，也就是继承关贸总协定（GATT）的多边贸易体系框架。

定义 5：IBM 提出了一个电子商务的定义公式，即：电子商务= Web + IT。它所强调的是在网络计算环境下的商业化应用，是把买方、卖方、厂商及其合作伙伴在因特网、内部网（Intranet）和外部网（Extranet）结合起来的应用。

综合上述定义可见，电子商务应包含以下几点含义：

（1）采用多种电子方式，特别是通过因特网。

（2）实现商品交易、服务交易（其中包括人力资源、资金、信息服务等）。

（3）包含企业间和企业内部的商务活动（生产、经营、管理、财务等）。

（4）涵盖交易的各个环节，如询价、报价、订货、售后服务等。

（5）采用电子方式的形式，跨越时空、提高效率是主要目的。

电子商务中的网络技术应用，不仅指基于因特网的交易，而且指所有利用因特网、企业内部网、外部网、局域网等网络环境来解决问题、降低成本、增加价值并创造新的商机的所有活动。电子商务可适用于任何行业，如制造业、零售业、银行和金融业、运输业、建筑业、出版业和娱乐业等。

电子商务的基本目标如下：

（1）扩增消费者，加深与用户之间的联系，扩展市场以增加收入。

（2）减少费用。

（3）减少产品流通时间。

（4）加快对消费者需求的响应速度。

（5）提高服务质量。

（6）在因特网上建立站点，有利于树立企业形象，增强竞争力，从而在未来的战略中占据优势。

4.2.4 电子商务的分类

电子商务研究的对象由商务对象、商务媒体、商务事件和信息流、商流、资金流、物流等基本要素构成。

电子商务的参与方主要有四部分，即企业（Business）、消费者（Customer）、政府（Government）和中介方。其中，中介方只是为电子商务的实现与开展提供技术、管理与服务支持。尽管有些网上拍卖形式的电子商务属于个人与个人之间的交易（即C2C），但一般情况下，企业是电子商务的核心。因此，考察电子商务的类型（模式），主要从企业的角度来进行分析。

从业务处理过程所涉及的范围出发，电子商务可以分为企业内部、企业间及企业与消费者之间3种类型：

（1）企业内部的电子商务。企业通过内部网进行商务流程处理，增加对关键数据的存取，保持组织间的联系。它的基本原理与企业间的电子商务类似，只是企业内部进行交换时，交换对象是相对确定的，交换的安全性和可靠性要求较低，主要是实现企业内部不同部门之间的交换（或者内部交易）。企业内部电子商务的实现主要是在企业内部信息化的基础上，将企业的内部交易网络化，它是企业外部电子商务的基础，而且与外部电子商务相比更容易实现。企业内部的电子商务系统可以增加企业的商务活动处理的敏捷性，对市场状况能更快地做出反应，能更好地为客户提供服务。

（2）企业之间的电子商务（B2B）。有业务联系的公司之间通过电子商务系统将关键的商务处理过程连接起来，形成在网上的虚拟企业圈。例如，企业利用计算机网络向它的供应商进行采购，或利用计算机网络进行付款等。这一类电子商务已经存在多年，这种电子商务系统具有很强的实时商务处理能力，使公司能以一种可靠、安全、简便快捷的方式进行企业间的商务联系活动和达成交易。B2B是电子商务的主要形式。

（3）企业与消费者之间的电子商务（B2C）。企业与消费者之间的电子商务活动是人们最熟悉的一种电子商务类型。这类电子商务主要是借助于因特网所开展的在线式销售活动。大量的网上商店利用因特网提供的双向交互通信，完成在网上进行购物的过程。由于这种模式节省了客户和企业双方的时间和空间，大大提高了交易效率，节省了各类不必要的开支，因而得到了人们的广泛认同，获得了迅速发展。

（4）企业与政府之间的电子商务（B2G）。政府与企业之间的各项事务都可以涵盖在其中，包括政府采购、税收、商检、管理条例发布等。政府一方面作为消费者，可以通过因特网发布采购清单，公开、透明、高效、廉洁地完成所需物品的采购；另一方面，政府对企业宏观调控、指导规范、监督管理的职能通过网络以电子商务方式更能充分、及时地发挥。借助于网络及其他信息技术，政府职能部门能更及时全面地获取所需信息，做出正确决策，做到快速反应，能迅速、直接地将政策法规及调控信息传达于企业，起到管理与服务的作用。在电子商务中，政府还有一个重要作用，就是对电子商务的推动、管理和规范。

4.2.5 电子商务的功能

电子商务系统的功能主要包括三方面：

（1）电子商务的内容管理。在网上发布各种信息，通过利用网上信息，扩大企业的影响和服务能力，宣传企业的产品品牌信息、供货信息、服务信息和商业策略等。

（2）电子商务的协同处理。提供自动处理电子商务的业务流程，能够支持各种人员协调工作。主要由人力资源管理系统、通信系统、企业内部网、企业外部网和销售自动化系统等组成。

（3）电子商务的交易服务。利用电子技术为企业开拓电子商务新市场，开辟新的盈利方式。主要有电子商务活动管理、电子商务销售活动、连接现有商务系统、提供为顾客自动服务站点和开展网上服务等。

通过因特网，电子商务可提供在网上交易和管理的全过程服务，具有对企业和商品的广告宣传、交易的咨询洽谈、客户的网上订购和网上支付、电子账户、销售前后的服务传递、客户的意见征询、对交易过程的管理等各项功能。

电子商务系统的功能架构如图 4–3 所示。

为充分发挥电子商务的主要功能和优势，其解决方案应该包括 3 个基本的功能中心，即交易中心、客户中心和渠道中心。

（1）交易中心。对采购过程进行自动化管理，以降低高昂的管理费用。由于采用因特网作为传输的基础设施，企业最大的收益将来自于最大限度地利用客户信息进行生产和运作。

电子商务网站必须有促进交易的功能，同时为公司范围内的购买和服务提供因特网的采购支持，充分体现电子商务提高效率、降低成本的性能。交易中心的功能还体现在充分融合到国际经济交流中，实现全球的购销活动。在帮助企业方便地向全球客户展示产品和服务的同时，又可简单、快捷地进行货比多家的资源采购，轻松建立贸易联系。

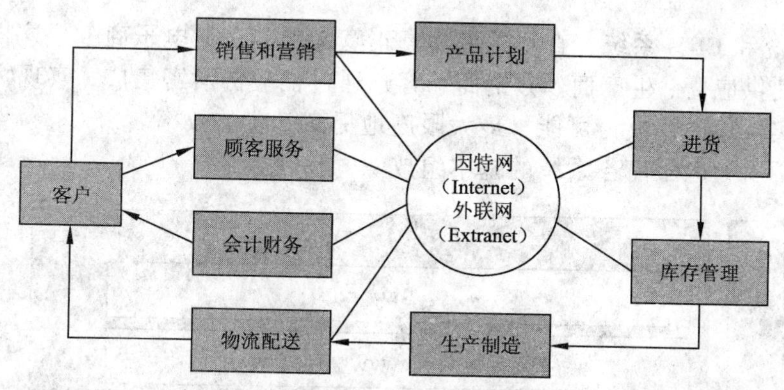

图 4-3　电子商务系统的功能架构

（2）客户中心。电子商务网站的设计和运作应以客户为中心。顾客在访问电子商务站点时，主要关心的是企业能生产什么商品或提供什么服务，商品与服务的质量、价格以及售后服务等信息。因此，在以生产商品为核心的企业，产品便成了整个站点建设的基本核心；在以提供服务为核心的企业，服务就成为建站的核心内容。客户中心功能应能够为客户提供有价值的产品信息。其方便简洁、亲切友好的设计，直接针对目标客户，能够有效促使浏览者转化为购买者，全面提升客户终身价值和满意度，提升销售业绩，实现利润最大化等目标。

客户中心和交易中心的配合，使企业能够有效地进行一对一销售和客户服务，节约购销双方的时间和人力资源，提高效率。

（3）渠道中心。使渠道的回报方式发生变化。库存成本将由生产商和经销商共同承担，最终用户可以直接面对销售中的每一个环节。生产商可以有效管理销售中的每一中间阶段，更直接贴近用户，直接获取客户信息。原有的销售渠道以新的销售模式进行思维和运作，在每一个环节上实现价值增值而不是增加成本。

当客户在电子商务站点上找到其感兴趣的产品时，站点如何针对该产品及时快速地提供报价和反馈功能，这不单单是通过 E-mail 方式就能实现的。渠道中心应提供相应的信息模块，使顾客能够在最短的时间内得到他需要的信息。同时，业务部门能及时查收反馈信息并及时给予回复。渠道中心还应为销售经理提供获取信息的入口，帮助他们扩展销售渠道、提升销售业绩、提供客户化的服务并争取业务。一般销售人员也可从中获得产品信息、新闻、报价、订单细节以及其他关键性的销售资源。

4.2.6　电子商务系统的组成

电子商务系统是一个综合和集成的信息系统，它涉及企业的各个方面，由多个子系统组成，包括企业前端的客户关系管理（CRM）系统、企业交易过程中的供应链管理（SCM）系统、企业后台的资源计划（ERP）系统、企业的门户电子商务交易（EC）系统等子系统。企业的电子商务系统以客户为中心，基于供应链管理，组成虚拟企业，所有的操作均可以网络为平台进行，实现企业电子商务系统和企业电子商务市场及外部电子商务市场的自动化数据链接。企业的 ERP 系统是这个系统的基础，通过 ERP 系统的建立和完善，解决好企业内部管理和信息通畅的问题。在此基础上才能顺利扩展到 SCM 系统和 CRM 系统，直到扩展为真正意义上的企业电子商务。这样，通过电子商务系统使供应商、生产商、分销商和客户通过供应链紧密集成，实现物料的不间断流动，使实现零库存成为可能，最大限度地提高企业的效率。

图 4-4 所示为电子商务系统的基本组成。

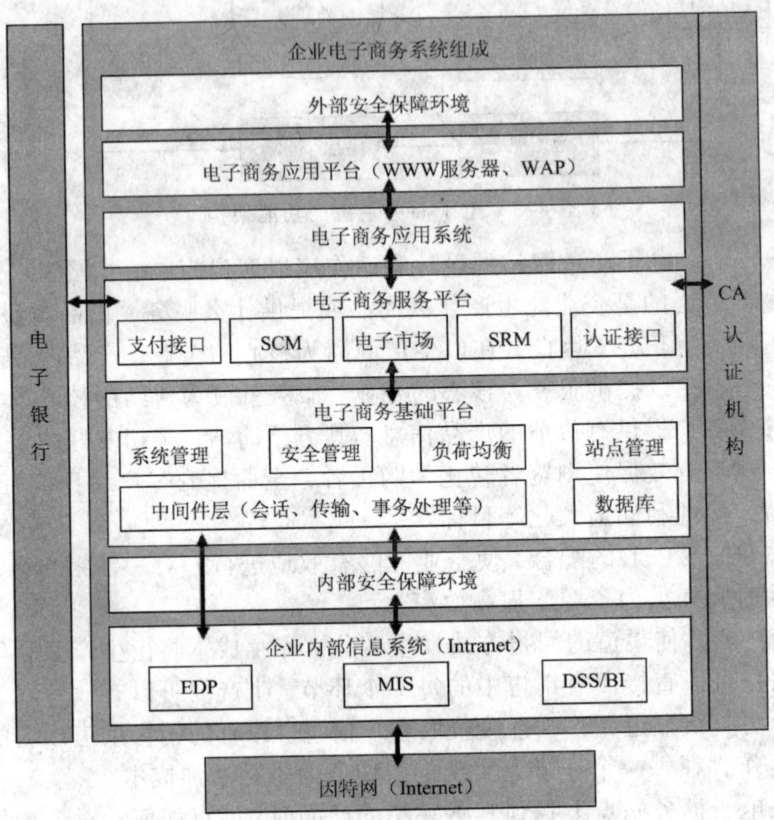

图 4-4　电子商务系统的基本组成

（1）企业内部信息系统（Intranet）。该部分面对企业内部用户，主要是实现企业内部生产管理和信息管理的电子化和自动化，它利用 TCP/IP、Web 等因特网技术进行企业内部信息系统的构建，包括企业内部 EDP（电子数据处理）、MIS（管理信息系统）和 DSS（决策支持系统）等子系统。

（2）电子商务基础平台。该部分针对系统性能，为企业的电子商务应用提供运行环境和管理工具及内部系统的连接等，必须具备高扩展性、高可靠性和集中控制等特性，以使电子商务系统能在 24 小时内不停地运转。

（3）电子商务服务平台。为电子商务系统提供公告服务，为企业的商务活动提供支持，以增强系统的服务功能，简化应用软件的开发。它面向商务活动，功能的实现主要是通过集成一些成熟的应用软件来实现的。主要包括：支付网关接口、认证中心接口、客户关系管理、内容管理、搜索引擎和商务智能工具等。

（4）电子商务应用系统。它是电子商务系统的核心，对企业电子商务活动提供具体的支持，是由应用开发人员根据企业特定的应用背景和需要来建立的。它以实现企

业的商务目的为目标，使用各种与因特网有关的技术手段，在 Web 上建立起自己的电子商务应用系统。

（5）电子商务应用平台。建立在整个系统的顶层，直接面对电子商务系统的最终用户。它有两个作用：一是作为和用户的接口，接受用户的各种请求，并将各种请求传递给应用系统；二是将应用系统的成果以不同的形式进行表达，将其提供给不同的用户终端。该平台以 Web 服务器为核心，支持个人计算机、无线移动通信设备、个人数字助理、掌上计算机和其他信息终端。

（6）外部安全保障环境。这是保障企业商务活动安全的一整套方案，主要有安全策略、安全体系、安全措施等内容。安全策略是企业保障电子商务系统安全的指导原则，负责系统安全的提高；安全体系由保障系统安全所需的技术和设备构成，利用各种手段设置安全防线。

4.2.7 电子商务系统的网络结构与运行环境

随着电子商务运作模型的建立和完善，传统商务运作逐步向电子商务运作转化，新的电子商务系统也随之逐步建立。

1. 电子商务系统的网络结构

在网络架构上，电子商务系统由三部分构成，即内部网、外部网和因特网，这三部分构成了一个以企业分布式计算为核心的信息系统集合体，如图 4-5 所示。

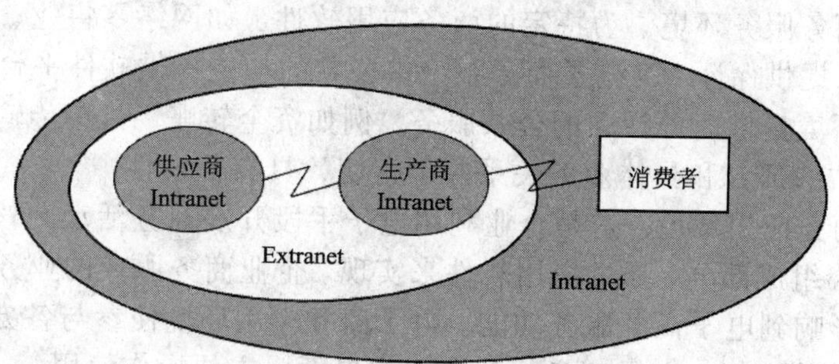

图 4-5 电子商务系统的构成

企业内部网是利用因特网技术构造的、面向企业内部的专用计算机网络系统。企业内部信息系统与企业内部生产和管理相关，具有管理和处理企业生产过程信息和提供生产和管理决策依据等方面的功能，其主要目的在于实现企业内部生产管理的电子化。它面对企业内部的用户，一般采用相应的措施（如防火墙等）与外部网络系统进行隔离，以保障信息和系统本身的安全。企业内部网的服务器、终端等设施设备之间多采用交换机相互连接，而企业内部网与企业外部网（甚至是因特网）之间多采用路由器进行连接。

企业外部网与企业内部网相对应，它实际上已经脱离了纯网络的概念，而更侧重的是指企业电子商务的外部环境以及与合作伙伴或外协单位的信息交换关系。

电子商务系统以企业内部网为基础，实现企业内部工作流的电子化。企业建立内部的信息系统后，需要进一步完善企业的外部环境，将企业内部网扩展到企业外部网，完成企业与企业之间的信息数据交换，然后通过因特网向消费者提供联机服务。

利用企业内部网可以解决企业内部信息资源利用问题（Content）；利用企业外部网可以解决企业和外部协作伙伴的合作问题（Collaboration），使企业获得更快的反应和更高的效率；利用因特网可以在网络上开展交易活动，实现电子商务（Commerce）。这就是电子商务成功的关键——3C问题。

2. 电子商务系统的运行环境

企业电子商务系统的核心是电子商务应用系统，而发挥电子商务应用系统职能的基础是各种服务平台，它们共同构成电子商务应用系统的运行环境。具体包括：

（1）国际环境。因特网连接着全世界的计算机，当公司利用网络来创造公司形象、建立品牌、买卖商品或服务、进行拍卖或建立社区时，都是在全球范围内进行的。

（2）社会环境。主要包括：法律、税收、市场监管、隐私、国家政策及人才等方面，并且对法律和国家政策等具有较大的依赖性。

（3）网络环境。这是电子商务系统的底层基础。考虑到电子商务活动的广泛社会性，电子商务系统中的应用系统大都构造在公共数据通信网络基础上。

（4）硬件环境。主要由计算机主机、外围设备和网络接口设备等构成，这是电子商务应用系统的物理运行平台。

（5）软件及开发环境。这部分包括操作系统、网络通信协议软件（如TCP/IP、HTTP、WAP等）、开发工具等，为电子商务系统的开发、维护提供平台支持。

（6）电子商务服务环境。为特定的商务应用软件（如网络零售业、制造业应用软件）的正常运行提供保证，为电子商务系统中公共的功能提供软件平台支持和技术标准。商务服务环境提供商务活动的公共服务，例如资金转账、订单传输、系统安全管理等，这些公共的部分和具体业务关系并不密切，具有普遍性。

（7）电子商务应用环境。这是企业利用电子手段开展商务活动的核心，也是电子商务系统的核心组成部分，通过应用软件来实现。企业商务服务的业务逻辑规划得是否合理，直接影响到电子商务服务功能。电子商务应用环境使参与各方能准确、完整地实现商务活动的功能，并具有良好的人性化界面，方便操作使用。

3. 电子商务系统的支撑环境

电子商务系统的支撑环境主要是指为保证电子商务活动的开展而必须建立的一系列环境，它是电子商务系统的组成部分，主要包括：

（1）电子商务的支付环境。电子商务涉及的范围广泛，网上交易对便利性、实时性的要求非常高，这就要求支付结算环节也能满足这一要求，因此解决问题的唯一出路就是利用电子支付。没有良好的网上支付环境，就只能实现较低层次的电子商务应用，电子商务高效率、低成本的优越性就难以发挥。

网上金融服务是电子商务的重要环节，它包括网络银行、家庭银行、企业银行、个人理财、网上证券交易、网上保险、网上纳税等业务。所有这些网络金融服务都是通过电子支付的手段来实现的。所以，从广义上讲，电子支付就是资金或与资金有关的信息通过网络进行交换的行为，在一般电子商务中就表现为消费者、企业、中介机构和银行等通过互联网进行的资金流转，主要通过信用卡、电子支票、数字现金、智能卡等方式来实现。

由于电子支付是在开放的互联网上实现的，信息很可能受到黑客的攻击和破坏，而这些信息的泄露和受损直接威胁到交易各方的切身利益，所以身份认证和信息安全是电子支付要考虑的重要问题。

（2）电子商务的物流环境。物流是指物质实体从供应者向需求者的物理移动。随着电子商务的飞速发展，支持有形商品网上交易的物流，已经成为有形商品网上交易活动能否顺利进行的一个关键因素。没有一个高效、合理和畅通的物流体系，电子商务就难以得到较好的发展。

（3）电子商务的信用环境。与传统商务活动相比较，电子商务对商业信用的要求更加迫切。在商业信用尚未完善的情况下，交易的一方对交易的另一方是否能够按照约定履行交易没有把握，就必然极大地影响和限制电子商务的应用与推广。但是，电子商务信用体系的建立是一个综合性的任务，不是仅仅依靠某一方面的努力就能够解决的，这个过程中有意识问题，也有技术问题和法律问题。

4.3 客户关系管理 CRM 与供应链管理 SCM

所谓客户关系管理（Customer Relationship Management，CRM），简单地说，就是一个不断加强与顾客交流，不断了解顾客需求，并不断对产品及服务进行改进和提高，以满足顾客需求的连续过程。CRM 注重与客户的多渠道交流，企业的经营以客户为中心，而不是传统的以产品或市场为中心。

另一方面，一个企业供应链的通畅程度决定了这个企业的经营效益。从订货到销售的过程，一般要采取供应链管理（Supply Chain Management，SCM）方式来控制，包括决定最优库存数量、最佳存货地点、订货计划、配送和运输的方式和自动补货系统等。也就是对整个供应链系统进行计划、协调、操作、控制和优化的各种活动和过程，其目标是要将正确的（顾客所需的产品）在正确的时间、按照正确的数量、正确的质量和正确的状态送到正确的地点——即“6R”，并使总成本最小。

4.3.1 CRM 的战略和竞争机会

以客户为中心的理念在国外兴起于 20 世纪 50 年代，当时，很多企业寄希望于通过改进技术、压缩生产周期、应用内部资源管理来提高增长率和利润率，但事实上提高不大。这样，企业开始从强调降低经营成本的供应方发展策略转向了与客户联系更紧密，从客户关系方面挖掘新的能源的需求方策略，CRM 应运而生。所不同的是，今天，人们可以运用计算机来帮助实现这看似简单实际操作却非常烦琐的工作。

吸引并留住客户是任何企业最根本的目标，因此，客户关系管理已成为当今最热门的 IT 系统之一。客户关系管理就是从客户信息中深入分析客户的需求、想法及消费行为，以便更好地为他们服务。客户通过多种方式与公司取得联系，并且每一种联系都是简单、愉快、无差错的。

通常，CRM 具有以下功能：

（1）销售自动化。

（2）客户服务及支持。

（3）市场营销活动管理及分析。

有一点很重要，即 CRM 并不仅仅是一个应用软件，它的整个商业目标包含许多不同的方面，涉及软件、硬件、服务支持和战略性商业目标。客户关系管理应该支持以上所有功能，同时它应该为组织提供有关客户的具体信息。在许多案例中，企业都开始实行销售自动化，同时改善其他功能。例如，销售自动化（SFA）是一个自动跟踪销售过程的所有步骤的系统，包括接触管理、销售预测和订单管理以及产品知识。

一些基本的销售自动化系统跟踪销售情况，或者为销售团队列出一些潜在的客户。SFA 系统也进行接触管理，它跟踪一个销售人员与一个潜在客户联系的整个过程，包括他们所讨论的内容以及下一步活动。更复杂的 SFA 系统也支持对市场和客户的具体分析，甚至能提供配置产品工具，帮助客户配置自己的产品。一些更加强大的 CRM 系统和方法，如通用公司，它使用 CRM 关注的是创造“回头客”。

客户关系管理的目标之一就是通过其优良表现带来竞争优势，特别是：

（1）基于更加精确的客户需求知识的基础，设计出更加有效的市场营销计划。

（2）确保销售过程的有效管理。

（3）通过运作良好的呼叫中心等方式提供优质的售后服务和支持。

CRM 应用系统着眼于改善销售、市场营销、客户服务和支持等与客户关系相关的业务流程并提高各个环节的自动化程度，其目的是缩短销售周期、降低销售成本、增加收入、扩展新的市场，并通过提供个性化服务来提高客户的满意度、忠诚度和赢利性。从更广的范围讲，CRM 不仅仅是企业与客户之间的交流，它也为企业、客户和合作伙伴之间共享资源、共同协作提供了基础。CRM 的范围包括销售自动化、销售接触及机会管理、关系管理、营销自动化、电话销售与营销等。

4.3.2 CRM 的实施

图 4-6 所示为 CRM 系统框架的一个例子。前台系统是主要的客户界面和销售渠道，它们将收集到的所有客户信息发送到数据库；后台系统通常用于实现和支持客户订单，同时也能将所有客户信息发送到数据库。CRM 系统能够分析并发送客户信息，同时为组织提供有关每个客户购物经验的整体概况。如今，公司可以购买到多种能够提供 CRM 功能的系统。

对实施 CRM 的技术要求主要包括以下几个方面：

（1）信息分析能力。尽管 CRM 的主要目标是提高同客户打交道的自动化程度，并改进与客户打交道的业务流程，但强有力的商业情报和分析能力对 CRM 也是很重要的。CRM 系统有大量关于客户和潜在客户的信息，企业应该充分利用这些信息，对其进行分析，使得决策者所掌握的信息更完全，从而能更及时地做出决策。良好的商业情报解决方案应能使得 CRM 和 ERP 协同工作，这样企业就能把利润创造过程和费用联系起来。

（2）对客户互动渠道进行集成的能力。对多渠道进行集成与 CRM 解决方案的功能部件的集成是同等重要的。不管客户是通过 Web 与企业联系，还是与移动商务的销售人员联系，或者与呼叫中心代理联系，与客户的互动都应该是无缝、统一和高效

的，并且，统一的渠道还能带来内外部效率的提高。

（3）支持网络应用的能力。在支持企业内外的互动和业务处理方面，Web 的作用越来越大，以网络为基础的功能对一些 CRM 应用（如网络自主服务、自主销售）是很重要的。为了使客户和企业雇员都能方便地应用 CRM，需要提供标准化的网络浏览器，使得用户只需很少甚至无须训练就能使用该系统。另外，业务逻辑和数据维护是集中化的，这就减少了系统的配置、维持和更新的工作量。CRM 解决方案采用集中化的信息库，使所有与客户接触的雇员可获得实时的客户信息，而且使各业务部门和功能模块间的信息能统一起来。

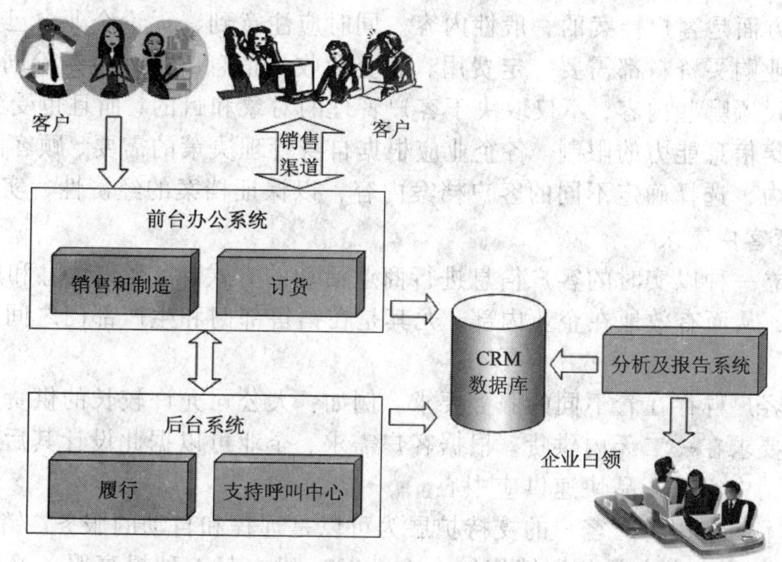

图 4-6　CRM 系统架构的实例

（4）对工作流进行集成的能力。CRM 工作流是指把相关文档和工作规则自动化地（不需人的干预）安排给负责特定业务流程中的特定步骤的人员。CRM 解决方案应该为跨部门的工作提供支持，使这些工作能动态地、无缝地完成。CRM 要与 ERP 功能集成，使 CRM 与 ERP 在财务、制造、库存、分销、物流和人力资源等连接起来，从而提供一个闭环的客户互动循环。这种集成不仅包括低水平的数据同步，而且还应包括业务流程的集成，这样才能在各系统间维持业务规则的完整性，工作流才能在系统间流动。这二者的集成还使得企业能在系统间收集和分析商业情报。

为实施 CRM，客户关系管理的具体内容包括：

1. 做好客户信息的收集

即建立客户主文件。为了控制资金回收，必须考核客户的信誉，对每个客户建立信用记录，规定销售限额。对新老客户、长期或临时客户的优惠条件也应有所不同。

客户主文件一般应包括以下三方面的内容：

（1）客户原始记录：即有关客户的基础资料，它往往也是企业获得的第一手资料，具体包括客户代码、名称、地址、邮政编码、联系人、电话号码、银行账号、使用货币、报价记录、优惠条件、付款条款、税则、付款信用记录、销售限额、交货地、发票寄往地、企业对口销售员码、佣金码、客户类型等。

(2)统计分析资料：主要是通过顾客调查分析或向信息咨询业购买的第二手资料，包括顾客对企业的态度和评价、履行合同情况与存在问题、摩擦、信用情况、与其他竞争者交易情况、需求特征和潜力等。

(3)企业投入记录：企业与顾客进行联系的时间、地点、方式（如访问、打电话等）和费用开支、给予哪些优惠（如价格）、提供产品和服务的记录、合作与支持行动（如共同开发研制为顾客产品配套的零配件、联合广告等）、为争取和保持每个客户所做的其他努力和费用。

以上三方面是客户档案的一般性内容。同时应注意到，无论企业自己收集资料，还是向咨询业购买资料都需要一定费用，各企业收集信息的能力也是不同的。所以，客户档案应设置哪些内容，不仅取决于客户管理的对象和目的，而且也受到企业的费用开支和收集信息能力的限制。各企业应根据自身管理决策的需要、顾客的特征和收集信息的能力，选择确定不同的客户档案内容，以保证档案的经济性、实用性。

2. 了解客户需求

通过建立一种以实时的客户信息进行商业活动的方式，将客户信息和服务融入企业的运行中，从而有效地在企业内部，尤其是在销售部门和生产部门之间，传递客户信息。

不同的客户群存在着不同的服务要求，例如：大公司允许较长的供货提前期，而小型企业则要求在一二天内供货。根据客户需求，企业可以据此设计其后勤网络，即建立大型分销中心和产品快速供应中心。

Web 技术的应用将对客户的支持扩展为可以是远程和自动的服务。销售、订单处理和管理的集成使客户服务和销售结合在一起，建立起一种提高服务又降低成本的方法。

3. 获知客户的喜好和需要并采取适当行动，建立并保持顾客的忠诚度

这是做起来事半功倍但也是最容易被忽视的一项工作。如果企业与顾客保持广泛、密切的联系，价格将不再是最主要的竞争手段，竞争者也很难破坏企业与客户间的关系。通过提供超过客户期望的服务，可将企业极力争取的客户发展为忠实客户。因为争取新客户的成本要远远超过保留老客户，而且随着客户和企业间的来往，客户的个别需求和偏好也会变得更详细明了。

随着全球性商务的迅速发展，企业用电子方式把遍布全球的客户与供应商联系起来。在这种转变过程中，因特网应用不再被局限于围绕着业务应用本身，而是被延伸到用于客户直接的访问和在“互联经济”中努力提供最快捷的信息传递服务。例如，企业信息门户网站将会成为客户关系管理的新工具。

企业门户网站作为一种新的应用系统概念，正为许多企业所采用。它就像一个超级主页，但比常用的搜索引擎要小得多，甚至只相当于浏览器提供商的主页，但是，它可以附加上许多服务和属于个人的东西，其目的是为客户、合作伙伴和员工建立一个个性化的进入企业的大门。

4.3.3 SCM的战略和竞争机会

供应链的概念是从扩大的生产概念发展而来的。企业从原材料和零部件采购、运输、加工制造、分销直至最终送到顾客手中的这一过程，被看成是一个环环相扣的链条，它将企业的生产活动进行了前伸和后延。供应链就是通过计划、获得、存储、分销、服务等这样一些活动而在顾客和供应商之间形成的一种衔接，从而使企业能满足内外部顾客的需求。

一个设计精良的供应链管理系统可以对以下几方面进行优化从而为企业提供帮助：

（1）履行：确保恰当数量的用于生产的零部件和用于销售的产品在恰当的时间到达。

（2）物流：在保证安全性和可靠性的前提下，使运输物品的成本尽可能保持最低。

（3）生产：由于高质量的零部件在需要时可获得，从而保证生产线流转畅通。

（4）收入和利润：确保不会因为缺货而带来损失。

（5）成本和价格：使购买零部件的成本和购买产品的价格保持在可接受的水平。供应链中的伙伴为了共赢而合作是现代供应链管理系统的另一个品质保证。例如，许多制造型企业在产品开发过程中就较早地与供应链共享产品设计理念。这使得供应商能够对如何以较低成本生产高质量的零部件提供建议。

4.3.4 IT支持供应链管理

传统的供应链体系是“推动式”的，即制造商生产什么，批发商就推销什么，商店也就卖什么，顾客少有选择的机会和余地。这种供应链有3个明显的弱点，即缺乏灵活性、运转周期长、经营成本高，中间批发商的增多必然会提高商品的价格，增加商店的进货成本。

电子商务供应链“以顾客需求为中心”，采用“拉动式”的经营方式，以消费需求刺激，促进和拉动商品供给。它表现出下面的几个特点：

（1）周转环节少，供应链条短。由于供、产、销直接见面，商品流转的中间环节大大减少，提高了商品的流转速度。

（2）灵活性强。例如，商业收款机（POS）不仅是收银机，通过它还可以得到很多的资料及分配情况，使供应链变得更为灵活。

（3）交易成本低。由于提高了商品信息的流通速度，减少了商品流通的中间环节，因此整个交易的成本大大降低，无论对于卖方还是对于买方都非常有利。

供应链管理如图4-7所示。

电子商务供应链管理的主要内容包括：

（1）物流管理。即材料和产品的移动和存储策略的管理。材料和产品是从供应商通过公司的分配系统向零售店和客户运动的。

（2）实物分配管理。通过计划和调整，控制货物的实际运动。

（3）分配需求计划。物流主管（或配送主管）制订计划的过程涉及仓库、码头、运输的容量和发货管理。

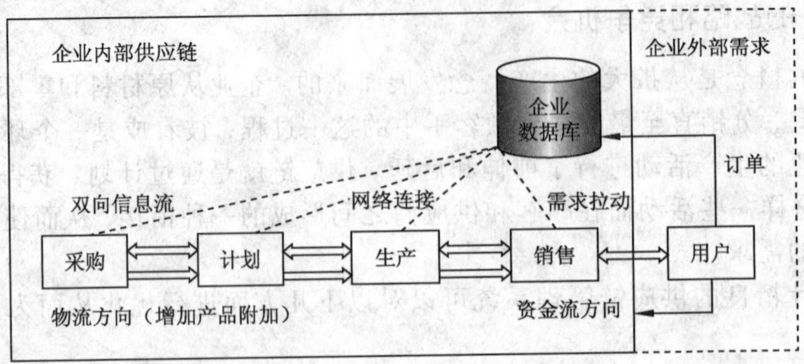

图 4-7　供应链管理示意

（4）实物库存管理。决定库存的水平和重新进货的频率，这取决于经营水平和服务水平。

（5）仓库管理。包括存货地点、产品存放、挑选、接收、分配的管理，以及这些过程的质量监督。

（6）劳务管理。包括劳务、工作量计划、劳动质量监督、时间和出勤率、个人情况和员工薪资总额信息等。

（7）商品运输管理。包括选择运输方式、运输计划、船队管理、装载量计划、运输工具时刻表、路经计划、跟踪监督时刻表、交付时刻表、运输工具等。

（8）单元化。决定在分配渠道各阶段的最合适的产品数量。

（9）沟通。需要在供应链中向上、向下传递的所有信息，即需求预测、销售记录、追加订货等。

供应链与市场学中销售渠道的概念有联系也有区别。供应链包括产品到达顾客手中之前所有参与供应、生产、分配和销售的公司和企业，因此其定义涵盖了销售渠道的概念。供应链对上游的供应者（供应活动）、中间的生产者（制造活动）和运输商（储存运输活动），以及下游的消费者（分销活动）同样重视。

供应链管理最初的目标是降低成本，它注重供应链中很具体的要素，努力寻找提高业务流程效率的机会。现在，供应链管理的目标是为供应链末端的最终顾客提供更多的价值。与最初相比，现在的供应链管理要求更全面地看待整个供应链。

透明沟通以及成员对沟通的快速响应是供应链管理成功的关键。技术（特别是因特网和 WWW 技术）是实现沟通的有效工具，企业利用这些技术能有效地管理企业内部业务流程和其供应链其他成员的业务流程。

4.3.5　CRM、SCM 与电子商务

CRM 集成了前台和后台办公系统的一整套应用系统支持，确保直接关系到企业利润的客户的满意度。CRM 利用 ERP（企业资源计划）系统和数据仓库（DW）的数据挖掘（DM）能力来揭示关键顾客的概貌、特性和购买类型，因此，CRM 提供的解决方案能帮助企业改进与顾客的关系，ERP 通过顾客执行内部操作而使 CRM 效率更高和更有效。前端 CRM 和后端 ERP 的集成将使企业产生以顾客为中心的新型商业结构。

CRM 包含了销售、市场营销和客户服务等企业活动，使以客户为中心的企业业务流程自动化并使之得以重组。CRM 不仅要使这些业务流程化，而且要确保前台应用系统能够改进客户满意度、增加客户忠诚度，确保客户体验的一致性。由于客户关系是形成供应链的前提，代表了电子商务真正的商机所在，它虽然是电子商务系统的子集，但也是电子商务的希望和企业生存与发展的关键。

SCM 是电子商务系统的一个重要的子系统，现代供应链管理把整条供应链上的活动作为一个连续的、无缝进行的过程来加以规划和优化。把整个链条中各环节的规划工作集成在一起，而不是按照活动功能分隔开，这就要求企业根据管理需要进行业务重组和流程再造，依照“用户需求”和“流程管理”的思想对企业的管理思想、管理模式、管理方法、管理机制、管理基础、业务流程、组织结构和管理规章制度进行改造，优化关键业务流程，根据“木桶理论”，不断找出供应链上“最短的那块木头”并进行优化，这样就能够提升整条供应链乃至整个企业的竞争力。电子商务进一步弱化了企业间的边界，建立起一种跨企业的协作，以此来追求和分享市场份额。企业间供应链通过网络平台和网络服务进行企业间商务合作，合理调配企业资源，加快资金流动，提升了供应链运转效率和竞争力。由于基础设施完善，企业信息化准备就绪，企业间协同电子商务有望在此阶段得到飞速发展。

由于 SCM 系统使企业的外部各个方面和企业保持良好的协调关系，及时对企业响应和进行合作，促进了企业间的进一步合作关系。SCM 系统可使整个产业供应链网络上的每一个流程都增值。因此，电子商务系统实施真正的突破点是实施 SCM 系统，企业的电子商务系统可在企业的上下游企业之间游刃有余地从事网上交易活动。在实施电子商务过程中，SCM 的地位不容忽视。

4.4 商务智能（BI）与企业资源计划（ERP）

商务智能涉及公司客户、竞争对手、合作伙伴、竞争环境和企业内部业务的知识，可以通过它制定出有效的、重大的，通常是战略层面的企业决策。商务智能系统包括一些 IT 应用系统和工具，它们支持一个企业内部的商务智能功能，目标是改善决策输入信息的时间和质量。

4.4.1 商务智能的战略和竞争机会

商务智能既包含内部的信息，也包括外部的信息，它从组织内外部各种渠道收集信息，例如从事务处理系统收集信息，然后存储在不同的数据库中。

一个公司的数据库可能有不同的应用，可分为客户数据库、产品数据库、供应商数据库、员工数据库，还有其他的数据库，这种数据库支持日常的事务处理。另一方面，它们存储的细节信息远远多于经理决策时所需的信息。

为了决策需要，大多数公司将各种数据库中的信息概括到一个数据存储器中，称为数据仓库。数据仓库是信息的逻辑集合，这些信息来自于许多不同的业务数据库，并用于创建商务智能，以支持企业的分析活动和决策任务。通常情况下，数据仓库又被分为许多更小的存储单元，叫数据集市，它被公司内部的各个部门所使用。数据集市是数据仓库的子集，它仅存储了数据仓库中被关注的那部分信息。

企业的经理们面临多种决策，决策范围从日常决策（如是否订购额外的存货）一直到长期的战略性决策（如是否进军国际市场）。一项有关商务智能战略用途的调查发现，企业按照重要程度将商务智能的用途分为以下几方面：

（1）企业运作管理。

（2）优化客户关系、监控商业活动以及传统的决策支持功能。

（3）为特定运作或战略服务的密封单机商务智能应用。

（4）管理商务智能报告。

商务智能的首要功能之一是改善决策过程的时效性和质量，它为企业经理提供行动信息和知识，包括：在正确的时间和正确的地点使用正确的形式。

尽管商务智能系统的优势显而易见，但仍有许多公司没有使用商务智能系统。原因之一就是经理们普遍没有理解这些竞争工具的价值；另一个原因就是虽然已经安装了商务智能系统，但并未得到有效的利用。

专业化的软件是商务智能的核心。设计、构建商务智能系统以及将模型集成到商务智能系统花费了太长的时间和太高的成本，而那些能够迅速应用的、专业化的商务智能软件包能够迅速为公司的投资带来利益和回报，因此，许多公司趋向于购买软件包。

4.4.2 ERP的发展历程

在传统的工业经济时代，社会经济的主体是制造业。竞争的特点就是产品生产成本上的竞争，规模化大生产是降低生产成本的有效方式。由于生产的发展和技术的进步，大生产给制造业带来了许多困难，主要表现在：生产所需的原材料不能准时供应或供应不足；零部件生产不配套，且积压严重；产品生产周期过长和难以控制，劳动生产率下降；资金积压严重，周转期长，资金使用效率降低；市场和客户需求的变化，使得企业经营计划难以适应。总之，降低成本的主要问题是要解决库存积压与短缺。

为了解决这个关键问题，1957年，美国生产与库存控制协会（APICS）开始进行生产与库存控制方面的研究理论传播。随着进入20世纪60年代计算机的商业化应用开始，第一套物料需求计划（Material Requirements Planning，MRP）软件面世并应用于企业物料管理工作中。在20世纪70年代，一方面把生产作业计划、车间作业计划和采购作业计划纳入MRP中，同时在计划执行过程中，加入来自车间、供应商和计划人员的反馈信息，并利用这些信息进行计划的平衡调整，从而围绕着物料需求计划，使生产的全过程形成一个统一的闭环系统，这就是由早期的MRP发展而来的闭环式MRP。闭环式MRP将物料需求按周甚至按天进行分解，使得MRP成为一个实际的计划系统和工具，而不仅仅是一个订货系统，这是企业物流管理的重大发展。

闭环MRP系统的出现，使生产计划方面的各种子系统得到了统一。只要主生产计划真正制订好，那么闭环MRP系统就能够很好地运行。但这还不够，因为在企业管理中，生产管理只是一个方面，它所涉及的是物流，而与物流密切相关的还有资金流。当时，资金流在许多企业中是由财会人员另行管理的，这就造成了数据的重复录入与存储，甚至造成数据的不一致性，降低了效率，浪费了资源。于是人们想到，应

该建立一个一体化的管理系统，去掉不必要的重复性工作，减少数据间的不一致性现象和提高工作效率。实现资金流与物流的统一管理，要求把财务子系统与生产子系统结合到一起，形成一个系统整体，这使得闭环 MRP 向 MRP II 过渡。

最终，在 20 世纪 80 年代，把制造、财务、销售、采购、工程技术等各个子系统集成为一个一体化的系统，并称为制造资源计划（Manufacturing Resource Planning）系统，为了区别于原先的物料需求计划系统而写为 MRP II。

MRP II 可在周密的计划下有效地利用各种制造资源、控制资金占用、缩短生产周期、降低成本，但它仅仅局限于企业内部物流、资金流和信息的管理。它最显著的效果是减少库存量和减少物料短缺现象。

到 20 世纪 90 年代初，美国著名的 IT 分析公司 Garther Group Inc 根据当时计算机信息处理技术的发展和企业对供应链管理的需求，预测在信息时代中制造业管理信息系统的发展趋势和即将发生的变革，提出了企业资源计划（ERP）的概念。到 90 年代中后期，现实社会开始发生革命性变化，即从工业经济时代开始步入知识经济时代，企业所处的时代背景与竞争环境发生了很大变化，ERP 系统就是在这种时代背景下面世的。

在 ERP 系统的设计中，考虑到仅靠自己企业的资源不可能有效地参与市场竞争，还必须把经营过程中的有关各方如供应商、制造工厂、分销网络、客户等纳入一个紧密的供应链中，才能有效地安排企业的产、供、销活动，满足企业利用一切市场资源快速高效地进行生产经营的需求，以期进一步提高效率和在市场上获得竞争优势；同时也考虑了企业为了适应市场需求变化，不仅组织“大批量生产”，还要组织“多品种小批量生产”。在这两种情况并存时，需要用不同的方法来制订计划。

随着因特网技术的不断发展和电子商务应用的不断深入，ERP 系统也在不断发展中，例如把企业信息化管理系统延伸至企业以外的供应商等关键团体 ASP（Advanced Planning System），从庞大的系统转变为模块化系统，从水平市场转向纵向行业解决方案，从简单的数据处理到智能的信息分析，从企业后台转向企业前台，等等。

4.4.3 ERP 的管理思想

电子商务系统的总体设计思想是：围绕企业的经营目标，应用因特网技术，以客户关系管理（CRM）为中心，结合当前的社会环境、经济环境和法律环境，展开产品销售；在产品销售过程中，畅通企业的供应链管理（SCM），再结合本企业的资源计划系统（ERP），以市场为导向，以提供客户个性化服务为目标，扩展一系列的商务活动。

企业的所有资源可以用三大流来表示，即物流、资金流和信息流，而 ERP（Enterprise Resource Planning，企业资源规划）就是对这 3 种资源进行全面集成管理的信息系统，是一个对企业资源进行有效共享与利用的系统。概括地说，ERP 是建立在信息技术基础上，利用现代企业的先进管理思想，为企业提供决策、计划、控制与经营业绩评估的全方位、系统化的管理平台。其主要功能如图 4-8 所示。

ERP 通过信息系统对信息进行充分整理、有效传递，使企业的资源在购、存、产、销、人、财、物等各个方面能够得到合理配置与利用，从而实现企业经营效率的提高。

从本质上讲，ERP是一套信息系统，是一种工具，ERP在系统设计中可集成某些管理思想与内容，帮助企业提升管理水平。

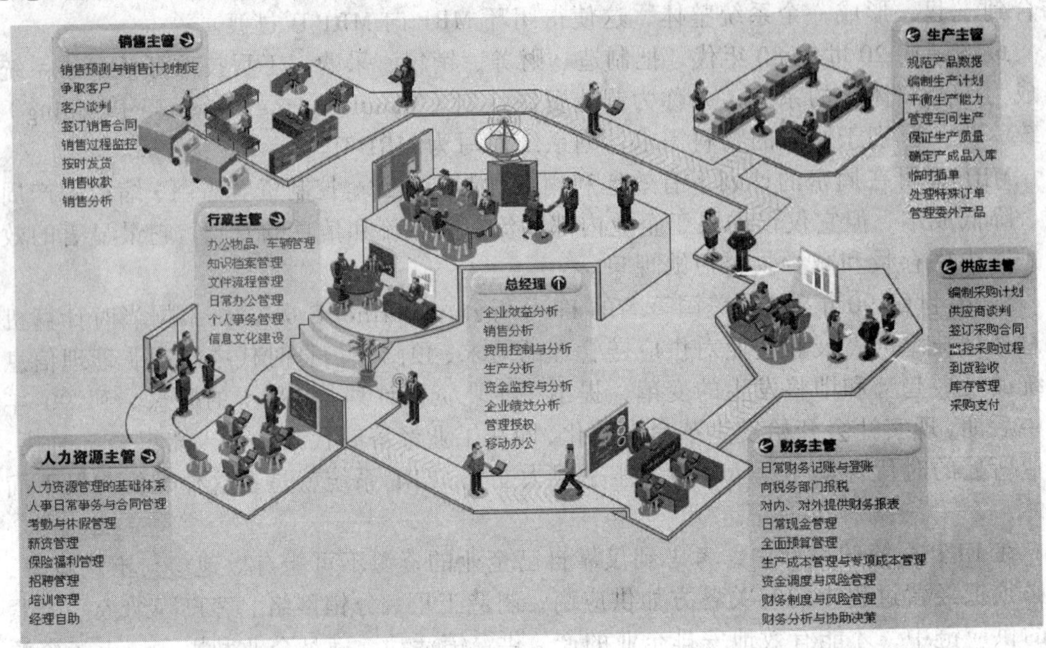

图 4-8　体验 ERP

但是，ERP只是管理者解决企业管理问题的一种工具。ERP本身不是管理，也不能取代管理，不能解决企业的管理问题，企业的管理问题只能由管理者自己去解决。有不少企业错误地将ERP当成管理本身，在ERP实施前未能认真地分析企业的管理问题，寻找解决途径，而过分地依赖ERP来解决问题。最后，不但老的问题得不到有效解决，又产生了许多新的问题，最终导致了ERP实施的失败。企业也因此而伤了元气。

正确认识ERP，就会在ERP实施之前认真分析企业在管理上存在的问题，了解ERP对解决这些问题的作用，充分细致地计划与落实利用ERP解决这些问题的程序，为ERP充分发挥效率提供基础。

对于企业来说，ERP首先应该是管理思想，其次才是管理手段与信息系统。ERP管理内涵及其先进的管理思想具体体现在以下几方面：

（1）帮助企业实现体制创新。ERP能实现企业内部的相互监督和相互促进，使员工自觉发挥最大的潜能去工作，让每个员工的报酬与他的劳动成果紧密相连，管理层也不会出现独裁现象。这种新的管理体制必然能迅速提高工作效率，节约劳动成本。

（2）以人为本的竞争机制。ERP的管理思想认为，以人为本的前提是必须在企业内部建立一种竞争机制，仅依靠员工的自觉性和职业道德是不够的，在此基础上，给每个员工制定一个工作评价标准，并也以此作为对员工的奖励标准，使每个员工都必须达到这个标准，并不断超越这个标准，超得越多越好。随着标准不断提高，生产效率也就必然跟着提高。

（3）把组织看成是一个协作系统。ERP把组织看作是一个协作的社会系统，这个

系统要求人们之间的合作。应用 ERP 的现代企业管理思想，结合通信技术和网络技术，在组织内部建立起上情下达、下情上达的有效信息交流沟通系统，以便保证上级能及时掌握情况，获得作为决策基础的准确信息，又能保证指令的顺利下达和执行。这样一种信息交流系统的建立和维护，是一个组织的存在与发展的首要条件，其后才谈得上组织的有效和高效率。同时要注意信息交流系统的完整性。

（4）以供应链为核心。ERP 把客户需求和企业内部的制造活动以及供应商的制造资源整合在一起，形成一个完整的供应链，并对供应链上的所有环节进行有效管理，这样就形成了以供应链为核心的 ERP 管理系统。供应链跨越了部门与企业，形成了以产品或服务为核心的业务流程。以制造业为例：供应链上的主要活动者包括原材料供应商、产品制造商、分销商、零售商及最终用户。

（5）体现精益生产、同步工程和敏捷制造的思想。ERP 系统支持混合型生产方式的管理，其管理思想体现在：其一是"精益生产"（Lean Production）思想，即企业按大批量生产方式组织生产时，把客户、销售代理商、供应商、协作单位纳入生产体系，企业同其销售代理、客户和供应商的关系，已不再简单地是业务往来关系，而是利益共享的合作伙伴关系，这种合作伙伴关系组成了一个企业的供应链，这是精益生产的核心思想。其二是"敏捷制造"（Agile Management）思想。当市场发生变化，企业遇有特定的市场和产品需求时，企业的基本合作伙伴不一定能满足新产品开发生产的要求，这时，企业会组织一个由特定的供应商和销售渠道组成的短期或一次性供应链，形成"虚拟工厂"，把供应和协作单位看成是企业的一个组成部分，运用"同步工程"组织生产，用最短的时间将新产品打入市场，时刻保持产品的高质量、多样化的灵活性，这即是"敏捷制造"的核心思想。

（6）体现事先计划与事中控制的思想。ERP 系统中的计划体系主要包括：主生产计划、物料需求计划、能力计划、采购计划、销售执行计划、利润计划、财务预算与人力资源计划等，而且这些计划功能与价值控制功能已完全集成到整个供应链系统中。

另一方面，ERP 系统通过定义事务处理相关的会计核算科目与核算方式，以便在事务处理发生的同时自动生成会计核算分录，保证了资金流与物流的同步记录和数据的一致性。从而实现了根据财务资金现状，追溯资金的来龙去脉，并进一步追溯所发生的相关业务活动，改变了资金信息滞后于物料信息的状况，便于实现事中控制和实时做出决策。

此外，计划、事务处理、控制与决策功能都在整个供应链的业务处理流程中实现，要求在每个流程业务处理过程中最大限度地发挥每个人的工作潜能与责任心，流程与流程之间则强调人与人之间的合作精神，以便在有机组织中充分发挥每个人的主观能动性与潜能。实现企业管理从"高耸式"组织结构向"扁平式"组织机构的转变，提高企业对市场动态变化的响应速度。

（7）以客户关系管理（CRM）为前台作重要支撑。在以客户为中心的市场经济环境下，企业关注的焦点逐渐由过去关注产品转移到关注客户上来。由于需要将更多的注意力集中到客户身上，出现了关系营销、服务营销等理念。同时，信息科技的发展从技术上为企业加强客户关系管理提供了强有力的支持。

ERP 系统在以供应链为核心的管理基础上，增加了客户关系管理，并将着重解决企业业务活动的自动化和流程改进，尤其是在市场营销、客户服务和支付等与客户直接打交道的前台领域。CRM 能帮助企业最大限度地利用以客户为中心的资源（包括人力资源、有形和无形资产），并将这些资源集中应用于现有客户和潜在客户身上。其目标是通过缩短销售周期和降低销售成本，通过寻求扩展业务所需的新市场和新渠道，并通过改进客户价值、客户满意度、盈利能力以及客户的忠诚度等方面来改善企业的管理。

（8）实现电子商务，全面整合企业内外资源。随着网络技术的飞速发展和电子化企业管理思想的出现和实施，ERP 也不断地进行着调整，以适应电子商务时代的来临。网络时代的 ERP 将使企业适应全球化竞争所引起的管理模式的变革，它采用最新的信息技术，呈现出数字化、网络化、集成化、智能化、柔性化、行业化和本地化等的特点。

ERP 作为企业经营管理的整体解决方案，它不仅仅是一套软件，更多的是管理思想和理念的结晶和体现，是信息时代企业实现现代化、科学化管理的有力工具，从某种意义上说是衡量企业管理现代化的一个标尺。ERP 在企业的实施，必将迅速提升企业的管理水平，增强企业的竞争能力。ERP 的核心管理思想就是实现对整个供应链的有效管理。

4.4.4 ERP 系统的实施

典型的 ERP 系统实施进程包括如图 4-9 所示的几个阶段。

1. 项目的前期工作

项目的前期工作即软件安装之前的阶段，这个阶段关系到项目的成败，但往往为实际操作所忽略。本阶段的工作主要是使企业的中上层领导干部理解 ERP，用 ERP 的思想对企业现行管理的业务流程和存在问题进行评议和诊断，寻求解决方案，用书面形式明确预期目标，并规定评价实现目标的标准。要完成需求分析和投资效益分析并做出正式书面报告和正确决策。同时，要根据企业本身的生产类型选择适用的软件。

2. 实施准备阶段

实施准备阶段包括数据和各种参数的准备和设置，其中，有些静态数据可以在选定软件之前就着手准备和设置。对软件功能的原型测试也称计算机模拟，实际上也是一种实施准备工作。该阶段还要在原型测试的基础上提出解决企业管理问题的方案。

3. 模拟运行及用户化

在基本掌握软件功能的基础上，选择代表产品，将各种必要的数据录入系统，带着企业日常工作中经常遇到的问题，组织项目小组进行实践性模拟，提出解决方案。模拟可集中在机房进行，也称会议室模拟。在完成必要的用户化工作，进入现场运行之前要经过企业最高领导的审批和验收通过。工作准则与工作规程要在这个阶段初步

制定出来，并在以后的实践中不断完善。

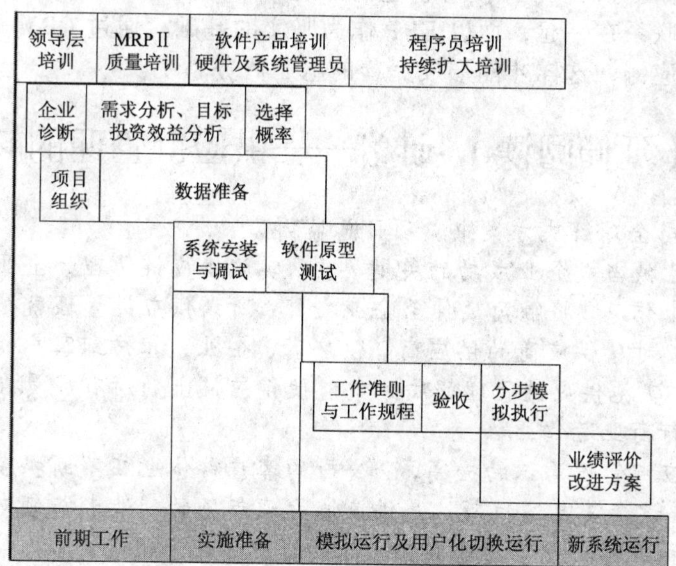

图 4-9 ERP 实施进程

4. 切换运行

根据企业的条件来决定应采取的步骤，可使各模块平行一次性实施，也可先实施一二个模块。在这个阶段，所有最终用户必须在自己的工作岗位上使用终端或客户机操作，使其处于真正的应用状态，而不是集中于机房。如果手工管理与系统还有短时平行，可作为一种应用模拟看待，但时间不宜过长。

5. 新系统运行

项目实施进入正常状态后，要进行业绩评价。在此基础上制定下一步的工作方向。这些阶段是密切相关的，一个阶段没有做好前，决不可操之过急进入下一阶段，否则只能事倍功半。在整个实施过程中，培训工作应当贯彻始终。

在实施 ERP 系统之前应做的准备工作包括知识更新、规范化数据、机构重组、全员动员、风险控制等方面。ERP 的实施对企业整合资源、提高管理具有重要的意义和价值。但 ERP 的实施同时伴随着巨大的风险，不能急于求成。要使 ERP 实施成功，企业必须充分做好资源和管理变革的准备。

4.4.5 ERP 与电子商务

ERP 将围绕如何帮助企业实现管理模式的调整以及如何为企业提供电子商务解决方案来迎接数字化知识经济时代的到来。它支持敏捷化企业的组织形式（动态联盟）、以团队为核心的扁平化组织结构方式的企业管理方式和工作方式（并行工程和协同工作），通过计算机网络将企业、用户、供应商及其他商贸活动涉及的职能机构集成起来，完成信息流、物流和价值流的有效转移与优化，包括企业内部运营的网络化，供应链管理、渠道管理和客户关系管理的网络化，ERP 系统还将充分利用因特网技术及信息集成技术，将供应链管理、客户关系管理、企业办公自动化等功能全面集成优化，以支持产品协同商务等企业经营管理模式。

因特网和电子商务的发展，使得企业内部的ERP不再只是独立作业，而是将ERP与CRM、SCM等联系在一起，而以ERP作为坚实的基础，通过CRM管理客户关系，通过SCM管理供应链，这样才能形成完善的电子商务系统。

【延伸阅读】 计划——供应链管理的核心

——访i2公司全球解决方案中心项目总监傅淼

价值链管理已被当成企业成功的关键要素，实施供应链管理的企业与战略性供应商分享设计及需求信息，将触角延伸至企业之外。所谓供应链管理就是利用线性规划等核心优化技术，对从供应商的供应商、供应商、企业、客户到客户的客户的整个链条的管理和优化。实施供应链管理解决方案能使供应链上的所有成员在世界的任何角落协调一致地进行商业运作。

随着企业供应链管理意识的提高，i2公司的客户群体也在不断扩展。创建于1988年的i2公司总部设在美国达拉斯，是供应链管理市场的创造者与领先者，致力于为企业提供供应链管理解决方案，目前在全球的客户已达1 000多家，其中包括全球前14家半导体生产公司，全球前15家电子OEM[①]公司中的14家，前6家全球性汽车生产公司，全球前10家3PL[②]公司中的8家，全球前10家世界级金属冶金公司中的6家，全球消费品行业中十大名牌公司，福布斯评出的前10家航空/航天与国防公司、前15家零售商中的10家……

i2于2000年进入中国市场，联想、华为、摩托罗拉、神州数码、戴尔、东南汽车、宝钢、百事等知名企业都已成为其客户。

在i2的供应链管理系统中，计划处于供应链管理的核心地位，因为i2坚信：没有计划，企业的生产、经营就如同无源之水，不知自己要做什么，要达到什么样的目标。

记者：供应链管理对于外资企业也许并不陌生，而对我国大多数企业来说却是一个新名词。供应链管理的核心是什么？

傅淼：供应链管理重在两部分，供应链的计划和执行。计划包括仓储计划、预测需求计划、物流的配置计划、生产计划、销售计划等；供应链执行是以订单的执行和物流的执行来支撑的。

实施供应链管理，关键在于增加各环节的可视性。

企业在经营过程中有许多不确定性因素，库存相当于供应链系统的润滑油，对这些不确定因素导致的波动起到缓冲作用。企业的客户服务水平和库存是一对矛盾，这是整个供应链管理理论和实践中一对最基本的矛盾。在其他条件不变的前提下，客户服务水平越高，要求的库存就要越多。

---

① OEM：（Original Equipment Manufacture，原始设备制造商）是指一种“代工生产”方式，其含义是生产者不直接生产产品，而是利用自己掌握的“关键的核心技术”，负责设计和开发、控制销售“渠道”，具体的加工任务交给别的企业去做的方式。例如CPU风扇，Intel或AMD公司本身并不生产，它们通常会找像日本三洋公司这样的专业电机制造企业生产。这种方式是在电子产业大量发展起来以后才在世界范围内逐步生成的一种普遍现象，微软、IBM等国际上的主要大企业均采用这种方式。

② 3PL：（Third Party Logistics，第三方物流，又称物流代理）。在物流外包领域中，第三方物流的核心业务是为客户提供承运、转运或仓储服务。消费者非常急切想要减少成本，而这正是第三方物流所能提供的服务。

为了解决这对矛盾，有效地匹配库存与客户服务水平二者之间的关系，企业需要对自己的需求及上下游企业的需求与供货能力进行预测，根据预测安排生产和原材料的采购。预测准确时则不需要很多库存，因为企业能够预知下游客户何时要货，自己的原料何时能到货。

由此可以看出提高预测准确度的重要性。如何达到这一目标？要实现供应链企业的信息共享，即协同。没有实现协同时，预测的依据只能是企业的经验、对历史数据的分析以及对市场信息的把握，即使用尽各种方法，预测的准确性也只能达到一定程度。协同要求企业内部有很强的计划能力，根据计划产生的信息反馈给上游供应商，供应商据此对信息排程，并告知企业哪些需求能够满足、何时满足，哪些需求无法满足。这种信息共享、信息交互的过程能够提高整个供应链的可视化程度，把不确定性降至最低。因此，协同是提高供应链可视性的手段，计划是供应链管理的核心。

记者：实施供应链管理能给企业所处的行业带来哪些利益？

傅淼：实施供应链管理，能够实现供与求的良好结合，避免信息失真，降低整个供应链的成本。

举个简单的例子，通过供应链管理系统的计划功能，企业能够获得准确的计划。如果将这个计划提前一定时间就告知供应商，供应商可以降低自己的安全库存，按照企业的计划进行供货。这时供应商的成本相应降低，企业也能从中受益，整个行业的成本也随之下降。

反之，如果企业间不能达成信息共享，就可能造成这种局面：企业按照计划生产，突然得知某原料无法到货，企业已经按计划排产了，其他物料也占用了，就会造成企业资源乃至行业资源、社会资源的浪费。实施供应链管理就是通过协同，提高整个供应链的可视性，降低成本，形成供应链上所有企业的共赢。

记者：成功的企业非常重视供应链管理，而有些企业上了供应链管理系统却感觉效果平平。实施供应链管理系统要注意哪些问题？

傅淼：企业对计划的重视程度不够，只重视执行而不重视计划，往往是导致供应链管理系统应用不理想的重要原因。企业在成长阶段，一般把主要精力集中于开拓市场，企业的主要工作都是围绕销售进行的，所谓后方服务于前方。在此阶段，企业习惯于把压力传递给上游，而自身又不在预测和计划上下功夫。销售把压力传递给制造部门，制造部门又把压力传递给供应商。要求自己的库存降至最低限度，而要求上游随时供货。供应链上的所有环节都处于疲于奔命的状态，运作的效果和效率却并不高。可以说，此时的企业把着眼点完全放在执行上，而没有对企业未来的计划。计划恰恰是企业以及供应链运作的根本。

做到有效的供应链管理需要企业有效地做到以下三点：

（1）观念的转变和理念上重视，企业必须对供应链有足够的重视，把供应链的效率作为企业的核心竞争力之一来抓。

（2）实施供应链管理是企业持续改进、持续优化的进程，而不是项目上线任务就能结束，企业要有持续的动力。

（3）要有持续的投资、专门的队伍，从组织上、人员上给予保障，并且企业要把这些投资看作是提高核心竞争力的必要条件，而不是负担。这是成功的供应链管理基础。

使用供应链管理系统要注意数据的准确性，如果输入系统的数据有问题，系统不可能做出准确的计划。要注重日常对数据的及时维护，随时把企业的现状反应给系统，系统才能根据企业现时的状况进行计划及优化。实施供应链管理系统要涉及一部分人的利益和责权关系，要求企业在组织架构上有相应的保证，否则就无法确保系统成功实施。另外，还需要企业在流程上做相应改进。

国外许多著名企业在供应链实施方面是很典型的。比如三星，不仅非常重视其产品、品牌，还十分注重供应链运作的效率，因为它们是相辅相成的，共同构建了企业的核心竞争力。如果仅重视产品、品牌，而没有供应链系统的支持，或供应链运作效率低下，而导致企业的利润低下，则不可能保证对产品研发和品牌建设所必需的长期投入，整个企业的发展也就无从谈起了。

记者：i2 如何帮助企业进行供应链项目的规划？

傅淼：我们通常是分析某行业的供应链，对企业所处供应链中的位置进行分类，得到几种模式后，再进行优化，得到行业中的最佳业务实践。然后，根据企业的理念，分析企业适合什么样的供应链模式，帮助企业描绘供应链实施的路线图，告诉企业项目实施要分几个步骤，能够达到什么样的效果，企业在进行 IT 规划时就要把这些因素考虑进去。不同的企业对供应链的重视程度不同，企业的财务状况也不一样，企业要根据自身的情况选择实施长期、中期或短期的供应链项目实施方案。

记者：每个行业都面临着独特的供应链挑战。i2 供应链管理系统如何适应不同行业的特点，如何体现灵活性？

傅淼：i2 针对不同行业的软件产品，其核心层基本是统一的。在核心层之上是模板，针对不同行业的特定需求进行开发。第三层是针对具体企业的情况，以数据定义作为接口，通过数据建模进行调节。可以说，i2 的软件系统既能符合行业的特性，又是客户化的产品。

目前 i2 几乎已进入了与制造和物流相关的每一个行业。i2 通常的做法是，每进入一个新行业，首先与该行业的领先者合作，切合客户的实际情况，共同开发行业模板。通过这种合作方式，i2 可以对新行业形成深刻的理解，并形成行业针对性很强的解决方案。

记者：i2 的供应链管理系统包含哪些功能模块？

傅淼：i2 供应链管理系统的主要功能包括订单履行（协同补货、客户订单履行、供应链可视性）、供应商寻源与采购（协同供应执行、危险物料管理、产品寻源与重复使用、寻源执行、供应商战略及绩效管理）、供应与需求计划（协同供应执行、需求管理、工厂解决方案、库存优化、销售与运作管理、供应链可视性、供应管理）、运输与配送（补货计划、战略网络设计与分析、供应商可视性、运输投标协同、运输建模与分析、运输计划与管理）、内容与数据服务、供应链运作服务平台（业务流程执行、统一基础设施服务、主数据管理、绩效管理）。

企业在日常运作中会产生海量数据，如果只经过简单的收集整理，是无法从中获得有用的信息的。i2 的“供应链事件管理”和“绩效管理”这些工具可以协助企业进行信息的收集整理，从中提取出有用的信息，并转化为面向不同层面决策者的信息，满足不同层面决策者不同的需求，即将有用的、准确的、及时的信息，以可利用的形式呈现给不同层面的决策者，帮助决策者及时掌握情况，迅速做出正确的决策，调整计划，

保证整个供应链平稳高效的运作，真正实现闭环的供应链管理。

资料来源：物流技术与应用

【实验与思考】 了解商务动力，熟悉电子商务

“练习与实验”的目的：

（1）熟悉五力模型和价值链等重要概念，了解这些概念对信息系统建设的意义所在。

（2）了解电子商务与传统商业的区别，理解电子商务的基本概念，熟悉电子商务的基本类型，了解电子商务的目标模式、网络结构与运行环境等概念。

（3）了解和熟悉客户关系管理 CRM 和供应链管理 SCM 知识；了解 ERP 的基本概念，熟悉 ERP 的基本内容。

（4）通过因特网搜索与浏览，了解网络环境中主流的 ERP 技术网站，尝试通过专业网站的辅助与支持来开展 ERP 应用实践。

1. 工具/准备工作

在开始本实验之前，请回顾教科书的相关内容。

需要准备一台带有浏览器，能够访问因特网的计算机。

2. 实验内容与步骤

[概念理解]

请认真阅读课文，并回答以下问题。

（1）五力模型：____

____

（2）价值链：____

____

（3）请给“电子商务”下一个定义。

答：____

____

____

____

这个定义的来源是：________________________________

（4）试分析：传统商务与电子商务的主要区别有哪些？

答：____

____

____

____

（5）人们对于电子商务的认识，逐渐由电子商务扩展到“e 概念”的高度，人们认识到：电子商务实际上就是电子技术同商务应用的结合。而电子技术不但可以和商务活动结合，还可以和很多其他有关的应用领域结合，从而形成相关领域的 e 概念。请至少举 3 个例子说明“相关领域的 e 概念”。

例如：远程教育，这是电子技术与教育领域的结合应用。

①

②

③

（6）电子商务的参与方主要有四部分，即企业、消费者、政府和中介方。尽管有些网上拍卖形式的电子商务属于个人与个人之间的交易（即 C2C），但一般情况下，企业是电子商务的核心。考察电子商务的类型，主要从企业的角度来进行分析。按业务处理过程所涉及的范围来对电子商务进行分类，主要有以下 3 种类型：

①

简单举例描述：

②

简单举例描述：

③

简单举例描述：

（7）简述企业内部网（Intranet）在电子商务系统中的地位和作用。

答：

（8）请根据你的理解，简单阐述什么是 CRM，简单描述 CRM 与电子商务的关系。利用电子商务，企业应该如何改进和客户的关系？

答：

（9）请简单描述什么是 SCM。

答：

供应链管理中的"6R"指的是＿＿＿＿、＿＿＿＿、＿＿＿＿、＿＿＿＿、＿＿＿＿、＿＿＿＿。

（10）请根据你的理解，简单描述什么是企业资源计划（ERP）。

答：

[实验案例 1]　波特五力模型和手机运营商。

在一个由 3 人或 4 人组成的小组中，选择小组成员正在使用的一家手机运营商（例如中国移动、中国联通、中国电信等）。现在，在波特五力模型框架下，识别出这家手机运营商如何：①减少买方能力；②增加卖方能力；③减少替代产品或服务的威胁；④减少新进入行业者的威胁。

答：

最后，描述一下手机运营商的竞争环境。

答：

[实验案例 2]　使用波特模型来评估网络游戏行业。

网络游戏（又称"在线游戏"，简称"网游"）是必须依托因特网进行、可以多人同时参与的计算机游戏，通过人与人之间的互动达到交流、娱乐和休闲的目的。

在你熟悉或了解的网络游戏中，你认为排名前三位的分别是：

（1）

（2）

（3）

网游也是一个存在激烈对抗和高度竞争的行业。通过波特的五力模型，可以评估进入网游（开发或者代理新游戏）行业的相对吸引力。

请明确回答以下问题并正确描述每个答案：

（1）买方能力是高还是低？

答：

（2）卖方能力是高还是低？

答：

（3）哪种替代品或服务被视做威胁？

答：

（4）对新进入者的威胁程度如何？就是说，行业壁垒是高还是低？行业壁垒是什么？

答：

（5）现有竞争者的竞争水平如何？列出该行业的5个首要竞争对手。

答：

最后，你对网络游戏业的整体看法是怎样的？它是一个适合进入还是一个不适合进入的行业？如何通过使用波特的五力模型进入该行业？

答：

[实验案例3] 在因特网上订购产品和服务。

在网上，消费者可以购买食品、衣服、计算机、汽车、唱片、古董、书等很多东西。只要你想买的，就可能有网站在卖，甚至还可能有上百个网站在卖你想要的东西，这样，你就可以选最好的来买。

消费者确实会发现无论想要什么都能从网上买到，但是，应该认真考虑从哪家公司购买最好。希望做生意的对象是值得信任的，尤其当需要提供信用卡号码来购买商品时，就更要注意。

书和CD

书和CD是可以从网上购买的一类商品，而网上最负盛名的出售这类商品的网站应该是亚马逊公司（www.amazon.com），该公司提供上百万种书和光盘。

当然，在从网上购买商品的时候，要考虑从网上购买比在当地的商店购买能省多少钱。有时候网上商品的价格可能要更高，而且顾客还可能要支付一些运费。虽然有许多网站允许顾客购买单曲并将其以MP3格式下载到计算机中，但在本实验中，只关注购买传统的CD。

为你有兴趣购买的书或者CD列一个清单，请在当地的商店里找到它们的价格。接下来，请访问3个出售书和CD的网站，并回答以下问题：

（1）你感兴趣的书或者CD有哪些？

答：

（2）它们在当地商店的价格是怎样的？

答：

（3）在每个网站都能买到它们吗？

答：

（4）当地价格高于还是低于网上的价格？

答：

（5）怎样订购并支付购买的产品？

答：

（6）送货时间预计有多长？

答：

（7）运费怎么算？

答：

（8）综合考虑，你认为在网上购买好还是在当地商店购买好？为什么？

答：

衣服和装饰品

虽然看起来有些奇怪，但确实有很多人从网上购买各种类型的衣服，从鞋子到裤子再到各式各样的装饰品（包括化妆品、香水等）。在网上买衣服的缺点就是不能试穿和站在镜子前面看效果。但是如果明确地知道自己想要衣服的颜色和大小，完全可以从网上购买。

请浏览几个卖衣服和装饰品的网站，同时体验一下逛电子服装店的感觉。在这样做的同时，请考虑以下事项：

（1）怎样订购并支付这些商品？

答：

（2）关于这些衣服是怎么描述的？文字、照片还是3D效果图？

答：

（3）如果购买后发现不喜欢或者穿着不合适，有关退货的规定是什么？

答：

（4）在网上买衣服比去商业街更有意思吗？为什么？

答：

网上拍卖场

拍卖场就是一个商品交易场所，在这里，用户可以以拍卖的形式出售自己的商品或者从他人手中购得商品。“淘宝”就是这样一个很受欢迎的网络拍卖场，有上百万的物品等待出售。

网络拍卖场操作很简单。首先，用户要在拍卖场注册一个用户名。注册后，就有一个唯一的用户名和密码，依靠这个就能出售你的商品或者竞标其他商品。当某项商品的拍卖结束后（拍卖场往往规定拍卖的时限，一般是1~10天），拍卖场就会通报出售者和中标者。之后，就轮到你和另一个人交换钱和商品。

所以，想好想要买或者卖什么东西——可能是一枚珍稀的硬币、一台计算机、一个不常见的芭比娃娃或者是一辆车，然后多去几个不同的网络拍卖场并回答以下几个问题：

（1）注册成为用户的程序是怎样的？

答：

（2）成为用户要不要缴费？

答：

（3）有没有你感兴趣的商品被拍卖？

答：

（4）怎样竞标某件商品？

答：

（5）卖一件商品拍卖场怎么对你收费？

答：

（6）一般拍卖的期限是多久？

答：

（7）能不能对出售的商品设定一个最低标价？

答：

（8）拍卖场怎样帮你评价其他买卖商品的人的信誉？

答：

（9）对在因特网上订购产品和服务有什么感想，你喜欢这样的购物方式吗？

答：

3．实验总结

4．实验评价（教师）

第5章 信息系统技术基础

从技术角度来看，管理信息系统的设计大都基于内部网、外部网和因特网，并应用Web、数据库、数据仓库、联机分析、数据挖掘以及群件、通信等技术。由于行业性质和产品的不同，在实施管理信息系统的过程中，所选择的解决方案也不尽相同。

专家认为，互联网经历了从PC到移动互联网的发展，而未来几年，多媒体技术和虚拟现实（VR）、增强现实（AR）等技术将改变整个互联网。

5.1 计算机网络技术

计算机网络是指若干个相互独立、相互连接的计算机的集合。该集合中的计算机是完整的计算机系统，并且在不同计算机之间能够进行信息交换。通过硬件（通信设备和通信线路）将各台计算机互相连接，通过软件实现各计算机间的信息交互。

5.1.1 计算机网络的功能与分类

计算机网络是由计算机系统（主机）、各种终端设备、各种通信控制设备（如调制解调器、集线器、交换机、路由器以及各种接口设备等）和通信线路四部分组成的。其中，主机和各种终端设备组成资源子网，主要进行数据处理；通信控制设备和通信线路组成通信子网，主要进行数据的传输、转接和各种通信处理，保证可靠地实现数据通信。

1. 计算机网络的主要功能

（1）数据通信。这是计算机网络最基本的功能，主要完成计算机网络中各个结点之间的系统通信。用户可以在网上传送电子邮件、发布新闻消息、进行电子购物、电子贸易、远程电子教育等。

（2）资源共享。所谓资源是指构成系统的所有要素，包括软硬件资源，如计算处理能力、大容量磁盘、高速打印机、绘图仪、通信线路、数据库、文件和其他计算机上的有关信息等。受经济和其他因素的制约，这些资源并非（也不可能）所有用户都能独立拥有，所以网络上的计算机不仅可以使用自身的资源，也可以共享网络上的资源。因而增强了网络上计算机的处理能力，提高了计算机软硬件的利用率。

（3）增加可靠性，提高系统处理能力。一项复杂的任务可以划分成许多部分，由网络内各计算机分别协作并行完成有关部分，使整个系统的性能大为增强。

2. 计算机网络的分类

按地理范围分，计算机网络通常分为局域网、城域网、广域网和因特网。

（1）局域网：覆盖范围在几千米以内，限于单位内部或建筑物内，常由一个单位投资组建，具有规模小、专用、传输延迟小的特征。

（2）城域网：覆盖范围一般是一个城市，介于局域网和广域网之间。城域网使用广域网技术进行组网。

（3）广域网：覆盖范围通常在数十千米以上，可以覆盖整个城市、国家，甚至整个世界，具有规模大、传输延迟大的特征。广域网使用的传输装置和媒体通常由专门部门提供。

（4）因特网：已经形成覆盖全球的网络，包含着各种不同领域的应用系统，能够提供商务、政治、经济、文化、娱乐、新闻和科技等信息服务，实现全球信息资源的共享。

按传输介质，网络可以分为有线网和无线网。所谓传输介质是指数据传输系统中发送装置和接收装置间的物理媒体。

（1）有线网：采用有线介质连接，常用的有线传输介质有双绞线、同轴电缆和光导纤维等。

（2）无线网：采用无线介质连接，目前主要采用 3 种技术：微波通信、红外线通信和激光通信。这 3 种技术都是以大气为介质的，其中微波通信用途最广。卫星网就是一种特殊形式的微波通信，它利用地球同步卫星作中继站来转发微波信号。一个同步卫星可以覆盖地球的三分之一以上表面，3 个同步卫星就可以覆盖地球上全部通信区域。

5.1.2 通信方式

通信方式主要有移动、光纤、网络和卫星等。

（1）移动通信：指利用无线频段，在移动物体（如飞机、船舶、汽车等）与固定地点之间，或移动体之间的通信。移动通信可以分为地面、海上和空中移动通信等。移动通信在通信领域中发展最快，随着人们越来越多地要求在任何地方、任何时间、以任何方式都能获得信息，移动通信的方式从简单的寻呼到多媒体的信息服务，从模拟电路到数字电路，通信的方式越来越多，技术越来越先进。通信技术与计算机技术的结合，以及高速、有效、可靠的无线数据传输技术的成熟，各种终端的处理能力与通信功能的日益完善，使移动通信得到了快速发展。

（2）光纤通信：指以光波为载体，以光导纤维为传输媒介，和多种光电转换器件组成的通信系统。光纤通信有以下优点：一是通信量大，光纤以光波为载频，传输的频带宽，能够满足大容量的通信要求；二是传输距离远，光纤的基本材料——玻璃的纯度极高，光波损耗很小，线路的中继站少，通信距离远；三是抗干扰能力强，光纤是一种非金属材料，传输的又是经过调制的光信号，它不受电磁等其他因素的干扰，所以抗电磁干扰能力比电信号传输大大提高；四是单位成本低，生产光纤的原料丰富且价廉。光纤通信正向长波长、网络化、高速化的方向发展。

（3）计算机网络通信：指利用计算机网络，以存储转发形式交换各种电文、数据、传真、图像等数字化信息的交换系统。它的特点是方便、迅速、安全，通信双方不受时间、地点限制，不受终端设备和通信网络限制。网络通信系统为每个注册用户分配一个存储器空间，用户可以通过电话和分组网进入信箱系统，用自己的计算机向信箱系统取送信函。用户可自定发送和调阅文件的时间。与传统的通信方式相比，电子信箱（E-mail）既有信函方式的简便，又具备电话一样的速度，所以发展十分迅速。

（4）卫星通信：利用人造地球卫星转发信号的无线电通信，是当前远距离及国际通信中一种先进的通信手段。卫星通信系统由通信卫星和地球站组成，地球站可以是固定的也可以是移动的。由于卫星处在外太空，其通信有两个特点：一是组网灵活，抗干扰性强，可靠性高；二是频带宽，通信容量大。

此外，影响较大的还有传真通信、电视通信、电话通信等。从通信的发展趋势看，通信技术正向信息高速化、业务智能化、多媒体个人化三方面发展。

5.1.3 包交换网

早期的计算机网络大部分是通过租用电话线路来建立连接的。电话交换设备（既可能是机械的，也可能是计算机化的）选择特定的电话线，或称为线路，并把线路连接起来在打电话和接电话的人之间形成一条通路。这种中央控制的单线连接模式叫作线路交换。虽然线路交换模式非常适用于电话，但它对大的网络间或网络群中的子网络之间的数据交换并不适用。在每对发出者和接收者之间建立点到点的连接既不经济又难以管理。

因特网采用一种既经济又易于管理的技术在两点之间传输数据，这种模式叫作包交换。在包交换网络中，文件和信息被分解成包，在这些包上用表示信息源和目的地的代码打上电子标签。这些包在网络中从一台计算机传输到另一台计算机，直至到达目的地。目的地的计算机把这些包集中起来，并把每包中的信息重新集合成原先的数据。在包交换中，每个包从源到目的地的最佳路径是由途经的各个计算机决定的。决定包的传送路径的计算机通常叫作路由器，确定最佳路径的程序叫作路由算法。图 5-1 给出了一个包交换网的例子。

包交换有很多优点，其中的一个优点是，长数据流可分解成易于管理的小数据包，小数据包沿着大量不同的路径进行传输，避免了网络中的交通拥挤。另一个优点是，在数据包到达目的地后，更换受损数据包的成本较低，因为如果一个数据包在传输途中被改变了，只要重新传输这个数据包就可以了。

最早的包交换网叫作 ARPANET，仅连接了几个大学和研究中心。这种实验性的广域网（WAN）在几年内逐渐成熟起来，它采用的是网络控制协议（NCP）。所谓协议是一组规则的集合，它规定网络传输数据的格式和顺序，并检查这些数据中的错误。协议确定了数据的发送设备如何表示已经完成信息的发送，以及接收设备如何表示已经收到（或没收到）信息。在 ARPANET（后来发展成为因特网）的发展过程中开发出的开放式体系结构思想包括以下 4 个要点：

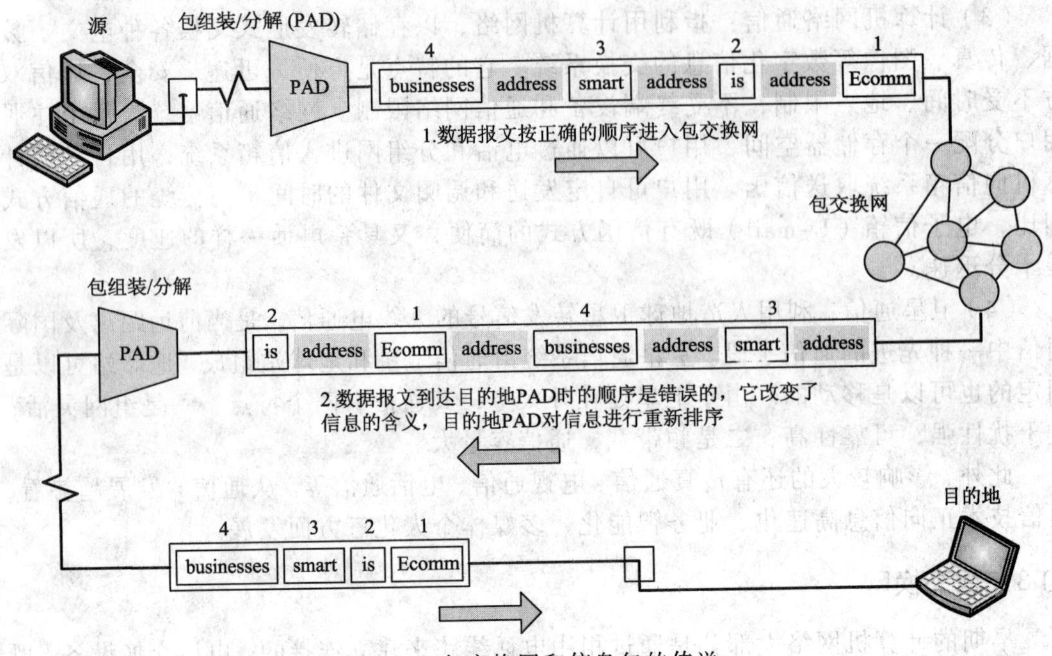

图 5-1　包交换网和信息包的传送

（1）独立的网络在连入另外的网络时不需要任何变化。

（2）没有到达目的地的信息包必须从其源结点重新传输。

（3）路由器计算机不保留处理过的信息包的信息。

（4）对网络没有全球化的控制。

5.1.4　协议层次模型

为了减少网络协议设计的复杂性，网络设计者并不是设计一个单一的、巨大的协议来为所有形式的通信规定完整的细节，而是把通信问题划分为许多个小问题，然后为每个小问题设计一个个单独的协议。这样做，使得每个协议的设计、分析、编码和测试都比较容易。例如，将计算机网络用一串层次结构来考虑它的各种功能，每一层均有各自的任务。上、下层间的关系是：上层发出要求和下层提供相应服务。

1. 邮政系统分层模型

为了便于理解协议分层的概念，下面以邮政系统为例进行说明。人们平常写信时都有个约定，这就是信件的格式和内容。首先，写信时必须采用双方都懂的语言文字和文体，开头是对方称谓，最后是落款等。这样，对方收到信后，可以看懂信中的内容，知道是谁写的，什么时候写的等。当然，还可以有其他的一些特殊约定，如书信的编号等。信写好之后，必须将信封装并交由邮局寄发，这样，寄信人和邮局之间也要有约定，即规定信封写法并贴邮票。邮局收到信后，进行信件的分拣和分类，然后交付有关运输部门，如航空信交民航，平信交铁路或公路运输部门等。这时，邮局和运输部门也有约定，如到站地点、时间、包裹形式等。信件运送到目的地后再进行相反的过程，最终将信件送到收信人手中，收信人依照约定的格式阅读信件。

如图 5-2 所示，在整个过程中，主要涉及 3 个子系统，即用户子系统、邮政子系统和运输子系统。

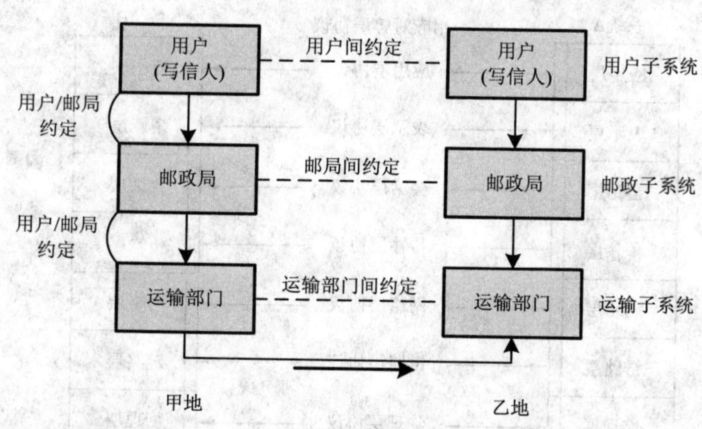

图 5-2　邮政系统分层模型

可以看出，各种约定都是为了达到将信件从一个源点送到某一个目的点这个目标而设计的，这就是说，它们是因信息的流动而产生的。可以将这些约定分为同等机构间的约定，如用户之间的约定、邮政局之间的约定和运输部门之间的约定，以及不同机构间的约定，如用户与邮政局之间的约定、邮政局与运输部门之间的约定等。

虽然两个用户、两个邮政局、两个运输部门分处甲、乙两地，但它们都分别对应同等机构，同属一个子系统；而同处一地的不同机构则不在一个子系统内，而且它们之间的关系是服务与被服务的关系。很显然，这两种约定是不同的，前者为部门内部的约定，而后者是不同部门之间的约定。在计算机网络环境中，两台计算机中两个进程之间进行通信的过程与邮政通信的过程十分相似。用户进程对应于用户，计算机中进行通信的进程对应于邮局，通信设施对应于运输部门。

2. ISO/OSI 模型

关于计算机网络的划分层次，在 20 世纪 70 年代网络发展的初期，各大公司都有各自的分法，但是，网络要求互相交往，必须有一个交互双方公认的层次模型。于是，在 20 世纪 80 年代，逐渐统一到 ISO 的七层 OSI 模型和 TCP/IP 系统的四层模型上。

国际标准化组织的开放系统互连基本参考模型（ISO/OSI 模型）是一个七层模型。其最高层为应用层，接着是表示层、会话层、传输层、网络层、数据链路层和物理层，如图 5-3 所示。

应用层是由在 OSI 环境中协同工作的应用实体组成的，下面六层和 OSI 所用的物理媒体逐层地向着应用层提供各应用实体间协同工作所需的各种服务。这里的应用实体可以理解为某个应用进程，如发送 E-mail（电子邮件）的进程。同样，在其他各个层次均有其相应的实体。上、下层之间的关系（例如传输层和网络层间的关系）可以用服务和接口来描述。服务（Service）表示下层应向上层提供的什么服务，接口（Interface）告诉上层实体如何去使用下层提供的服务。在不同主机间（如主机 A 和主机 B）通信时，对等层次间（如 A 的传输层和 B 的传输层间）的关系用协议（Protocol）来规定。对等层协议只处理这一层次自己的事，与其他层次无关，只要求它能完成向

其上层提供规定好的服务以及向其下层调用规定好的服务。

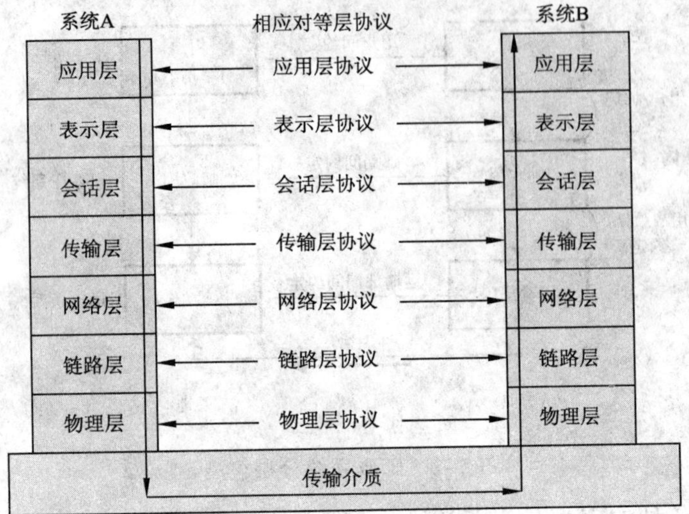

图 5-3　ISO/OSI 模型

3. TCP/IP 系统分层模型

支持因特网基本操作的协议是传输控制协议（TCP）和网际协议（IP），它们建立了一些基本规则来确定数据的网络传输方式以及建立和断开网络连接的方式。TCP 控制信息在因特网传输前的打包和到达目的地后的重组。IP 控制信息包从源到目的地的传输路径，处理每个信息包的所有地址信息，确保每个信息包都打上正确的目的地地址标签。

TCP/IP 系统由 4 个层次组成，应用层、传输层、网际层和网络接口层如图 5-4 所示。

应用层　传输层　网际层　网络接口层

应用协议和服务
TCP　UDP
RARP　IP　ARP　ICMP　路由协议
网络驱动程序和网络接口卡

图 5-4　TCP/IP 结构

这 4 个层次在相应的物理媒体上工作。在应用层，用户可调用各种应用程序去访问 TCP/IP 系统所提供的各种服务。在传输层，要根据应用要求为 A、B 双方应用实体提供端到端的连接，并保证可靠、无差错。在网际层，要接受传输层的要求用发送（或接收）数据报的形式去具体处理 A、B 双方的通信。在网络接口层，要为实现发送（或接收）数据报，从具体网络及其相应的物理媒体上传送出去（或接收进来）。

TCP/IP 可以用于因特网，也可以用于局域网（LAN）。TCP/IP 系统没有具体规定

用何种协议来实现网络接口层，可以选用 LAN，也可选用 X.25 等协议来实现。网际层采用以 IP 为中心的一组协议来实现，而传输层则采用 TCP 和 UDP 协议。

4．IP 协议

随着因特网的飞速发展，人们普遍使用 TCP/IP 系统，而很少采用 OSI 七层模型。

因特网当前使用的 IPv4 协议面临着其 IP 地址资源耗尽的严重问题。由于 IPv6 基于与传统因特网协议 IPv4 相同的体系结构原理，因此可以将 IPv6 看作是一个比 IPv4 地址空间更大的版本，它巨大的地址容量能够满足因特网飞速发展的需要，被认为是建设移动信息社会的一个重要基石。它集移动性、安全性和服务质量保证于一体，是建设未来因特网的最佳方案。

一个 IPv6 的 IP 地址由 8 个地址节组成，每节包含 16 个地址位，以 4 个十六进制数书写，节与节之间用冒号分隔，除了 128 位的地址空间，IPv6 还为点对点通信设计了一种具有分级结构的地址，这种地址被称为可聚合全局单点广播地址。

像 IPv4 地址一样，IPv6 地址也用来标识连接在子网上的网络接口，而不是一个站点。IPv6 与 IPv4 的最大不同之处就是，它在常规情况下就能允许每个接口由几个地址来标识，以助于进行路由选择和管理。

5.1.5 其他因特网协议

TCP/IP 包括很多为用户提供服务的应用层协议。这些服务有时也称为应用服务，包括 WWW 页面显示、网络管理工具、远程登录、文件复制、电子邮件和目录服务等。几种常用的协议介绍如下：

1．HTTP

HTTP 是超文本传输协议的缩写，它是负责传输和显示 WWW 页面的因特网协议。HTTP 运行在 TCP/IP 模型的应用层。和其他的因特网协议一样，HTTP 采用客户机/服务器模式，即用户（客户机）的 WWW 浏览器打开一个 HTTP 会话并向远程服务器发出 WWW 页面请求。作为回答，服务器产生一个 HTTP 应答信息，并把它送回到客户机（请求者）的 WWW 浏览器。应答包括客户机服务器上显示过的页面。如果客户机确定收到的信息是正确的，就断开 TCP/IP 连接，HTTP 会话就结束了。

如果 WWW 页面含有电影、声音和图像等内容，客户机就对每个对象发出一个请求。这样，一个包含一种背景声音和 3 种图像的 WWW 页面就要求 5 个独立的服务器请求信息来检索 4 个对象（背景声音和 3 种图像）以及带有这些对象的页面。

2．SMTP、POP 和 IMAP

因特网上传送电子邮件是通过一套称为邮件服务器的程序和硬件管理并存储的。与个人计算机不同，这些邮件服务器及其程序必须每天 24 小时不停地运行，否则就不能收发邮件。SMTP 和 POP 是两个负责用客户机/服务器模式发送和检索电子邮件的协议。用户计算机上运行的电子邮件客户机程序请求邮件服务器进行邮件传输，邮件服务器采用简单邮件传输协议（SMTP）标准。很多邮件传输工具，如 Eudora、UNIX mail 和 PINE 等，都遵守 SMTP 标准并用这个协议向邮件服务器发送邮件。SMTP 协议规定了邮件信息的具体格式和邮件的管理方式。SMTP 向连入局域网的用户提供应用层的服务。

POP 是邮局协议的缩写，它负责从邮件服务器中检索电子邮件。它要求邮件服务器完成下面几种行动之一：从邮件服务器中检索邮件并从服务器中删除这个邮件；从邮件服务器中检索邮件但不删除它；不检索邮件，只是询问是否有新邮件到达。POP 协议支持多用途因特网邮件扩展（MIME），后者允许用户在电子邮件上附带二进制文件，如文字处理文件和电子表格文件等。阅读邮件时，POP 命令所有的邮件信息立即下载到用户的计算机上，不在服务器上保留。

因特网信息访问协议（IMAP）是一种优于 POP 的新协议。和 POP 一样，IMAP 也能下载邮件、从服务器中删除邮件或询问是否有新邮件。但 IMAP 克服了 POP 的一些缺点。例如，它可以决定客户机程序请求邮件服务器提交所收到邮件的方式，请求邮件服务器只下载所选中的邮件而不是全部邮件。客户机可先阅读邮件信息的标题和发送者的名字再决定是否下载这个邮件。通过客户机的电子邮件程序，IMAP 可让用户在服务器上创建并管理邮件文件夹或邮箱、删除邮件、查询某封信的一部分或全部内容。而完成所有这些工作，都不需要把邮件从服务器下载到个人计算机上。

3. FTP

FTP 是文件传输协议，它是 TCP/IP 的组成部分，负责在 TCP/IP 连接的计算机之间传输文件，采用的是客户机/服务器模式。FTP 允许文件双向传输：从客户机到服务器或从服务器到客户机。FTP 既可以传输二进制数据也可以传输 ASCII 码文本，用户可在两种模式中任选一种。二进制数据是包括文字处理文档、电子表格、图像和其他数据的文件。ASCII 码文本是只包含键盘输入字符的文件，不含有排版格式。FTP 还可提供其他一些服务，如显示远程或本地计算机目录、改变客户机或服务器的现有活动目录、创建并移动本地或远程目录。FTP 采用 TCP 协议及其内置错误控制功能来准确无误地把文件从一台计算机复制到另一台计算机。

用 FTP 访问远程计算机时，要求用户登录到这台远程计算机。如果用户在这台计算机上有一个账户，可以向 FTP 提交自己的用户名和密码。FTP 于是同这台计算机远程建立连接并登录到在这台计算机上的账户。这种全权 FTP 权限访问方式可以使用户向远程计算机发送文件并从远程计算机上下载文件。访问远程计算机的另一种途径是匿名 FTP。匿名 FTP 允许以客户的身份登录，输入匿名的用户名和密码（密码一般是使用者的电子邮件地址）可以使用户访问远程计算机的部分内容。

5.2 Web 与网络开发技术

20 世纪 70 年代开始发展起来的因特网是一个遍及全世界并且彼此相互通信的大型计算机网络，如今，因特网已经成为一个面向公众的社会性组织，世界各地数以百万计的人们可以通过因特网进行信息交流和资源共享。因特网互联采用 TCP/IP 协议，即传输控制/网际协议。

5.2.1 Web 技术

组成因特网的计算机网络包括小规模的局域网（LAN），城市规模的城域网（MAN），以及大规模的广域网（WAN）等。这些网络通过普通电话线、高速率专用

线路、卫星、微波和光缆等不同传输介质，把不同国家的大学、公司、科研部门，以及其他组织连接起来，构成一个统一的整体。把网络中的资源组合起来，这是因特网的精华及其迅速发展的原因。

Web 技术是以万维网（WWW）为基础的一种技术。它为用户提供交互式查询方式，并集合了因特网上的大部分服务功能。

1. 因特网的网络结构

因特网具有分级的网络结构，例如，一般可分三层，最下面一层为校园网和企业网，中间层是地区网络，最上面一层是全国骨干网。

因特网采用一种唯一通用的地址格式，为因特网中的每一个网络和几乎每一台主机都分配了一个地址，地址类型有 IP 地址和域名地址两种。

（1）IP 地址

IPv4 的地址采用二进制来表示，每个地址长 32 位。在读/写 IP 地址时，32 位分为 4 个字节，每个字节转成十进制，字节之间用“.”分隔。IP 地址由 Internet NIC（因特网网络信息中心）统一负责全球地址的规划、管理。通常每个国家成立一个组织，统一向国际组织申请 IP 地址，然后再分配给客户。由于网络的规模有较大差别，有的主机多，有的主机少，所以根据网络规模的大小将 IP 地址分为 A、B、C 三大类，除了上述三大类 IP 地址外，还有 D、E 两类特殊 IP 地址。

A 类地址：该地址主要用于世界上少数的具有大量主机的网络，其网络数量有限，故仅有很少的国家和网络才可获得此类地址。

B 类地址：此类地址用于适量的、规模适中的网络，但随着因特网的迅速发展，也很难分配到此类地址。

C 类地址：主要用于网络数多、主机数相对较少的网络，每个网络最多不超过 256 台主机。

D 类地址：特殊的 IP 地址，用于与网络上多台主机同时进行通信的地址。

E 类地址：特殊 IP 地址，暂保留，以备将来使用。

（2）域名地址

IP 地址是数字型的，一般难以记忆和理解，因此，因特网还采用另一套字符型的地址方案，即域名地址。它以一定意思的字符串来标识主机地址，IP 与域名地址两者相互对应，而且保持全网统一。一台主机的 IP 地址是唯一的，但它的域名数却可以有多个。

DNS（Domain Name System）即域名系统，它是一个分层的名字管理查询系统，主要提供因特网上主机 IP 地址和主机名相互对应关系的服务，其通用的格式如下：

第一级域名（地址右侧）往往表示主机所属的国家、地区或网络性质的代码，如中国（cn）、英国（uk）、商业组织（com）等。第二、三级是子域，第四级是主机。

在中国，一级域名为（cn），二级域名有教育（edu）、网络（net）、科研（ac）、团体（org）、政府（gov）、商业（com）、组织（org）、军队（mil）等，各省则采用其拼音缩写，如 bj 代表北京、sh 代表上海等。

由于因特网主要是在美国发展起来的，所以美国的主机其第一级域名一般直接说明其主机性质，如 com、edu、gov 等，而不是国家或地区代码，而其他国家或地区第一级域名一般是其国家或地区代码。

在我国，受原国务院信息化工作领导小组办公室的委托，中国科学院在其计算机网络信息中心组建了中国互联网络信息中心（CNNIC），行使国家互联网信息中心的职责。CNNIC 最初的一项主要业务就是域名注册服务，其对域名的管理严格遵守《中国互联网络域名注册暂行管理办法》和《中国互联网络域名注册实施细则》的规定。

2. 因特网的基本应用

因特网上的信息资源非常丰富，信息应用的种类也是多种多样的。

（1）电子邮件（E-mail）

电子邮件利用计算机的存储、转发原理，克服时间、地理上的差距，通过计算机终端和通信网络进行文字、声音、图像等信息的传递。它是因特网的一项重要功能。

（2）远程登录（Telnet）

在因特网中，用户可以通过远程登录使自己成为远程计算机的终端，即远距离使用对方计算机，运行程序或使用它的软件和硬件资源。

（3）文件传输（FTP）

文件传输服务器允许因特网上的客户将一台计算机上的文件传送至另一台计算机上。一般在 FTP（File Transfer Protocol，文件传输协议）服务器上，存放着大量的资源，用户借助于任何一台因特网终端计算机和相关软件，通过用户名和密码的控制，可以上传和下载各种类型的文件：文本文件、二进制可执行文件、图像文件、声音文件、数据压缩文件等。FTP 比其他方式（比如电子邮件）交换数据都要快得多。

（4）万维网（WWW）

WWW 是 World Wide Web 的简称，它是目前最受用户欢迎的一种服务。WWW 是基于超文本的信息查询工具，把因特网上不同地点的相关数据信息有机地组织起来，供用户查询。

（5）电子公告牌（BBS）

BBS 也是一项受广大用户欢迎的服务项目，用户可以在 BBS 上留言、发表文章、阅读文章等。

（6）网络新闻（USENET）

网络新闻又称电子新闻或新闻组。与 BBS 比较类似，它也是提供一个场所，让对某个问题感兴趣的各个用户之间进行提问、回答、新闻和评论，以及其他信息交流。

3. 因特网服务器

因特网上有很多类型的计算机，包括路由器、客户机和服务器（见图 5-5）等。其中，用来连接因特网并浏览网页的计算机叫作客户机。客户机可以是台式机、笔记本式计算机、上网本，也可以是一种网络设备、一台 PDA 或者甚至是一个无线电话。

因特网服务器是因特网上提供信息和服务的计算机，主要有 4 类：Web 服务器、邮件服务器、FTP 服务器和 IRC 服务器。

Web 服务器为上网者提供信息和服务。所以，当访问某个网站时，就用自己的客户机连接了一台 Web 服务器。大多数情况下，用户都是连接 Web 服务器来获取信息和服务的。

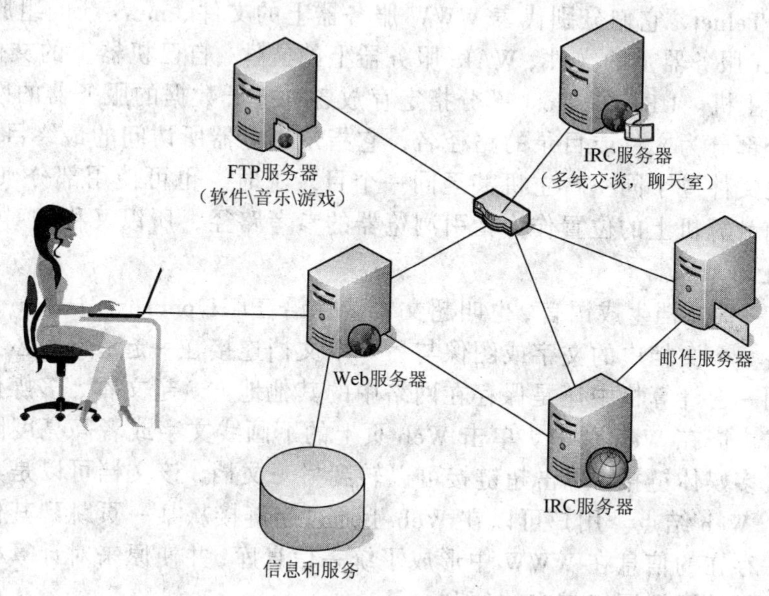

图 5-5 因特网上的服务器

邮件服务器提供邮件服务和邮件账号。很多情况下，邮件服务器是作为 Web 服务器的一部分提供给用户的。例如，Hotmail 就是一个免费的由 MSN 提供电子邮件服务器。

FTP（文件传输协议）服务器存储着人们可以下载的文件集合。这些文件可以包括软件、屏幕保护程序、音乐文件（大多数以 MP3 的形式存在）和游戏。

IRC 服务器为人们提供多线交谈和聊天室的服务。IRC 服务器是为一些网站如 QQ、新浪（Sina）提供的大众化的计算机群。在这种服务器上，可以发表自己关于不同商品和服务的观点，发布自己的博客文章等。

4．WWW 的系统结构

WWW 的系统结构基于客户机/服务器模式（C/S）。在服务器上存放着各种用 HTML 编写的超文本/超媒体文件。在客户端，则有各种处理 HTML 文件的浏览器，客户机与服务器之间的通信按照 HTTP（HyperText Transfer Protocol）协议进行。当运行一个浏览器时，用户通过输入一个称为 URL 的 WWW 地址来指定其想要看的 Web 页，然后由浏览器向服务器指定数据类型，服务器取出该页并把数据动态地转换成客户指定的格式。如果转换不成，服务器会反馈回一个信息，这一过程也叫作“格式协商”。最后，服务器把 Web 页数据以客户指定的方式传给客户，并等待下一个指令。这样，一个服务器就能为多个客户提取 Web 页，并将客户请求排队，顺序进行。这种模式使 Web 页以一种格式存储，以多种格式发布，使得 Web 页与平台和特定的数据格式无关，而客户又能以最佳的方式得到所需的资料。

统一资源定位符（URL）用来唯一和统一地定位在 WWW 上的资源位置。URL 由三部分组成，其格式为：

Scheme://Host/path/filename

其中：Scheme 代表取得数据的方法或通信协议的种类，常见的有 http、news、gopher、WAIS、file 和 Telnet，它们分别代表 WWW 服务器上的文件、news 新闻组服务器上的新闻组、gopher 服务器上的文件、WAIS 服务器上的文件、自己机器上的文件和 Telnet 登录到另一个主机。URL 的 Host 部分指定存放各种电子数据的服务器的网络地址。URL 的第三个部分为文件或目录的路径名，它指定浏览器所访问的最终目标。

如果相关文件位于同一台主机甚至同一个目录下时，也可使用部分 URL。部分 URL 是以当前计算机上的位置作为指引浏览器的参考路径，所以又称相对 URL。

5. HTML

HTML 是一种文档生成语言，也叫超文本置标语言（HyperText Markup Language），它能方便地将一个文档中的文字或图像与另一个文档连接在一起，而不必考虑这些文档是保存在同一台计算机中还是保存在网络中的其他地方。超文本、多媒体、超媒体通过链接方式内嵌在 Web 页中。单击 Web 页上的下画线文字或者高亮度图形，可以激活超文本或多媒体链接，单击超链接可以转到另一文档，该文档可以是其他页的信息，或另一个 Web 结点。用户可以在 Web 上通过超链接从某一页跳到其他页中。这就使无数单一存在的信息在 WWW 中形成了统一信息库，并使原来对计算机网络一无所知的人能轻松地运用网络带来的便利。

6. XML

XML 是 eXtensible Markup Language 的缩写，即扩展置标语言，可以用在自由性的数据库或者各种文件格式上，用来接收与应用各种网页的需求。XML 要比 HTML 强大得多，它不再是固定的标记，而允许定义数量不限的标记来描述文档中的资料，允许嵌套的信息结构。HTML 只是 Web 显示数据的通用方法，而 XML 提供了一个直接处理 Web 数据的通用方法。HTML 着重描述 Web 页面的显示格式，而 XML 着重描述 Web 页面的内容。

5.2.2 网络开发技术

实际上，在信息系统的建设和应用中，还使用了其他很多关键技术，例如分布式计算和网格计算技术、安全技术、无线通信技术、移动计算技术等。

1. Java EE

Java EE 是 Sun 公司（已于 2009 年被 Oracle 公司收购）推出的一种应用平台、一个规范，它使用了多层分布式应用模型。与传统的因特网应用程序模型相比，Java EE 应用模型定义了一种让多层应用程序实现服务的建筑模型，提供了可伸缩、易访问、易于管理的方法。

Java EE 应用程序模型通过在建立多层应用程序中降低其复杂程度，来简化和加速应用程序的开发。Java EE 应用模型把实现多层结构服务的工作划分为两部分：开发者实现商业和表达逻辑，以及由 Java EE 平台提供的标准的系统服务。开发者可以依赖这个平台为开发中间层服务中遇到的系统级硬件问题提供解决方案，这种标准模型使培训开发人员的费用降为最低。

Java EE 应用程序模型的一个重要目的就是使应用程序最小化。实现这一点的一

种方法是提高在Java EE平台上运行普通任务的能力，这些普通任务包括强制一个应用程序的安全目标，执行它的交易处理，链接它所需要的组件。Java EE 提供了一种简单的、公开的方式来说明这些行为。这些说明被分散地放在各部分代码中和开发描述中，而开发描述是应用程序包的一部分。这些基于 XML 的说明使应用程序开发者不用修改任何组件就可以改变应用程序的作用。

Java EE 是用来为顾客、雇员、供应商，合作者提供企业级服务的，这样的应用程序天生具有复杂性，它们要访问各种类型的数据并分发于大量的客户端。为了更好地控制，管理这些应用程序，支持各种各样用户的商业功能要在中间层引入，中间层描述了一个被企业的信息技术部门紧紧控制的环境。Java EE 应用程序依靠企业信息系统层来存储企业的商业数据。

2. Web Service

所谓的 Web Service 是封装成单个实体并发布到网络上供其他程序使用的功能集合，是用于创建开放分布式系统的构件，是指由企业发布的完成其特别商务需求的在线应用服务，其他公司或应用软件能够通过因特网来访问并使用这项在线服务。

Web Service 是下一代的 WWW，它允许在 Web 站点上放置可编程的元素，能进行基于 Web 的分布式计算和处理。Web Service 的发展非常迅速，新规范（SOAP、WSDL 和 UDDI）的构建模块刚出现就已经对设计、开发和部署基于 Web 的应用产生了巨大的影响。

Web Service 的特点包括：

（1）互操作性：

任何 Web Service 都可以与其他 Web Service 进行交互。由于有了 SOAP（Simple Object Access Protocol，简单对象访问协议）这个所有主要供应商都支持的新标准协议，避免了协议之间转换的麻烦。还因为可以使用任何语言来编写 Web Service，因此，开发者无须更改其开发环境，就可生产和使用 Web Service。

（2）普遍性：Web Service 使用 HTTP 和 XML 进行通信，任何支持这些技术的设备都可以拥有和访问 Web Service。

（3）易于使用：Web Service 的概念易于理解，并且有来自 IBM 和 Microsoft 这样的供应商的免费工具箱能够让开发者快速创建和部署 Web Service。

（4）行业支持：所有主要的供应商都支持 SOAP 和周边 Web Service 技术。例如，Microsoft 的.NET 平台就基于 Web Service，因此用 Visual Basic 编写的组件很容易作为 Web Service 部署，并可以被 IBM Visual Age 编写的 Web Service 所使用。

3. 分布式计算

分布式计算是近年提出的一种新的计算方式，就是在两个或多个软件互相共享信息，这些软件既可以在同一台计算机上运行，也可以在通过网络连接起来的多台计算机上运行，它把需要进行大量计算的工程数据分割成小块，由多台计算机分别计算，在上传运算结果后再统一合并得出数据结论。

与其他算法相比，分布式计算具有以下优点：

（1）稀有资源可以共享。

（2）通过分布式计算可以在多台计算机上平衡计算负载。

（3）可以把程序放在最适合运行它的计算机上。

其中，共享稀有资源和平衡负载是计算机分布式计算的核心思想之一。实际上，网格计算就是分布式计算的一种。如果说某项工作是分布式的，那么，参与这项工作的一定不只是一台计算机，而是一个计算机网络，显然这种方式具有很强的数据处理能力。

分布式计算体系是指一个使用分布式计算的方法来设计、编写和运行的应用系统。就其本质来说，它和面向对象编程一样，是指一种程序设计和软件发布的方式，而与具体的语言和编译器无关。

分布式计算体系从概念上来说，可以分为以下几部分：

（1）数据库服务器：负责有关数据库的管理工作，包括数据库的建立、数据的组织和查询、对数据进行统计等与数据操作有关的功能。

（2）客户程序：主要实现与用户进行交互的功能，从用户收集信息和命令，反馈给系统；从系统得到数据和结果，通过显示或打印机等其他输出设备，反馈给用户。

（3）应用服务器：应用服务器是数据库服务与客户程序之间的桥梁，客户程序通过应用服务器向数据库服务器发送命令、请求数据，数据库服务器通过应用服务器响应命令、返回数据。应用服务器在此过程中对所有的命令和数据进行控制，以实现商业逻辑运行。

与传统的 C/S 结构体系相比，分布式计算体系更安全可靠。首先，客户端不和数据库服务器直接相连，甚至可以不在同一物理网络上，充分保证了数据的安全性，保证用户只能通过客户端应用程序来存取数据。其次，只要系统设置有相应权限管理，用户就只能进行与其权限相符的操作，从而进一步保证系统数据的安全性。第三，应用服务器的分布，使得相应的商业逻辑的实现由不同的人员管理，使系统更具安全性。

分布式计算体系对客户端的要求更低，可以充分发挥服务器的能力。所有的商业逻辑的实现，都在应用服务器和数据库服务器上实现了，并且，大量的统计和计算工作都是在服务器上完成，这样，就可以充分发挥服务器的能力，并且客户端所要做的工作就只是与用户进行交互，而不需要进行大量的计算工作，对客户端的要求比较低。

使用分布式计算体系，可以很轻易地实现系统的无缝升级。如果商业逻辑变化了，只要对应用服务器进行修改和升级，而不要到用户那里去升级其客户端程序，更方便快捷、省时省力。

4．网格计算

所谓网格，是指通过局域网或广域网对终端用户或应用者提供的一系列分布式计算资源。网格计算是伴随因特网而迅速发展起来的一种分布式计算，是专门针对复杂科学计算的新型计算模式，其实质就是组合与共享资源并确保系统安全。网格计算这种计算模式是利用因特网把分散在不同地理位置的计算机组织成一个“虚拟的超级计算机”，其中每一台参与计算的计算机就是一个“结点”，而整个计算是由成千上万个“结点”组成的一张“网格”。网格计算的最大优势在于分散，将需要超级计算机才能进行的计算分给数万台甚至数百万台个人计算机去进行。个人计算机仅仅利用闲置时间（如屏幕保护时间）进行计算，如此，人们在个人计算机上就能完成超大型计算机才能完成的工作。网格扩展了基于标准的开放式集群平台的概念，可以支持任何互联的计算设备之间进行协作，甚至将扩展到全球任何一个角落，网格囊括了台式计算机、部门级服务器、大型 SMP 系统和大型数据中心服务器，能够以空前的规模效益提供更为经济的资源，网格技术可将计算资源进行“虚拟”组合，将全世界众多的国家实验室、大学和工业实验室连到一起，它将使全球数以百万计的系统作为一个巨大无比的计算资源来运行，全球用户都可以进行高性能的技术计算。

充分利用网上的闲置处理能力是网格计算的优势，网格计算模式首先把要计算的数据分割成若干“小片”，而计算这些“小片”的软件通常是一个预先编制好的屏幕保护程序，然后不同结点的计算机可以根据自己的处理能力下载一个或多个数据片断和这个屏幕保护程序。于是，只要结点计算机的用户不使用计算机时，屏保程序就会工作，这样这台计算机的闲置计算能力就被调动起来。

5.3 多媒体技术

在人类社会中，一切知识的获取都来自媒体对人们感官（例如听觉、视觉、触觉、嗅觉、味觉等）的刺激。如果能利用更多、更直观、更有效、更活泼的媒体刺激，人们所得到的印象就会更深刻，所学知识保留得就越久，效果当然也就越好。多媒体技术就是这样一项正在迅速发展的综合性电子信息技术，它改善人类信息的交流，缩短了人类传递信息的路径，使传统的计算机系统、音频和视频设备等产生了根本性的变革，对大众传媒产生着深远的影响，也给人们的学习、工作、生活和娱乐带来了深刻的革命。多媒体计算机的出现，也加速了计算机进入家庭和社会各个方面的进程。

5.3.1 多媒体的定义

“多媒体”一词译自英文 Multimedia，而该词又是由 multiple 和 media 复合而成的。所谓“媒体”在计算机领域有两个含义：一是指存储信息的实体，如磁盘、光盘、磁带、半导体存储器等；二是指传递信息的载体，如数字、文字、声音、图形和图像等。而多媒体技术中的“媒体”则指的是后者。人类在信息交流中要使用各种信息载体，多媒体就是指多种信息载体的表现形式和传递方式。

人们普遍认为，所谓“多媒体”，是指能够同时获取、处理、编辑、存储和展示两个以上不同类型信息媒体（如文字、声音、图形、图像、动画、视频等）的技术。从这里可以看出，人们常说的“多媒体”最终被归结为是一种“技术”。事实上，也正是由于计算机技术和数字信息处理技术的实质性进展，才使人们今天拥有了处理多媒体信息的能力，也使得“多媒体”成为一种现实。所以，现在所说的“多媒体”，常常不是指多种媒体本身，更主要的，是指处理和应用它的一整套技术。因此，“多媒体”实际上常常被当作“多媒体技术”的同义语。此外，还应该注意到，多媒体技术往往与计算机联系在一起，这是由于计算机的数字化及交互式处理能力极大地推动了多媒体技术的发展。通常可以把多媒体看作是先进的计算机技术与视频、音频和通信等技术融为一体而形成的新技术或新产品。

5.3.2 多媒体技术的特性

通信技术及计算机技术的发展，使人们能够比以往更加和谐地把现有的多种形式的信息媒体组合起来。综合来说，多媒体技术的特性可分为下列几点：

1. 集成性

集成性不仅指多媒体系统的设备集成，而且也包括多媒体的信息集成和表现集成。

多媒体技术是结合各种媒体的一种应用，并且建立在数字化处理基础上。依其属性的不同，媒体可分成文字、音频及视频等。多媒体技术具有多种技术的系统集成性，可以说基本上包含了当今计算机领域内最新的各项技术，并将不同性质的设备和信息媒体集成为一体，以计算机为中心综合处理各种信息。

2. 交互性

这是多媒体技术的特色之一，就是可以与使用者进行交互性沟通的特性，这也正是它和传统媒体最大的不同。这种改变，除了使应用者可以按照自己的意愿来解决问题外，还可借助这种交互沟通来帮助学习、思考，进行系统的查询或统计，以达到增进知识及解决问题的目的。

3. 非循序性

一般而言，使用者对非循序性的信息存取需求要比对循序性存取大得多。过去在查询信息时，要把大部分的时间花在寻找资料及接收重复信息上。多媒体系统克服了这个缺点，使得以往人们依照章、节、页阶梯式的结构，循序渐进地获取知识的方式得以改善，借助“超文本”的观念来呈现一种新的风貌。而所谓“超文本”，简单地说就是非循序性文字，它可以简化使用者查询资料的过程，这也是多媒体强调的功能之一。

4. 非纸张输出形式

多媒体系统应用有别于传统的出版模式。传统出版模式以纸张为主要输出载体，通过记录在纸张上的文字及图形来传递和保存知识。多媒体系统的出版模式中强调的是无纸输出形式，以光盘（CD-ROM 或 DVD-ROM 等）为主要的输出载体。这不但使存储容量大增，而且提高了它保存的方便性。

5. 实时性

由于多媒体技术是多种媒体集成的技术，其中声音及活动的视频图像是和时间密切相关的，这就决定了多媒体技术必须要支持实时处理，如播放时声音和图像都不能出现停顿现象等。

6. 数字化

多媒体技术以数字化方式加工和处理多媒体信息，精确度高，播放效果好。

正因为“多媒体技术”具有以上所说的一些特性，所以，目前的家用电视系统就不能称之为一个多媒体系统。因为虽然现在的电视也是具有“声、图、文”并茂的多种信息媒体，但是在电视机面前，除了可以选择不同的频道外，只能被动地接收电视台播放的节目，所以这个过程是单向的，而不是双向的，即不具有交互性。

5.3.3 多媒体关键技术

多媒体涉及的技术范围很广，是多种学科和多种技术交叉的领域。目前，多媒体技术的研究和应用开发主要集中在数据压缩技术、光存储技术、音频技术、视频技术、数字图形图像技术以及以下几方面。

1. 超大规模集成电路制造技术

超大规模集成电路制造技术（VLSI）的进步，使得生产低廉的数字信号处理器（DSP）芯片成为可能，为多媒体技术的普遍应用创造了必要条件。

2. 多媒体网络与通信技术

多媒体通信技术包含语音压缩、图像压缩及多媒体的混合传输技术。要充分发挥多媒体技术对多媒体信息的处理能力，必须与网络技术相结合。

3. 超文本与超媒体技术

超文本是一种新颖的文本信息管理技术，也是一种典型的非线性结构的数据库技术。超文本组织信息的方式与人类的联想记忆方式有相似之处，从而可以更有效地表达和处理信息。若这种表达信息方式不仅是文本，还包括图像、声音等形式，则称为超媒体系统。

超链接（Hyperlink）是指文本中的词、短语、符号、图像、声音剪辑或影视剪辑之间的链接，或者与其他的文件、超文本文件之间的链接，也称为热链接（Hot Link），或者称为超文本链接（Hypertext Link）。词、短语、符号、图像、声音剪辑、影视剪辑和其他文件通常被称为对象或者称为文档元素，因此，超链接是对象之间或者文档元素之间的链接。建立互相链接的这些对象不受空间位置的限制，它们可以在同一个文件内，也可以在不同的文件之间，也可以通过网络与世界上任何一台联网计算机上的文件建立链接关系。

4. 虚拟现实技术

所谓虚拟现实（Virtual Reality，VR），就是采用计算机技术建立一个逼真的视觉、听觉、触觉及味觉等感观世界。这里包含三层含义：首先，虚拟现实是用计算机生成的一个逼真的实体，逼真就是要达到三维视觉、听觉和触觉等效果；其次，用户可以通过人的自然技能（五官与四肢）与这个环境进行交互；最后，虚拟现实往往要借助一些三维传感技术为用户提供一个逼真的操作环境。由此可见，虚拟现实是多媒体发展的更高境界，具有更高层次的集成性和交互性，成为多媒体技术研究中一个十分活跃的领域。

5.4 虚拟现实与增强现实

在虚拟现实（Virtual Reality，VR）应用中，使用者看到的场景和人物全是假的，是把人的意识代入一个虚拟的世界，如图 5-6 所示。该项技术最初于 20 世纪 80 年代初由美国 VPL 公司开创，其演变发展大体上可以分为 4 个阶段：有声形动态的模拟是蕴涵虚拟现实思想的第一阶段（1963）以前，虚拟现实萌芽为第二阶段（1963—

1972），虚拟现实概念的产生和理论初步形成为第三阶段（1973—1989），虚拟现实理论进一步的完善和应用为第四阶段（1990 至今）。

图 5-6　虚拟现实

5.4.1　VR 技术

虚拟现实是多种技术的综合，包括实时三维计算机图形技术，广角（宽视野）立体显示技术，对观察者头、眼和手的跟踪技术，以及触觉/力觉反馈、立体声、网络传输、语音输入/输出技术等。

1. 实时三维计算机图形

相比较而言，利用计算机模型产生图形图像并不是太难的事情。如果有足够准确的模型，又有足够的时间，就可以生成不同光照条件下各种物体的精确图像，但是这里的关键是实时。例如，在飞行模拟系统中，图像的刷新相当重要，同时对图像质量的要求也很高，再加上非常复杂的虚拟环境，问题就变得相当困难。

2. 显示

人看周围的世界时，由于两只眼睛的位置不同，得到的图像略有不同，这些图像在脑子里融合起来，就形成了一个关于周围世界的整体景象，这个景象中包括了距离远近的信息。当然，距离信息也可以通过其他方法获得，例如眼睛焦距的远近、物体大小的比较等。

在 VR 系统中，双目立体视觉起了很大作用，如图 5-7 所示。用户的两只眼睛看到的不同图像是分别产生的，显示在不同的显示器上。有的系统采用单个显示器，但用户带上特殊的眼镜后，一只眼睛只能看到奇数帧图像，另一只眼睛只能看到偶数帧图像，奇、偶帧之间的不同也就是视差就产生了立体感。

用户（头、眼）的跟踪：在人造环境中，每个物体相对于系统的坐标系都有一个位置与姿态，而用户也是如此。用户看到的景象是由用户的位置和头（眼）的方向来确定的。

图 5-7 虚拟现实——立体视觉

跟踪头部运动的虚拟现实头套：在传统的计算机图形技术中，视场的改变是通过鼠标或键盘来实现的，用户的视觉系统和运动感知系统是分离的，而利用头部跟踪来改变图像的视角，用户的视觉系统和运动感知系统之间就可以联系起来，感觉更逼真。另一个优点是，用户不仅可以通过双目立体视觉去认识环境，而且可以通过头部的运动去观察环境。

在用户与计算机的交互中，键盘和鼠标是目前最常用的工具，但对于三维空间来说，它们都不太适合。在三维空间中因为有 6 个自由度，很难找出比较直观的办法把鼠标的平面运动映射成三维空间的任意运动。现在，已经有一些设备可以提供 6 个自由度，如 3Space 数字化仪和 SpaceBall 空间球等。另外一些性能比较优异的设备是数据手套和数据衣。

3. 声音

人能够很好地判定声源的方向。在水平方向上，人们靠声音的相位差及强度的差别来确定声音的方向，因为声音到达两只耳朵的时间或距离有所不同。常见的立体声效果就是靠左右耳听到在不同位置录制的不同声音来实现的，所以会有一种方向感。现实生活里，当头部转动时，听到的声音的方向就会改变。但目前在 VR 系统中，声音的方向与用户头部的运动无关。

4. 感觉

在一个 VR 系统中，用户可以看到一个虚拟的杯子。你可以设法去抓住它，但是你的手没有真正接触杯子的感觉，并有可能穿过虚拟杯子的“表面”，而这在现实生活中是不可能的。解决这一问题的常用装置是在手套内层安装一些可以振动的触点来模拟触觉。

5. 语音

在 VR 系统中，语音的输入/输出也很重要。这就要求虚拟环境能听懂人的语言，并能与人实时交互。而让计算机识别人的语音是相当困难的，因为语音信号和自然语言信号有其“多边性”和复杂性。例如，连续语音中词与词之间没有明显的停顿，同一词、同一字的发音受前后词、字的影响，不仅不同人说同一词会有所不同，就是同一人发音也会受到心理、生理和环境的影响而有所不同。

使用人的自然语言作为计算机输入目前有两个问题：首先是效率问题，为便于计算机理解，输入的语音可能会相当啰唆；其次是正确性问题，计算机理解语音的方法是对比匹配，而没有人的智能。

2016 年被称为是 VR（虚拟现实）元年，这项技术已经有了许多种可能的应用，其中游戏和娱乐是最显而易见的应用领域。

5.4.2 AR 技术

增强现实（Augmented Reality，AR）是一种将真实世界信息和虚拟世界信息“无缝”集成的新技术（见图 5-8），是把原本在现实世界的一定时间空间范围内很难体验到的实体信息（视觉信息、声音、味道、触觉等），通过计算机等科学技术，模拟仿真后再叠加，将虚拟的信息应用到真实世界，被人类感官所感知，从而达到超越现实的感官体验。真实的环境和虚拟的物体实时地叠加到了同一个画面或空间同时存在。

图 5-8 增强现实

增强现实技术，不仅展现了真实世界的信息，而且将虚拟的信息同时显示出来，两种信息相互补充、叠加。在视觉化的增强现实中，用户利用头盔显示器，把真实世界与计算机图形多重合成在一起，便可以看到真实的世界围绕着它。

增强现实技术包含了多媒体、三维建模、实时视频显示及控制、多传感器融合、实时跟踪及注册、场景融合等新技术与新手段。增强现实提供了在一般情况下，不同于人类可以感知的信息。

增强现实显示器，将计算机生成的图形叠加到真实世界中。自从 20 世纪 70 年代早期，*Pong* 进入电子游戏厅以来，视频游戏走进人们的生活已经有 40 多年了，但是一直局限在屏幕中的 2D 世界中。而增强现实这一新技术的到来，将通过增强人们的见、声、闻、触和听，进一步模糊真实世界与计算机所生成的虚拟世界之间的界线。

从虚拟现实（创建身临其境的、计算机生成的环境）和真实世界之间的光谱来看，增强现实更接近真实世界。增强现实将图像、声音、触觉和气味按其存在形式添加到自然世界中。由此可以预见视频游戏会推动增强现实的发展，但是这项技术将不仅仅局限于此，而会有无数种应用。从旅行团到军队的每个人都可以通过此技术将计算机生成的图像放在其视野之内，并从中获益。

增强现实将真正改变人们观察世界的方式。想象自己行走在或者驱车行驶在路上，通过增强现实显示器（最终看起来像一副普通的眼镜），信息化图像将出现在你的视野之内，并且所播放的声音将与你所看到的景象保持同步。这些增强信息将随时更新，以反映当时大脑的活动。下面将了解这项未来技术的构成以及如何使用该技术。

AR 系统具有 3 个突出的特点：①真实世界和虚拟世界的信息集成；②具有实时交互性；③在三维尺度空间中增添定位虚拟物体。AR 技术可广泛应用到军事、医疗、建筑、教育、工程、影视、娱乐等领域。

一个完整的增强现实系统是由一组紧密联连、实时工作的硬件部件与相关的软件系统协同实现的，常用的有如下 3 种组成形式。

（1）基于显示器式。在基于计算机显示器的 AR 实现方案中，摄像机摄取的真实世界图像输入到计算机中，与计算机图形系统产生的虚拟景象合成，并输出到屏幕显示器。用户从屏幕上看到最终的增强场景图片。它虽然简单，但不能带给用户多少沉浸感，如图 5-9 所示。

图 5-9　基于显示器增强现实系统

（2）光学透视式。头盔式显示器（Head-Mounted Displays，HMD）被广泛应用于虚拟现实系统中，用以增强用户的视觉沉浸感。增强现实技术的研究者也采用了类似的显示技术，这就是在 AR 中广泛应用的穿透式 HMD。根据具体实现原理又划分为两大类，分别是基于光学原理的穿透式 HMD（Optical See-through HMD）和基于视频合成技术的穿透式 HMD（Video See-through HMD）。

光学透视式增强现实系统具有简单、分辨率高、没有视觉偏差等优点，但它同时也存在着定位精度要求高、延迟匹配难、视野相对较窄和价格高等不足。

（3）视频透视式。视频透视式增强现实系统采用的基于视频合成技术的穿透式HMD（Video See-through HMD）。

AR 技术不仅在与 VR 技术相类似的应用领域，诸如尖端武器、飞行器的研制与开发、数据模型的可视化、虚拟训练、娱乐与艺术等领域具有广泛的应用，而且由于其具有能够对真实环境进行增强显示输出的特性，在医疗研究与解剖训练、精密仪器制造和维修、军用飞机导航、工程设计和远程机器人控制等领域，具有比 VR 技术更加明显的优势。

【延伸阅读】 摩尔定律

被称为计算机第一定律的摩尔（Moore）定律是指 IC 上可容纳的晶体管数目，约每隔 18 个月便会增加一倍，性能也将提升一倍。摩尔定律是由英特尔（Intel）名誉董事长戈登·摩尔（Gordon Moore）经过长期观察发现的。

1965 年，戈登·摩尔准备一个关于计算机存储器发展趋势的报告。他整理了一份观察资料。在他开始绘制数据时，发现了一个惊人的趋势。每个新的芯片大体上包含其前任两倍的容量，每个芯片产生的时间都是在前一个芯片产生后的 18～24 个月内。如果这个趋势继续，计算能力相对于时间周期将呈指数式的上升。Moore 的观察资料，就是现在所谓的 Moore 定律，所阐述的趋势一直延续至今，且仍不同寻常地准确。人们还发现这不仅适用于对存储器芯片的描述，也精确地说明了处理机能力和磁盘驱动器存储容量的发展。该定律成为许多工业对于性能预测的基础。

由于高纯硅的独特性，集成度越高，晶体管的价格越便宜，这样也就引出了摩尔定律的经济学效益。在 20 世纪 60 年代初，一个晶体管要 10 美元左右，但随着晶体管越来越小，小到一根头发丝上可以放 1 000 个晶体管时，每个晶体管的价格只有千分之一美分。据有关统计，按运算 10 万次乘法的价格算，IBM 704 计算机为 1 美元，IBM 709 降到 20 美分，而 60 年代中期 IBM 耗资 50 亿研制的 IBM 360 系统计算机已变为 3.5 美分。

归纳起来，“摩尔定律”主要有以下 3 种“版本”：

（1）集成电路芯片上所集成的电路的数目，每隔 18 个月就翻一番。

（2）微处理器的性能每隔 18 个月提高一倍，而价格下降一倍。

（3）用一美元所能买到的计算机性能，每隔 18 个月翻两番。

以上几种说法中，以第一种说法最为普遍，第二、三两种说法涉及价格因素，其实质是一样的。三种说法虽然各有千秋，但在一点上是共同的，即“翻番”的周期都是 18 个月，至于“翻一番”（或两番）的是“集成电路芯片上所集成的电路的数目”，是整个“计算机的性能”，还是“一美元所能买到的性能”就见仁见智了。

需要指出的是，摩尔定律并非数学、物理定律，而是对发展趋势的一种分析预测，因此，无论是它的文字表述还是定量计算，都应当容许一定的宽裕度。从这个意义上看，摩尔的预言实在是相当准确而又难能可贵的，所以才会得到业界人士的公认，并产生巨大的反响。

摩尔定律问世 40 余年了。人们不无惊奇地看到半导体芯片制造工艺水平以一种

令人目眩的速度提高。Intel 的微处理器芯片 Pentium 4 的主频已高达 2 GHz，2011 年推出了含有 10 亿个晶体管、每秒可执行 1 千亿条指令的芯片。人们不禁要问：这种令人难以置信的发展速度会无止境地持续下去吗？

事实上，总有一天，芯片单位面积上可集成的元件数量会达到极限。问题只是这一极限是多少，以及何时达到这一极限。业界已有专家预计，芯片性能的增长速度将在今后几年趋缓。一般认为，摩尔定律能再适用 10 年左右。其制约的因素一是技术，二是经济。

从技术的角度看，随着硅片上线路密度的增加，其复杂性和差错率也将呈指数增长，同时也使全面而彻底的芯片测试几乎成为不可能。一旦芯片上线条的宽度达到纳米（10^{-9}m）数量级时，相当于只有几个分子的大小，这种情况下材料的物理、化学性能将发生质的变化，致使采用现行工艺的半导体器件不能正常工作，摩尔定律也就要走到它的尽头了。

然而，也有人从不同的角度来看问题。美国一家名叫 CyberCash 公司的总裁兼 CEO 丹·林启说："摩尔定律是关于人类创造力的定律，而不是物理学定律"。持类似观点的人也认为，摩尔定律实际上是关于人类信念的定律，当人们相信某件事情一定能做到时，就会努力去实现它。摩尔当初提出他的观察报告时，他实际上是给了人们一种信念，使大家相信他预言的发展趋势一定会持续。

资料来源：百度百科（http://baike.baidu.com/）

【实验与思考】 熟悉信息系统的技术基础

"实验与思考"的目的：

通过网络搜索和仔细阅读课文，进一步熟悉信息系统的技术基础，了解网络技术、多媒体技术、虚拟现实技术和增强现实技术。

1. 工具/准备工作

在开始本实验之前，请回顾教科书的相关内容。

需要准备一台带有浏览器，能够访问因特网的计算机。

2. 实验内容与步骤

[因特网搜索]

在网上寻找以下问题的答案（不允许使用百科全书网站），请写下答案和答案所在的网址。

（1）月球的质量是多少？

答案：__________ 网址：______________________

（2）塞纳河流入哪里？

答案：__________ 网址：______________________

（3）长曲棍球由什么制成？

答案：__________ 网址：______________________

（4）纳斯达克股市昨日收盘是多少？

答案：__________ 网址：______________________

（5）人体内最经常破碎的骨头是什么？

答案：________ 网址：________________

（6）怀孕的金鱼被称作什么？

答案：________ 网址：________________

（7）第一个到非洲的人是谁？

答案：________ 网址：________________

（8）雨量计是用来量什么的？

答案：________ 网址：________________

（9）人的哪只耳朵听力最好？

答案：________ 网址：________________

（10）英国的守护神是谁？

答案：________ 网址：________________

（11）最早驯养的鸟是哪种鸟？

答案：________ 网址：________________

（12）美国目前的人口数是多少？

答案：________ 网址：________________

（13）百慕大群岛的首府是哪里？

答案：________ 网址：________________

（14）澳大利亚的国家航空公司是什么？

答案：________ 网址：________________

（15）拿破仑的第一任妻子是谁？

答案：________ 网址：________________

（16）南极光的另一个名称是什么？

答案：________ 网址：________________

（17）哪一个行星每 248 年环绕太阳一周？

答案：________ 网址：________________

（18）九边形有多少个面？

答案：________ 网址：________________

（19）法国的哪一位印象派画家是由于他的油画“芭蕾舞”而出名的？

答案：________ 网址：________________

[概念理解]

请通过思考和综合分析，简单回答以下问题：

（1）什么是网络协议？什么是网络体系结构？

答：________________________________

____

____

（2）什么是 TCP/IP 协议？它的分层结构和 OSI 模型的分层结构有什么对应关系？

答：________________________________

（3）请给“多媒体技术”下一个定义。

答：

这个定义的来源是：

（4）请给“虚拟现实”下一个定义。

答：

这个定义的来源是：

（5）请给“增强现实”下一个定义。

答：

这个定义的来源是：

[小组讨论] 寻找虚拟现实的应用。

虚拟现实正在快速地取得其在技术领域中的地位。在本次讨论中，请列举出一些典型的虚拟现实技术应用。计划将讨论任务分为两步进行。

第一步，搜寻网站寻找更多的虚拟现实技术应用。至少找到3个，并且对每个应用给出简单描述。这些应用中只能有一个是属于娱乐领域，也就是说，面向游戏的虚拟现实技术应用不能多于一个。

（1）

（2）

（3）

第二步，举出5个潜在的虚拟现实技术应用。对于每一项应用，描述出如何应用，以及该项应用的价值。这些应用的每一项必须和虚拟现实技术在组织机构中的应用有关。在描述每一项应用时，列出可能使用该项虚拟现实技术的组织或者企业类型。

（1）

（2）

（3）

（4）

（5）

3．实验总结

4．实验评价（教师）

第 6 章 数据库与数据存储

数据库是进行信息组织与管理的基础，而数据库管理系统提供了处理数据库的工具。与之相关的新技术数据仓库能帮助人们组织和管理商务智能；同时，数据挖掘工具能帮助人们吸取极其重要的商务智能。数据仓库与数据挖掘工具是商务智能软件的子集。

对于数据的管理，可以简单地分为事务处理和分析处理两部分。其中，事务处理需要保证事务的正确执行。事务数据量往往不是很大，主要包括对数据的大量更新操作和并发查询。对分析处理来说，需要分析的数据量往往非常大，但是基本上没有更新操作，而只是一个复杂的查询，但可能需要对所有的数据进行访问，对事务也没有太大的要求。这两种明显不同的应用场景造成了不同的数据处理模式。因此，大数据管理主要分为大数据的事务处理和大数据的分析处理两部分。

Hadoop 和 NoSQL 数据库，是在现有关系型数据库和 SQL 等数据处理技术很难有效处理非结构化数据这一背景下，由 Google、Amazon 等企业因自身迫切的需求而开发的。由于这些软件是开源的，因此和商用软件相比，其软件授权费用十分低廉，但另一方面，想招募到精通这些技术的人才却可能需要付出很高的成本。

6.1 数据库技术基础

20 世纪 80 年代以来，关系模型数据库理论日益成熟并得到广泛应用，国际数据库市场的一些知名产品有 Oracle、SQL Server、Sybase、Informix、DB2 以及 xBASE 的代表产品 Visual FoxPro 等。

6.1.1 传统数据库的局限

数据库系统是数据库和数据库管理系统（DBMS）的总称，是适合于大量数据的存储和管理的有效方法。作为数据处理的核心，DBMS 是与应用密切相关的支撑软件。由于集成平台的出现，人们已经习惯于把 DBMS 纳入平台范畴，称之为数据平台。近年来，数据库理论和技术主要在两个方面得到进一步发展：

（1）采用新数据模型（如面向对象数据模型、对象-关系数据模型等）构造数据库，将数据库系统从传统事务处理领域扩展到更广泛的领域，如应用在计算机辅助设计/制造（CAD/CAM）、计算机辅助软件工程（CASE）和地理信息系统（GIS）等领域中，满足对复杂对象的存储和处理要求。

（2）数据库技术与其他学科的发展高度结合，例如数据库技术与分布处理技术结合导出的分布式数据库，数据库技术与人工智能技术结合导出的演绎数据库、智能数据库和主动数据库，数据库技术与多媒体技术结合导出的多媒体数据库等。

但是，在数据库应用方面普遍存在着以下问题：

（1）数据太多而信息不足。随着数据库技术的发展，各企业积累并存放了大量业务数据，但能够为企业提供辅助决策的信息太少。

（2）异构环境数据源。由于市场竞争激烈，新产品周期缩短，如何综合利用分散的异构环境数据源，及时得到准确的信息是取得成功的关键。

（3）事务处理环境不适宜决策支持系统（DSS）应用。其主要表现在：

① 事务处理和分析处理的性能特性不同：在事务处理环境中，用户的行为特点是数据的存取操作频率高而每次操作处理的时间短；而在分析处理环境中，某个DSS应用程序可能需要连续使用几个小时，从而消耗大量的系统资源。

② 数据集成问题：DSS需要集成的数据，全面而正确的数据是有效地分析和决策的首要前提，相关数据收集得越完整，得到的结果就越可靠。但是，大多数企业内的数据是分散的，主要是因为事务处理应用分散，数据不一致问题，外部数据和非结构化数据问题等。

③ 数据动态集成问题：静态集成的最大缺点在于，如果在数据集成后数据源中数据发生了变化，这些变化将不能及时反映给决策者，导致决策者使用的是过时的数据。当集成数据必须以一定的周期（例如24 h）进行刷新时，称其为动态集成。显然，事务处理系统不具备动态集成的能力。

④ 历史数据问题：事务处理通常只需要当前数据，在数据库中一般也是存储短期数据，而且不同数据的保存期限也不一样，即使有一些历史数据得到保存，也被束之高阁，不能得到充分利用。但对于决策分析而言，历史数据是相当重要的，许多分析方法必须以大量的历史数据为依托，没有对历史数据的详细分析，就难以把握企业的发展趋势。DSS对数据在空间和时间的广度上都有了更高的要求，而事务处理环境难以满足这些要求。

⑤ 数据的综合问题：在事务处理系统中积累了大量的细节数据，一般而言，DSS并不对这些细节数据进行分析，往往需要事先对细节数据进行不同程度的综合，但事务处理系统不具备这种综合能力。根据规范化理论，这种综合还往往因为是一种数据冗余而被加以限制。

6.1.2 网络数据库

因特网最大的优点就是丰富、方便和廉价的资源共享，而数据信息是资源的主体，因此，网络数据库技术自然成为因特网的核心技术。

客户机/服务器（Client/Server，C/S）是因特网的主要网络架构形式之一，因此，数据流动方式就以客户机和服务器间的数据交换为主，即客户机向服务器提交信息和服务器向客户机反馈查询结果。由于因特网是一个松散的网络，所以网络数据库实现的难点就在于平台、数据库以及各种标准不统一，造成了实现手段的复杂化。

随着技术的不断发展，Microsoft提出了实现网络数据库的组合技术——ASP + ODBC + ADO + SQL。其中，ASP和SQL具有广泛的应用基础和自身独到的特点：ASP

采用网页内嵌式代码，并且可以内嵌 SQL 查询语句，从而降低了编程的复杂性；而 SQL 已经成为数据库领域的一个标准，有助于简化网络数据库的实现手段。ODBC 即开放数据库互连，通过它可以将不同的数据库如 SQL Server、Access、Visual FoxPro 和 Sybase 等统一起来共享使用数据。最后，ADO 技术将 ASP 与 ODBC 和 SQL 完美地结合在一起，轻松实现网络数据库技术。

随着大量中小网站的涌现以及因特网对动态交互和数据驱动的要求，一种运行在 Linux 环境并与它紧密结合且功能强大数据库——MySQL 也在快速扩张，并在中小网站数据库市场上占据了较大的份额。

6.1.3 关系数据库模型

如今，企业为了更好地组织、存储基本的面向事务的信息（直至最终用于构建商务智能），都在运用数据库技术。实际中，有 4 种用于建立数据库的主流模型，即层次、网状、关系和面向对象。这里主要讨论其中应用最为广泛的数据库模型——关系模型。

数据库是信息的集合，它能按照信息的逻辑结构对其进行组织与存取。关系数据库利用一系列存在着逻辑关系的二维表或文件来存储信息。术语“关系”用来描述关系模型中的每张二维表或文件（因此这种模型被命名为关系数据库模型）。一个关系模型的数据库实际上由两个独立部分组成：①信息的具体内容，它们被存储在一系列的二维表、文件或关系中（人们可以交替使用这 3 种存储方式）；②信息的逻辑结构。

1. 信息的收集

在图 6-1 中，建立了 Sololmon 数据库的一个局部视图。注意，该数据库包含有 5 个文件（也可以称为表或关系）：订单文件、客户文件、混凝土类型文件、雇员文件和卡车文件（实际上，数据库还可能包含更多的文件）。这些文件因各种原因关联在一起——客户下订单，雇员开卡车送货，每笔订单都包含一种混凝土类型，等等。公司需要所有这些文件来管理它的客户关系和订单。

在每个文件中，都可以看到一些特定的数据项（通常被称为属性），例如，订单文件中包含有：订单编号（Order Number）、订单日期（Order Date）、客户编码（Customer Number）、发货地址（Delivery Address）、混凝土类型（Concrete Type）、数量（Amount，以立方码尺度量）、卡车编码（Truck Number）、司机号（Driver ID）。在客户文件中，也可以看到一些特定信息，包括：客户编码、客户姓名（Customer Name）、客户联系电话（Customer Phone）和客户主要联系人（Customer Primary Contact）。这些都是 Solomon 数据库中需要包含的重要信息。此外，Solomon 公司还需要利用这些（也可能更多的）信息有效地管理订单和客户关系等。

2. 创建逻辑结构

在运用关系数据库模型时，对信息的组织与存取是根据信息的逻辑结构而非物理结构进行的。因此，根本没必要关心“顾三喜”应该在雇员文件的哪一行出现，只要知道它的雇员号（Employee ID）是“984568756”，或者她的姓名是“顾三喜”就可以了。在关系模型中，数据字典包含了信息的逻辑结构。在建立数据库时，首先要建立数据字典。数据字典中包含有数据的重要信息或逻辑特征。例如，数据字典要求客户文件中的客户联系电话为 8 位数字，而要求雇员文件中的雇用日期包括年月日。

订单编号	订单日期	客户编码	发货地址	混凝土类型	数量	卡车编号	司机编号
100000	9/1/2009	1234	香积寺路55号	1	8	111	123456789
100001	9/1/2009	3456	和家园21幢	1	3	222	785934444
100002	9/2/2009	8534	西溪绿城别墅	5	6	222	435296657
100003	9/3/2009	4567	凤起路新华高层	2	4	333	435296657
100004	9/4/2009	5831	河坊街北秀楼	2	8	222	785934444
100005	9/4/2009	5678	流水苑小高层	1	4	222	785934444
100006	9/5/2009	6678	小和山排屋	1	4	111	123456789
100007	9/6/2009	2345	凤凰街234号	2	5	333	785934444
100008	9/6/2009	6789	山水人家28区	1	8	222	785934444
100009	9/7/2009	5454	复旦分校任重小区	3	8	111	123456789
100010	9/9/2009	6767	中华门亮丽花园公寓	2	7	222	435296667
100011	9/9/2009	9131	理想家园亲亲小区	5	6	222	785934444

（a）订单文件

混凝土类型	类型描述
1	重混凝土。表观密度大于2600kg/m3，由重晶石和铁矿石配制。
2	普通混凝土。表观密度为1950～2500kg/m3，以砂、石和水泥配制。
3	轻骨料混凝土。表观密度小于1950kg/m3。
4	多孔混凝土。表观密度小于1950kg/m3。
5	大孔混凝土。表观密度小于1950kg/m3。

（b）混凝土类型文件

客户编码	客户名称	客户联系电话	客户主要联系人
1234	和园混凝土	33333333	李云龙
2345	绿城建筑材料	44444444	魏和尚
3456	北秀建设	55555555	顾小花
4567	康师傅混凝土	66666666	田雨
4567	旺旺建材	77777777	辛眉
5678	发达混凝土	88888888	刘德花
6789	康康建设	99999999	赵大发

（c）客户文件

雇员号	雇员姓名	雇用日期
123456789	张二顺	2/1/1985
435296657	周顺溜	3/3/1992
485934444	胡四奎	6/1/1999
984568756	顾三喜	4/1/1997

（d）雇员文件

卡车编号	卡车类型	购买日期
111	奇瑞	6/17/1999
222	奇瑞	12/24/2001
333	吉利	1/1/2002

（e）卡车文件

图 6-1　Solomon 公司有关客户关系管理及订单处理的数据库的部分内容

这是一种完全有别于其他方式的信息组织方法。例如，在大多数电子表格中，如果想存取其中某一单元格中的信息，就必须知道该信息的物理存放位置，即行与列的标号。然而，在关系数据模型中，只要知道信息所在列的字段名称（如：数量）及其逻辑行的位置，不必关心信息所在的物理行即可。正是基于这一原理，在上面的 Solomon 数据库中，很容易修改某个订单的订货数量，而无须知道这一信息的实际存放位置（通常存放位置是通过行、列标号确定的）。

在使用电子表格软件时，可以直接输入信息、建立列标题，也能处理信息，但这不是数据库的工作方式。若运用数据库，首先必须在建立的数据字典中清晰地定义每个字段的特征。因此，在向数据库中添加信息之前，必须认真设计数据库的结构。

3. 信息内部的逻辑联系

在关系数据库模型中，为了表达相互关联的文件之间是怎样建立联系的，必须建立信息的关联规则。在建立这些相关文件之间的联系之前，首先要确定每个文件的主关键字。主关键字是文件中的一个字段（有时也可能是字段组），它能唯一地表示一条记录。在上面的 Solomon 数据库中，订单编号就是订单文件的主关键字，客户编码是客户文件的主关键字。这就意味着，订单文件中的每笔订单都必须拥有唯一的订单编号，客户文件中的每位客户也必须拥有唯一的客户编码。

另外，在指定某个字段为文件的主关键字时，还需强调该字段不能取空值。也就是说，向雇员文件中输入一个新的雇员信息时，不允许雇员号字段为空。否则，将会有多个雇员同时拥有同一个主关键字（空值），即意味着允许一个特定的主关键字（空值）对应多个雇员，在数据库环境中这种情况是不允许的。

这一点有别于一般的电子表格工作模式。运用电子表格，几乎不可能确保在给定的列中每个字段值都是唯一的。这一概念强调的是，利用电子表格处理信息时，要根据信息的物理位置来处理，而数据库则是根据信息的逻辑位置进行处理。

观察图 6-1 就可以看出，客户编码字段同时出现在客户文件和订单文件中，这样，通过该共有的字段就能够建立两个文件之间的逻辑关联，这是外部关键字的一个实例。外部关键字是取自另一个文件的主关键字。

图 6-2 在 5 个文件之间建立了逻辑关系。例如，注意卡车文件中的卡车编码是该文件的主关键字，它同时还出现在了订单文件中，使 Solomon 公司能够追踪到订单都是由哪些卡车运送的。因此，卡车编码字段在卡车文件中是主关键字，同时它还作为外部关键字出现在订单文件中。在图 6-2 中还有很多类似的例子。

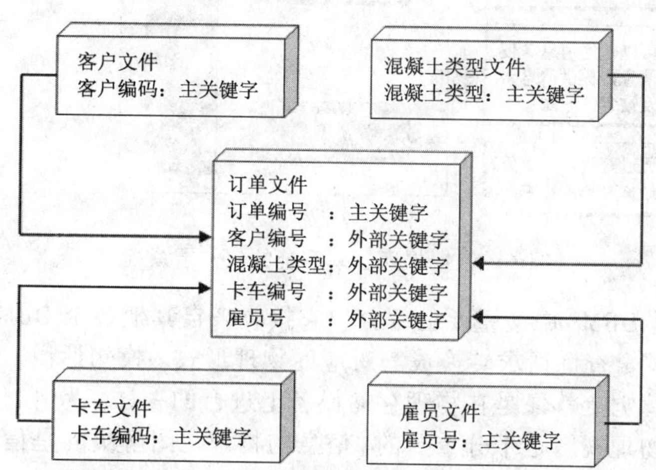

图 6-2　利用主关键字与外部关键字建立文件间的逻辑关联

4. 内在的完整性约束

在定义关系数据库信息逻辑结构的同时，还要定义完整性约束，这些约束有利于保证信息的合理性。例如，前面已经说明客户编码字段是客户文件的主关键字，在订单文件中它是外部关键字，由此得出这样的结论：

（1）不可能有两个客户具有相同的客户编码。

（2）订单文件中的客户编码必然存在于客户文件中。

因此，当 Solomon 创建一个新订单并向订单文件中输入客户编码时，数据库管理系统必然会在客户文件中找到一个与之对应的唯一的客户编码。这就是内在的完整性约束，它保证"新建一笔订单记录，而该订单所对应的客户却在客户文件中找不到"这样的事情不会发生。

6.2　数据库管理系统

人们用文字处理软件可以创建并编辑文档，用电子表格软件可以创建并编辑工作簿，数据库环境中也与之类似。数据库相当于一个文档或一个工作簿，因为数据库与文档或工作簿一样都包含了信息。文字处理和电子表格是处理文档与工作簿的软件工具，而处理数据库的软件系统就是数据库管理系统。借助数据库管理系统（DBMS）就可以定义数据库的逻辑结构，并对数据库中的信息进行存取和利用。DBMS 有 5 个重要的软件组成部分，如图 6-3 所示。

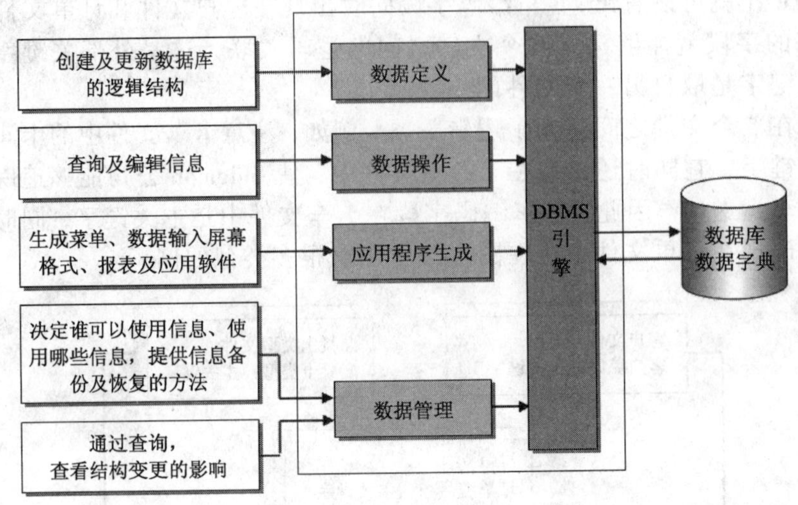

图 6-3　数据库管理系统的软件子系统

DBMS 引擎是 DBMS 中最重要的部分，它接收来自其他各个 DBMS 子系统的逻辑查询请求，并将逻辑查询请求转换成其对应的物理形式。换句话说，对数据库和数据字典的逻辑存取感觉上就像是在物理存储设备上进行的一样。另外，区分数据库环境中的逻辑视图和物理视图是十分重要的。信息的物理视图解决的是信息在硬盘之类的外存储设备上怎样进行物理排列、存储和读取；而信息的逻辑视图则是关注用户要如何排列和存取信息，以满足其特定的业务需求。

数据库和 DBMS 将信息的物理视图与逻辑视图隔离开，具有两大优越性。首先，DBMS 能够完成所有的物理处理功能，作为数据库用户，只需把精力放在自己所需信息的逻辑结构上就可以了。其次，虽然数据库中的信息仅有一种物理视图，但不同用户在数据库中提取的信息逻辑视图却各不相同。这是因为根据不同业务的需求会以不同的方法处理逻辑视图。DBMS 引擎能够处理任何一种形式的信息逻辑视图或逻辑查询，并将其转换成与之对应的物理结构。

6.2.1　数据定义子系统

DBMS 的数据定义子系统帮助人们在数据库中建立并维护数据字典，以及定义数据库中的文件结构。

创建数据库时，首先要利用数据定义子系统建立数据字典并定义文件的结构。这点与某些类似电子数据表格的软件区别很大。运用电子表格软件创建工作簿时，一开始就可以填入信息、定义公式和函数，但在数据库中却不能这样做。在数据库环境中，开始输入信息之前必须要先定义数据的逻辑结构，输入信息相对而言是比较轻松的事情，而定义数据逻辑结构则比较麻烦。

无论何时，只要发现某一文件需要补充新的信息，就必须运用数据定义子系统在数据字典中添加新字段。同样，如果想在一个文件中删除所有记录的指定字段，也必须用数据定义子系统完成这件事情。

建立数据字典时，肯定要定义数据库将要包含的信息逻辑属性。信息的逻辑属性包括的内容如表 6-1 所示。

表 6-1 信息的逻辑属性

逻辑属性	举例
字段名称	客户编码、订单日期
类型	字符、数字、日期、时间等
格式	电话号码前是否要加区号
默认值	若未标明订单日期，则默认为当前日期
有效范围	订货数量能否超过 8
输入约束	输入订单时是否必须输入发货地址，能否输入空值
可否重复	主关键字是不能重复的，但订货数量是否可重复

根据所描述信息的类型适当增加或减少限制，这些也都是非常重要的逻辑属性。例如，一辆标准的混凝土运输卡车的载重量约为 6 m^3，而 Solomon 公司不接受 3 m^3 以下的订货，因此，对订单文件中 Amount 字段的有效范围进行约束的一个重要条件就是“必须大于或等于 3，但同时不能大于 6。”

6.2.2 数据操作子系统

DBMS 的数据操作子系统帮助用户对数据库中的信息进行增加、修改和删除，并帮助用户在数据库中查询有价值的信息。数据操作子系统中的软件工具通常是数据库用户与数据库信息之间的最主要交互界面。因此，当 DBMS 引擎处理用户对物理视图的信息请求时，允许用户指定逻辑信息请求的就是 DBMS 的数据操作工具。这些逻辑信息请求通过 DBMS 引擎从所需的物理视图中存取信息。

在大多数 DBMS 中，用户都将发现它们包含有各种各样的数据操作工具，包括视图、报表生成器、范例查询工具，以及结构化查询语言。

1. 视图

视图允许用户查看到数据库文件的内容，对其进行必要的修改，完成简单的分类，并通过查找操作得到具体信息的位置。实质上，视图是以电子表格工作簿的格式来处理每个文件。

与其他大多数个人软件包一样，DBMS 也支持诸如剪切、粘贴、格式化、拼写检查、隐藏指定的列（如同使用电子表格软件一样）、过滤乃至添加链接点连接到 Web 站点等，这些功能和任务 DBMS 都能支持。

2. 报表生成器

报表生成器能帮助人们快速地定义报表的格式，确定报表中想要公布的信息。在定义报表时，用户还能直接在屏幕上预览报表的格式或把报表打印出来。

报表生成器体现了良好的特性，用户可以按自己习惯的方法保存报表格式。报表保存后，可以随时调用该报表，DBMS 将调用数据库中最近更新的信息来生成该报表。用户还可以在各种各样的报表格式中选择，可以选择所建立的报表格式来生成中间的小计和总计，其中可以用计数、求和、求平均值等。

3. 范例查询工具

范例查询工具（QBE）能帮助用户以图表的方式设计问题的答案，QBE 依赖被查询信息在数据库中的逻辑关联实现查询操作。

4. 结构化查询语言

结构化查询语言（SQL）是大多数数据库环境下使用的标准的第四代查询语言。SQL 除了在执行查询操作的方式上与 QBE 不同外，其他功能都与 QBE 相同。SQL 执行查询功能是基于语句

SELECT...FROM...WHERE...

的形式完成查询的。在 SELECT 之后要列出待查询信息的字段名称，FROM 之后要指明使用哪些逻辑关系，WHERE 后面描述选择的条件。

6.2.3 应用程序生成子系统

DBMS 的应用程序生成子系统是一种常用的开发工具，它帮助用户建立面向事务处理的应用程序。此类应用程序通常都要求用户完成一系列具体的任务来进行事务处理。应用程序生成子系统工具包括：建立数据输入屏幕功能，为特定的 DBMS 选定程序设计语言，并利用程序设计语言为每个独立的 DBMS 建立一个公共的操作交互界面。

与 SQL 一样，应用程序生成系统是 IT 专家最常用的工具。事实上，即使不用应用程序生成系统，也可以做得与 IT 专家一样出色。一般用户只需要把重点放在视图、报表生成器和 QBE 工具上，就足以帮助用户实现对数据库查找信息并实现查询，开始创建并使用商务智能。

6.2.4 数据管理子系统

DBMS 的数据管理子系统通过自身提供的备份与恢复工具、安全防范工具、最优化查询工具、并发控制和更新管理工具，帮助人们管理整个数据库环境。数据库管理子系统是数据管理员或数据库管理员使用最频繁的系统，它负责保障数据库（与数据仓库）环境中所提供的信息以满足企业的需求。

备份与恢复功能为用户提供了一种管理模式：

（1）定期将数据库保存的信息进行备份。

（2）在信息被损坏的情况下，重新保存或恢复数据库和其中被破坏的信息。

在以信息为基础的竞争环境下，绝不能忽视这些重要功能的存在。每个了解数据库信息之重要性的企业，都会采取预防措施保护这些信息。通常通过运行系统备份功能，对数据库、DBMS 和存储设备的初始数据库环境进行备份。

安全管理功能允许人们控制哪些人有权存取信息，以及这些人能存取哪些类型的信息。例如，在许多数据库环境中，有些人可能只需要以“浏览”方式访问数据库信息，而无须具备“修改”信息的权力。当然，许多人需要具有对数据库进行增加、修改或删除信息的能力。通过数据管理子系统中的用户权限设置和密码设置系统，就能限定谁有资格调用某一功能，他们能浏览哪些信息。

最优化查询功能多用于来自用户的查询（以 SQL 语句格式表示或以 QBE 方式表

示），以及在重新组织查询方式后，能在最短的时间内做出响应。例如，在SQL中，用户所建立的查询语句可能要涉及10个相关文件，在处理这10个不同文件时，可能有几种不同的解决方法从这些文件中获取所需要的信息。幸运的是，用户大可不必因SQL语句的结构而烦恼，最优化查询功能将为用户做这些事情，并以最快的途径提供用户所需的查询信息。

重组功能不断地对DBMS引擎完成信息物理存取的过程进行实时维护统计。重组功能在维护这些统计操作时，能优化数据库的物理结构，以满足将来信息增加速度和扩充性能的需要。例如，若用户经常按指定的顺序对某一文件进行存取，重组功能便可对该文件按指定的顺序要求重新排列记录或建立一个索引来存储该文件，以便维护这种经过排序处理后的文件。它的实际意义就在于确保用户不必了解更新数据库的物理存储方式，这些处理DBMS引擎都会考虑到。

当多个用户对同一信息进行存取或修改时，并发控制功能能保证数据库修改的合法性。

如果用户打算修改数据库结构，变更管理功能便可评估该变更所产生的影响。有时候结构的变化对数据库会产生巨大影响，用户必须在执行修改之前仔细评估一下。

上述的备份与恢复工具、安全管理工具、最优化查询工具、重组功能、并发控制和变更管理工具等所有这些功能，在任何DBMS和数据库环境中都是必备的重要工具。作为一个普通用户可能涉及不到这些工具，特别是这些工具的创建与维护。但它们是如何创建、如何维护的原理将影响到用户所能做的事情，因此知道它们的存在，并了解它们的工作原理是非常重要的。

6.3 数据存储解决方案

数据备份就是将数据以某种方式加以保留，以便在系统遭受破坏或其他特定情况下，更新并加以重新利用的一个过程。数据备份的根本目的是重新利用，也就是说，备份工作的核心是恢复，一个无法恢复的备份，对任何系统来说都是毫无意义的。一个成熟的备份系统能够安全、方便而又高效地恢复数据。

6.3.1 备份的目的

在系统正常工作的情况下，数据备份是系统的“额外负担”，会给正常业务系统带来一定的性能和功能上的影响。所以，数据备份系统应尽量减少这种“额外负担”，从而更充分地保证系统正常业务的高效运行，这是数据备份技术发展过程中要解决的一个重要问题。对于一个相当规模的系统来说，完全自动化地进行备份工作是对备份系统的一个基本要求，此外，CPU占用、磁盘空间占用、网络带宽占用、单位数据量的备份时间等都是衡量备份系统性能的重要因素。一个好的备份系统，应该能够以很低的系统资源占用率和很少的网络带宽，来进行自动而高速度的数据备份。

作为存储系统的一个重要组成部分，数据备份在其中的地位和作用都是不容忽视的。对一个完整的IT系统而言，备份工作的意义不仅在于防范意外事件的破坏，而且还是历史数据保存归档的最佳方式。换言之，即便系统正常工作，没有任何数据丢失或破坏发生，备份工作仍然具有非常大的意义——为人们进行历史数据查询、统计和分析，以及重要信息归档保存提供了可能。

数据备份与服务器高可用集群技术以及远程容灾技术在本质上是有所区别的。虽然这些技术都是为了消除或减弱意外事件给系统带来的影响，但是，由于其侧重的方向不同，实现的手段和产生的效果也不尽相同。

集群和容灾技术的目的是为了保证系统的可用性。也就是说，当意外发生时，系统所提供的服务和功能不会因此而间断。对数据而言，集群和容灾技术是保护系统的在线状态，保证数据可以随时被访问。

备份技术的目的，是将整个系统的数据或状态保存下来，这种方式不仅可以挽回硬件设备坏损带来的损失，也可以挽回逻辑错误和人为恶意破坏的损失。但是，数据备份技术并不保证系统的实时可用性。也就是说，一旦意外发生，备份技术只保证数据可以恢复，但恢复过程需要一定的时间，在此期间，系统是不可用的。在具有一定规模的系统中，备份技术、集群技术和容灾技术互相不可替代，并且稳定和谐地配合工作，共同保证着系统的正常运转。

6.3.2 常用的备份方式

常用的数据备份方式主要有 3 种：

（1）全备份（Full Backup）:指对整个系统进行包括系统和数据的完全备份。这种备份方式的好处是很直观，容易被人理解，而且当发生数据丢失的灾难时，只要用灾难发生前一天的备份，就可以恢复丢失的数据。但它也有不足之处：首先，由于每天都对系统进行完全备份，因此在备份数据中有大量内容是重复的，如操作系统与应用程序。这些重复的数据占用了大量的磁带空间，这对用户来说就意味着增加成本；其次，由于需要备份的数据量相当大，因此备份所需时间较长。对于那些业务繁忙，备份时间有限的单位来说，选择这种备份策略无疑是不方便的。

（2）增量备份（Incremental Backup）:指每次备份的数据只是上一次备份后增加和修改过的数据。这种备份的优点很明显：没有重复的备份数据，节省磁带空间，又缩短了备份时间。但它的缺点在于：当发生灾难时，恢复数据比较麻烦。例如，如果系统在星期四的早晨发生故障，就需要将系统恢复到星期三晚上的状态。这时，管理员需要找出星期一的完全备份磁带进行系统恢复，然后再恢复星期二的数据，最后再恢复星期三的数据：很明显，这比第一种策略要麻烦得多。另外，在这种备份下，各磁带间的关系就像链子一样，一环套一环，其中任何一盘磁带出了问题，都会导致整条链子脱节。

（3）差分备份（Differential Backup）:指每次备份的数据是上一次全备份之后新增加的和修改过的数据。管理员先在星期一进行一次系统完全备份；然后在接下来的几天里，再将当天所有与星期一不同的数据（增加的或修改的）备份到磁带上。差分备份无须每天都做系统完全备份，因此备份所需时间短，并节省磁带空间，它的灾难恢复也很方便，系统管理员只需两份磁带，即系统全备份的磁带与发生灾难前一天的备份磁带，就可以将系统完全恢复。

6.3.3 服务器存储管理

SAS（Sever Attached Storage，服务器连接存储）是一种传统的网络连接结构，各种计算机外围设备（如硬盘、磁盘阵列、打印机、扫描仪等）均挂接在通用服务器上，所有用户对信息资源的访问都必须通过服务器进行。

通常，在提供多种基本网络管理功能的同时，通用服务器还要运行各种应用软件来为用户提供应用服务。由于每一项服务都需要占用服务器 CPU、内存和 I/O 总线等系统资源，因此，当访问信息资源的并发用户数量增多时，必然会造成对系统资源的掠夺，严重降低整个网络的数据传输速度，甚至会产生服务器因不堪重负而中断服务的现象。SAS 模式的安全性和稳定性很差，一旦主服务器出现硬件故障、软件缺陷、操作失误或计算机病毒的危害等，将会导致整个网络瘫痪，服务器中的信息资源也因此而丢失。

SAS 模式的扩展性较差，其扩充存储容量的方法就是给服务器增加硬盘。虽然硬盘本身的成本并不高，但是关掉服务器安装硬盘所造成的停工会中断所有网络服务。如果服务器上挂接太多的硬盘或外设，会严重影响服务器的性能。为了不降低整个网络的性能，只能在网络中再增加价格昂贵的服务器，但这给网络的管理和维护带来较多的困难。

6.3.4 资源存储管理

随着网络应用的飞速发展，许多信息资源每天都要接受大量用户的访问，传统的 SAS 网络架构已无法适应这种极高的访问频率和访问速度，从而出现了把资源存储及共享服务从网络主服务器上分离出来的 NAS（Network Attached Storage，网络连接存储）模式，用户无须通过服务器就可直接访问 NAS 设备。NAS 技术不占用网络主服务器的系统资源，具有更快的响应速度和更高的数据带宽，即使主服务器发生崩溃，用户仍可访问 NAS 设备中的数据。

NAS 系统主要由 NAS 光盘服务器、NAS 硬盘服务器和 NAS 管理软件三部分组成。NAS 光盘服务器实现对光盘的存储共享；NAS 硬盘服务器不仅可实现对各种格式文件的存储共享，还能对存储空间进行分区，通过网络进行在线存储扩容；NAS 管理软件用于对网络中的多台 NAS 设备进行集中管理，网络管理员可对 NAS 设备进行远程设置、升级及管理。

6.3.5 存储区域网络

SAN（Storage Area Network，存储区域网络）是指独立于服务器网络系统之外的高速光纤存储网络，这种网络采用高速光纤通道作为传输体，以 SCSI-3 协议作为存储访问协议，将存储系统网络化，实现真正的高速共享存储。在 SAN 集中化管理的调整存储网络中，可以包含来自多个厂商的存储服务器，存储管理软件、应用服务器和网络硬件设备。

SAN 的技术优势在于：

（1）基于千兆位的存储带宽，更适合大容量数据高速处理的要求。

（2）完善的存储网络管理机制，对所有存储设备，如磁盘阵列，磁带库等进行灵活管理及在线监测。

（3）将存储设备与主机的点对点简单附属关系上升为全局多主机动态共享的模式。

（4）实现数据的传输、复制、迁移、备份等在 SAN 网内高速进行，无须占用 WAN/LAN 的网络资源。

（5）灵活、平滑的扩容能力。

（6）兼容以前的各种 SCSI 存储设备。

SAN 突破了传统存储技术的局限性，将网络管理的概念引入到存储管理中。SAN 技术面向大容量数据多服务器的高速处理，包括高速访问、安全存储、数据共享、数据备份、数据迁移、容灾恢复等各个层面，对电信、视频、因特网 ICP/ISP、石油、测绘、金融、气象、图书资料管理、军事、电台等行业应用有重要的实用价值。

SAN 与 NAS 是完全不同架构的存储方案，前者支持 Block 协议，后者支持 File 协议；SAN 的精髓在于分享存储配备，而 NAS 在于分享数据。NAS 与 SAN 因为架构及应用领域的不同，不会相互取代，而会共存于企业存储网络之中。

6.3.6 主流备份技术

在传统的备份模式下，每台主机都配备专用的存储磁盘或磁带系统，主机中的数据必须备份到位于本地的专用磁带设备或磁盘阵列中。这样，即使一台磁带机（或磁带库）处于空闲状态，另一台主机也不能使用它进行备份工作，磁带资源利用率较低。另外，不同的操作系统平台使用的备份恢复程序一般也不相同，这使得备份工作和对资源的总体管理变得更加复杂。后来就产生了一种克服专用磁带系统利用率低的改进办法：磁带资源由一个主备份/恢复服务器控制，而备份和恢复进程由一些管理软件来控制。主备份服务器接收其他服务器通过局域网或广域网发来的数据，并将其存入公用磁盘或磁带系统中。这种集中存储的方式极大地提高了磁带资源的利用效率。但它也存在一个致命的不足：网络带宽将成为备份和恢复进程中的潜在瓶颈。

LAN-free 备份和无服务器备份是目前两种主流的数据备份技术。

1. LAN-free 备份

数据不经过局域网直接进行备份，即用户只需将磁带机或磁带库等备份设备连接到 SAN 中，各服务器就可以把需要备份的数据直接发送到共享的备份设备上，不必再经过局域网链路。由于服务器到共享存储设备的大量数据传输是通过 SAN 网络进行的，局域网只承担各服务器之间的通信（而不是数据传输）任务。

2. 无服务器备份

无服务器（Serverless）备份是 LAN-free 备份的一种延伸，使数据能够在 SAN 结构中的两个存储设备之间直接传输，通常是在磁盘阵列和磁带库之间。这种方案的主要优点之一是不需要在服务器中缓存数据，显著减少对主机 CPU 的占用，提高操作系统工作效率，帮助系统完成更多的工作。

6.4 大数据的数据处理基础

在传统的数据存储、处理平台中，需要将数据从CRM、ERP等系统中，通过ELT（Extract / Load / Transform，抽取/加载/转换）工具提取出来，并转换为容易使用的形式，再导入像数据仓库①和 RDBMS②等专用于分析的数据库中。这样的工作通常会按照计划，以每天或者每周这样的周期来进行。

然后，为了让经营策划等部门中的商务分析师能够通过数据仓库的相关技术处理的数据输出固定格式报表，并让管理层能够对业绩进行管理和对目标完成情况进行查询，这就需要提供一个"管理指标板"，将多张数据表和图表整合显示在一个画面上。

当管理的数据超过一定规模时，要完成这一系列工作，除了数据仓库之外，一般还需要使用如SAP的Business Objects、IBM的Cognos、Oracle的Oracle BI等商业智能工具。

然而，用这些现有的平台很难处理具备3V特征的大数据，即便能够处理，在性能方面也很难期望能有良好的表现。首先，随着数据量的增加，数据仓库所带来的负荷也会越来越大，数据装载的时间和查询的性能都会恶化。其次，企业目前所管理的数据都是如CRM、ERP、财务系统等产生的客户数据、销售数据等结构化数据，而现有的平台在设计时并没有考虑到由社交媒体、传感器网络等产生的非结构化数据。因此，对这些时时刻刻都在产生的非结构化数据进行实时分析，并从中获取有意义的观点，是十分困难的。由此可见，为了应对大数据时代，需要从根本上重新考虑用于数据存储和处理的平台。

在大数据处理的基础平台中，需要由Hadoop和NoSQL数据库来担任核心角色。Hadoop已经催生了多个子项目，其中包括基于Hadoop的数据仓库Hive和数据挖掘库Mahout等，通过运用这些工具，仅仅在Hadoop的环境中就可以完成数据分析的所有工作。

然而，对于大多数企业来说，要抛弃已经习惯的现有平台，从零开始搭建一个新的平台来进行数据分析，显然是不现实的。因此，有些数据仓库厂商提出这样一种方案，用Hadoop将数据处理成现有数据仓库能够进行存储的形式（即用作前处理），在装载数据之后再使用传统的商业智能工具来进行分析。

【延伸阅读】"大数据时代预言家"提醒学校规避"数据独裁"

"十三五规划"已经提出将实施国家大数据战略，那么，大数据将会对教育产生什

---

① 数据仓库（Data Warehouse，DW）是决策支持系统（DSS）和联机分析应用数据源的结构化数据环境。在信息技术与数据智能大环境下，数据仓库在软硬件领域、因特网和企业内部网解决方案以及数据库方面提供了许多经济高效的计算资源，可以保存极大量的数据供分析使用，且允许使用多种数据访问技术。数据仓库主要由数据抽取工具、数据仓库数据库、元数据、数据集市、数据仓库管理、信息发布系统和访问工具组成。

② RDBMS即关系数据库管理系统（Relational Database Management System），是将数据组织为相关的行和列的系统，而管理关系数据库的计算机软件就是关系数据库管理系统，常用的数据库软件有Oracle、SQL Server等。它通过数据、关系和对数据的约束三者组成的数据模型来存放和管理数据。

么影响呢？有"大数据时代预言家"之称的牛津大学教授维克托·迈尔·舍恩伯格在成都七中做主题讲座时预言，未来，传统教学模式将会因大数据发生重大变革。

互联网正快速改变着人们的生活。有什么没有改变呢？"世界上大多数的学校对孩子的教育方式没有改变。"舍恩伯格说，这些学校就像生产一辆汽车一样，在流水线上对学生进行同样的装配，然后将他们送入市场。

在他看来，最好的教育，是为孩子们提供个性化的服务，让每个人都能发挥潜力。"这在过去看来是不可能的，因为我们没有这么多老师。"他说，现在借助大数据，学校可以实现给学生量身打造不同的教学内容和方式，优化学习过程。

"告诉你们一个秘密，哈佛也不知道怎样优化学习过程。"他也曾在哈佛任教。他说，"哈佛之所以成为世界上最顶尖的大学，并不是靠给学生创造最佳学习环境，它的秘诀在于只录取最聪明的学生"。

在大数据引发的教育变革中，他非常看好中国学校的表现。"中国在过去十年有了惊人的突破，我认为你们有非常强的适应能力，善于采纳新的思维模式。"

讲座现场，有老师告诉舍恩伯格，当前已经有不少学校开始注意收集相关数据。舍恩伯格在给出数据挖掘建议的同时，也告诫学校要警惕"数据独裁"。

"未来，我们可能会基于数据来筛选哪些学生应该归入哪个层次，进入哪个学校和专业。我们完全把学生的未来和这种预测绑定到了一起。我们也很可能会用这种方式来筛选老师，来判断他们适不适合这个工作。"他把这一举动称为"数据独裁"，而他本人是非常反对这一做法的。"因为它很危险。如果误用了数据，就可能耽误学生的未来。"

有老师问，使用大数据是希望让每一位学生都能成为最优秀的人，但是并不是每一个学生都能够做到，作为老师，应该如何看待这个落差。

"不是每一个学生都能成为马云，大数据也不能保证每一个学生一定能发挥他们最大的潜力。如果这个学生天资不聪明，他可能不会成为超级明星，但作为老师，我们要通过教导和引领，让学生能够超越自我。"

资料来源：成都商报，2015-11-9

【实验与思考】了解数据库与数据存储

"实验与思考"的实验目的：

（1）熟悉数据库、数据仓库的基本概念。

（2）通过思考、调查与小组讨论等环节，掌握数据库系统建立与维护的基本方法。

1. 工具/准备工作

在开始本实验之前，请认真阅读课程的相关内容。

需要准备一台带有浏览器，能够访问因特网的计算机。

2. 实验内容与步骤

[概念理解]

（1）简述什么是"数据库"，什么是"关系型数据库"。

答：

（2）简述什么是“数据库管理系统”。

答：

（3）简述什么是“数据备份”。

答：

常用的数据备份方式是：

①

②

③

[思考练习]

请思考并记录下你的想法。

（1）回忆一个数据库。想一想最近遇到的使用数据库的情形。最有可能的是，你最近光顾过的某个商店使用了数据库来管理库存，更新客户信息，生成收据或发票。企业也可能使用数据库来管理客户或雇员信息。

答：

（2）记下数据库的使用方式。记下人们如何使用该数据库：他们是否查找客户信息？他们是否将价格标签扫描到登记簿或计算机中？他们是否检查过库存中是否还有商品？他们是否打印收据？

答：

（3）设想数据库活动。如果你打算创建一个数据库，请记下两三个你（或组织中的其他人）有可能使用数据的情形，如创建月状态报表、检查销售数据、发出表格信函或输入学生的作业成绩。

答：

[小组讨论] 数据仓库的信息应当怎样更新？

信息的准确性在数据仓库中是非常重要的，陈旧过时的信息会导致失败的决策。下面是不同行业的人们所要经历的决策活动过程。对每个过程，请判断数据仓库中信息更新的时间间隔，是每月、每周、每天，还是每分钟。

（1）在学校注册系统中调整班级的大小。

答：

（2）为人们提供气候变化的预报。

答：

（3）为职业足球比赛预测比分。

答：

（4）监测服装零售业中新品种产品的成功。

答：

（5）调整汽车零件商店对轮胎需求的预测。

答：

3．实验总结

4．实验评价（教师）

第7章 数据挖掘与大数据分析

“数据挖掘”这一术语所指的范围非常广泛，从即席式查询、基于规则的通知或透视图分析到政府监听计划都涉及。数据挖掘是一个过程，使用自动方法分析数据，以便找到隐藏的模式。提到数据挖掘时，常常使用其他术语，如机器学习、数据库中的知识发现（KDD）或者预测分析等。虽然这些术语的含义稍有不同，但它们互相重叠，在功能上完全等价于数据挖掘。

在商业智能、科学研究、计算机仿真、互联网应用、电子商务等诸多应用领域，数据在以极快的速度增长，为了分析和利用这些庞大的数据资源，必须依赖有效的数据分析技术。为了从数据中发现知识并加以利用，辅助领导者的决策，必须对数据做深入的分析，而不是生成简单的报表。这些复杂的分析必须依赖于分析模型。

大数据技术可以改进计量与监控手段，从而改善观察的效果。看得越清楚，就越有可能采取合理明智的行动。但是，要让数据驱动的决策活动朝着良性方向发展绝非易事。大多数企业对自己的经营活动无法形成清醒的认识，事实上，摆在大数据时代的很多商机存在于平常的领域之中，在于更清楚无误的统计、监控与观察。

7.1 数据仓库与数据挖掘

1992年，数据仓库的概念被正式提出，数据仓库的研究和应用开始得到广泛的关注。在原有单一数据库概念的基础上，逐渐演化出两种不同的数据组织体系结构，即数据仓库和原有的业务数据库。这两个概念在用户环境、支持技术、数据量以及使用范围等方面存在着许多不同。

假设公司管理者想了解上个月皮鞋销售的总收益额，只需一个简单的查询操作即可，通过运用SQL或QBE（Query By Example，范例查询）工具便能轻而易举地实现。但如果想要进一步了解“通过将实际销售额与预算额进行比较，进而与过去五年的同期销售状况比较，该公司在东南和西南地区，上个月销售了多少双黑色的42码皮鞋”，即使采用先进的技术，这项任务看起来几乎也是不可能完成的。若真能为此建立一个QBE查询，就能为企业建立数据库环境打下良好的基础。这就是之所以那么多企业都选择构建数据仓库的原因。

首先，在业务数据库可能包含有所需信息时，这些信息并非是以有助于创建数据库内部商务智能，或运用各种数据操作工具创建商务智能的方式进行组织的；其次，若要建立该类查询，业务数据库很可能要支持每秒数百次的事务处理请求。为了支持这种富有活力的、必要而且复杂的功能，许多企业都在建立数据仓库，同时提供数据挖掘工具。数据挖掘工具是人们用于在数据仓库和商务智能推理过程中，支持决策、解决问题或创造竞争优势而挖掘有价值信息时所必需的工具。

7.1.1 数据仓库

人们设想专门为业务的统计分析建立一个数据中心，它的数据来自联机的事务处理系统、异构的外部数据源、脱机的历史业务数据等。这个数据中心是一个联机系统，专门为分析统计和决策支持应用服务，这就是数据仓库，即一个作为决策支持系统和联机分析应用数据源的结构化数据环境，它所要研究和解决的问题就是从数据库中获取信息。

数据仓库是一种新的数据处理体系结构，是企业内部各部门业务数据进行统一和综合的中央数据仓库，它为企业决策支持系统（DSS）和管理信息系统（MIS）提供所需的信息，是预测利润、风险分析、市场分析以及加强客户服务与营销活动等管理决策提供支持的一种信息管理新技术。

数据仓库技术对大量分散、独立的数据库经过规划、平衡、协调和编辑后，向管理决策者提供辅助决策信息，发挥大量数据的作用和价值。概括地说，数据仓库是面向主题的、集成的、稳定的和不同时间的数据的集合，用于支持经营管理中决策有制定过程。

数据仓库系统是一个包含有 4 个层次的体系结构：

（1）数据源：是数据仓库系统的基础，是整个系统的数据源泉。通常包括企业内部信息和外部信息。内部信息包括存放于关系数据库管理系统中的各种业务处理数据和各类文档数据。外部信息包括各类法律法规、市场信息和竞争对手的信息等。

（2）数据的存储与管理：是整个数据仓库系统的核心。数据仓库的真正关键是数据的存储和管理。数据仓库的组织管理方式决定了它有别于传统数据库，同时也决定了其对外部数据的表现形式。要决定采用什么产品和技术来建立数据仓库的核心，则需要从数据仓库的技术特点着手分析。针对现有各业务系统的数据，进行提取、清理，并有效集成，按照主题进行组织。按照数据的覆盖范围，数据仓库可以分为企业级和部门级（通常称为数据集市）。

（3）OLAP（联机分析处理）服务器：对分析需要的数据进行有效集成，按多维模型予以组织，以便进行多角度、多层次的分析，并发现趋势。其具体实现可以分为：ROLAP（基于关系数据库）、MOLAP（基于多维数据组织）和 HOLAP（混合联机分析处理）。

ROLAP 基本数据和聚合数据均存放在关系数据库管理系统之中；MOLAP 基本数据和聚合数据均存放于多维数据库中；HOLAP 基本数据存放于关系数据库管理系统之中，聚合数据存放于多维数据库中。

（4）前端工具：主要包括各种报表工具、查询工具、数据分析工具、数据挖掘工具以及各种基于数据仓库或数据集市的应用开发工具。其中，数据分析工具主要针对OLAP 服务器，报表工具、数据挖掘工具主要针对数据仓库。

数据仓库是信息的逻辑集合，这些信息来自于许多不同的业务数据库，并用于创建商务智能，以便支持企业的分析活动和决策任务。表面上听起来很简单，但数据仓库表达了一种较以往企业中信息组织和管理方式截然不同的思维方法。

（1）数据仓库具有多维性。在关系数据库模型中，信息是用一系列二维表来表示的，而在数据仓库中，却不是这样。大多数数据仓库具有多维性，即它们包含若干层的行和列。正因如此，大多数数据仓库实际上是一个多维数据库。数据仓库中的层根据不同的维度来表达信息，这种多维度的信息图表被称为超立体结构。

（2）数据仓库支持决策而非事务处理。在企业中，大多数数据库是面向业务的。也就是说，大多数数据库都支持联机事务处理（OLTP）。因此可以说，这类数据库是一种业务数据库。数据仓库不是面向业务的，它们是用来支持企业中各种决策活动的。因此，数据仓库仅支持联机分析处理（OLAP）。

显然，数据仓库不能用于进行事务处理。相反，在业务数据库完成事务处理要求后，再利用包含在业务数据库中的信息构建数据仓库中的综合信息。

7.1.2 数据挖掘

数据挖掘（Data Mining，DM）也称数据开采，是从大型数据库或数据仓库中发现并提取隐藏在其中的有用信息或知识信息的一种技术，它主要是利用某些特定的知识发现（Knowledge Discovery in Database，KDD）算法，在一定的运算效率的限制内，从数据对象（例如数据库或数据仓库，也可以是文件系统或其他任何组织在一起的数据集合）中发现有关的知识。它帮助决策者寻找数据间潜在的关联，发现被忽略的因素。而这些信息和因素对预测趋势和决策行为是至关重要的。数据挖掘方法的提出，让人们有能力最终认识数据的真正价值，即蕴藏在数据中的信息和知识。知识即意味着数据元素之间的关系和模式。

因此，数据挖掘可以定义为：应用一系列技术从大型数据库或数据仓库的数据中提取人们感兴趣的信息和知识，这些知识或信息是隐含的、事先未知而潜在有用的，提取的知识表示为概念、规则、规律、模式等形式。

数据挖掘工具是用户对数据仓库进行信息查询的软件工具。数据挖掘工具支持OLAP的概念，即通过对数据的处理来支持决策任务。数据挖掘工具包括查询与报表工具、智能代理、多维分析工具和统计工具（见图 7-1）。从本质上看，数据挖掘工具是为数据仓库用户使用的，就像数据操作子系统工具是为数据库用户使用的一样。

1. 查询与报表工具

查询与报表工具与 QBE 工具、SQL 和典型数据库环境中的报表生成器类似。实际上，大部分数据仓库环境都支持诸如 QBE、SQL 和报表生成器之类的简单易用的数据操作子系统工具。数据仓库用户经常使用这类工具进行简单查询，并生成报表。

2. 智能代理

智能代理运用各种人工智能工具（如：神经网络、模糊逻辑）形成 OLAP 中的“信息发现”基础，并创建商务智能。例如，华尔街的股票分析家 Murray Riggiero 就运用一种称为 Data/Logic 的 OLAP 软件，并结合神经网络为自己高成功率的股票和期货交

易系统制定规则。还有一些 OLAP 工具（如：数据引擎）与模糊逻辑相结合分析实时的技术处理。

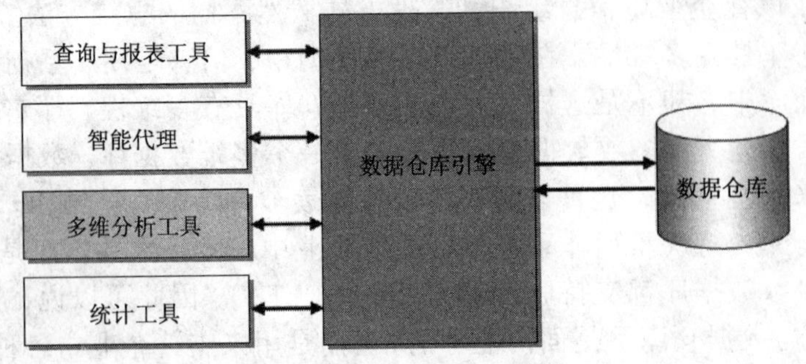

图 7-1　数据挖掘工具集

在 DBMS 中，数据仓库系统有一个引擎用来负责将用户的逻辑请求转换为相应的物理请求。

智能代理代表了正在增长的各类加工信息的 IT 工具的发展方向。以前，智能代理被认为仅仅是人工智能领域的产物，很少被认为是一个企业中数据组织和管理部门的组成部分。而今天，人们会发现智能代理不仅仅应用于数据仓库环境的 OLAP，而且还能应用于在 Web 上查询信息。

3. 多维分析工具

多维分析工具（MDA）是一种进行切片/切块的技术，它允许人们从不同的角度观察多维信息。在数据仓库的讨论中，我们把数据仓库的处理过程比喻为旋转魔方。也就是说，数据仓库的处理过程本质上就是一个旋转魔方，以便人们能从不同视角观察信息。这种旋转魔方的方法使用户能快速地从不同的立方体中掌握信息。

利用 MDA 工具可以轻松地得到数据仓库正面的信息，供人们浏览。实际上，所做的就是将立方体垂直地切割掉一层，同时也就得到了前面这一层背后一层的信息。在进行这些处理时，信息的价值是不受影响的。

4. 统计工具

统计工具帮助人们利用各种数学模型将信息存储到数据仓库中，进而去挖掘出新的信息。例如，可以进行一个时间序列分析，以便计划未来趋势。还可以进行回归分析，以确定一个变量对另一个变量的影响。

7.1.3　数据挖掘解决的商业问题

数据挖掘技术几乎可用于所有商业应用，解决各种商业问题。事实上，当今并不缺少可用的软件，只要有使用数据挖掘的动机，并掌握了实际技术，就可以采用数据挖掘技术。一般而言，对于有可能知道而并不知道的任何事情，都可以运用数据挖掘。

1. 推荐信息的生成

应该为客户提供什么产品或服务？给出推荐信息对零售商和服务提供商而言是一个挑战。及时得到合理建议的客户很可能更有价值（因为他们购买更多的东西）且更忠诚（因为他们感到与销售商有更紧密的关系）。如果去网络商城购买物品，网络商城会列出一些客户可能感兴趣的其他物品供客户选择。这些推荐信息是使用数据挖掘技术分析此零售商的所有客户的购买行为，并将得到的规律应用于客户的个人信息而得到的。

2. 异常检测

如何知道数据是正常的还是有问题呢？数据挖掘可以分析数据，并挑选出那些不同于其余项的项。信用卡公司使用数据挖掘驱动的异常检测来确定某个特定的交易是否有效。如果数据挖掘系统指出交易异常，则公司会打电话给客户，请客户确认是否是客户本人在使用信用卡。保险公司也使用异常检测来确定索赔是否存在欺诈。因为这些公司每天要处理成千上万个索赔，因此保险公司不可能调查每一个案例。数据挖掘能够帮助他们识别哪些索赔很可能具有欺诈性。异常检测甚至还可以用于确认数据输入的有效性——检查确定输入的数据是否正确。

3. 客户流失分析

哪些客户最有可能变成竞争对手的客户呢？电信、银行和保险业如今正面临着激烈的竞争。每个公司都想留住尽可能多的客户。流失性分析能够帮助市场部经理了解哪些客户可能会流失以及他们流失的原因，还能够帮助改善与客户的关系，并最终留住客户。

风险管理给某客户的一项贷款应该批准吗？因为次级抵押贷款有风险，所以这在银行业是很常见的问题。数据挖掘技术能确定贷款申请的风险，帮助提供贷款的一方就每一个贷款申请的成本和有效性做出正确的决策。

4. 客户细分

你对客户有什么想法？你的客户是不确定群体吗？你能够获得更多的客户信息并与他们进行更加亲密和恰当的讨论吗？客户细分能确定客户的行为性和描述性概况，然后根据这些概况来提供适合于每组客户的个性化市场计划和市场策略。

5. 广告定位

零售商和门户站点希望为他们的客户提供个性化的广告内容。通过客户的导航模式或者在线购买模式，这些站点利用数据挖掘解决方案，在客户的 Web 浏览器中显示个性化广告。

6. 预测

这个商店下个星期能卖多少箱酒？一个月的库存应该是多少？数据挖掘预测技术能够回答这种与时间相关的问题。

7.1.4 数据集市：小型的数据仓库

通常数据仓库被视为涉及整个组织范围，包括记录组织发展轨迹所有信息的综合。然而，有些人仅需要存取数据仓库中的部分信息，并不需要全部内容。在这种情况下，企业可能就要建立一个或多个数据集市。数据集市是数据仓库的子集，它仅聚集了部分数据仓库的信息。

实际上，许多公司的员工都不使用数据仓库，因为对他们而言数据仓库太大、太复杂，而且包括了许多他们根本不需要的信息。较小的、更易于管理的数据集市能使公司员工更加充分地利用其中的信息。如果企业中的员工不需要存取整个组织范围内的数据仓库信息，便可以考虑构建一个适合他们特殊需求的小型数据集市。

创建的小型数据集市同样可以采用数据挖掘工具。也就是说，数据集市支持查询和报表工具、智能代理、多维分析工具和统计工具的使用。企业成长与重视培训是密不可分的，一旦企业员工接受训练能灵活地运用任何一种或所有的数据挖掘工具，他们就可以将这一技能用于整个组织范围数据仓库或小型数据集市之中。

7.1.5 数据库、数据仓库与数据挖掘的关系

作为数据管理手段，传统的数据库技术是单一的数据资源，主要用于事务处理，也称为操作型处理。它以数据库为中心，进行从事务处理、批处理到决策分析的各种类型的数据处理工作。用户关心的是响应时间、数据的安全性和完整性。

数据仓库用于决策支持，也称分析型处理，它是建立决策支持系统的基础。数据仓库对关系数据库的联机分析能力提出了更高的要求，采用普通关系型数据库作为数据仓库在功能和性能上都是不够的，它们必须有专门的改进。因此，数据仓库与数据库的区别不仅仅表现在应用的方法和目的方面，同时也涉及产品和配置上的不同。因此，数据仓库是一种新的数据处理体系结构和信息管理技术，它是企业内部各部门业务数据进行统一和综合的中央数据仓库。它为企业决策支持系统和行政信息系统提供所需的信息，为预测利润、风险分析、市场分析以及加强客户服务与营销活动等管理决策提供支持。

要提高分析与决策的效率和有效性，分析型处理及其数据必须与操作型处理及其数据相分离，必须把分析型数据从事务处理环境中提取出来，按照DSS处理的需要进行重新组织，建立单独的分析处理环境。数据仓库正是为了构建这种新的分析处理环境而出现的一种数据存储和组织技术。

作为知识发现过程的一个特定步骤，数据挖掘是一系列技术及应用，或者说是对大容量数据及数据间关系进行考察和建模的方法集。它的目标是将大容量数据转化为有用的知识和信息。

知识发现是一个多步骤的对大量数据进行分析的过程，包括数据预处理、模式提取、知识评估及过程优化。知识获取往往需要经过多次的反复，通过对相关数据的再处理及知识发现算法的优化，不断提高学习效率。例如，在分析影响信用风险的因素时，可能先假设几种可能的因素，然后通过不断反复的实验，不断增加或删除因素，最终得到对信用风险最具影响的因素。

1. 企业的真实需要

正如各类技术一样，不能因为数据仓库和数据挖掘工具是热门技术，就一定要在企业中实现数据仓库，并运用数据挖掘工具，根据企业实际需求来确定企业采用哪种技术。在关注数据仓库和数据挖掘工具的同时，还需讨论一下几个值得关注的话题。

（1）企业是否真正需要数据仓库。尽管数据仓库是一种非常有效的IT工具，但它们并不是所有企业都必需的先进技术。主要有三方面的原因：

① 数据仓库与数据挖掘工具是十分昂贵的。

② 有些企业并不需要数据仓库。若能从业务数据库中轻而易举地获取决策所必

需的信息，就没必要采用数据仓库。

③ 它们需要不断得到扩展的和昂贵的支持。

如果不是企业员工都需要整个数据仓库，就应该考虑创建数据集市。

（2）怎样更新信息。为创建数据仓库，可以用“快照”（Snapshot）方式从其他数据库中提取信息，并导入数据仓库。但如果关键的信息要做到即时更新，往往是不可行的。

（3）人们需要哪些数据挖掘工具。对于一个企业来说，最重要的是首先要让用户清楚他们将选用的各种数据挖掘工具的性能，然后一旦他们决定了哪种工具最适合，就需要提供技术培训的机会。如果用户能充分开发出所选数据挖掘工具的各种性能，那么企业便会从中获得效益。

2．数据仓库与数据挖掘

作为一种存储技术，数据仓库的数据存储量是一般数据库的100倍，它包含大量的历史数据、当前的详细数据以及综合数据，它能为不同用户的不同决策需要提供所需的数据和信息；而数据挖掘是从人工智能机器学习中发展起来的，它研究各种方法和技术，从大量的数据中挖掘出有用的信息和知识。

数据仓库完成数据的收集、集成、存储、管理等工作，数据挖掘面对的是经初步加工的数据，使得数据挖掘能更专注于知识的发现。又由于数据仓库所具有的新特点，对数据挖掘技术提出了更高的要求。另一方面，数据挖掘为数据仓库提供了更好的决策支持，同时促进了数据仓库技术的发展。可以说，数据挖掘和数据仓库技术要充分发挥潜力，就必须结合起来。

作为数据挖掘对象，数据仓库技术的产生和发展为数据挖掘技术开辟了新的战场，也提出了新的要求和挑战。数据挖掘和数据仓库的联系可以概括为：

（1）数据仓库为数据挖掘提供了更好的、更广泛的数据源。数据仓库中集成和存储着来自异构信息源的数据，而这些信息源本身就可能是一个规模庞大的数据库。同时数据仓库存储了大量长时间的历史数据，这使得人们可以进行数据长期趋势的分析，为决策者的长期决策行为提供支持。

（2）数据仓库为数据挖掘提供了新的支持平台。数据仓库的发展不仅仅是为数据挖掘开辟了新的空间，更对数据挖掘技术提出了更高的要求。数据仓库的体系结构努力保证查询和分析的实时性。数据仓库一般设计成只读方式，数据仓库的更新由专门的一套机制保证。数据仓库对查询的强大支持使数据挖掘效率更高，开采过程可以做到实时交互，使决策者的思维保持连续，有可能开采出更深入、更有价值的知识。

（3）数据仓库为更好地使用数据挖掘工具提供了方便。数据仓库的建立充分考虑数据挖掘的要求。用户可以通过数据仓库服务器得到所需的数据，形成开采中间数据库，利用数据挖掘方法进行开采，获得知识。数据仓库为数据挖掘集成了企业内各部门全面的、综合的数据，数据挖掘要面对的是关系更复杂的企业全局模式的知识发现。而且，数据仓库机制大大降低了数据挖掘的障碍，一般进行数据挖掘要花大量的精力在数据准备阶段。数据仓库中的数据已经被充分收集起来，进行了整理、合并，并且有些还进行了初步的分析处理。这样，数据挖掘的注意力能够更集中于核心处理阶段。

另外，数据仓库中对数据不同粒度的集成和综合，更有效地支持了多层次、多种知识的开采。

（4）数据挖掘为数据仓库提供了更好的决策支持。企业领导的决策要求系统能够提供更高层次的决策辅助信息，从这一点上讲，基于数据仓库的数据挖掘能更好地满足高层战略决策的要求。数据挖掘对数据仓库中的数据进行模式抽取和发现知识，这些正是数据仓库所不能提供的。

（5）数据挖掘对数据仓库的数据组织提出了更高的要求。数据仓库作为数据挖掘的对象，要为数据挖掘提供更多、更好的数据。其数据的设计、组织都要考虑到数据挖掘的一些要求。

（6）数据挖掘还为数据仓库提供了广泛的技术支持。数据挖掘的可视化技术、统计分析技术等都为数据挖掘提供了强有力的技术支持。

7.2 数据分析的演变

数据分析（见图 7–2）是指用适当的统计方法对收集来的大量第一手资料和第二手资料进行分析，以求最大化地开发数据资料的功能，发挥数据的作用。数据分析的目的是把隐没在一大批看来杂乱无章的数据中的信息集中、萃取和提炼出来，以找出所研究对象的内在规律。在实用中，数据分析可帮助人们做出判断，以便采取适当行动。

首先，有必要了解一下进入大数据时代后数据分析架构的转变，以及当前数据分析在实践中的现状。

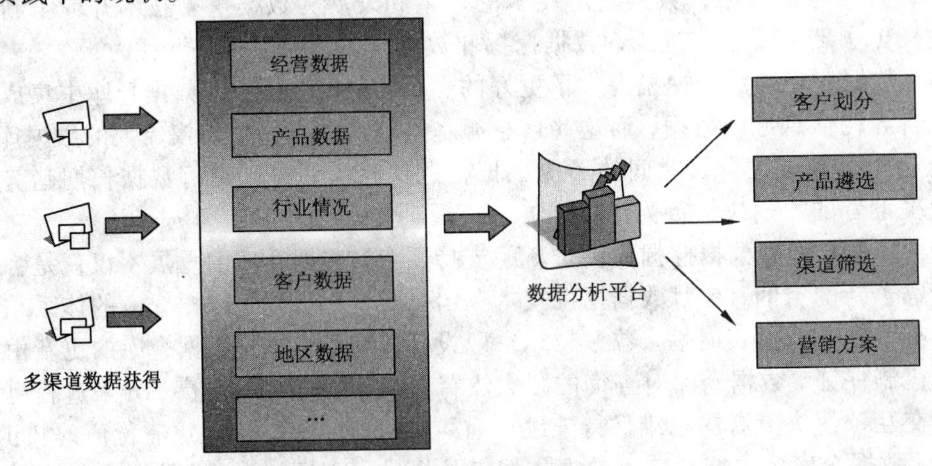

图 7–2　数据分析流程

7.2.1 数据分析的商业驱动力

针对企业正面临的常见商业问题，表 7–1 给出了 4 个例子。这里，企业有机会通过先进的分析方法来创造更多的具有竞争力的有利条件。企业与其制作这方面的标准报表，还不如应用分析技术来优化流程，并从这些典型的任务中获得更多价值。

表 7-1 商业驱动力示例

驱 动 力	案 例
渴望优化业务运营	销量、定价、利润、效率
渴望识别业务风险	客户流失、欺诈、违约
预测新的商业机遇	提升销售、交叉销售、最新预期客户
遵从法律或管制	反洗钱、公平贷款

表 7-1 中，前 3 个例子并不是新问题。多年来，各大公司一直在努力减少客户流失，增加销量和对客户进行交叉销售。新的方法是将先进的分析技术与大数据相融合，对这些旧问题做出更具影响力的分析。第 4 个例子描述了新兴的管制需求。很多管制法规已经存在几十年了，但是每年都会加入补充条款。这意味着给企业带来了额外的复杂性和数据处理要求。这些法规，比如反洗钱和欺诈预防，需要先进的分析技术来协助，才能发挥更好的作用。

7.2.2 数据分析环境的演变

从分析人员的视角看，数据分析环境经历了从孤立的数据集市到数据仓库，再到如今的分析沙盒的演变过程。

由于电子数据表的出现，业务用户可以在具有行列结构的数据上建立起简单逻辑，并创建他们自己对业务问题的分析（例如试算）。普通用户不需要参加复杂的培训即可建立电子数据表。

电子数据表的两个主要益处是：① 容易共享；② 终端用户对涉及的逻辑有所控制。然而，它们的迅速扩散，使得企业不得不艰难地应对因为频繁更新而引起的“多版本”问题。另外，如果一个用户不幸丢失或损坏了计算机，则已经建立的数据及其逻辑也就此终结了。这些问题的存在使得数据集中化需求越来越高。

由于数据的增长，很多公司，像 Oracle 和 Microsoft 等都提供了更大规模的数据仓库解决方案。这些技术使得数据可以被集中管理，提供了安全性、自动备份和单独的存储库。在这里，用户可以确保取得的财务报表或者其他关键任务的数据来自“正式的”的数据源。这种结构还有利于建立联机分析处理和商业智能（BI）分析工具，给用户提供了快速多维度访问数据库和高效生成报表的能力。一些提供商还将先进的逻辑方法打包，用来实现更深层次的分析技术，比如，回归分析和神经网络等。

企业数据仓库（Enterprise Data Warehouse，EDW）对于报表和商业智能事务是极其重要的，虽然从分析人员的视角看，数据仓库会限制分析人员执行繁重的分析或降低数据探索的灵活性。在这种模式中，数据是由 IT 团队和数据库管理员来管理和控制的，而分析人员必须依赖 IT 人员来访问和更改数据模式。这种严格的控制和监督也意味着分析人员需要更长的时间才能获得数据，而且数据又通常是来自多个数据源。事实上，数据仓库的规则限制了分析人员建立分析所用的数据集，这使得企业中出现了影子系统，其中包含了用于构造分析数据集的关键数据，由高级用户在本地管理。

分析沙盒（沙盒：指在受限的安全环境中运行应用程序的一种做法）使得应用数

据库内嵌处理（In-Database Processing）的高性能计算成为可能。这种方法能够关联企业内部多个数据源，从而节省了分析人员用于建立独立数据集的时间。用于深度分析的数据库内嵌处理使得开发和执行新分析模型的周期大大加快，并减少了（虽然没有完全消除）用于在本地影子系统保存数据的相关费用。另外，分析沙盒可以装载各种各样的数据，例如，互联网数据、元数据和非结构化数据，而不仅仅是企业数据仓库中的典型结构化数据。

7.2.3 传统分析架构

传统的基于数据仓库的分析架构，展示了以下这些特点：

（1）对于源数据，为了载入企业数据仓库，数据需要使用合适的数据类型定义，以便被很好地理解、结构化和规范化。这种集中化使得企业可以享受对高度关键数据进行安全控制、备份和失效备援（Failover）带来的益处。与此同时，这也意味着，数据必须完成重要的预处理和检查，才能进入这种可控的环境。但这无助于数据探查（Data Exploration）和迭代分析。

（2）影子系统（Shadow System），是对企业数据仓库控制的结果，它以部门数据仓库和本地数据集市（Data mart）的形式出现。业务用户建立它们是为了满足对灵活分析的需求。这些本地的数据集市并不具有和企业数据仓库一样的安全和结构约束，且允许用户进行企业中的一定级别的分析。然而，这些一次性的系统都是孤立地存在，通常不被联网或者连接到其他的数据存储，并且基本上没有备份。

（3）一旦进入数据仓库，数据就会被提供给用于商业智能和报表目的的企业应用。高优先级的业务流程将从数据仓库中得到关键数据。

（4）在这个工作流的末端，分析人员得到用于后续分析的数据。因为用户不能在生产数据库上运行定制或大强度的分析，分析人员不得不从数据仓库中提取数据，使用本地分析工具进行离线分析。通常，这些工具只限于使用台式机通过内存分析（In-Memory Analytics）来分析数据样本，而不是数据集整体。因为这些分析是基于提取出的数据，它们位于一个单独的场所，并且分析得到的对数据质量或异常的任何发现，极少会反馈给主企业数据仓库。

最后，由于严格的验证和数据结构化处理，数据在企业数据仓库中是慢慢积累的，因此数据也是缓慢地移动到企业数据仓库，并且模式也是缓慢地变化的。企业数据仓库的原始设计可能已经考虑到了特定的目的和一些业务需求，但是，随着时间的推移，数据存储得越来越多，使得商业智能和为分析与报表建立 OLAP 立方体成为可能。企业数据仓库只提供了有限的方法去完成这些目标，比如，实现报表的任务、仪表盘的建立，基本上限制了分析人员的能力。

今天的典型数据架构设计曾经是为了存储关键任务数据、支持企业应用和企业级报表而设计。这些功能对企业来说依然重要，虽然这些架构抑制了数据探查和复杂的分析。

面对大数据的挑战，传统分析架构显得力不从心，主要表现在以下几方面：

（1）高价值的数据很难获取和利用。

（2）预测分析和数据挖掘活动通常是分析过程的最后一步，即排在其他高优先级

的业务流程之后。

（3）数据需要成批地从企业数据仓库转移到本地分析工具，用于在内存中分析。采样会影响模型的精度。

（4）分析型项目通常是单独的和特设的，而不是分析控制的集中管理。没有标准化的启动流程，并且经常跟企业的业务目标也不对应。

这些弱点使得传统的分析框架面对大数据的挑战时表现出了较差的洞察能力和较低的商业影响力。

7.3 大数据分析平台

大数据项目带有一些应考虑的因素，用以确保分析方法适合处理所面对的问题。由于大数据的特性，这些方法适合用于决策支持，特别是具有高处理复杂度和高价值的战略性决策。由于数据的高容量和复杂性，用于这方面的分析技术需要能够灵活地迭代使用（分析灵活性）。这些条件产生了复杂的分析项目，例如，预测客户流失率，执行起来会有一定的延迟（考虑需要的决策速度）；或者使用先进分析方法、大数据和机器学习算法的组合来实施这些分析技术，用来提供实时（需要高吞吐率）或者准实时的分析，例如，基于近期网站访问记录和购买行为的推荐引擎。

另外，为了成功实施大数据项目，还需要将与当今传统企业数据仓库不同的方法用来作为数据架构。分析人员需要与 IT 和数据库管理员进行合作，用以获取他们在分析沙盒中需要的数据，这包括：原始未处理的数据、聚合数据，以及具有多种类型结构的数据。沙盒需要精通深度分析的人来使用，以便采用更强大的方式来探索数据。

大数据需要一种可让业务和技术都获得竞争优势的新型分析平台，而这又需要满足如下几点新技术基础架构：

（1）可大规模扩展到 PB 级数据。

（2）支持低延迟数据访问和决策。

（3）具有集成分析环境，以加速高级分析建模和操作化流程。

借助于对海量数据集的新尺度处理能力，不仅能不断识别深藏在大数据中的可操作价值，还能实现这些操作价值与用户网络环境的无缝集成（无位置限制）。这种新的分析平台能在企业各个级别对大数据和改进业务决策提供前瞻式预测分析，让企业从回顾性报告的旧方式中解脱出来。

7.3.1 数据的相关性

数据之间的联系类型各异，特点、强度与难度也各不相同。首先是相关性，数据的某些规律通常与现实世界中的某种动作或行为特点有联系。探索相关性是大数据掀起的第一波浪潮，有可能发挥强大的功效。

已经有若干大型企业开始利用自己的数据做这方面的尝试了。10年前，沃尔玛的果酱馅饼-啤酒案是这种数据探索的一个权威范例。这家零售业巨头在挖掘下属商场的历史采购数据时发现，在预报有飓风通过的地区，消费者购买草莓果酱馅饼的数量是平时的7倍，而飓风到来之前最畅销的商品是啤酒。沃尔玛的商场经理们并不关心采购数据为什么出现这种规律，而是决定在飓风警报到来时储备足够的啤酒与草莓果酱馅饼。

现在，众多公司纷纷效法，使这种数据探索活动不再局限于几家财力雄厚、收集有海量专用数据，并有大量定量分析师研究这些数据的大型精英企业。成本低廉的计算与软件，再加上开放网络及其他领域的数据，意味着小型企业与初创公司也能很好地应用大数据方法。

7.3.2 大数据中的因果关系

数据相关性的效果十分显著。但是，有时也会有例外发生，一个最著名的例子就是谷歌的"流感趋势"预测系统。从 2008 年开始，谷歌就在监控跟流感相关的搜索项，希望比官方统计部门早一两个星期预测出流感的发生。谷歌的"流感趋势"智能研究项目就是一种由数据驱动的公共卫生预警系统。几年前，人们就把谷歌的搜索词条与政府根据医生递交给美国疾病控制与预防中心的报告制成的统计表相提并论。如果在卫生部门收到流感爆发的报告之前不久，某些地区的"感冒与流感治疗方法""流感症状""流感并发症"等词条的搜索数量激增，谷歌的算法可以识别这种现象。谷歌的"流感趋势"系统依靠跟踪与以往流感报告中的疫情高峰相关性最强的搜索项频率来预测流感的爆发。2009 年，谷歌的这项服务在官方报告公布之前，就准确地预测出猪流感（甲型 HINI）病毒蔓延的情况。人们欢欣鼓舞，认为这次预测证明了相关性可以在大数据世界发挥它的聪明才智。但是，2012—2013 年的流感高发期，谷歌的算法却出了问题。2013 年 2 月，《自然》杂志刊登的一篇文章指出，谷歌的"流感趋势"预测在 1 月份的流感高峰期将有 11%的美国人生病，这个数字比随后疾病控制与预防中心所报告的 6%高出了几乎一倍。很显然，由于新闻报道及社交媒体信息警告一个危险的流感高发期即将到来，导致与流感相关的词条搜索数量激增，尽管事后证明人们对流感的担心过于夸张。谷歌随后宣布修改该公司的流感预测服务代码，试图过滤新闻与社交媒体的影响。但是，2014 年 3 月，4 名定量社会学家在《科学》杂志上发表的一篇文章中指出，他们发现在截至 2013 年 9 月的两年多时间里，谷歌的流感趋势系统一直过高地估计了流感病例的数量。

他们在这篇题为"谷歌流感预测的寓言：大数据分析的陷阱"的文章中指出，谷歌犯了"大数据自大症"，即盲目地认为大数据集胜过传统的数据收集与分析法。2013 年 10 月，在谷歌修改算法之后，这 4 位作者跟踪研究了 2013—2014 年流感高发期的情况。他们发现，谷歌"流感趋势"系统的预测质量有所改观，但是仍然有 30%的偏差。不过，说句公道话，开发者们设计谷歌"流感趋势"系统的主要目的是把这套系统用作"辅助信号"，而不是把它看作一个可以独立运行的预测工具。

不过，一些学者还是经常把谷歌"流感趋势"系统看作大数据方法取得胜利的一个证据，他们认为，在数十亿次搜索中跟踪 45 个与流感有关的搜索项，以预测流感趋势，通过寻找相关性，这样的预测必然会取得成功。据说，谷歌公司可以实时利用

全社会的“集体智慧”。事实上，这项工作是由谷歌算法完成的，谷歌算法识别相关性，并对这些相关性进行定量分析。但是，事实证明，情况的复杂和微妙程度超出了谷歌算法的能力范围。这些算法遗漏了语境，即赋予数据意义的环境，用萨姆·亚当斯的话说，就是“使所有点发生联系”的作用力。语境还可以指向另外一种可以被视为“关联性”的数据关系，在这方面最能说明问题的例子是那些可以把单词置于合适语境的计算机系统。IBM的沃森技术就是其中一例，人们正在为医学版沃森软件输入美国医师执照考试(所有学生在成为执业医师之前必须通过这项考试)的考题，因此，该软件应该可以在“39摄氏度”与发热体温之间建立关联关系。

正如人们看到的那样，对于大量商业决策而言，有相关性就能得出令人满意的结果。商业战略与政策制定等决策领域面临更大的风险，仅凭相关性是绝对不够的。未来的人工智能除了会进行数据分析以外，还要对因果关系产生有启发性的认识，包括理论、假设、现实世界的心理模型、事情的原委等，两者必须更密切地相互配合。技术进步使共生关系的实用性日益增强。

7.4 大数据事务处理——OLTP

在线事务处理（On Line Transaction Processing，OLTP）系统指的是用户向关系数据库中提交传统事务（比如，商品预订、银行取款等）所用的系统。在一个大型企业中，根据部门业务的多少，可能会存在十几甚至上百个这样的系统。就企业而言，他们想把这多个OLTP系统中的信息进行整合，然后把这些统一的信息用作商业分析、交叉销售等目的。ETL产品的出现解决了这个需求，它将OLTP系统中的数据转换成为一种通用的格式，然后将它们统一加载进数据仓库之中。

但是，数据仓库往往独立运行在一个单独的服务器环境中，很少会跟那些OLTP系统来共享服务器资源。这是因为，OLTP系统会对数据库进行大量的频繁加锁操作，而商业智能（BI）的查询需要占用大量的系统资源来运行，并且运行时间往往很长，它们和事务操作相比，响应时间不在一个量级上。因此，数据仓库和事务数据库往往在不同的服务器上面运行。

7.4.1 传统OLTP系统

由多个单独运行的OLTP系统通过ETL工具将其数据导入到一个或多个数据仓库中进行商业智能的查询，这些系统整合起来就构成了企业计算一致的行业标准，可以称之为传统OLTP系统，这些系统通常会为传统的关系数据库引擎所支持。

新兴互联网背景下的OLTP系统可以称为“New OLTP”，它们主要面向以下两个客户需求：

(1) 更高的OLTP吞吐量的需求。考虑到新兴的一些互联网应用程序，比如多人游戏、社交网络、在线博彩网络等，它们必须能够处理每秒大量的交互。同时，移动设备的爆炸性增长也带来了一个新的市场：把手机当作地理传感器，从而提供基于位置的服务。因此，成功的应用还应该具有处理爆炸性增长事务的能力。互联网和智能手机的出现与发展，引起了对数据库系统的海量交互，New OLTP 需要数据库具有更好的性能和更强的可扩展性。

（2）实时分析的需求。新的查询是混杂了潮水般更新操作的查询。例如，一个互联网应用想要知道当前在线的所有游戏玩家，或者是一个智能手机用户想要知道谁在他/她的周围。这些查询仅需要对整合完成的数据进行，但需要对当前数据进行实时查询。因此，New OLTP 系统需要具有实时查询的能力。

这两大需求在一部分企业的非互联网应用中也有体现。例如，电子交易公司经常要在全球范围内进行证券交易。这些公司需要跟踪每一支证券在全球的订单数（多少多单以及多少空单），为了完成这些需求，所有的交易动作都必须要被记录下来，从而形成一系列的更新操作。另外，偶尔也会有一些实时查询要进行处理，这些实时查询大部分是由风险控制触发的。例如，当某个特定产品的风险超过了某一阈值后，要实时通知警告公司的业务主管。另外，也有真正来自于客户的实时查询，例如，"对于产品 X 来说，现在有多少订单？"。

传统 OLTP 架构对于 New OLTP 来说并不理想。首先，New OLTP 里面的事务工作负载可能会超过传统 SQL 解决方案的处理能力；其次，数据仓库的查询一般要运行十几分钟甚至几小时，这种技术方案没有能力提供实时查询的功能。

关系数据库的灵活性不是很强。关系数据库的基本架构是在打孔卡片的时代被设计的，反映的是比较严格的数据模型。如果企业或组织想给他们的数据添加另一列属性，就必须要修改数据的模式，这是非常棘手的。企业或组织在建模阶段就会创建关系表，这样的模型被称为实体关系模型，但也不能总是精确地反映真实世界中存在的数据。

SQL 数据库的另外一个问题是它们的可扩展性往往不是很好，一般只能在单个服务器上运行。如果数据持续增长，超过了单个服务器的处理能力，这些数据就必须要进行分区，并存储在多个服务器上，这将是一个复杂的过程。另外，在多个服务器上面执行某些操作，比如，外连接操作，将会对执行方式或者性能产生很大的问题。

7.4.2 NoSQL

作为支撑大数据的基础技术，能和 Hadoop 一样受到越来越多关注的就是 NoSQL 数据库。

传统的关系型数据库管理系统（RDBMS）是通过 SQL 这种标准语言来对数据库进行操作的。而相对地，NoSQL 数据库并不使用 SQL 语言。因此，有时候人们会将其误认为是对使用 SQL 的现有 RDBMS 的否定，并将要取代 RDBMS，而实际上却并非如此。NoSQL 数据库是对 RDBMS 所不擅长的部分进行的补充，因此应该理解为"Not only SQL"的意思。

1. NoSQL 与 RDBMS 的主要区别

NoSQL 数据库和传统上使用的 RDBMS 之间的主要区别有下列几点，如表 7-2 所示。

表 7-2　RDBMS 与 NoSQL 数据库的区别

项目＼数据库	RDBMS	NoSQL
数据类型	结构化数据	主要是非结构化数据
数据库结构	需要事先定义，是固定的	不需要事先定义，并可以灵活改变
数据一致性	通过 ACID 特性保持严密的一致性	存在临时的不保持严密一致性的状态（结果匹配性）
扩展性	基本是向上扩展。由于需要保持数据的一致性，因此性能下降明显	通过横向扩展可以在不降低性能的前提下应对大量访问，实现线性扩展
服务器	以在一台服务器上工作为前提	以分布、协作式工作为前提
故障容忍性	为了提高故障容忍性需要很高的成本	有很多无单一故障点的解决方案，成本低
查询语言	SQL	支持多种非 SQL 语言
数据量	（和 NoSQL 相比相对）较小规模数据	（和 RDSMS 相比相对）较大规模数据

（1）数据模型与数据库结构

在 RDBMS 中，数据被归纳为表（Table）的形式，并通过定义数据之间的关系来描述严格的数据模型。这种方式需要在理解要输入数据含义的基础上，事先对字段结构做出定义。一旦定义好数据库结构就相对固定了，很难进行修改。

在 NoSQL 数据库中，数据是通过键及其对应的值的组合，或者是键值对和追加键（Column Family，列族）来描述的，因此结构非常简单，也无法定义数据之间的关系。其数据库结构无须在一开始就固定下来，且随时都可以进行灵活的修改。

（2）数据一致性

在 RDBMS 中，由于存在 ACID（Atomicity=原子性，Consistency=一致性、Isolation=隔离性、Durability=持久性）原则，因此可以保持严密的数据一致性。

而 NoSQL 数据库并不是遵循 ACID 这种严格的原则，而是采用结果上的一致性（Eventual Consistency），即可能存在临时的、无法保持严密一致性的状态。到底是用 RDBMS 还是 NoSQL 数据库，需要根据用途来进行选择，而数据一致性这一点尤为重要。

例如，像银行账户的转入/转出处理，如果不能保证交易处理立即在数据库中得到体现，并严密保持数据一致性，就会引发很大的问题。相对地，社交网站上增加一个粉丝的情况。粉丝数量从 1 050 人变成 1 051 人，但这个变化即使没有即时反映出来，基本上也不会引发什么大问题。前者这样的情况，适合用 RDBMS；而后者这样的情况，则适合用 NoSQL 数据库。

（3）扩展性

RDBMS 由于重视 ACID 原则和数据的结构，因此在数据量增加的时候，基本上是采取购买更大的服务器向上扩展的方法来进行扩容，而从架构方面来看，是很难进行横向扩展的。

此外，由于数据的一致性需要严密的保证，对性能的影响也十分显著。如果为了提升性能而进行非正则化处理，则又会降低数据库的维护性和操作性。

虽然通过像 Oracle 的 RAC（Real Application Clusters，真正应用集群）这样能够从多台服务器同时操作数据库的架构，也可以对 RDBMS 实现横向扩展，但从现实情况来看，这样的扩展最多到几倍的程度就已经达到极限了。除此之外还有一种方法，将数据库的内容由多台应用程序服务器进行分布式缓存，并将缓存配置在 RDBMS 的前面。但在大规模环境下，会发生数据同步延迟、维护复杂等问题，并不是一个非常实用的方法。NoSQL 数据库则具备很容易进行横向扩展的特性，对性能造成的影响也很小。而且，由于它在设计上就是以在一般通用型硬件构成的集群上工作为前提的，因此在成本方面也具有优势。

（4）容错性

RDBMS 可以通过复制（Replication）将数据在多台服务器上保留副本，从而提高容错性。然而，在发生数据不匹配的情况，以及想要增加副本时，在维护上的负荷和成本都会提高。

NoSQL 由于本来就支持分布式环境，大多数 NoSQL 数据库都没有单一故障点，对故障的应对成本比较低。

可见，NoSQL 数据库具备这些特征：数据结构简单、不需要数据库结构定义（或者可以灵活变更）、不对数据一致性进行严格保证、通过横向扩展可实现很高的扩展性等。简而言之，就是一种以牺牲一定的数据一致性为代价，追求灵活性、扩展性的数据库。

NoSQL 数据库的诞生，是缘于现有 RDBMS 存在一些问题，如不能处理非结构化数据、难以进行横向扩展、扩展性存在极限等。也就是说，即便 RDBMS 非常适用于企业的一般业务，但要作为以非结构化数据为中心的大数据处理的基础，并不是一个合适的选择。例如，在实际进行分析之前，很难确定在如此多样的非结构化数据中，到底哪些才是有用的，因此，事先对数据库结构进行定义是不现实的。而且，RDBMS 的设计对数据的完整性非常重视，在一个事务处理过程中，如果发生任何故障，都可以很容易地进行回滚。然而，在大规模分布式环境下，数据更新的同步处理所造成的进程间通信延迟则成为了一个瓶颈。

随着主要的 RDBMS 系统 Oracle 推出其 NoSQL 数据库产品作为现有 Oracle 数据库产品的补充，“现有 RDBMS 并不是大数据基础的最佳选择”这一观点也在一定程度上得到了印证，如图 7-3 所示。

整体上来说，NoSQL 数据库市场的产品还不够成熟。很多 NoSQL 数据库都是一些互联网企业以内部使用为目的而自行开发的，如亚马逊开发的 Dynamo 等。因此，和商用产品相比，在成熟度方面还有着很大的差距。而要招募到具备足够技能的数据库工程师，也比 RDBMS 困难得多。此外，像 Dynamo 的分支项目 Project Voldemort 和 Cassandra 等，很多 NoSQL 数据库都是开源项目，企业很难期望能得到与商用产品一样的支持服务。在这一点上，Oracle 这样的大型厂商发布商用 NoSQL 数据库产品，并提供相应的支持服务，对于一般企业用户或系统集成商来说，将会带来巨大的影响，也将使得企业用户部署 NoSQL 数据库的门槛大大降低。

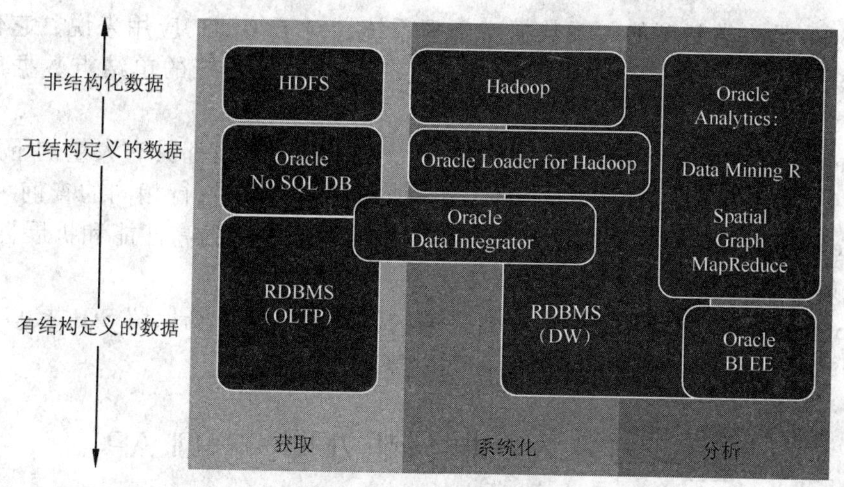

图 7-3 支持大数据的 Oracle 软件系列

2. NoSQL 的局限

虽然 NoSQL 数据库提供了很好的可扩展性和灵活性，但是它们也有局限性。例如，关系代数和关系计算为 SQL 提供了数学上的严谨保证，这样良好的结构化查询能够保证查询到需要查询的所有数据，即使是在查询语句非常复杂的情况下。然而，不使用 SQL 查询语言，就会使 NoSQL 数据库系统缺少了高层次结构化查询的能力。

NoSQL 的另外一个问题是它不能够提供 ACID 的事务保证。虽然确保事务的 ACID 特性可以在应用层进行实现，但是实现这个功能所需要编写的代码会让人崩溃。

最后一点，每个 NoSQL 数据库系统都有着自己独有的查询语句，对外很难提供一个统一标准的应用接口。经过多年发展，已经有很多 NoSQL 产品被广泛应用，它们大致分为以下几类：列存、文档性存储、键值存储和图数据库。

7.4.3 NewSQL

所谓 NewSQL 是指这样一类系统，它们既保留了 SQL 查询的方便性，又能提供高性能和高可扩展性，而且还能保留传统的事务操作的 ACID 特性。这类系统既能达到 NoSQL 系统的吞吐率，又不需要在应用层进行事务的一致性处理。此外，它们还保持了高层次结构化查询语言 SQL 的优势。这类系统目前主要包括 Clustrix、NimbusDB 及 VoltDB 等。

因此 NewSQL 被认为是针对 New OLTP 系统的 NoSQL 或者是 OldSQL 系统的一种替代方案。NewSQL 既可以提供传统的 SQL 系统的事务保证，又能提供 NoSQL 系统的可扩展性。如果 New OLTP 将来有一个很大的市场，将会有越来越多不同架构的 NewSQL 数据库系统出现。

NewSQL 系统涉及很多新颖的架构设计，例如，可以将整个数据库都在主内存中运行，从而消除掉数据库传统的缓存管理（Buffer）；可以在一个服务器上面只运行一个线程，从而去除掉轻量的加锁阻塞（Latching）（尽管某些加锁操作仍然需要，并且影响性能）；还可以使用额外的服务器来进行复制和失败恢复的工作，从而取代昂贵的事务恢复操作。

NewSQL 是一类新型的关系数据库管理系统，对于 OLTP 应用来说，它们可以提供和 NoSQL 系统一样的扩展性和性能，另外还能保证传统的单结点数据库一样的 ACID 事务保证。

用 NewSQL 系统处理某些应用非常合适，这些应用一般都具有大量的下述类型的事务，即短事务、点查询、Repetitive（用不同的输入参数执行相同的查询）。另外，大部分 NewSQL 系统通过改进原始的 System R 的设计来达到高性能和扩展性，比如取消重量级的恢复策略，改进并发控制算法等。

NewSQL 系统的分类，是根据厂商采取的不同的方法（既保留 SQL 接口，又解决传统的 OLTP 方案的扩展性和性能的问题）来划分的。

7.5 大数据分析处理——OLAP

近年来，Netezza、Greeplum、Vertica、Aster Data 等开发下一代数据仓库产品分析型数据库（Analytic Database）的创业型公司，分别被 IBM、EMC、HP、Teradata 所收购。

对于未曾在数据分析业务上进行过很大投入的 EMC 和 HP 来说，这次收购表示它们决心正式杀入随着大数据时代的来临而需求不断高涨的数据仓库市场（尤其是能够对大量数据进行高速处理的数据仓库产品）。相对地，对于一直在数据仓库业务上有较大投入的 IBM 和 Teradata 来说，它们的目标则是通过收购的产品，对现有 DWH 产品所无法涵盖的大量数据高速处理（IBM）和非结构化数据的处理（Teradata）功能进行补充。

在大数据时代，随着数据持续爆炸性地增长，查询语句或者查询需求的持续复杂，传统的架构已经不适合目前的大数据分析任务。也就是说，需求已经超过了传统数据管理和分析结构的处理能力和可扩展性。由于传统架构的扩展性太差，当数据持续增长的时候，这些架构往往无能为力。

因此，对于大数据的处理，采用并行架构或者分布式架构来提高系统的扩展性已经成为必然。目前，主要有两大主流的方向：一个是以 MapReduce 为首的分布式 NoSQL 阵营；另一个是以 MPP 数据库（大规模并行数据库）为首的并行关系数据库阵营。

7.5.1 OLAP 与数据立方体

所谓数据立方体（Data Cube），其实是多维模型的一个形象的说法。立方体本身只有三维，但多维模型不仅限于三维模型，还可以组合更多的维度。但是，一方面出于更方便地解释和描述，同时也是给思维和想象留有空间；另一方面是为了与传统关系型数据库的二维表区别开，于是就有了数据立方体的叫法。引用立方体，也就是把多维模型以三维的方式为代表进行展现和描述，如图 7-4 所示。

OLAP（On-line Analytical Processing，联机分析处理）是在基于数据仓库多维模型的基础上实现的面向分析的各类操作的集合，其与传统的 OLTP（在线事务处理）的区别如表 7-3 所示。

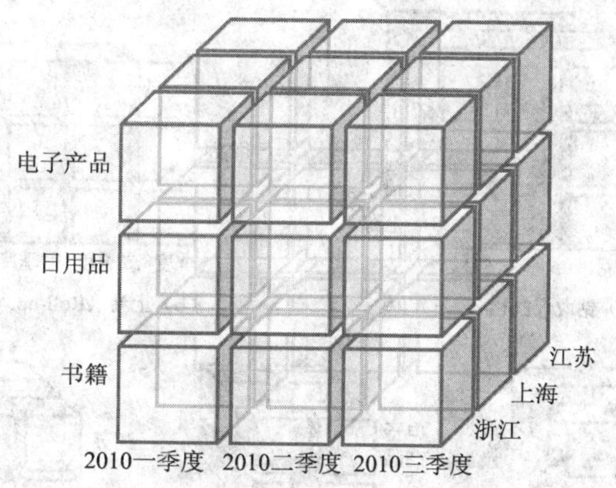

图 7-4 数据立方体

表 7-3 OLAP 与 OLTP 的比较

数据处理类型	OLTP	OLAP
面向对象	业务开发人员	分析决策人员
功能实现	日常事务处理	面向分析决策
数据模型	关系模型	多维模型
数据量	几条或几十条记录	百万千万条记录
操作类型	查询、插入、更新、删除	查询为主

ROLAP（Relational OLAP）是比较常见的 OLAP 类型，它是完全基于关系模型进行存放的，只是它根据分析的需要对模型的结构和组织形式进行了优化，更利于 OLAP。多维数据模型和 OLAP 的内容通常都是基于 ROLAP。

1. OLAP 的基本操作

OLAP 的操作是以查询，也就是数据库的 SELECT 操作为主，但是，查询可以很复杂，比如基于关系数据库的查询可以多表关联，可以使用 COUNT、SUM、AVG 等聚合函数。OLAP 正是基于多维模型定义了一些常见的面向分析的操作类型，使这些操作显得更加直观。

OLAP 的多维分析操作包括：钻取（Drill-down）、上卷（Roll-up）、切片（Slice）、切块（Dice）以及旋转（Pivot）。下面仍然以上面的数据立方体为例来逐一解释，如图 7-5 所示。

（1）钻取（Drill-down）：在维的不同层次间的变化，从上层降到下一层，或者说是将汇总数据拆分到更细节的数据，比如通过对 2010 年第二季度的总销售数据进行钻取来查看 2010 年第二季度 4、5、6 每个月的消费数据；当然，也可以钻取浙江省来查看杭州市、宁波市、温州市……这些城市的销售数据。

（2）上卷（Roll-up）：钻取的逆操作，即从细粒度数据向高层的聚合，如将江苏省、上海市和浙江省的销售数据进行汇总来查看江浙沪地区的销售数据。

（3）切片（Slice）：选择维中特定的值进行分析，比如只选择电子产品的销售数据，或者 2010 年第二季度的数据。

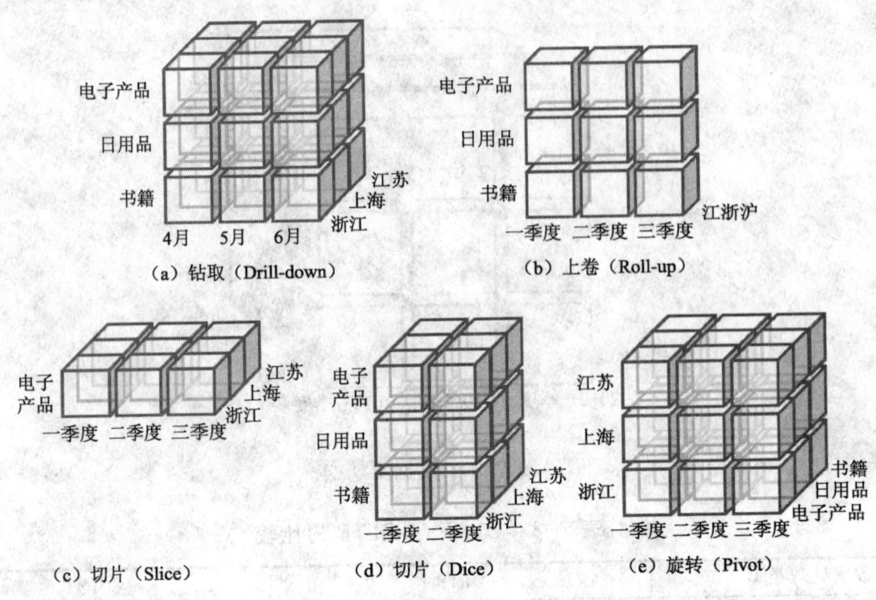

图 7-5　OLAP 的基本操作

（4）切块（Dice）：选择维中特定区间的数据或者某批特定值进行分析，比如选择 2010 年第一季度到 2010 年第二季度的销售数据，或者是电子产品和日用品的销售数据。每次沿其中一维进行分割称为分片，沿多维进行的分片称为分块。

（5）旋转（Pivot）：即维的位置的互换，就像是二维表的行列转换，如图中通过旋转实现产品维和地域维的互换。

2. OLAP 的优势

OLAP 的优势是基于数据仓库面向主题、集成的、保留历史及不可变更的数据存储，以及多维模型多视角多层次的数据组织形式，如果脱离这两点，OLAP 将不复存在，也就没有优势可言。

（1）数据展现方式：基于多维模型的数据组织让数据的展示更加直观，它就像是我们平常看待各种事物的方式，可以从多个角度、多个层面去发现事物的不同特性，而 OLAP 正是将这种寻常的思维模型应用到了数据分析上。

（2）查询效率：多维模型的建立是基于对 OLAP 操作的优化基础上的，比如基于各个维的索引、对于一些常用查询所建的视图等，这些优化使得对百万、千万、甚至上亿数量级的运算变得得心应手。

分析的灵活性：多维数据模型可以从不同的角度和层面来观察数据，同时可以用上面介绍的各类 OLAP 操作对数据进行聚合、细分和选取，这样提高了分析的灵活性，可以从不同角度、不同层面对数据进行细分和汇总，满足不同分析的需求。

7.5.2 分布式大规模批量处理——MapReduce/Hadoop

MapReduce 是由 Google 公司提出的一个支持非结构化大数据分析的分布式编程模型。这个模型的名称 MapReduce 来自函数式编程语言 LISP 中的两个高阶函数：Map 和 Reduce，虽然它们在 MapReduce 模型中的使用与 LISP 中原来的含义已不尽相同。

在 MapReduce 中，Map 被用来遍历输入数据，并进行划分，然后以 Key-Value 对的方式输出，接着这些中间数据以 Key 的取值聚集到不同的 Reducer 上，执行 Reduce 操作，产生计算结果。MapReduce 的特点是：每一个 Map 操作都是相对独立的，所有的 Map 都可以并行运行，而 Reduce 虽然依赖于 Map 的计算输出，Reduce 操作之间也是相互独立的。MapReduce 被设计成为一个利用集群资源，以高并行度处理大数据集的分布式编程模型。

MapReduce 编程模型的分布式实现还依赖于的一个分布式文件系统，用于支持大数据的存取，该文件系统需要具备 MapReduce 这类应用的一个重要性能要求：高吞吐率。这个文件系统就是 GFS（Google File System）。

在 MapReduce 之后，业界又出现了不少其他的实现，其中最为流行的是来自 Yahoo! 公司的 Hadoop。Hadoop 最初起源于 Doug Cutting 创建的搜索引擎索引项目 Nutch，Doug Cutting 因为受到来自 Google 公司的 GFS 和 MapReduce 的启发，将 Nutch 改写成具有高可扩展性的分布式应用。Nutch 中对 MapReduce 的实现及 Nutch 分布式文件系统这两部分演化成为后来的 Hadoop 项目。Hadoop 项目是 Apache 开源项目，分为两大部分，包括 Hadoop Distributed File System（HDFS）和 Hadoop MapReduce，前者对应 Google 公司的 GFS，后者对应 Google 公司的 MapReduce。

7.5.3 Hadoop HDFS 分布式文件系统

作为 Apache Hadoop 项目中的分布式文件系统，HDFS 具有以下设计目标：

（1）支持 PB 级的大数据集：HDFS 需要能够支持 GB 到 TB 级的文件大小，以及百万级的文件数量的分布式文件系统。

（2）提供高可靠、高吞吐率的顺序数据访问：HDFS 支持的数据分析应用通常是批处理模式，应用需要读取目标数据集的全部或大部分数据，这时大数据读取的吞吐率就成为了一个重要的性能指标。

（3）存储与计算共享结点：和其他一些分布式文件系统不同的是，HDFS 中的存储结点会同时参与 MapReduce 应用程序的任务执行。MapReduce 应用需要 HDFS 能暴露文件数据的位置信息，以便实现将计算向数据移动的调度策略。

（4）使用廉价的硬件：HDFS 的高可扩展性是基于廉价商用硬件的横向扩展的方式。

HDFS 采用的设计方案主要是：

（1）HDFS 分布式设计：包括架构特征、文件分块、并发访问模式与数据一致性。

（2）名字结点和数据结点：HDFS 分布式架构中的主、从结点，也就是名字结点和数据结点的功能、工作机制，以及它们之间的交互方式，涉及它们的性能、持久化、可靠性等方面。

（3）副本放置：在文件分块创建、副本管理和负载均衡过程中的副本放置策略。

7.5.4 MapReduce 计算模型

MapReduce 计算模型是大数据处理的核心算法，也是 Hadoop MapReduce 的核心。对 MapReduce 计算模型最早的描述来自 Google 公司 2004 年发表的论文。简单来说，通过 MapReduce，Google 公司把自己面临的分布式计算带来的复杂度解析为两部分：

（1）通过 MapReduce 计算模型抽象的计算任务。

（2）支持 MapReduce 的分布式计算框架。

通过这种抽象，业务逻辑的实现者只需要按照 MapReduce 计算模型来实现自己的业务逻辑，并不需要关心分布式计算所带来的种种问题。计算框架则会考虑到分布式计算的种种挑战，由那些有经验的精通分布式计算的程序员来实现。这样就大大降低了分布式开发的门槛，使得人们的精力能更加专注于具体的需求，也让大数据处理成为可能。

Google 公司关于 MapReduce 的论文发表以后，引起了强烈反响。这篇论文虽然披露了大量技术细节，但是 Google 公司并没有开源其 MapReduce 实现。不过，由于论文提供的信息已经足够丰富，开源社区的人们跃跃欲试，纷纷试图提供自己的 MapReduce 实现。此后，Hadoop 脱颖而出，成为开源 MapReduce 实现的事实标准和大数据处理的基石。

7.5.5　MPP 数据库

在数据仓库应用中，大部分使用大规模并行处理（Massively Parallel Processing，MPP）的架构，通常被称为 MPP 数据库。MPP 数据库又称为无共享（Shared-Nothing）数据库，其架构可以有效地提高查询的效率和平台的可扩展性。

MPP 架构是一个多处理器或计算机相互协调共同处理一个应用的架构。每个处理器都有自己独立的操作系统和内存，负责处理系统的某一部分功能。处理器之间通过消息（Message）进行通信协调。通常来说，一个 MPP 数据库系统非常复杂，里面涉及分区（如何将数据库划分到多个处理器上面）、路由（如何分配查询到这些结点上面）、查询优化（分布式查询优化）、分布式事务等。MapReduce 和 MPP 数据库使用的都是 MPP 架构，主要进行大数据分析的工作。

对于 MPP 数据库来说，它适用于关系型的查询和应用，主要用在数据仓库应用上面。通过分而治之的方法，并行地扫描数据，可以非常有效地提高系统的性能。另外，新的服务器可以很方便地加入到该系统中，因此这类数据库具有线性的可扩展性。

7.5.6　分析型数据库的特征

尽管每个产品之间有少许差异，但分析型数据库的共同特征可以概括如下：

（1）MPP 架构：这种架构可以将数据处理分割成多个独立的处理进程，并通过在多个结点上进行并行处理，使得处理性能实现飞跃性的提高。

（2）无共享架构：这种架构是指各个计算机结点除了网络以外不共享任何资源，而是各自独立地、自律地进行工作。这样的好处是可以消除单一故障点，即便某个结点发生故障，也不会影响到其他结点。

（3）面向列：现有的关系型数据库都是以行为单位来管理数据的，相对地，面向列的数据库则是以列为单位来管理数据的。这样，在对大规模数据进行分析时，就不必像关系型数据库一样必须要读取整个一行，而是只要读取所需的列就可以了，因此

其性能可以实现大幅的提升。

（4）数据压缩功能：在面向列的数据库中，同一列中的数据具有相同类型（字符、数值等）的可能性很大，这种特性能够提高数据的压缩效率。根据产品的不同，可以将数据容量压缩到原始的 1/10 左右，这对于大量数据的存储来说是一个不可或缺的功能。

（5）可工作在通用型硬件上：除了某些特例（Netezza）以外，大多数产品都是以可以工作在通用型硬件为前提进行设计的。这种设计的好处是，只需要很低的成本就可以完成横向扩展。

（6）作为设备销售：如果将硬件和软件进行捆绑，并事先做好各种配置、测试、优化等工作，就可以作为一个设备模块进行销售。这样一来，只需要进行最低限度的调优，就可以立即使用。

（7）对 Hadoop 的支持：如果需要将 Hadoop/MapReduce 处理的数据（输出结果）快速导入分析型数据库中，可以使用相应的连接器（connector）。此外，也可以通过标准 SQL 来进行 MapReduce 处理的产品。

分析型数据库作为下一代数据仓库，主要是针对大数据的容量方面来设计的，但通过对 Hadoop 的支持，也可以对多样性方面的应对（对非结构化数据的支持）进行强化。

作为传统数据仓库的用户，可以利用 Hadoop 将非结构化数据转换为结构化数据，然后导入数据仓库中，并使用传统的 SQL 来进行分析工作，这是一个优点。此外，通过将结构化数据与非结构化数据整合起来进行分析，来获得过去所无法获得的判断力，这样的用户需求也可以得到满足。例如，将 CRM 系统和呼叫中心应用程序等所存储的客户数据，与某社交网站中记录的用户的兴趣爱好等信息相结合，就会带来新的发现。

7.6 数据可视化分析

数据可视化（见图 7-6），就是将数据用可视化的方式展现出来。人类对图形的理解能力非常独到，往往能够从图形当中发现数据的一些规律，而这些规律用常规的方法是很难发现的。在大数据时代，数据量变得非常大，而且非常烦琐，要想发现数据中包含的信息或者知识，可视化是最有效的途径之一。

数据可视化要根据数据的特性，如时间信息和空间信息等，找到合适的可视化方式，例如图表（Chart）、图（Diagram）和地图（Map）等，将数据直观地展现出来，以帮助人们理解数据，同时找出包含在海量数据中的规律或者信息。数据可视化是大数据生命周期管理的最后一步，也是最重要的一步。

数据可视化起源于图形学、计算机图形学、人工智能、科学可视化以及用户界面等领域的相互促进和发展，是当前计算机科学的一个重要研究方向。它是利用计算机对抽象信息进行直观的表示，以利于快速检索信息和增强认知能力。

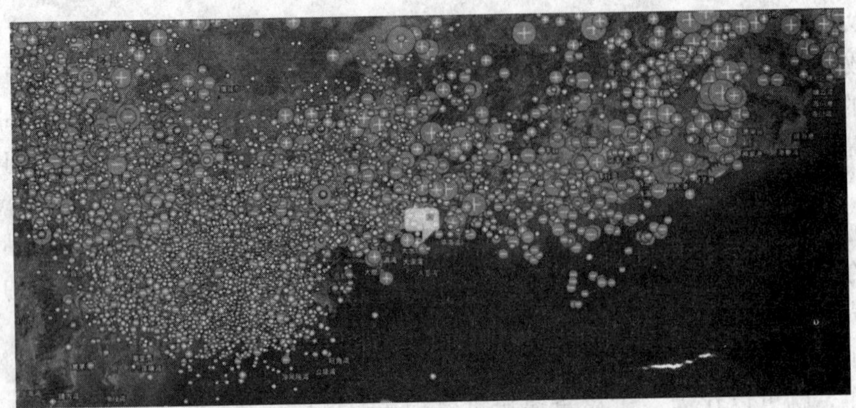

图 7-6 某地受大面积雷电影响

7.6.1 数据可视化的运用

数据可视化系统并不是为了展示用户已知的数据之间的规律，而是为了帮助用户通过认知数据，有新的发现，发现这些数据所反映的实质（见图 7-7，CLARITY 成像技术使科学家们不需要切片就能够看穿整个大脑。斯坦福大学生物工程和精神病学负责人 Karl Deisseroth 说："以分子水平和全局范围观察整个大脑系统，曾经一直都是生物学领域一个无法实现的重大目标"），也就是说，用户在使用信息可视化系统之前往往是没有明确的目标。信息可视化系统在探索性任务（例如包含大数据量信息）中有突出的表现，它可以帮助用户从大量的数据空间中找到关注的信息来进行详细的分析。因此，数据可视化主要应用于下面几种情况：

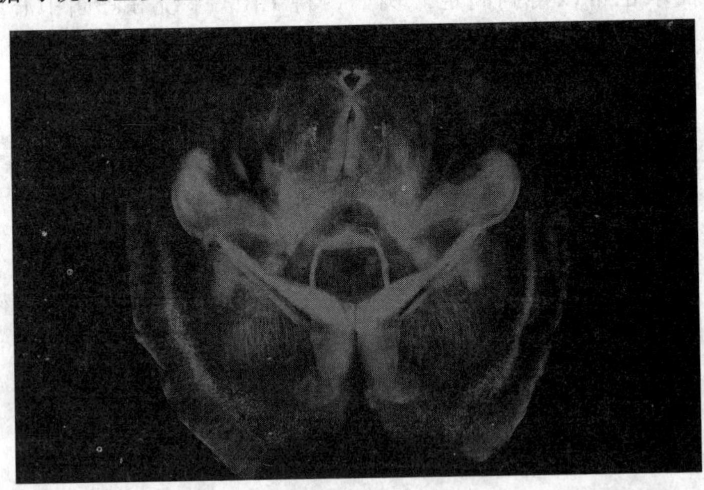

图 7-7 CLARITY 成像技术

（1）当存在相似的底层结构，相似的数据可以进行归类时。

（2）当用户处理自己不熟悉的数据内容时。

（3）当用户对系统的认知有限时，并且喜欢用扩展性的认知方法时。

（4）当用户难以了解底层信息时。

（5）当数据更适合感知时。

7.6.2 可视化对认知的帮助

科学可视化（Scientific Visualization）是科学之中的一个跨学科研究与应用领域，主要关注的是三维现象的可视化，如建筑学、气象学、医学或生物学方面的各种系统。重点在于对体、面以及光源等的逼真渲染，或许甚至还包括某种动态（时间）成分。科学可视化侧重于利用计算机图形学来创建视觉图像，从而帮助人们理解那些采取错综复杂而又往往规模庞大的数字呈现形式的科学概念或结果。

对于科学可视化来说，三维是必要的，因为典型问题涉及连续的变量、体积和表面积（内/外、左/右和上/下）。然而，对于信息可视化来说，典型问题包含更多的分类变量和股票价格、医疗记录或社会关系之类数据中模式、趋势、聚类、异类和空白的发现。

人的眼睛是人们感知世界的最主要途径，因此，数据可视化提供了一种感性的认知方式，是提高人们感知能力的重要途径。可视化可以扩大人们的感知，增加人们对海量数据分析的一系列的想法和分析经验，从而对人们感知和学习提供参考或者帮助。

通常为了交互式操纵从大得多的数据集中可能提取出大量条目（10^2~10^6），信息可视化提供紧凑的图形表示和用户界面。有时称其为视觉数据挖掘，它使用巨大的视觉带宽和非凡的人类感知系统，使用户能够对模式、条目分组或单个条目有所发现，做出决定或提出解释。它甚至可能允许用户回答他们不知道他们具有的问题。

感知心理学家、统计学家和平面设计师提供关于呈现静态信息的宝贵指南，但动态显示的机会远远超出用户界面设计人员当前的智慧。人类具有非凡的感知能力，它们在当前的大多数界面设计中远未被充分利用。用户能够快速地浏览、识别和回忆图像，能够察觉大小、颜色、形状、移动或质地的微妙变化。在图形用户界面中呈现的核心信息大部分仍旧是文字导向的（虽然已用吸引人的图标和优雅的插图增强），倘若探索更视觉化的方法，吸引人的新机会就会出现。

有些用户抵制视觉方法，偏爱强有力的文本方法，诸如多菜单和多分面元数据搜索中的数字查询预览。他们的选择可能是恰当的，因为这些文本工具使用紧凑的呈现方法，这种呈现方法信息丰富、有意义且令人熟悉。成功的信息可视化工具必须不只是“酷”，还必须为实际任务提供可测量的好处，使得所有预期用户均能访问——普遍可用性原则。

7.6.3 七个数据类型

按任务分类的数据类型包括 7 个基本数据类型和 7 个基本任务。基本数据类型是一维、二维、三维或多维的，接着是 3 种结构化更强的数据类型：时态的、树的和网络的。这种简化对于描述已被开发的可视化和表示用户所遇到的问题类别的特征是有用的。例如，对于时态数据、用户处理事件和间隔，他们的问题关心的是之前、之后或之中。对于树结构的数据，用户处理内部结点上的标签和叶结点的值。他们的问题是关于路径、级次和子树的。例如：

（1）1D 线性数据。线性数据类型是一维的，它们包括程序源代码、文本文档、字典和按字母顺序的名字列表，所有这一切均能按顺序方式组织。对程序源代码来说，1 像素/字符的大量压缩产生单个显示器上有数以万计源程序代码行的紧凑显示。对于属性，诸如最近修改日期或作者名，可能用不同颜色标识。界面设计问题包括使用什么颜色、大小和布局以及给用户提供什么概览、滚动或选择方法。用户任务可能是查找条目的数量、查看有某些属性（例如，从先前版本以来被改变的程序行）的条目。

（2）2D 地图数据。平面数据包括地理图、平面布置图和报纸版面。集合中的每个条目覆盖整个区域的某个部分，每个条目都有任务域属性（诸如名字、所有者和值）和界面域特征，诸如形状、大小、颜色和不透明度等。

很多系统采用多层方法来处理地图数据，但每层都是二维的。用户任务包括查找邻近条目、包含某些条目的区域和两个条目之间的路径，以及执行 7 个基本任务。例如地理信息系统，它是一个庞大的研究和商用领域。

（3）3D 世界数据。现实世界的对象，诸如分子、人体和建筑物，具有体积和与其他条目的复杂关系。计算机辅助的医学影像、建筑制图、机械设计、化学结构建模和科学仿真被构建来处理这些复杂的三维关系。用户的任务通常处理连续变量，诸如温度或密度。结果经常被表示为体积和表面积，用户关注左/右、上/下和内/外的关系。在三维应用程序中，当观察对象时，用户必须处理察看对象时它们的位置和方向，必须处理遮挡与导航的潜在问题，如图 7-8 所示。

图 7-8 3D 世界的信息可视化

使用增强的三维技术的解决方案，诸如概览、地标、远距传物、多视图和有形用户界面，正在设法进入研究原型和商业系统中。成功的例子包括帮助医生计划手术的声波图医学影像和使购房者了解建成的房屋看上去将是什么样子的建筑。三维的计算机图形和计算机辅助设计工具的例子很多，但三维的信息可视化工作仍是有争议的。一些虚拟环境研究人员和商业图表制作者已经寻求用三维结构呈现信息，但这些设计似乎需要更多的导航步骤且使结果更难以解释。

除了 1D 线性数据、2D 地图数据和 3D 世界数据之外，还有多维数据、时态数据、树数据、网络数据等数据类型。

7.6.4 七个基本任务

分析数据可视化的第二个框架包含用户通常执行的 7 个基本任务。

（1）概览任务。用户能够获得整个集合的概览。概览策略包括每个数据类型的缩小视图，这种视图允许用户查看整个集合，加上邻接的细节视图。概览可能包含可移动的视图域框，用户用它来控制细节视图的内容，允许缩放因子在 3~30 之间。重复有中间视图的这种策略使用户能够达到更大的缩放因子。另一种流行的方法是鱼眼策略，其变形放大一个或更多的显示区域，但几何缩放因子必须被限制在 5 左右，或针对可使用的上下文必须使用不同的表示等级。因为大多数查询语言工具都使集合概览的获取很困难，所以适当概览策略的规定是评价此类界面的有用标准。

（2）缩放任务。用户能够在感兴趣的条目上放大。用户通常对集合的某部分感兴趣，他们需要工具以便能够控制缩放焦点和缩放因子。平滑的缩放有助于用户保持他们的位置感和上下文。用户能够通过移动缩放条控件或通过调整视图域框的大小一次在一个维度上缩放。令人满意的放大方式，是先指向一个位置，然后发布一个缩放命令，通常是通过按下鼠标按钮来实现。缩放在针对小显示器的应用程序中特别重要。

（3）过滤任务。用户能够滤掉不感兴趣的条目。应用于集合中条目的动态查询构成信息可视化的关键思想之一。当用户控制显示的内容时，他们能够通过去除不想要的条目而快速集中他们的兴趣。通过滑块或按钮能快速执行显示更新，允许用户跨显示器动态突出显示感兴趣的条目。

（4）按需细化任务。用户能够选择一个条目或一个组来获得细节。一旦集合被修剪到只有几十个条目，浏览该组或单个条目的细节就应该是容易的。通常的方法是仅在条目上点击，然后在单独或弹出的窗口中查看细节。按需细化窗口可能包含到更多信息的链接。

（5）关联任务。用户能够关联集合内的条目或组。与文本显示相比，视觉显示的吸引力在于它们利用人类处理视觉信息的非凡感知能力。在视觉显示之内，有机会按接近性、包容性、连线或颜色编码来显示关系。突出显示技术能够被用于引起对有数千条目的域中某些条目的注意。指向视觉显示能够允许快速选择，且反馈是明显的。当用户在视觉显示上执行动作时，眼、手、脑似乎流畅、快速地工作。

（6）历史任务。用户能够保存动作历史以支持撤销、回放和逐步细化。单个用户动作产生想得到结果的情况是罕有的。信息探索本来就是一个有很多步骤的过程，所以保存动作的历史并允许用户追溯他们的步骤是重要的。然而，大多数产品未适当处理这种需求。在给信息检索系统建模方面，设计人员将做得更好，这种系统通常保留搜索序列，以便这些搜索能够被组合或细化。

（7）提取任务。用户能够允许子集和查询参数的提取。一旦用户获得了他们想要的条目或条目集合，对他们有用的是，他们能够提取该集合并保存它，通过电子邮件发送它或把它插入统计或呈现的软件包中。他们可能还想发布那些数据，以便其他人用可视化工具的简化版本来查看。

7.6.5 数据可视化的挑战

按任务分类的数据类型有助于组织人们对问题范围的理解，但为了创建成功的工具，信息可视化的研究人员仍有很多挑战需要去面对。这些挑战包括：

（1）导入和清理数据。决定如何组织输入数据以获得期望的结果，它所需要的思考和工作经常比预期的多。使数据有正确的格式、滤掉不正确的条目、使属性值规格化和处理丢失的数据也可能是繁重的任务。

（2）把视觉表示与文本标签结合在一起。视觉表示是强有力的，但有意义的文本标签起到很重要的作用。标签应该是可见的，不应遮盖显示或使用户困惑。屏幕提示和偏心标签等用户控制的方法经常能够提供帮助。

（3）查找相关信息。经常需要多个信息源来做出有意义的判断，如专利律师想要看到相关的专利，基因组学研究人员想要看到基因簇在细胞过程的各个阶段如何一致地工作，等等。在发现过程中对意义的追寻需要对丰富的相关信息源进行快速访问，这需要对来自多个源的数据进行整合。

（4）查看大量数据。信息可视化的一般挑战是处理大量的数据。很多创新的原型仅能处理几千个条目，或者当处理数量更大的条目时难以保持实时交互性。显示数百万条目的动态可视化证明，信息可视化尚未接近于达到人类视觉能力的极限，用户控制的聚合机制将进一步突破性能极限。较大的显示器能够有帮助，因为额外的像素可使用户能够看到更多的细节同时保持合理的概览。

（5）集成数据挖掘。信息可视化和数据挖掘起源于两条独立的研究路线。信息可视化的研究人员相信让用户的视觉系统引导他们形成假设的重要性，而数据挖掘的研究人员则相信能够依赖统计算法和机器学习来发现有趣的模式。一些消费者的购买模式，诸如商品选择之间的相关性，适当可视化就会突显出来。然而，统计试验有助于发现在产品购买的顾客需要或人口统计的连接方面的更微妙趋势。研究人员正在逐渐把这两种方法结合在一起。

（6）与分析推理技术集成。为了支持评估、计划和决策，视觉分析领域强调信息可视化与分析推理工具的集成。业务与智能分析师使用来自搜索和可视化的数据和洞察力作为支持或否认有竞争性的假设的证据。他们还需要工具来快速产生他们分析的概要和与决策者交流他们的推理，决策者可能需要追溯证据的起源。

（7）与他人协同。发现是一个复杂的过程，它依赖于知道要寻找什么、通过与他人协同来验证假设、注意异常和使其他人相信发现的意义。因为对社交过程的支持对信息可视化是至关重要的，所以软件工具应该使记录当前状态、添加注释和把数据它发送给同事或张贴到网站上更容易。

（8）实现普遍可用性。当可视化工具打算被公众使用时，必须使该工具可被多种多样的用户使用而不管他们的生活背景、工作背景、学习背景或技术背景如何，但它仍是对设计人员的巨大挑战。

（9）评估。信息可视化系统是十分复杂的，分析很少是一个孤立的短期过程，用户可能需要长期地从不同视角察看相同的数据。他们或许还能阐述和回答他们在查看可视化之前未预料会有的问题（使得难以使用典型的实证研究技术），而受试者被征

募来短期从事所承担的任务。虽然最后发现能够产生巨大的影响，但它们极少发生且不太可能在研究过程中被观察到。基于洞察力的研究是第一步。案例研究报告在其自然环境中完成真实任务的用户。他们能够描述用户之间的协同、数据清理的挫折和数据探索的兴奋，并且他们能报告使用频率和获得的收益。案例研究的不足是，它们非常耗费时间且可能不是可重复的或可应用于其他领域。

【延伸阅读】什么是大数据分析做不了的

大数据时代，有些事情是大数据不擅长的。

数据不懂社交。大脑在数学方面很差劲（例如心算一下 437 的平方根是多少），但是大脑懂得社会认知。人们擅长反射彼此的情绪状态，擅长侦测出不合作的行为，擅长用情绪为事物赋予价值。

计算机数据分析擅长的是测量社会交往的量而非质。网络科学家可以测量出你在76%的时间里与 6 名同事的社交互动情况，但是他们不可能捕捉到你心底对于那些一年才见 2 次的儿时玩伴的感情。因此，在社交关系的决策中，不要愚蠢到放弃头脑中那台充满魔力的机器，而去相信你办工作上的那台机器。

数据不懂背景。人类的决策不是离散的事件，而是镶嵌在时间序列和背景之中的。经过数百万年的演化，人脑已经变得善于处理这样的现实。人们擅长讲述交织了多重原因和多重背景的故事。数据分析则不懂得如何叙事，也不懂得思维的浮现过程。即使是一部普普通通的小说，数据分析也无法解释其中的思路。

数据会制造出更大的干草垛。这一观点是由纳西姆·塔勒布（Nassim Taleb，著名商业思想家，著有《黑天鹅：如何应对不可知的未来》等书作）提出的。随着人们掌握的数据越来越多，可以发现的统计上显著的相关关系也就越来越多。这些相关关系中，有很多都是没有实际意义的，在真正解决问题时很可能将人引入歧途。这种欺骗性会随着数据的增多而指数级地增长。在这个庞大的干草垛里，我们要找的那根针被越埋越深。大数据时代的特征之一就是，重大发现的数量被数据扩张带来的噪声所淹没。

大数据无法解决大问题。例如，如果只想分析哪些邮件可以带来最多的竞选资金赞助，可以做一个随机控制实验。但假设目标是刺激衰退期的经济形势，就不可能找到一个平行世界中的社会来当对照组。最佳的经济刺激手段到底是什么？人们对此争论不休，尽管数据像海浪一般涌来，就我所知，这场辩论中尚未有哪位主要辩手因为参考了数据分析而改变立场的。

数据偏爱潮流，忽视杰作。当大量个体对某种文化产品迅速产生兴趣时，数据分析可以敏锐地侦测到这种趋势。但是，一些重要的（也是有收益的）产品在一开始就被数据摒弃了，仅仅因为它们的特异之处不为人所熟知。

数据掩盖了价值观念。我最近读到一本有着精彩标题的学术专著——《原始数据只是一种修辞》。书中的要点之一就是，数据从来都不可能是原始的，数据总是依照某人的倾向和价值观念而被构建出来的。数据分析的结果看似客观公正，但其实价值选择贯穿了从构建到解读的全过程。

这篇文章并不是要批评大数据不是一种伟大的工具。只是和任何一种工具一样，大数据有拿手强项，也有不擅长的领域。正如耶鲁大学的爱德华·图弗特教授（Edward Tufte）所说："这个世界的有趣之处，远胜任何一门学科。"

资料来源：果壳网（guokr.com）

【实验与思考】了解数据挖掘与数据分析

"练习与实验"的目的：

（1）熟悉大数据分析平台。

（2）了解大数据事务处理（OLTP）的基本概念，了解作为大数据基础技术的 NoSQL 数据库和 NewSQL 数据库。

（3）了解大数据分析处理的基本概念，了解分布式大规模批量处理、分布式文件系统和 Mpp 分析型数据库等主要技术。

（4）熟悉数据可视化的知识与主要技术与方法。

1．工具/准备工作

在开始本实验之前，请认真阅读课程的相关内容。

需要准备一台带有浏览器，能够访问因特网的计算机。

2．实验内容与步骤

[概念理解]

请通过阅读教科书和查阅网站资料，尽量用自己的语言解释以下基本概念：

数据集市：____________________

数据仓库：____________________

数据挖掘：____________________

分析沙盒：____________________

[思考分析]

（1）简述 NoSQL 与 RDBMS 的主要区别。

答：____________________

(2) 请结合查阅相关文献资料，简述什么是 NewSQL。

答：

(3) 请结合查阅相关文献资料，简述什么是大数据分析处理（OLAP）。

答：

(4) 简述什么是数据可视化，数据可视化系统的主要目的是什么。

答：

(5) 简述数据可视化的七项基本任务是什么。

答：

3. 实验总结

4. 实验评价（教师）

第 8 章 决策支持与人工智能

如果孤零零地给你一个数据，例如 39，你能从中发现什么呢？一般不会有太多发现。这只是一个介于 38 和 40 之间的数。除此以外，其他所有的"发现"都只能是推测与猜想。接着，再给你多一点儿的信息：39 度。这个数据表示的可能是角度或者是温度。然后，再添加一个具体信息：39 摄氏度。这显然是温度，而且是比较高的温度。最后，再告诉你这是某个人的口腔温度读数。于是，你知道这个人的体温过高，说明他生病了。

在结束这个简短的思维演练之后，IBM 的研究员萨姆·亚当斯说："每增加一点儿信息，你对数据的理解就会发生显著的变化。"亚当斯说这些话的目的是向人们介绍数据在具体语境中的作用。数据越多，传递的信息就越具体，最终形成知识。各种各样的新数据大量涌现，有利于人们理解数据。但是，亚当斯认为，只有"把所有点连起来"，形成有价值的灵感或发现，才是真正的成果。

在商业智能、科学研究、计算机仿真、互联网应用、电子商务等诸多应用领域，数据在以极快的速度增长，为了分析和利用这些庞大的数据资源，必须依赖有效的数据分析技术。为了从数据中发现知识并加以利用，辅助领导者的决策，必须对数据做深入的分析，而不是生成简单的报表，这些复杂的分析必须依赖于分析模型。

决策支持系统的目标是帮助人们分析信息找出商务智能，而商务智能是信息单纯含义的扩展，因此能帮助人们采取创造性的、强有力的措施来获得竞争优势。本章将探讨信息技术提供的一些工具，它们能帮助人们将商务信息转换为商务智能并做出令人满意的决策。

8.1 人工智能

人工智能（Artificial Intelligence，AI）是研究、开发用于模拟、延伸和扩展人的智能的理论、方法、技术及应用系统的一门新的技术科学，是计算机科学的一个分支，它企图了解智能的实质，并生产出一种新的能以人类智能相似的方式做出反应的智能机器，该领域的研究包括机器人、语言识别、图像识别、自然语言处理、专家系统、经济政治决策、控制系统和仿真系统等。

人工智能是一门极富挑战性的科学，从事这项工作的人必须懂得计算机知识，心理学和哲学。人工智能由许多不同的领域组成，如机器学习、计算机视觉等，它研究的一个主要目标是使机器能够胜任一些通常需要人类智能才能完成的复杂工作。但是，不同的时代、不同的人对这种“复杂工作”的理解是不同的。例如，繁重的科学和工程计算本来是要人脑来承担的，现在计算机不但能完成这种计算，而且能够比人脑做得更快、更准确，因此当代人已不再把这种计算看作是“需要人类智能才能完成的复杂任务”，可见，复杂工作的定义是随着时代的发展和技术的进步而变化的，人工智能这门科学的具体目标也自然随着时代的变化而发展。它一方面不断获得新的进展，另一方面又转向更有意义、更加困难的目标。图 8-1 所示为人工智能模拟图。

图 8-1 人工智能模拟图

20 世纪 70 年代以来，人工智能被称为世界三大尖端技术之一（另外两个是空间技术和能源技术），也被认为是 21 世纪（基因工程、纳米科学、人工智能）三大尖端技术之一。这是因为近 30 年来它获得了迅速的发展，在很多学科领域都获得了广泛应用，并取得了丰硕的成果。人工智能已逐步成为一个独立的分支，无论在理论和实践上都已自成一个体系。

人工智能的定义可以分为两部分：“人工”和“智能”。“人工”就是通常意义下的人工系统。“智能”涉及其他诸如意识（Consciousness）、自我（Self）、思维（Mind）（包括无意识的思维，Unconscious_mind）等问题。

著名的斯坦福大学人工智能研究中心尼尔逊教授对人工智能下了这样一个定义：“人工智能是关于知识的学科——怎样表示知识以及怎样获得知识并使用知识的科学。”而麻省理工学院的温斯顿教授认为：“人工智能就是研究如何使计算机去做过去只有人才能做的智能工作。”这些说法反映了人工智能学科的基本思想和基本内容。即人工智能是研究人类智能活动的规律，构造具有一定智能的人工系统，研究如何让计算机去完成以往需要人的智力才能胜任的工作，也就是研究如何应用计算机的软硬件来模拟人类某些智能行为的基本理论、方法和技术。

专家系统就是用计算机对问题进行推理从而得出结论的人工智能系统。利用推理过程，人们可以根据已知推断出未知。今天的计算机不仅具有看、听、闻的能力，而且从某种意义上说，它还具有对企业非常重要的思考能力。机器人是众所周知的一种人工智能形式。机器人这种机械装置具有模拟人类感官功能和自行采取行动的能力。与机器人相比，一般的机械装置如汽车则需要驾驭人指挥其各种行动。机器人在许多行业是有用的。例如，医院的“配药剂量分配器”就是一个根据处方配置药品的机器人系统。该配药系统利用条形码技术，可以在线接收医药处方指令并找出事先包装好的药剂，将其送至住院患者处。在机器人技术的研究中，一个最激动人心的新领域就是开发能够进入人体动脉和静脉并实施手术的微型机器人。

企业使用最多的人工智能系统可划分为以下几个主要类别：

（1）专家系统，可以通过对问题进行推理而得出相应的结论，或者提出合适的建议。

（2）神经网络，可以通过“训练”学会识别模式和模糊逻辑，模糊逻辑是一种在计算机化分析中用于表示不明确的或主观的信息的方法。

（3）遗传算法，首先产生大量的解，然后选择其中一些最好解，利用选出的解来产生更好的解，通过这种方式，可以为具体问题产生逐渐改进的解决方案。

（4）智能代理，是一种适应性系统，可以独立工作，执行特定的、重复的以及预先设置好的任务。

8.2 决策支持系统

由于信息技术的广泛应用，人们已经从日常大量的手工处理事务中解脱出来。如今，信息技术正在不断增强其智能和思维过程方面的能力，甚至在一定程度上，信息技术已经取代人类的一部分智能。

就很多问题而言，无论所涉及的问题是大是小、是简单还是相对复杂，人们都必须对其做出决策，而信息技术可以辅助人们的决策。为决策者扩展智能的，就是决策支持系统和人工智能。至于是采用决策支持系统还是采用某种形式的人工智能，则取决于决策的类型和过程。

8.2.1 决策与决策类型

决策是企业最重要的活动之一，在决策过程中，企业要花费大量的时间、资金等资源。

1. 如何进行决策

以商业活动为例，决策要经历 4 个不同的阶段（见图 8-2）：

（1）情报分析阶段（发现问题所在，也称为决策诊断阶段）：发现或识别问题、需求或机会。情报分析阶段包括发现和解释那些需要引起注意的情况征兆。这些征兆可能以各种形态出现，如老顾客对新产品的需求、新竞争对手带来的威胁、销售滑坡、生产成本猛涨以及公司的分销商要价等。

（2）设计阶段（找出可行性方案）：考虑各种可能的方案，这些方案能解决问题、或能满足需要或能抓住机遇。该阶段要尽可能地找出所有潜在的方案。

（3）选择阶段（选择最适合的方案）：对每个方案的利弊加以评价，评估每个方案的实施结果，并从中选择出一个最优方案（也可能不做任何事情）。“最优”方案取决于多种因素，比如成本、实施的难易程度、对员工的要求，以及方案实施的时间安排等。这是决策的指示阶段，一系列行动策略都将在该阶段做出。

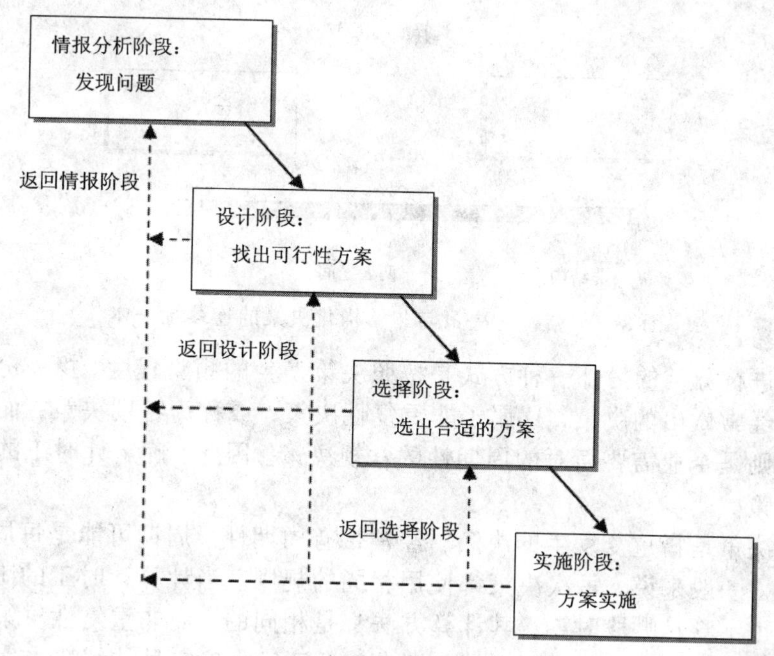

图 8-2　决策过程的 4 个阶段

（4）实施阶段（方案实施）：执行选中的方案，检测实施的结果，并做出必要的调整。在实施所选中方案的过程中，还要经常对其进行调整，尤其是对复杂的问题或者面对变化的环境时更是如此。

上述 4 个阶段并不一定是线性排列的。决策中的某一阶段常常需要返回到前面的阶段。例如，在“选择阶段”选定了一个方案后，可能发现在“设计阶段”遗漏了另一个可选方案，于是需要返回到“设计阶段”，将这个新发现的方案加入其中，然后再回到“选择阶段”，比较这个新方案和其他方案的优劣。

2. 决策的类型

决策活动分为结构化决策和非结构化决策。

结构化决策所处理的是一些确定的信息，所以总能得到准确的答案，没有必要靠“感觉”或“直觉”。也就是说，这是一类可编程的决策，如果输入确定的信息，并用精确的方法处理这些输入信息，就能得到准确的结果。例如，计算计时工一周的总工资就是这样的例子。利用信息技术能够很容易地自动完成这类结构化决策。

在非结构化的决策中，可能存在若干“正确”的解决方案，但没有一种精确的方法可以“计算”出最优方案，也没有一组规则或标准能保证得到最佳的解决方案。例如，是否引进一条新的生产线，或者是否组织一场广告宣传活动等，都是具有非结构化因素的决策例子。

实际上，大多数决策介于结构化和非结构化之间。例如，在“选择合适的工作”这个决策中（见图 8-3），关于工资标准的决策是结构化的，而其他标准则包括非结构化的方面（例如，哪种工作对你而言具有良好的机遇或前途，这是凭自己的直觉判断得出的）。

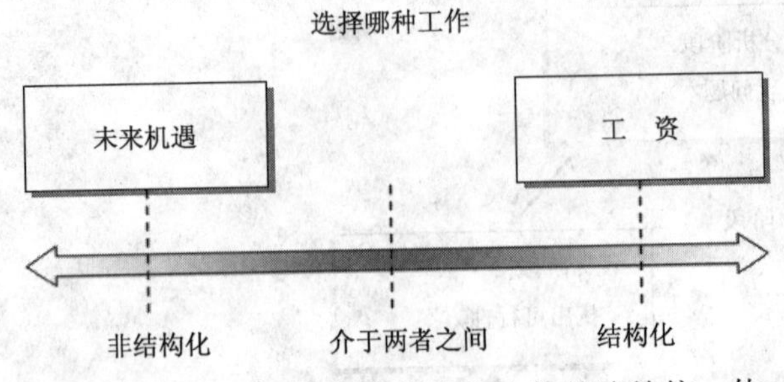

图 8-3 结构化决策与非结构化决策的连续统一体

对决策进行分类的另外一种方式是按照决策发生的频繁程度。找一份适合的工作并不是需要经常做出的决策，这属于非重复性决策，或称为特别决策，而确定计时工人的周工资则是企业需要面对的周期性的常规决策。因此，确定计时工的总工资是属于重复性决策。

重复性决策是指重复发生的决策，经常带有周期性。周期可能是每周、每月、每季度或每年。一般来说，每次决策都使用相同的规则。当计算计时工的工资时，不管员工是谁，也不管是哪段时期，其计算方法都是相同的。而非重复性决策或特别决策是人们不经常做出的决策（或许只有一次），而且每次确定最佳解决方案时都有不同的标准。公司的兼并就是这样的一个例子。公司兼并的现象不是经常发生，即使公司管理层需要做出多次兼并的决策，但每次兼并时都需要评估一系列不同的标准。这些标准取决于公司对兼并的需求、两个公司产品和服务的相似程度，以及公司的负债结构等。

8.2.2 决策支持系统

从广义上看，“决策支持系统”是指可以辅助人们进行决策的任何计算机化的系统。而数据挖掘技术可以用来对大量的信息进行切片和切块，从而辅助制定企业决策。具有数据挖掘工具的数据仓库就是决策支持的一种形式。

1. 决策支持系统的概念

狭义地讲，决策支持系统（Decision Support Systems，DSS）是一种高度灵活且具有良好交互性的、用于对非结构化问题的决策提供辅助的信息技术系统。决策支持系统将决策者和信息技术提供的特定的支持功能联系在一起，如表 8-1 所示。

表 8-1 决策者与决策支持系统的结合

决策者的优势	决策支持系统的优势	信息技术的优势
经验 直觉 判断 知识	提高生产率 增进理解 加快速度 提高灵活性 减少问题的复杂性 降低成本	速度 信息 处理能力

信息技术的优势是高速、可以存储大量信息以及具有复杂的处理能力，能帮助决策者产生决策所需的有用信息；而决策者的技能体现为经验、直觉、判断能力，以及

有关决策因素的知识。虽然信息技术提供了强大的功能，但作为决策者来说，要想得到问题的解答，还必须清楚到底需要哪类信息以及如何处理这些信息。事实上，决策支持系统的主要功能就是通过加强决策者的洞察力来对决策者提供帮助，改善决策者的决策效果。决策者的知识技能与信息技术的强大功能相结合，使决策者能更迅速地响应市场的变化以及更高效地管理资源。

2．决策支持系统的组成

不同的决策支持系统在应用和复杂性方面有很大差异，但它们有着某些共同的特征。典型的决策支持系统由 3 个部件组成（见图 8-4），即模型管理、数据管理和用户界面管理。

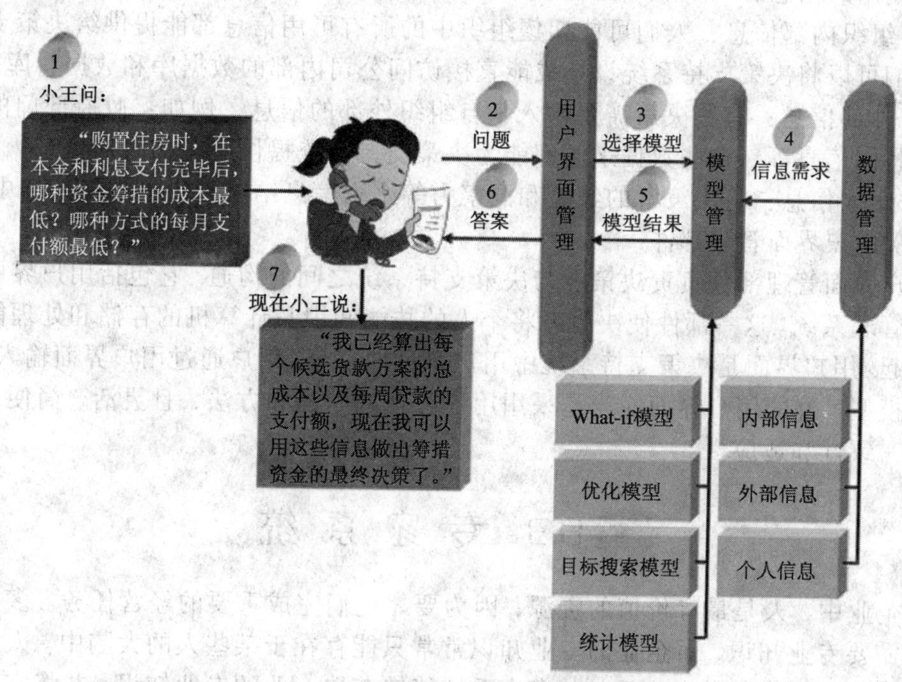

图 8-4　决策支持系统的组成

当用户开始分析时，用户通过用户界面管理部件告诉 DSS 将采用哪个模型（位于模型管理部件中）用于哪些信息（位于数据管理部件中）；模型需要利用来自数据管理部件的信息，并对这些信息加以分析，然后将分析结果返回到用户界面管理部件，即在用户面前显示出来。

（1）模型管理部件

模型管理部件由决策支持系统的模型和模型管理系统组成。模型是对某个事件、事实或状况的描述。企业利用模型描述变量与变量之间的关系，例如，利用方差分析统计模型确定报纸、电视和广告牌广告的促销效果是否一样。决策支持系统利用模型为决策者提供了各种不同的信息分析方式，对各种各样的决策问题提供帮助。决策支持系统中运用的模型取决于决策类型和决策所需的分析类型。例如，运用 What-if 模型观察一个或多个变量发生变化时对其他变量的影响，或者利用最优化方法，在经营业务的限制范围和有限资源的条件下找出盈利最多的解决方案。人们可以利用诸如

Excel 的电子表格软件建立一个简单的决策支持系统进行 What-if 分析。

模型管理系统负责存储和维护决策支持系统的模型。它的功能与数据库管理系统的功能类似，模型管理部件并不能为决策者解决特定问题而选择出最佳模型，选择模型还需靠决策者的专业知识。但是，模型管理部件可以帮助决策者快速方便地建立和运行模型。

（2）数据管理部件

数据管理部件的功能是存储并维护用户希望决策支持系统使用的信息。因此，数据管理部件由决策支持系统的信息及其数据库管理系统两部分组成。决策支持系统中供用户使用的信息有以下 3 个主要来源：

① 组织内部信息：人们可能期望组织中的所有可用信息都能提供给决策支持系统。人们可以将决策支持系统设计成能直接访问公司内部的数据库和数据仓库。

② 外部信息：有些决策需要输入来自组织外部的信息，例如：政府部门的信息以及因特网信息等。这些数据来源都能为决策支持系统提供所需的附加信息。

③ 个人信息：将决策者的经验和洞察力等个人信息结合到决策支持系统中。

（3）用户界面管理部件

用户界面管理部件负责决策者与决策支持系统之间的沟通。它包括用户界面和用户界面管理系统。这一部件使决策者将个人的技能知识与计算机的存储和处理能力结合在一起。用户界面是决策支持系统中用户可见的部分，用户通过用户界面输入信息、命令和模型。好的用户界面应当是采用用户习惯的术语和方法，且灵活、简便，具有良好的一致性和适应性。

8.3 专家系统

在企业中，人是最有价值的资源，因为要靠他们完成重要的经营任务。多数企业任务都需要专业知识，而企业的专业知识常常只能存在于某些人的大脑中。人工智能技术可为公司提供某种专家系统。专家系统能够获取企业的专业知识，并将它们提供给那些非专业人员，以便用它来解决问题或学习如何解决问题。

专家系统也称为基于知识的系统，是一种运用推理能力得出结论的人工智能系统。它非常适用于诊断性问题和指令性问题。诊断性问题是指那些需要回答“发生了什么问题？”的问题，相当于决策的情报分析阶段；而指令性问题则是指那些需要回答“该做什么？”的问题，相当于决策的选择阶段。

专家系统通常是为特定的应用领域而建立的，这些应用领域包括：

（1）会计：用于审计、税务计划、管理咨询和培训方面。

（2）医药：在兼顾多方面因素（如患者病史、感染源以及现有药品的价格）情况下开出抗生素处方。

（3）过程控制：如控制平版印刷。

（4）人力资源管理：帮助人事经理了解他们是否存在与联邦就业法不一致的问题。

（5）财务管理：辨别银行贷款部门中有拖欠倾向的账户。

（6）生产：指导各类产品的加工制造，如飞机零部件。

（7）林业管理：帮助在林区合理地砍伐树木。

有时决策支持系统也和专家系统结合使用，但专家系统与决策支持系统有着本质的区别。运用决策支持系统时，用户必须对所处理的问题具有相当的专业知识和专业技能。决策支持系统辅助用户进行决策，这意味着用户必须知道如何对问题进行推理、应该提出哪些问题、如何得到答案以及如何进行下一步骤。而使用专家系统则不同，专家系统自身就具有这些功能。用户只需向专家系统提供需要解决问题的事实和征候，用来实际解决问题的技术或专业知识是由某领域内的专家提供的。

当某人具有既定问题的专业知识时，他不仅知道关于此类问题的许多事实，还可以应用专业知识来分析判断并解决相关问题。这正是专家系统需要获取的人类的专业知识。

下面看一个非常简单的专家系统，它可告知驾驶人在接近红绿灯时应该做什么。处理红绿灯问题是专家系统最适用的问题类型之一，这是一个反复发生的问题，人们应当遵循一系列既定的步骤去解决它。在没有意识到的情况下，人们或许已经经历了多次内心的问答过程，如图 8-5 所示。

规则	现象或事实	是	否	解释
1	绿灯亮了吗？	通过十字路口	转到规则 2	绿灯亮时是安全的，否则需要更多的信息
2	红灯亮了吗？	转到规则 4	转到规则 3	红灯亮时应停车，不可以通过
3	在你到达十字路口前，红灯很可能要亮吗？	转到规则 4	通过十字路口	只有黄灯亮时才会出现这种情况，然后你将有两种选择
4	在进入十字路口前，你能停车吗？	停车	转到规则 5	应停车，否则就可能出现问题
5	是否有辆车正从某侧开过来？	准备应付撞车事件	通过十字路口	除非十字路口处没有车路通过，否则很可能相撞

绿灯亮了吗（是/否）？ **否。**

红灯亮了吗（是/否）？ **否。**

在你到达十字路口前，红灯很可能要亮吗（是/否）？ **为什么？**

只有黄灯亮时才会出现这种情况，然后你将有两种选择。

在你到达十字路口前，红灯很可能要亮吗（是/否）？ **否。**

结论：通过十字路口

解释：如果在接近十字路口时绿灯亮了，可以直接通过；如果红灯亮了，就应该停车；如果不停车并且某一侧有车经过，可能就会有麻烦。同样，若黄灯亮了，可以在交通灯快要变成红灯之前通过路口；否则，就有可能发生交通事故。

图 8-5 红绿灯专家系统的规则

专家系统利用信息技术来获取并利用人类的专业知识。专家系统能够很好地解决具有清晰规则和程序的问题且具有很高的效率，并给企业带来巨大的收益。专家系统能做的事情有：

（1）处理大量的信息；（2）减少错误；

（3）汇集来自各种渠道的信息；（4）改善为顾客提供的服务；

（5）提供决策的一致性；（6）提供新的信息；

（7）减少完成任务的人员工作时间；（8）降低成本。

然而，在建立和使用专家系统的过程中用户可能会遇到下列麻烦：

（1）由于专家有时不能清楚地表达他们是如何解决问题的，他们经常说不清自己解决问题的整个推理过程，因为他们解决问题往往是凭经验和直觉，所以在将专家的领域知识传递给专家系统时就会出现困难。

（2）即使专家能够解释整个推理过程，将推理过程完全自动化有时也是不可能的。推理过程可能非常复杂，需要大量的规则，或者推理过程太模糊并且存在不精确的地方。在使用专家系统时，记住它只能解决那些设计好的问题，不能处理不一致的或新出现的问题状况。专家系统无法从以前的经验中进行学习并且无法像人类一样将以前获取的经验应用到新的问题中。

（3）专家系统缺乏常识，没有判断能力。例如，一个早期为 F-16 战斗机建立的专家系统竟允许驾驶员当飞机还在地面上时就收回起落架，或在飞机做翻转动作时发射炮弹，这些都是相当危险的。

8.4 地理信息系统

地理信息系统（Geographic Information System，GIS）是一种专为使用空间信息而设计的决策支持系统。空间信息是可以用地图的形式来表示的所有信息，如道路、秃头鹰的数量分布、下水管道以及通信线路的分布等。

地理信息系统由数据库和图形技术结合而成。企业大量地使用地理信息系统软件分析信息、产生商业智能和制定决策。

事实上，对用于地理信息系统绘制的信息类型没有什么限制，包括道路的位置、河流的流向、居民的收入水平、健康状况、地区的犯罪率等信息都可以。当然，用纸质的地图也可以描绘这些信息，但电子地理信息系统的优势在于只需单击一次鼠标就能得到多层次的信息。

当企业使用地理信息系统软件产生地图以显示他们感兴趣的信息时，称之为企业地理信息。可以从多个渠道获得丰富的信息并编入地理信息系统。例如，人口统计信息、就业信息等，这些信息都属于统计信息。在私人领域，还有很多调查公司能提供有关消费习惯的信息等。

8.5 神经网络和模糊逻辑

神经网络又被称为人工神经网络（ANN），是可以发现和辨别模式的人工智能系统。神经网络模拟人类分辨事物的这种能力，它不需要预先规定得出结论的步骤。为了辨识和分辨不同的事物，人类需要联合考虑许多因素。这也是神经网络的工作方式。神经网络可以从例子中学习，并且可以用于新的概念和知识。神经网络广泛地用于图像模式和语言的分辨系统中。例如，对于使用过的可以手写输入的计算机或者手机，它很可能就是利用神经网络来分析你的字迹特征的。

神经网络有多种用途。例如，美国许多机场的炸弹检测系统使用可以检测空气中微量元素的神经网络来指示是否存在爆炸物。在医药方面，神经网络每年都要检查

5000 多万例心电图，检查药物的相互作用，以及从组织切片样本中检测出可能患癌症或其他疾病的异常现象等。神经网络可以检测心脏病的发作，甚至可以分辨出男女病人症状之间的细微差别。在商业方面，神经网络在证券交易、检测诈骗行为、信用评估、房地产评估，贷款申请评估、目标市场分析方面的应用也非常普遍。神经网络还应用在机械控制、温度调节和机器故障识别等方面。

当有大量的信息可以利用时，神经网络非常适合于识别、分类和预测。通过检验成百上千的实例，神经网络可以查明信息中的重要联系和模式。例如，若将许多信用卡交易信息提供给神经网络，并告知哪些是欺诈性的交易，则它最终将学会识别可疑的交易。由于神经网络可以从大量信息中发现模式，因此经常称之为预测系统。

8.5.1 神经网络

神经网络之所以被这样命名，是因为它们试图模拟人类大脑的结构和功能。从概念上来讲，神经网络是由三层虚拟神经细胞，即神经元组成。这三层分别是输入层、输出层以及处于它们之间的隐含层。隐含层也可能多于一层。输入层和输出层通过强度不同的权重与中间层连接，如图 8-6 所示。如果人们想训练某个神经网络用来识别“好”的股票投资组合，就要输入许许多多好的和坏的投资组合数据，并告诉神经网络哪个是好的，哪个是坏的。在神经网络学习区分好坏的过程中，权重也在不断地改变，输出层的输出信息也在变化。为系统输入足够多的范例之后，权重逐渐稳定下来。据此，神经网络就可以正确区分投资组合的好坏。

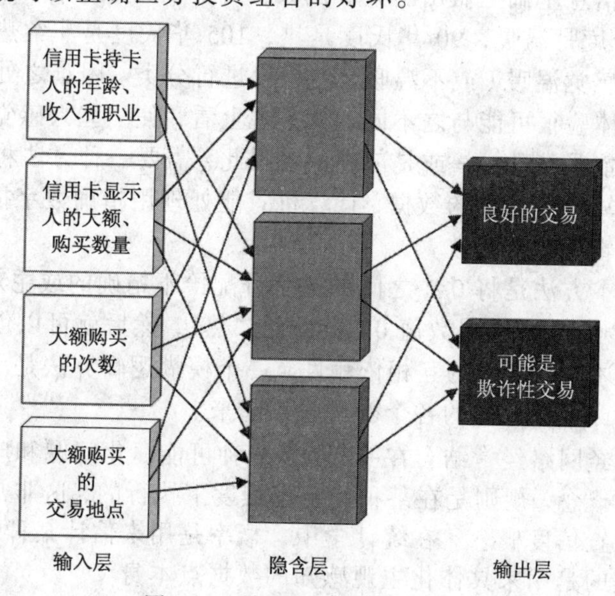

图 8-6 神经网络的多层结构

与神经网络相比，专家系统也可以进行分类，它根据要推出的结论提出问题，由问题的回答进行诊断或提出建议。它们之间的区别就是专家系统必须严格按照规则实施，而不能进行自我调节。例如，一个检测信用卡欺诈行为的专家系统有这样一项规则：如果某类账户的购买价值超过一定的数量，则为这一交易作标志。据此，专家系统对即使超过规定量 1 分钱的交易也会做上标志。另一方面，神经网络可以学习了解持卡人的消费行为，并且可以评价购买量与规定量之间的偏差，看其是否大到能引起怀疑的程度。神经网络甚至可以适用于训练样本中没有出现的情况。例如，如果在神经网络的学习过程中抵押贷款利率的范围是在6%～10%，那么如果利率降到了5%，系统会插入新语句。

神经网络具有许多优点，例如，它可以：

（1）独立学习并适应新环境。

（2）适于大规模并行处理。

（3）可以在具有不完整或不良结构信息的情况下进行工作。

（4）能够处理变量之间具有依赖性的大量信息。

（5）可以分析信息中的非线性关系，并被称为“特别回归分析”系统。

当前，神经网络面临最大的问题是隐含层的隐蔽性。也就是说，人们不知道神经网络是如何学习的，神经元之间是如何相互作用的。一些新型的神经网络不再隐藏中间层。用户可以人为地调整这些系统的权重或连接状况，从而使用户具有更多的灵活性和支配权。

8.5.2 模糊逻辑

模糊逻辑是一种处理不精确的或主观的信息的数学方法，它基于不明确的或含糊的信息得出结论。由于不是每种信息都能被区分并归入互不相交的类别中，因此，人类往往是在大概的信息基础上做出决策。例如，可能认为20华氏度是非常冷，40华氏度是冷，60华氏度是温暖，90华氏度是热，105华氏度是非常热。但是，却无法用精确的数值来对感觉温暖（或不温暖）的程度进行分类。困难之处在于存在以下事实：其他一些人的体验很可能与之不同；从主观上看，使一些人感觉温暖的温度，对另一些人而言很可能是热的——或是凉爽的。因此，需要一种方法将大概的或含糊的判断标准转换成计算机能处理的数据，计算机只能处理用精确数字描述的事件。在这种情境下，模糊逻辑就非常有效。

模糊逻辑的基本方法是将0~1之间的数字分配给不精确的或主观的信息。程度越高，就越接近1。例如，可以将数值0.8分配给“热”，然后就可以创建被称为算法的规则和过程，来描述变量之间的互相依赖性。一个模糊逻辑算法是一组步骤，它将代表着不精确的信息或个性感知的各个变量联系起来。

模糊逻辑与神经网络经常结合在一起，以一种可能简化问题和应用规则的形式表达复杂的和主观的概念。规则是在某种确定性程度下执行的，这非常类似于但是却不等同于统计学中的置信度概念。在统计学中，概率是用来估计某种结果的可能性的，而模糊逻辑所描述的是用来具体化主观感知的数据点本身。

模糊逻辑已经被应用于财务分析、制药业、木材加工和金属切割行业、防死锁制动的制造以及机器清洗等领域。例如，在机器清洗中能自动识别使用多少水和清洗多长时间（将一直清洗直到水“干净”为止）。在会计和财务领域中，模糊逻辑支持使用在经济学分析中非常重要的主观财务价值（比方说，像商业信誉这样的重要无形资源）来分析信息。

Google使用模糊逻辑来搜索用户想找的内容，用户的搜索词是很有意义的，因为对某一主题的感知通常会影响用户在查询时所使用的措辞，所以 Google 据此来选择并传送相关的网页。

8.6 遗传算法

随着对人工智能研究的不断深入，人们已经创造出通过反复试验而进化得到较好结果的软件，这种软件被称为遗传算法。遗传算法是一种人工智能系统，它通过模仿进化过程中适者生存规律，从而产生的一个问题逐步改进的解决方案。换句话说，遗传算法是一种优化系统：它能发现产出最优输出的输入组合。

下面看一个例子，假设你试图确定选择哪些股票作为投资组合。有无数种可供选择的股票，但你只有有限的资金用于投资。假设你决定开始先买 20 只股票，对这种投资组合所期望的增长率为 7.5%。你可能首先要研究股票的历史信息，选取某些股票并对它们进行组合。一次选 20 只，并考察每种组合的结果。如果是从 30 只股票中选 20 只，必须检查 30 045 015 种不同的组合。若从 40 只股票中选择，则组合数目会增加到 137 846 528 820。检查这么多组合并评价每种组合的总盈利在时间上是不可能的。然而，这种重复性的数字运算任务正是计算机所擅长的。

可以利用遗传算法代替笔、纸和计算器，此时只需要输入关于股票的适当信息，包括：上市公司的经营时间、股票在过去 5 年中的业绩、价格-收益比率以及其他一些信息。

用户还必须为遗传算法提供某种确切的“成功”标准，例如，利用的标准可能是在过去一年中，公司的收益率至少为 10%，在商业界至少运营了 3 年，与计算机行业的联系，等等。遗传算法对股票进行组合与再组合，删去其中不符合标准的组合，利用可以接受的组合进入下一代继续进行。可接受的组合是指其总增长率至少为 7.5%，而目标是增长率尽可能高。

遗传算法运用了 3 种进化概念：

（1）选择：或称适者生存，其关键在于优先考虑较好的结果。

（2）交叉：因希望产生一个更好的结果而将几个好的结果搭配在一起。

（3）变异：试着随机组合并评估其结果的成功与失败。

遗传算法最适合于可能存在几千或几百万种解决方案的决策环境。遗传算法可以发现并评价方案，与人类相比，它可以更快更彻底地检查更多的可能方案。正如人们所想象的，企业需要对各种各样的问题进行决策，如工程设计、计算机制图、对策的策略等。这些决策问题需要优化技术才能解决。这里有一些其他例子：

（1）在考虑各种税收的情况下，利用遗传算法可以帮助企业经理确定企业应投资于哪种项目组合。

（2）投资公司利用遗传算法在贸易选择和决策方面提供辅助。

（3）在消费者购买的每件衣服中，织物本身占销售价格的 35%～40%。因此，在制作衣物的剪裁阶段，尽量减少衣料浪费是很重要的。遗传算法可以用来解决这一问题，设计出衣料浪费最少的剪裁图样和剪裁方式。

（4）美国西部公司利用遗传算法确定包括多达 100 000 个连接点的网络中的最佳光缆结构。利用选择、交叉和变异操作，遗传算法能够产生并评价几百万种线缆结构，并选择出所用线缆最少的一种。以前，为完成这一过程需要一个有经验的工程师花费两个多月的时间，而今天，利用遗传算法则可以在两天内完成，而且每次都能节省 100 万~1 000 万美元。

8.7 智能代理

智能代理是一种软件，它可以辅助人或充当人的代表来执行重复的与计算机相关的任务。未来的智能代理很可能具有自制性，能够独立完成任务，并可以学会适应变化的环境。

或许人们还没有意识到它们的存在，但大家很可能已经熟悉了一类形式简单的智能代理——在某些版本的 Word 软件中弹出的长着眼睛的回形针。例如，如果文档看起来像是一封商业信函，即输入了时间、姓名和地址，那么动画回形针将提供如何继续操作的建议。

智能代理可分为 4 种基本类型：

（1）信息代理（包括采购者代理或购物机器人）。

（2）检测和监视代理。

（3）数据挖掘代理。

（4）用户或个人代理。

8.7.1 信息代理

信息代理是寻找信息并提供给顾客的智能代理。最知名的信息代理是采购者代理。采购者代理，也称为购物机器人，是位于网站上的智能代理，可以帮助顾客找到所需的产品或服务。购物机器人对诸如激光唱片、电子元件和其他一些标准产品的工作效率非常高。亚马逊网站（Amazon.com）利用智能技术为顾客提供其可能喜欢的图书和其他产品的列表。该网站将每个顾客与一组具有相似爱好的顾客相匹配，并指出这组顾客的共同选择。

购物机器人赚钱的方式是通过出售广告空间、与商家协作进行商品推销，或收取点击通过费用，即为提供商业网站链接的站点付费。有些购物机器人出于财务上的原因还为某些站点提供优先权。经营购物机器人站点的人们有两个相互矛盾的目标，一方面他们希望以最有效的方式为顾客提供尽可能多的项目列表；另一方面他们还希望赚取利润。

Google 使用信息代理来发现信息——并不仅是在用户要求的时候。Google 的 URL 服务器发送数以千计的 Googlebots 到 Google 索引目录中的所有网站去“冲浪”。它们把每秒内点击率超过 100 的个人网页复制到 Google 的资料档案库中，Google 软件就从这里进行索引。当用户用 Google 搜索时，该搜索引擎收集内容中包含搜索关键字的所有网页，并按照网页的页级别（PageRank）顺序将网页列表提供给用户。Google 的页级别建立过程是对网页的链接进行排序，即在搜索时，网络中指向某个网站的超链

接越多，在搜索结果的列表中该网站的位置就越靠前。

8.7.2 检测和监视代理

检测和监视代理，也称预测代理，是一种对设备进行观测和报告的智能代理。检测和监视代理经常用于检测复杂的计算机网络。Allstate 保险公司的计算机网络拥有2000 多台计算机，公司使用一个称为 Neugent 的网络检测代理，每天 24 小时检测公司的大型网络。它每隔 5 s 测量 1 200 个数据点并可在系统崩溃前 45 min 就能预见到。Neugent 将智能代理技术和神经网络技术结合在一起，以便发现活动或问题的模式。神经网络部件可以学习到是什么原因导致网络效率下降或网络流量速度变慢。Neugent 也可以监视黑客计算机的攻击，及早发现它们以便终止其行为。

另一种在计算机网络上工作的检测和监视代理跟踪记录连接到网络中的每台计算机的配置信息。当任何计算机上的任何配置发生变化时，例如磁盘驱动器的数量或类型的更改，它就追踪并更新中心配置数据库。管理网络的一项重要任务是确定通信任务的优先次序并调整带宽，这意味着相对于次要的任务来说，需要为最重要的任务分配足够的网络容量和带宽。

此外，一些其他类型的检测和监视代理可以完成下述工作：

（1）监视用户的竞争对手的情况并带回价格变化和特定的报价信息。

（2）检测因特网站点、讨论小组和邮件列表等，以便获取关于股票操纵、内幕交易以及影响股票价格的谣言等信息。

（3）检测某些站点，获取用户选择主题的更新信息。

（4）监视特定的产品并带回价格和条款变化信息。

（5）监视拍卖站点，获取用户关心的产品或价格信息。

8.7.3 数据挖掘代理

数据挖掘代理在数据仓库上运行以发现信息。数据仓库从多种不同的数据源收集信息。数据挖掘是透过数据仓库找出可用于指导用户采取行动的信息。例如，增加销售收入的策略或采用何种措施留住考虑转向竞争对手的顾客。

数据挖掘最常用的形式之一是分类，即找出信息中的模式并把每个项目都分到这些类中，这也正是神经网络最擅长的工作。因此，神经网络是许多数据挖掘工具的组成部分。由于数据挖掘代理是从数据仓库中寻找信息，因此，数据挖掘代理是数据挖掘的另一种组成部分。

数据挖掘代理可以探测某种趋势或某项关键指示变量的主要变化。它也可以检测新出现的信息并通知用户。

8.7.4 用户代理

用户代理，有时称为个人代理，是代表用户采取行动的智能代理。这类智能代理已经可以执行，或将能执行下列任务：

（1）检查用户的电子邮件，根据用户的优先权将其归类，并且当收到好消息时可以通知用户，如大学录取通知书。

（2）作为对手同用户一起玩游戏或在游戏区为用户巡逻。

（3）自动为用户填写 Web 上的表格，甚至可以存储用户的有关信息，以供将来参考使用。

（4）“讨论”用户深为关心的运动会主题。

智能代理的一个扩展应用是在商业自动化中，例如，Mission Hockey 公司是一家制造和批发冰鞋以及其他装备用具的公司。该公司使用来自瑞典的一种称为 Movex 的软件，该软件具有用户代理组件。Movex 软件将智能代理合并到企业资源规划（ERP）系统中。ERP 的含义是指综合考虑企业的各个组成部分，以便使企业的生产、研发、销售、商品或服务的售后服务等协调工作，实现公司的目标和目的。

8.7.5 多代理系统和基于代理的模型

回忆或者观察货物运输系统、图书分销中心、视频游戏市场、一次流感的流行以及一个蚂蚁群，这些事物或现象有什么共同之处吗？它们都是复杂的适应性系统，因而拥有某种共同的特征。

通过观察生态系统的一部分，像蚂蚁群或蜜蜂群，人工智能科学家使用硬件与结合了昆虫特性和行为的软件模型能够做到：

（1）学习基于人类的系统是如何运行的。

（2）预测在给定的一系列环境下，它们将如何行动。

（3）改进人类系统，使其更富效率和效果。

学习生态系统并将它们的特性用于人和组织，这一概念称为仿生。类似于人和蚂蚁的复杂的组织，是由单独的群体构成的，每个群体由一些个体组成。这些群体有着不同的角色，遵守着自己特定的规则，并对变化的环境做出反应；而且，群体中每一个个体的行为方式都不尽相同。

下面以一个简化的视频游戏零售市场为例进行分析。第一个群体的人设计游戏并编写程序代码（在这个群体内还有更小的子群体），第二个群体的人生产光盘或数字化视频光盘，并分销给零售商店（第三个群体），最后一个群体的人（顾客）选择是否购买这些游戏。每一个群体的行为都会影响到其他的群体。

研究类似这样一个系统的传统方法是审视每一个群体，然后按照那个群体的习惯和行为方式建立模型。不过，这类研究方法存在着严重的局限性，因为一个群体与另一个或更多群体之间的交互作用必须被忽略掉，或者分别研究。将系统作为一个整体进行研究的困难之处在于系统非常复杂，想追踪所有的变量和它们之间的交互作用异常艰难，传统模型很快变得无法管理。

近年来，人工智能研究领域借助多代理系统在将复杂系统作为整体建模方面取得了很大的进展。在一个多代理系统中，智能代理组成的群体能独立地工作，并且相互之间可以交互作用。这种使用多代理系统对人类组织的模拟称为基于代理建模。基于代理建模是一种使用多个智能代理模拟人类组织的方法，其中每个智能代理都遵循一套简单的规则并能适应变化的环境。

基于代理建模系统正在一些领域大显身手：为股票市场的波动建模，预测人们在

燃烧建筑物中的逃生路线，估计利率对有不同类型负债的客户的影响，预期哪些环境变化将影响供应链，等等。

在模拟研究商业问题时最广泛采用的模拟类型之一是蚂蚁的生态系统。如果尝试过从家中移走蚂蚁窝，就会知道蚂蚁群是多么的坚定和高效。每一个个体蚂蚁都是独立自主的，它独立地行动和做出反应（如果在一群蚂蚁的中间撒点面包屑，它们会沿着不同的方向散开）。蚂蚁是一种不同寻常的昆虫，因为它们具有社会性（只有不到2%的昆虫具有社会性，除了某些种类的蜜蜂和黄蜂，白蚁是唯一完全社会化的昆虫）。"社会性"一词意味着一个群体中的所有成员共同工作来创建和维持一个有效的、稳定的全局系统。因此，尽管蚂蚁们是独立自主的，但每一只蚂蚁都为系统做出贡献。蚂蚁已经在地球上生存了4 000 万年，与之相比，中国发现的最早的人类是距今170万年的元谋人，蚂蚁在进化中非凡的成功得益于集体性行为，即所谓的群体智能。

群体或累积智能是由简单代理组成的群体的集体性行为，这些简单代理在问题产生时能够想出办法解决问题，并最终产生条理分明的全局性模式。更确切地说，复杂的集体性行为可以产生于在系统中始终遵循少量简单规则的个体。

群体智能使得具有以下四种特性的系统得以创建和维持：

（1）柔性化：系统能够响应周围环境中的大、小变化。例如，如果在一个蚂蚁群中移动食物，蚂蚁们很快就能再次找到这一食物。

（2）强壮：即使系统中的某些个体成员不能取得成功，工作也能完成。例如，如果从蚂蚁群中移走一些蚂蚁，那么其他的蚂蚁会插手帮忙，继续做那项工作。

（3）分权化：因为每一个个体都有一项相对简单的工作，并且是在没有监督的情况下完成工作的。在一个蚂蚁群中会有搜索食物的工蚁、保卫蚁巢的兵蚁、生产下一代的蚁后、照料和喂养茧的保育蚁，等等。

（4）自组织化：因为解决问题的方法不是由一个中央权力机构规定的，而是由在集体中负责完成工作的个体作为解决问题的战略开发而来的。例如，如果某只蚂蚁发现了一块较大的、一只蚂蚁无法搬动的食物，那么其他的蚂蚁会赶来帮助，它们围绕着食物不断地变换位置直到找到合适的平衡点来一起搬走这块食物。

那么，蚂蚁群的工作方式是如何同现代商业中的信息技术发生联系的呢？在集体系统中，由个体组成的群体有着确定的目标，并在没有集中控制或共同计划的情况下解决问题和制定决策。群体智能提供了一种分析这种集体系统的方法。想一想视频游戏市场，没有人指挥整个系统来让顾客购买特定的游戏，或指示生产者销售某一数量的游戏或仅在某一特定地区销售。这些市场参与者组成的不同的群体，按照他们自己认为的有利于目标实现的方式行动着，而他们之间交互作用的结果就是一个具有自我特征的、在供应和需求之间寻找平衡的系统。

对工蚁的行为和西南航空公司搬运货物的机械臂的行为进行比较，是说明生态系统和人类组织相似性的一个显著例子。我们将简短地研究一下，其中一些离奇的相似之处会让西南航空公司的管理层感到惊奇。首先，仔细考察蚂蚁。

工蚁的唯一职责是为蚁群提供食物。它们没有委员会，不讨论战略，也不指望某个中央权威机构的领导。它们仅仅是找到食物，然后把食物带回巢，并且在这一过程中遵循着一个简单的步骤。

假定两只蚂蚁从同一个点出发去寻找食物。蚂蚁 A 因为走了一条较短的路线而首先发现了食物。确定食物位置后，蚂蚁 A 开始返回巢中，并在身后留下一条信息素的痕迹（像面包屑一样的生物学痕迹），这样蚂蚁 A 和其他蚂蚁就能知道走哪条路可以找到食物。返回的第一只蚂蚁首先“铺设痕迹”指引其他蚂蚁，然后其他的蚂蚁在它们的返回途中会通过留下自己的信息素来强化这条痕迹。

与此同时，蚂蚁 B 在较短路径已经被建立的情况下返回蚁巢。其他已经在搬运食物的蚂蚁不会改变它们的路线。另外，留在未被选择的路径上的信息素痕迹经过一段时间后会蒸发掉，这样它就被系统有效地删除，不再作为通向食物的适当路径了。蚂蚁的方法直接而有效，可以归纳为下述规则：

（1）规则 1：如果已经存在一条痕迹，则沿着痕迹走：否则，创建一条新痕迹。

（2）规则 2：发现食物。

（3）规则 3：返回巢中，并在返回途中留下一条信息素痕迹。

如果情况发生变化（例如，假定食物被移动了），蚂蚁就会停止回到食物曾经放置的地方，并且痕迹也消失了。然后，前述过程重新开始，并不屈不挠地继续下去，直到工蚁发现新的食物并留下指路的信息素通道。

蚂蚁刚才解决的问题只是人类（像蚂蚁一样）面临的最古老的问题之一，被称为“最短路径问题”或“旅行推销员问题”。某些工作中存在着相同类型的问题，例如为卡车安排装、卸货顺序，或为工厂的生产车间安排任务，甚至是给地图涂颜色确保相邻的两个区域颜色不同。从事这些工作的人员不得不寻找解决这类问题的方法。

从自然界中得到启迪，人工智能研究人员构造了几套机器人和控制机器人遵循规则并像蚂蚁一样以基本方式互相影响的合成软件。他们还创造了无须实物形态的、由小的自治代码块组成的虚拟蚂蚁，称之为智能代理。每一个代码块都能遵循特定的规则、相互作用和适应环境。接下来，研究人员将这些虚拟蚂蚁安排在多代理系统中，多代理系统被进一步改善后将形成基于代理的模型。

【延伸阅读】“大不列颠哥伦比亚”牛奶

大不列颠哥伦比亚牛奶市场营销部负责从农场主手中收集鲜牛奶，并将它们运送到加工厂。市场营销部再将加工厂的付款转交给农场主——每两个星期达 1 700 万美元之多。由 70 辆卡车组成的车队每天能从 350 户农场处采集牛奶，因此，体系中全部的 700 户农场的收集过程要经历两天时间。然后牛奶将穿越多个省市被运送到 26 个加工厂。

用纸进行档案记录不堪其重。驾驶人用泵将农场主的牛奶抽入到卡车的罐中后，要在一个四联的票据上记录采集牛奶的体积（以升计算），并将其中的一联交给农场主。为灌满一辆带着两个挂车的卡车，驾驶人需要到 5 处农场收集牛奶，并且对每一个农场都要进行纸面的记录。在挂车都灌满后，驾驶人驱车前往加工厂，卸货后拿到一张填有牛奶数量的收据。然后，驾驶人开车去下一个农场，上述过程又重新开始。

每天产生农场的350张收据和用于记录要给卡车公司付费的大约70张卡车收据。

为输入和处理这些信息，即使使用一台计算机，每天也要耗费很多时间，尤其是在卡车驾驶人丢失收据或忘记移交收据，以及输入数据有误而需要调查的情况下。每年采用纸质档案的费用大约是 100 000 美元。记录基本的牛奶收入和运费支出的会计账目消耗了这么多时间，但是却没有留下多少进行深层分析决策所需的内容，而这些信息资源本来是可以被更有效地利用的。

新的决策支持系统实时控制数据的输入。每位驾驶人使用一个手持的无线扫描装置将信息发送到中心系统。每个农场和加工厂都有一个唯一的条形码供驾驶人扫描。现在所要做的只是输入牛奶的容积，添加一些注释，如牛奶的温度等。安装在卡车驾驶室中的无线打印机能为农场主或加工厂打印表明交易的单据。然后，数据通过蜂窝状的数据网络被传送到市场营销部的因特网入口处，从这里再传入主计算机进行处理。

除了能够更快、更准确地收集数据，更有效地支持决策制定之外，该 IT 系统还使得大不列颠哥伦比亚牛奶市场营销部能很快地识别出那些生产不合格牛奶的农场，进而马上采取纠正措施。并不是仅有管理层能从这套新 IT 系统的决策支持功能上获益，普通驾驶人也得到了有用信息。例如，在每个拖车中有多少剩余容量，装载量应如何在拖车之间分配等。因此，这套新的决策支持系统不仅帮助企业降低了成本，而且增加了收益。

【实验与思考】 了解人工智能，熟悉机器学习

"实验与思考"的目的：

（1）了解人工智能的基础知识和主要应用。

（2）理解决策、决策类型和决策支持系统的基本概念。

（3）了解与熟悉专家系统、神经网络等的技术内涵及其应用。

1．工具/准备工作

在开始本实验之前，请认真阅读课程的相关内容。

需要准备一台带有浏览器，能够访问因特网的计算机。

2．实验内容与步骤

[概念理解]

通过阅读教科书和查阅网站资料，尽量用自己的语言解释以下决策支持与人工智能的基本概念：

（1）请分别举例说明 4 种决策类型。

答：____

____

____

（2）决策过程分为哪 4 个阶段？

答：____

____

____

（3）什么是决策支持系统？请描述它的组成部件。

答：

（4）地理信息系统用于解决哪些问题？

答：

（5）什么是人工智能？哪些人工智能系统在商业中广泛应用？

答：

（6）专家系统有哪些主要部件组成？

答：

[实验案例1] 使用决策支持系统控制燃料成本。J. B. Hunt运输公司每年在汽车的燃油上花费巨大，该公司的10 000辆卡车和48 000辆拖车向美国各地运送货物。该公司2014年在燃料上的支出是25亿美元。这个数字比2003年增长了40%。柴油是公司的第二大费用（司机的工资是第一大费用），公司希望找到降低这一费用的方法。同往常一样，部分答案在于信息技术。

J.B.Hunt在2015年安装了一套决策支持系统来帮助司机选择合适的加油站。使用卫星通信方式，这套系统将从全国收集到的柴油价格直接播送到卡车的驾驶室。软件读取数据库得到每一个地区的当地税率，然后为驾驶人计算出加油所实际需要的费用。

J.B.Hunt并没有强求驾驶人使用这一系统，但是提供了激励措施来鼓励那些使用者。该公司估计这一系统每年可为公司节约100万美元。

问题与分析：请利用网络搜索并记录（见表8-2）当日全国部分地区92号汽油和0号柴油的零售价格（在“与上期比较”栏打钩选择）。

根据上述搜索与分析，你认为J. B. Hunt运输公司使用决策支持系统控制燃料成本的做法有没有意义？

答：

表 8-2　92 号汽油和 0 号柴油在实验当日的市场零售价

地　区	92 号汽油/元	与上期比较	0 号柴油/元	与上期比较
北京		□涨 / □跌		□涨 / □跌
上海		□涨 / □跌		□涨 / □跌
广州		□涨 / □跌		□涨 / □跌
重庆		□涨 / □跌		□涨 / □跌
南京		□涨 / □跌		□涨 / □跌
杭州		□涨 / □跌		□涨 / □跌
沈阳		□涨 / □跌		□涨 / □跌
哈尔滨		□涨 / □跌		□涨 / □跌

[实验案例 2]　地理信息系统与“安德鲁”飓风。

1992 年，“安德鲁”飓风（见图 8-7）袭击了美国的东海岸，在它扫荡过的几个州县留下了一片狼藉。受灾最重的地方之一是佛罗里达州的迈阿密，飓风登录后摧毁了商业建筑物和家庭住房，造成十几亿美元的损失。

图 8-7　安德鲁飓风

《迈阿密先驱报》的记者们认为不应把所有的损失都归罪于“安德鲁”飓风。他们推测至少有一些损害是由于 1980 年以后建造的伪劣房屋造成的。

在“安德鲁”飓风发生的 4 个月后，该报纸提出一系列的报告，并且使用了地理信息系统的地图来确定各个点，如道路、秃头鹰的数量分布、下水管道以及通信线路的分布等。

《迈阿密先驱报》的记者们绘制了一张地图，在图中标出了“安德鲁”飓风风力最强的到达点，并描绘了飓风在内陆的行进路线，在行进过程中，飓风的冲击力不断减损。接下来，记者们绘制了另一张地图，其中标出了受损的房屋，每个圆点代表 10 户人家。用不同的颜色填涂圆点来代表受损的程度——蓝色代表 10 栋可修复的房屋，橙色代表 10 栋被彻底毁坏的房屋。当把这两张地图重叠在一起的时候，可以很清晰地看到，飓风的强度与它所造成的损害并不吻合。换句话说，记者们的工作表明“安德鲁”飓风并不是全部毁坏的唯一罪魁祸首。最终，Dade 县的建筑规范被修订得更为严格，建筑商们再盖房子时必须使用更多的钉子和安装更坚固的窗户、门及护窗板。《迈阿密先驱报》由于它的调查工作而荣获了“普利策奖”。

（1）阅读和分析上述案例，可从中得到哪些启发？有什么关联的想法？

答：______

______

______

______

（2）建立地理信息系统。利用 PowerPoint 软件工具建立一个地理信息系统模型。例如，在第一张幻灯片上绘制一张校园地图；然后，在第二张幻灯片上标明在哪些建筑物里上什么课，并将其铺在第一张幻灯片上；在第三张幻灯片上标明上课的教室类型（即礼堂、实验室、小型、中型或大型房间）；第四张标明特殊设施，如计算机实验室或生物实验室，等等。尝试通过这些幻灯片的叠加产生不同的播放效果。

在设计这个地理信息系统时，你遇到了哪些问题？这些地理信息系统对新生有帮助吗？其中哪些层面作为一般应用？哪些层面在结束大学生活后还具有纪念意义？

答：______

______

______

______

[实验案例 3]　谁来做决策。

未来，智能计算将超出人工智能的阶段，在这个阶段，计算机可以学习，变得越来越聪明，并且还可以为人们承担许多制定决策的任务。

在多大程度上允许计算机代替人来决策，通常取决于所作决策的性质。例如，大多数库存管理系统都能很好地测定出在某生产线上重新安排生产所需物资数量。如果系统安排的物资过量不会有真正的危害，是因为多余的物资仍然摆放在货架上。如果物资安排不足，企业将会经受一段时间的库存短缺。另一方面，绝不能在没有经过核实的情况下使用计算机给病人开出的服药剂量。错误的剂量——无论是太少还是太多都可能对病人造成严重伤害，甚至导致严重疾病和死亡。

请举出商业领域 3 个主要由计算机决策的例子和 3 个显然不能由计算机决策的例子。

（1）______

______

（2）______

______

（3）______

（4）

（5）

（6）

[实验案例 4]　红绿灯问题的扩展。

通过建立一张类似于图 8-5 的表来扩展红绿灯专家系统。在表格中包含下列情形：

（1）十字路口中间有一辆发生事故的汽车。

（2）在十字路口你正向左转。

（3）在十字路口你正向右转。

（4）一位行人正从你的前方穿越。

（5）一条狗正从十字路口路过。

（6）在十字路口附近玩耍的孩子们的一个球滚到了路上。

（7）你前方的汽车抛锚了。

请写出答案。

3．实验总结

4．实验评价（教师）

第 9 章

信息系统开发技术 «

信息系统是企业最重要的要素之一，它对企业的战略和目标提供支持，几乎所有企业中的职位都会要求员工与信息系统共同工作。

对安全、可靠、可信的系统解决方案的需求是企业不断增加对信息技术的依赖结果，企业依赖信息系统来提供服务和开发产品、管理日常事务，以及执行短期和长期管理职能。在开发信息系统时，系统开发人员必须努力确保满足企业的所有需求，并为新系统制定可以接受的实施策略。

9.1 信息系统的开发技术——软件工程

发展至今，软件工程已经是一门交叉性学科，它是解决软件问题的工程，它应用计算机科学、数学及管理科学等原理，借鉴传统工程的原则、方法来创建软件，从而达到提高质量、降低成本的目的。其中，计算机科学和数学用于构造模型、分析算法，工程科学用于制定规范、明确风格、评估成本、确定权衡，管理科学用于进度、资源、质量、成本等的管理。

9.1.1 计算机系统工程

硬件工程和软件工程都可以看成是一门更广义的学科——计算机系统工程的一部分。

用于计算机硬件的工程技术是由电子设计技术发展起来的，如今，硬件设计技术已经达到比较成熟的水平。虽然制造方法仍在不断地改进，可靠性已是一种可以期待的现实。

随着计算机系统的迅速发展和应用范围的日益广泛，计算机软件的规模越来越大，其复杂程度也不断增加。进入 20 世纪 60 年代以来，人们开始逐渐认识到了确实存在着“软件危机”这样一个事实。例如，软件生产不能满足日益增长的需要；用户对完成的软件满意度很低；软件质量难以保证，质量保证技术还没有真正应用到软件开发的全过程；软件可维护性差，程序中的错误很难改正，或者当硬件环境发生变化时，想要进行适应性或完善性维护却极其困难。

导致这一系列问题的一个重要原因，就是由于软件的研制和维护本身是工程性的任务，但软件人员所采取的方式却未能工程化。为了克服软件危机，促使人们开始考虑采用工程化方法和工程途径来研制和维护软件。20 世纪 60 年代末至 70 年代初开始，逐渐发展起一组总称为“软件工程”的技术。这些技术把软件作为一个工程产品来处理：它需要计划、分析、设计、实现、测试以及维护。

在大多数新系统创建时，对系统所要求的功能往往只有模糊的概念。系统分析和定义的目的在于确定项目的范围，这就要对需要进行处理的信息、所要求的功能、所期望的性能，以及设计的约束和检验的标准等进行系统、详细的分析。

在范围确定之后，计算机系统工程师必须考虑多种能潜在地满足项目范围的、可供选择的配置。在综合考虑各项因素之后，选择其中的一种配置，并将系统的功能分配给系统的各个部分（例如硬件和软件）。

9.1.2 软件和软件生存周期

《中国大百科全书》给软件下的定义是：软件是“计算机系统中的程序和有关的文件。程序是计算任务的处理对象和处理规则的描述；文件是为了便于了解程序所需的资料说明。程序必须装入机器内部才能工作，文件一般是给人看的，不一定装入机器。程序作为一种具有逻辑结构的信息，精确而完整地描述计算任务中的处理对象和处理规则。这一描述还必须通过相应的实体才能体现。”也就是说，“软件”不仅是指程序，在软件研制过程中按一定规格产生的各种文件也是软件不可缺少的组成部分。

《信息技术软件工程术语》（GB/T 11457—2006）定义了软件生存周期，即从设计软件产品开始到产品不能再使用时为止的时间周期。亦即，一个计算机软件，从出现一个构思之日起，经过开发成功投入使用，在使用中不断增补修订，直到最后决定停止使用，并被另一项软件代替之时止，被认为是该软件的一个生存周期（或称生命周期、生存期，life cycle）。

一个软件产品的生存周期可以划分成若干个互相区别而又有联系的阶段，每个阶段中的工作均以上一阶段工作的结果为依据，并为下一阶段的工作提供了前提。经验表明，失误造成的差错越是发生在生存周期的前期，在系统交付使用时造成的影响和损失就越大，要纠正它所花费的代价也越高。因而在前一阶段工作没有做好之前，决不要草率地进入下一阶段。

《信息技术软件生存周期过程》（GB/T 8566—2007）则根据软件工程的实践和软件工程学科的发展，进一步完善了软件生存周期的定义，即从概念形成直到退役，并且由获取和供应软件产品及服务的各个过程组成。该标准把软件生存周期中可以开展的活动分为 5 个基本过程（获取过程、供应过程、开发过程、运作过程、维护过程）8 个支持过程（文档编制过程、配置管理过程、质量保证过程、验证过程、确认过程、联合评审过程、审核过程、问题解决过程）和 4 个组织过程（管理过程、基础设施过程、改进过程、培训过程）。

软件生存周期过程中阶段的划分，有助于软件研制管理人员借用传统工程的管理方法（重视工程性文件的编制，采用专业化分工方法，在不同阶段使用不同的人员等），从而有利于明显提高软件质量，降低成本，合理使用人才，进而提高软件开发的劳动生产率。

由于工作的对象和范围的不同以及经验的不同，对软件生存周期过程中各阶段的划分也不尽相同。但是，这些不同划分中有许多相同之处。《计算机软件开发规范》《信息技术软件生存周期过程》GB/T8566—2007 将软件生存周期划分为以下 8 个阶段，即可行性研究与计划、需求分析、概要设计（即结构设计）、详细设计、实现（含单元测试）、组装测试（即集成测试）、确认测试、使用和维护。图 9-1 所示为软件生存周期的瀑布模型。

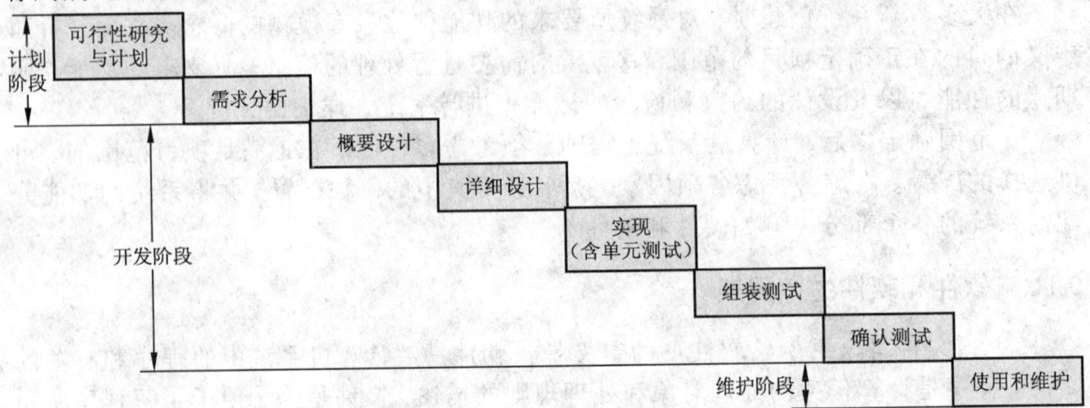

图 9-1　软件生存周期的瀑布模型

“软件生存周期”是对软件的一种长远发展的看法，这种看法把软件开始开发之前和软件交付使用之后的一些活动都包括在软件生存周期之内。

应当注意的是，软件系统的实际开发工作不可能直线地通过分析、设计、编程和测试等阶段，出现各阶段间的回复是不可避免的。

软件生存周期的每个阶段都要产生一定规格的软件文件移交给下一阶段，使下一阶段在所提供的软件文件的基础上继续开展工作。《计算机软件文档编制规范》（GB/T 8567—2006）建议在软件的开发过程中编制下述 14 种文件，即可行性研究报告、项目开发计划、软件需求说明书、数据要求说明书、概要设计说明书、详细设计说明书、数据库设计说明书、用户手册、操作手册、模块开发卷宗、测试计划、测试分析报告、开发进度月报以及项目开发总结报告。而《计算机软件需求规格说明规范》（GB/T 9385—2008）、《计算机软件测试文档编制规范》（GB/T 9386—2008）等有关软件工程的国家标准对软件文件的编制提出了更为详尽的要求，《软件文档管理指南》（GB/T 16680—2015）则明确了对软件文件的管理要求。

图 9-2 和图 9-3 分别说明了在典型情况下，软件生存周期各阶段的工作量所占的比重。图 9-2 说明运行维护工作量要占整个生存周期工作量的一半以上，图 9-3 则说明了测试阶段（组装测试和确认测试）的工作量约占整个开发期工作量的一半。

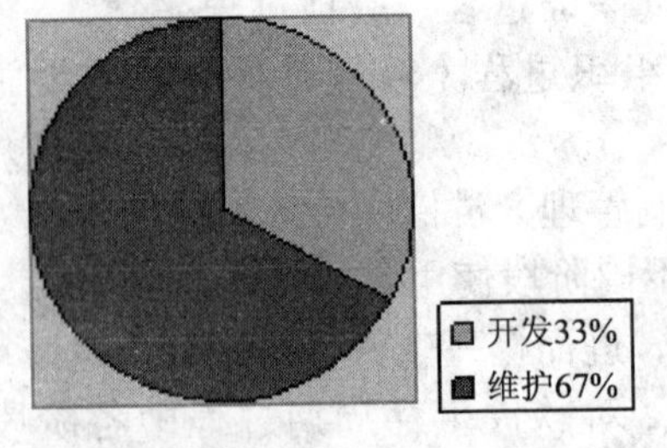

图 9-2　软件生存周期工作量分配

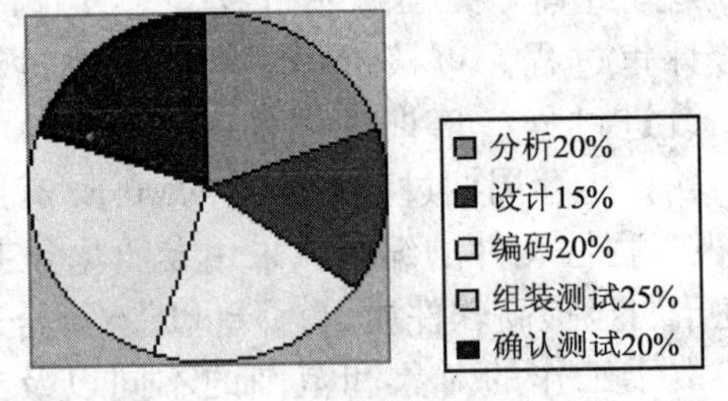

图 9-3　开发阶段工作量分配

9.1.3　软件生存周期模型

软件生存周期模型（又称软件开发模型）是软件工程的一个重要的概念，它可以

定义为：一个框架，它含有遍历系统从确定需求到终止使用这一生存周期的软件产品的开发、运行和维护中需实施的过程、活动和任务。

软件生存周期模型能清晰、直观地表达软件开发全过程，明确规定了开发工作各阶段所要完成的主要活动和任务，以作为软件项目开发工作的基础。对于不同的软件系统，可以采用不同的开发方法、使用不同的程序设计语言以及各种不同技能的人员参与工作、运用不同的管理方法和手段等，并允许采用不同的软件工具和不同的软件工程环境。软件生存周期模型是稳定有效和普遍适用的。

在软件生存周期过程中，软件生存周期模型仅对软件的开发、运作和维护过程有意义，在信息技术国际标准 ISO 12207 和 ISO 9000-3 中都提到软件生存周期模型，包括瀑布模型、渐增模型、演化模型、螺旋模型、喷泉模型和智能模型等。

1．瀑布模型

瀑布模型（Waterfall Model）是 1970 年 W. Royce 提出的最早的软件开发模型（见图 9-1），它将软件开发过程中的各项活动规定为依固定顺序连接的若干阶段工作，形如瀑布流水，最终得到软件系统或软件产品。换句话说，它将软件开发过程划分成若干个互相区别而又彼此联系的阶段，每个阶段中的工作都以上一个阶段工作的结果为依据，同时为下一个阶段的工作提供了前提。

瀑布模型之所以能广泛流行，一方面由于它在支持开发结构化软件、控制软件开发复杂度、促进软件开发工程化方面起了显著作用，另一方面它为软件开发和维护提供了一种当时较为有效的管理模式，根据这一模式制订开发计划、进行成本预算、组织开发人员以阶段评审和文档控制为手段，有效地对软件开发过程进行指导，从而使软件质量有一定程度的保证。1988 年，曾依据该开发模型制定并公布了《计算机软件文档编制规范》（GB/T 8567—2006），对我国软件开发起到了较大的促进作用。

瀑布模型在大量的实践中也暴露了不足和问题。例如，由于固定顺序，前期阶段工作中所造成的差错，越到后期阶段所造成的损失和影响也越大，为了纠正它而花费的代价也越高，尽管技术人员小心翼翼，但这种情况还是会经常发生。因此，在评价瀑布模型时，应考虑相关风险。

2．渐增模型

渐增模型（Incremental Model）是指从一组给定的需求开始，通过构造一系列可执行的中间版本来实施开发活动。第一个中间版本纳入一部分需求，下一个中间版本纳入更多的需求，依此类推，直到系统完成。每个中间版本都要执行必要的过程、活动和任务。例如，需求分析和体系结构设计需要执行一次，而详细设计、编码和测试、软件组装和验收测试在每个中间版本构造过程中都执行，如图 9-4 所示。

在开发每个中间版本时，开发过程中的活动和任务顺序地或部分平行地使用。当相继的中间版本在部分并行开发时，开发过程中的活动和任务可以在各中间版本间平行地采用。

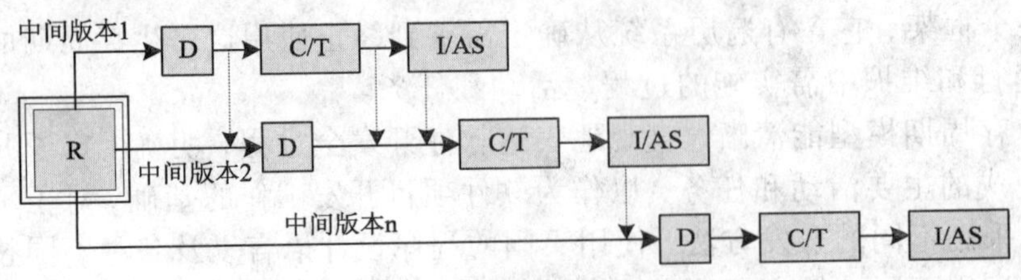

图 9-4 渐增模型示意

→—可能的信息流；R—需求；C/T—编码/测试；D—设计；I/AS—安装和验收支持

3. 演化模型

演化模型（Evolutionary Model，又称进化模型）主要针对事先不能完整定义需求的软件项目开发。由于人们对软件需求的认识模糊，许多软件开发项目很难一次开发成功，返工再开发难以避免。因此，人们对需要开发的软件给出基本需求，作第一次试验开发，其目标仅在于探索可行性和弄清需求，取得有效的反馈信息，以支持软件的最终设计和实现。通常，把第一次试验性开发出来的软件称为原型。这种开发模型可以减少由于需求不明给开发工作带来的风险。

演化模型也有多种形式，例如：

（1）丢弃型：原型开发后，已获得了更为清晰的需求反馈信息，原型无须保留而被丢弃，开发的原型仅以演示为目的，这往往用在软件用户界面的开发上。

（2）样品型：原型规模与最终产品相似，只是原型仅供研究用。

（3）渐增式演化型：原型作为最终产品的一部分，它可满足用户的部分需求，经用户试用后提出精化系统、增强系统能力的需求，开发人员根据反馈信息，实施开发的迭代过程。如果一次迭代过程中有些需求还不能满足用户的要求，可在下一迭代中予以修正，整个实现后软件才可最终交付使用。

演化模型（见图 9-5）也是通过构造系统的各个可执行的中间版本来开发系统的，但是，与渐增模型的区别是承认需求不能被完全了解，且不能在初始时就确定。在该模型中，需求一部分被预先定义，然后在每个相继的中间版本中逐步完善。该模型中，每个中间版本在开发时，开发过程中的活动和任务顺序地或部分重叠平行地被采用。

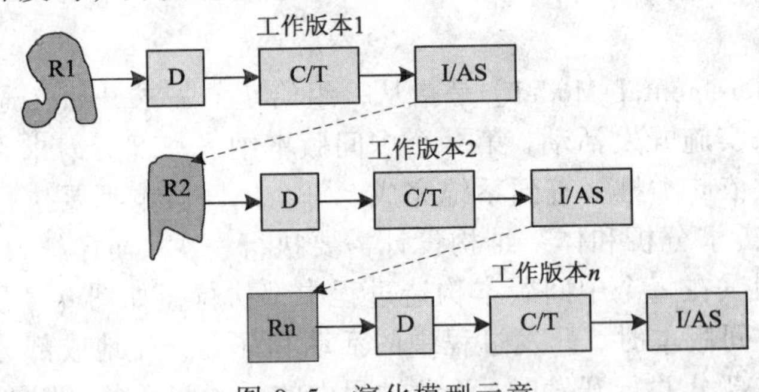

图 9-5 演化模型示意

---→—信息流（细化）；R—需求；C/T—编码/测试；D—设计；I/AS—安装和验收支持

对所有的中间版本，开发过程中的活动和任务通常接同一顺序被重复使用。维护过程和运作过程可以与开发过程平行地使用。获取过程、供应过程、支持过程和组织过程通常与开发过程平行地使用。

9.1.4 软件工程定义

人们对软件工程的定义和内涵有一个广泛讨论、研究和认识的过程，从而对软件工程有了各种各样的定义。例如：

（1）P.Wegner 和 B. Boehm 认为软件工程可定义为：科学知识在设计和构造计算机程序，以及开发、运作和维护这些程序所要求的有关文档编制中的实际应用。

（2）F. L. Bauer 认为：为了经济地获得软件，这个软件是可靠的并且能在实在的计算机上工作，所需要的健全的工程原理（方法）的确立和使用。

（3）1983 年，IEEE（国际电气与电子工程师协会）的软件工程术语汇编中，将软件工程定义为：对软件开发、运作、维护、退役的系统研究方法。1990 年版的 IEEE 软件工程术语汇编，又将定义更改为：对软件开发、运作、维护的系统化的、有纪律的、可定量的方法之应用，即是对软件的工程化应用。

（4）《信息技术软件工程术语》（GB/T 11457—2006）则把软件工程定义为：软件开发、运行、维护和引退的系统方法。

从以上对软件工程的不同定义中，可以看到对其内容的理解是逐步深入的，软件工程所包含的内容也不是一成不变的。随着人们对于软件系统的研制开发和生产的理解，也应该用发展的眼光来看待它。只有这样才能客观、公正地反映出它的内涵和外延。

9.1.5 软件工程学的基本原则

软件工程的目标是明确的，就是研制开发与生产出具有良好的软件质量和费用合算的产品。费用合算是指软件开发运行的整个开销能满足用户要求的程度；软件质量是指该软件能满足明确的和隐含的需求能力的有关特征和特性的总和。

为了达到“以较少的投资获得易维护、可靠、高效率和易理解的软件产品”这个目的，各种软件工程技术所遵循的基本原则如下：

（1）分解：分解是分析解决复杂问题的重要手段，它的基本思想是将一个复杂的问题分成若干个较小的、相对独立的、较易解决的子问题，然后分别加以解决。将软件开发过程划分成几个阶段、结构化分析方法的分解、结构化设计方法和 Jackson 方法的模块化等都体现了“分解”的原则。

（2）抽象和信息隐蔽：抽象和信息隐蔽也是解决复杂问题的重要手段，它的基本思想是在将复杂问题逐层分解时，将“怎么做”等大量细节隐蔽在下一层，从而使上一层突出“做什么”而得到简化。通常称上一层为下一层的抽象。

软件设计中常用的“模块化”和“局部性”方法就体现了这种抽象和信息隐蔽的原则。

（3）一致性：一致性强调软件开发过程的标准化、统一化，包括软件文件格式的一致、工作流程的一致等。研究软件方法的目的之一，就是使开发过程走上标准化的轨道。

（4）确定性：确定性要求软件开发过程中用确定的形式将一些较含糊的概念表达出来。例如，用数据流程图来精确地表达用户需求，用易维护性、可靠性、易理解性、高效率等指标来具体度量软件的质量等。确定性也是保证软件质量的前提。

9.2 标准化与开发文件编制指南

任何工程项目都要经过计划、设计、施工、检验等一系列步骤，在这些步骤中，资料和图纸是绝对必要的，因为其中记载了大量数据、方案、报表、图示和文字说明等有关工程项目的重要信息。然而，与之相比，软件工程的文件资料在软件生存周期中的地位和作用应该显得更加突出。

一项计算机软件的筹划、研制及实现，构成一个软件开发项目。一个软件开发项目的进行，一般需要在人力和自动化资源等方面作重大的投资。为了保证项目开发的成功，最经济地花费这些投资，并且便于运行和维护，在开发工作的每一阶段，都需要编制一定的文件。这些文件连同计算机程序及数据一起构成计算机软件。作为软件产品的主要形式之一，这些文件集中体现了软件开发人员的大量脑力劳动成果，是软件不可缺少的组成部分。

9.2.1 软件开发标准化的目的和作用

软件文件是指与软件研制、维护和使用有关的材料，是以人们可读的形式出现的技术数据和信息，包括计算机列表和打印输出。它们描述或规定软件设计的细节，说明软件具备的功能，说明为使用软件，以便从软件系统得到所期望的结果而提供的操作命令。软件文件和计算机程序共同构成了能完成特定功能的计算机软件。

硬件产品和产品资料在整个生产过程中都是有形可见的，软件生产则有很大不同，文件本身就是软件产品的一部分。没有文件的软件，不成其为软件，更谈不到软件产品。软件文件的编制在软件开发工作中占有突出的地位和相当的工作量，高效率、高质量地开发、分发、管理和维护文件对于转让、变更、修正、扩充和使用文件，对于充分发挥软件产品的效益有着重要意义。

软件文件的作用可概括为以下几点：

（1）提高软件开发过程的能见度。把软件开发过程中一些“不可见的”事物转变为“可见的”文字资料，以使管理人员在软件开发各阶段进行进度控制及软件质量管理。管理人员可把文件中记载的材料作为检查软件开发质量的依据，从而提高所开发的软件的质量。

（2）提高开发效率。软件文件的编制将使开发人员对各个阶段的工作都进行周密思考、全盘权衡，从而减少返工，并可在开发早期发现错误及不一致性，便于及时加以纠正。

（3）作为开发人员在一定阶段内的工作成果和结束标志。

（4）记录开发过程中的有关技术信息，便于协调以后的软件开发、使用和维护。

（5）提供对软件的运行、维护和培训的有关信息，便于管理人员、开发人员、操作人员和用户之间的协作、交流和了解，使软件开发活动更加科学、更有成效。

（6）便于潜在用户了解软件的功能、性能等各项指标，为他们选购符合自己需求的软件提供依据。

在有关软件工程的各项国家标准中，对软件文件的编制做出了具体而详尽的叙述。例如，《计算机软件文档编制规范》（GB/T 8567—2006）建议在软件的开发过程中编制下述 14 种文件，即可行性研究报告、项目开发计划、软件需求说明书、数据要求说明书、概要设计说明书、详细设计说明书、数据库设计说明书、用户手册、操作手册、模块开发卷宗、测试计划、测试分析报告、开发进度月报以及项目开发总结报告等；《计算机软件需求规格说明规范》（GB/T 9385—2008）和《计算机软件测试文档编制规范》（GB/T 9386—2008）等则对上述中的一些文件的编制有更为详尽的阐述；《系统与软件工程　用户文档的管理者要求》（GB/T 16680—2015）为那些对软件或基于软件的产品的开发负有职责的管理者提供了软件文档的管理指南。

9.2.2 软件生存周期与各种文件的编制

因为软件产品文件是在软件开发过程中产生的，故与软件生存周期有着密切关系，其中有些文件的编写工作可能要在若干个阶段中延续进行。

（1）在可行性研究与计划阶段内，要确定该软件的开发目标和总的要求，要进行可行性分析、成本-收益分析、制订开发计划，并完成应编制的文件。

（2）在需求分析阶段内，由系统分析人员对所设计的系统进行系统分析，确定对该软件的各项功能、性能需求和设计约束，确定对文件编制的要求。作为本阶段工作的结果，一般应编写出软件需求说明书、数据要求说明书和初步的用户手册。

（3）在设计阶段内，系统设计人员和程序设计人员应该在反复理解软件需求的基础上，提出多个设计，分析每个设计能履行的功能并进行相互比较，最后确定一个设计，包括该软件的结构、模块的划分、功能的分配以及处理流程。在所设计系统比较复杂的情况下，设计阶段应分解成概要设计阶段和详细设计阶段两个步骤。这时，应完成的文件包括概要设计说明书、详细设计说明书和测试计划的初稿等。

（4）在实现阶段内，要完成源程序的编码、编译（或汇编）和排错调试，得到无语法错误的程序清单，要开始编写模块开发卷宗，并且要完成用户手册、操作手册等面向用户的文件的编写工作，还要完成测试计划的编制。

（5）在测试阶段，该程序将被全面地测试，已编制的文件将被检查审阅、一般要完成模块开发卷宗和测试分析报告，作为开发工作的结束，所生产的程序、文件以及开发工作本身将逐项被评价，最后写出项目开发总结报告。

（6）在整个开发过程中（即软件生存周期的前 5 个阶段中），开发集体要按月编写开发进度月报。

（7）在运行和维护阶段，软件将在运行使用中不断地被维护，根据新提出的需求进行必要而且可能的扩充和删改。

9.2.3 文件编制中考虑的因素

文件编制是一个不断努力的工作过程，是一个从形成最初轮廓，经反复检查和修改，直到程序和文件正式交付使用的完整过程。其中每一步都要求工作人员做出很大努力。要保证文件编制的质量，要体现每个开发项目的特点，也要注意不要花费太多的人力。为此，编制中要考虑如下各项因素。

1. 文件的读者

对于使用文件的人员而言，他们所关心的文件的种类，随他们所承担的工作而异。每一种文件都具有特定的读者，这些读者包括个人或小组、软件开发单位的成员或社会上的公众、从事软件工作的技术人员、管理人员或领导干部。他们期待着使用这些文件的内容来进行工作，例如设计、编写程序、测试、使用、维护或进行计划管理。因此，这些文件的作者必须了解自己的读者，这些文件的编写必须注意适应自己的特定读者的水平、特点和要求。

软件文件在软件开发人员、软件管理人员、维护人员、用户以及计算机之间起着多种桥梁作用。软件开发人员在各个阶段中以文件作为前阶段工作成果的体现和后阶段工作的依据，这个作用是显而易见的。软件开发过程中软件开发人员需制订一些计划或工作报告，这些计划和报告都要提供给管理人员，并得到必要的支持。管理人员则可通过这些文件了解软件开发项目安排、进度、资源使用和成果等。软件开发人员还需为用户了解软件的使用和维护提供详细资料。

2. 文件内容的重复性

为了方便每种文件各自的读者，每种产品文件应该自成体系，尽量避免读一种文件时又不得不去参考另一种文件，因此，各个软件文件在内容上应该有一定的重复。如在《计算机软件文档编制规范》（GB/T 8567—2006）列出的 14 种软件文件的内容要求中，存在着某些重复。较明显的重复有两类：第一类引言，这是每一种文件都要包含的内容，以向读者提供总的梗概；第二类是各种文件中的说明部分，如对功能、性能的说明，对输入和输出的描述，系统中包含的设备等。当然，在每一种文件里，有关引言、说明等同其他文件相重复的部分，在行文上、在所用的术语上、在详细程度上，还是应该有一些差别，以适应各种文件的不同读者的需要。

9.2.4 文件内容的灵活性

由于不同软件在规模上和复杂程度上差别极大，在 GB/T 8567—2006 所要求的 14 种软件文件的编制中，还允许有一定的灵活性。

1. 应编制的文件种类

针对一项具体的软件开发项目，有时不必编制这么多的文件，可以把几种文件合并成一种。一般地说，当项目的规模、复杂性和成败风险增大时，文件编制的范围、管理手续和详细程度将随之增加。反之，则可适当减少。为了恰当地掌握这种灵活性，应注意以下几方面：

（1）一个软件开发单位的领导机构应该根据本单位从事的应用软件的专业领域和本单位的管理能力，制定一个对文件编制要求的实施规定。主要是：在不同的条件下，应该形成哪些文件？这些文件的详细程度如何？该开发单位的每一个项目负责人，必须认真执行这个实施规定。

（2）对于一个具体的应用软件项目，项目负责人应根据上述实施规定，确定一个文件编制计划。其中包括：

① 应该编制哪几种文件，详细程度如何。

② 各个文件的编制负责人和进度要求。

③ 审查、批准的负责人和时间进度安排。

④ 在开发时期内，各文件的维护、修改和管理的负责人，以及批准手续。

软件文件的编制是整个开发计划的重要组成部分，其中的每项工作都需要落实。

（3）有关的设计人员必须严格执行文件编制计划。

2. 文件的详细程度

文件的详细程度取决于任务的规模、复杂性和项目负责人对该软件的开发过程及运行环境所需要的详细程度的判断。

3. 文件的扩展

当被开发系统的规模非常大时，一种文件可以分成几卷编写，可以按其中每一个系统分别编制，也可以按内容划分成多卷。例如：

（1）项目开发计划可能包括质量保证计划、配置管理计划、用户培训计划和安装实施计划等。

（2）系统设计说明书可分写成系统设计说明书和子系统设计说明书。

（3）程序设计说明书可分写成程序设计说明书、接口设计说明书和版本说明等。

（4）操作手册可分写成操作手册、安装手册等。

（5）测试计划可分写成测试计划、测试设计说明、测试规程和测试用例等。

（6）测试分析报告可分写成综合测试报告、验收测试报告等。

4. 节的扩张与缩并

GB/T 8567—2006 所建议的所有各条都可以扩展，可以进一步细分，以适应实际需要。反之，如果有些细节并非必需，也可以根据实际情况缩并。

5. 程序设计的表现形式

程序设计的表现形式可以是流程图、判定表，也可以使用其他表现形式，如程序设计语言（PDL）、问题分析图（PAD）等。

6. 文件的表现形式

对于文件的表现形式没有规定或限制，可以使用自然语言，也可以使用形式化语言。

7. 文件的其他种类

当 GB/T 8567—2006 中所规定的文件种类尚不能满足某些应用部门的特殊需要时，可以建立一些特殊的文件种类要求，例如软件质量保证计划、软件配置管理计划等，这些要求可以包含在本单位的文件编制实施规定中。

9.3 软件测试技术

软件测试在软件生存周期中占有重要的地位，这不仅仅是因为测试阶段占用的时间、花费的人力和成本占软件开发的比重很大，而且它直接影响着软件的质量，是保证软件可靠性的主要方法之一，其目的是保证发现软件中的错误。大量统计资料表明，软件测试的工作量往往占软件开发总工作量的 40%以上。

9.3.1 测试的概念

软件测试阶段的主要任务是发现并排除在分析、设计、编程等各个阶段中产生的各种类型的错误，以得到可运行的软件系统。

与“测试是证实程序中不再含有错误”或者“说明程序能正确地执行它的功能”等看法相反，软件测试是假定程序中存在错误（当然这种假设是符合实际的），从而进行测试设计，通过执行测试活动尽可能多地发现程序中存在的错误。这样一个目标对如何成功地进行测试将产生影响。

但是，测试并不能发现所有的错误，因为无论采用何种办法，都无法完成一个软件系统的所有各种状态的组合运行，因此，“彻底的”测试是不可能的。测试的基本策略只能是“在一定的研制时间、经费的限制下，通过执行有限个测试过程，尽可能多地发现一些错误”。所以，测试的基本问题就是经济性，测试的关键就是如何设计出能尽可能多地发现错误的测试过程。

在软件测试活动中，除了“测试”和“排错”外，经常遇到的概念还有“确认”“正确性证明”和“验证”等。

“确认”（Validation）是广义上的软件测试，它是企图证明一个给定的外部环境中程序的逻辑正确性的一系列活动和过程，如图 9-6 所示。

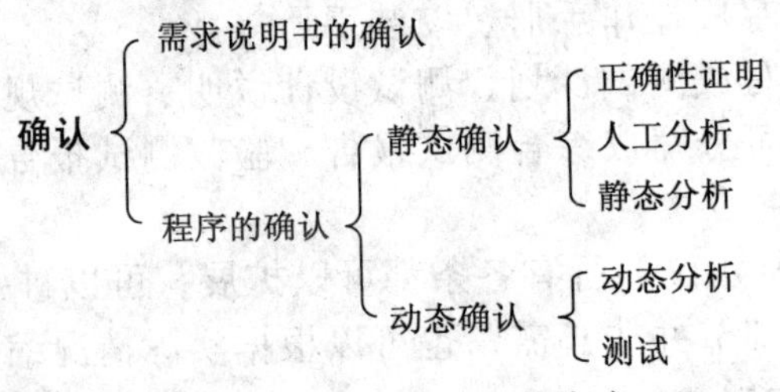

图 9-6　确认所包含的内容

正确性证明是一个使用一系列断言、公理及定理，运用逻辑推理的技术去推断下列命题的过程：假定在程序入口处的断言是正确的，则程序结束处的断言也是正确的。正确性证明以数学方法来证明程序符合需求说明书的要求。常见的正确性证明方法有 Hoare 方法和 Mills 方法等。

验收是指企图证明在软件生存周期各个阶段及阶段间的逻辑协调性、完备性和正确性。

对确认和验证的各种技术及其实现工具和策略来说，可以按照测试过程是否在实际应用环境中运行来分类，即静态分析技术和动态测试技术。静态分析技术包括“结构预查”“流图分析”“符号执行”等；动态测试技术包括“功能测试”“结构测试”等。

为了发现软件需求分析、设计、编程阶段的各种错误，软件测试可分成与需求分析、概要设计、详细设计/编码相对应的三步，即确认测试、组装测试和单元测试，如图 9-7 所示。

测试的基本流程包括：

（1）设计一组测试用例。每个测试用例由输入数据和预期输出结果两部分组成。

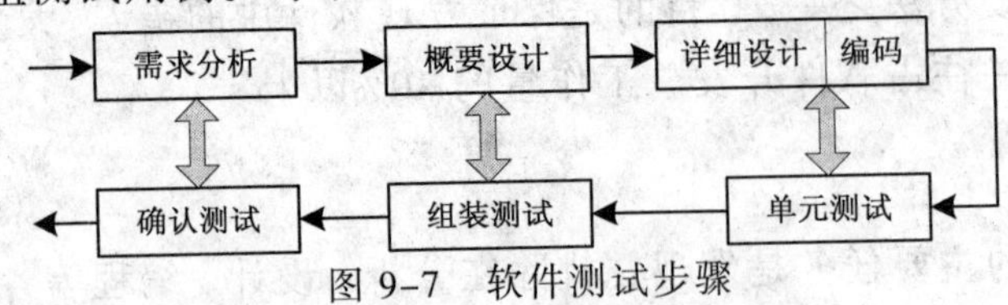

图 9-7　软件测试步骤

（2）用各个测试用例的输入数据实际运行被测程序。

（3）检查实际输出结果与预期的输出结果是否一致。若不一致则认为程序有错。

通常程序输入数据的可能值的个数很多，再加上程序内部结构的复杂性，要彻底地测试一个程序是不可能的，只能执行有限个测试用例，并求尽可能多地发现一些错误。

软件测试的一些基本原则如下：

（1）在开始测试时，不应默认程序中没有错误，这是由测试的定义决定的。测试前应明确程序中含有错误，测试的目的就是要找出其中尽可能多的错误。但测试一般不可能找出程序中的所有错误，只能证明程序中存在错误，但不能证明程序中不存在错误。

（2）测试不应由编写程序的个人或小组来承担。由其他人（非程序本身的编制者）来进行测试，会获得更好的效果。由于测试的目的是查错，因此，大多数程序员不能有效地测试他们自己的程序，这一方面是由于心理上的因素，另一方面也是由于对所编制程序的理解有习惯性。作为这一基本原则的推论，最好由程序作者之外的其他人，或由软件系统设计编程部门以外的另一个独立部门来进行测试，但查出错误之后的排错，仍应由程序的原编写者自己进行。

（3）测试文件必须说明预期的输出结果。一个测试用例不仅仅是一个输入数据，只有把输入数据和预期的输出结果结合起来才形成一个完整的测试用例。

（4）要对合理的和不合理的输入数据都进行测试。忽略后一种情形会降低程序的可靠性。对不合理的输入数据程序应拒绝执行。

（5）除检查程序功能是否完备外，还应检查程序功能是否有多余。换句话说，还应当检查该程序是否产生了人们所不希望的副作用。

（6）应该完整地保留所有的测试文件（包括测试数据集、预期的结果、程序执行的记录等），直至该软件产品废弃不用为止。因为在对该软件产品进行维护时，十分需要这种测试文件，以便修改后再测试。

（7）一个模块或多个模块中有错误的概率与已发现错误的个数成正比。

9.3.2 测试方法

软件测试工作的目标是尽可能多地暴露软件中潜在的错误，能暴露更多潜在错误的测试用例，便是成功的（或者说好的）测试用例。人们希望用最小的测试用例集合，得到最大的测试彻底度。因此，如何设计好的测试用例与如何衡量彻底度，便成为测试工作两个关键的技术问题。

按照测试过程是否在实际应用环境中运行来分类，可将测试技术分成静态分析和动态测试两种。

测试方法可分为测试的分析方法和测试的非分析方法两种。

测试的分析方法是通过分析程序的内部逻辑来设计测试用例的方法，它也适用于设计阶段对软件详细设计表示的测试。测试的分析方法包括白盒法和静态分析法两种。

测试的非分析方法又称黑盒法，它是一种根据程序的功能来设计测试用例的方法，也适用于需求分析阶段对软件需求说明书的测试。

1. 静态分析技术

静态分析的对象可以是需求文件、设计文件或程序，找出其中的错误或可疑之处。静态分析时不执行被分析的程序。

（1）结构预查。结构预查是一种手工分析技术，由一组人员召开会议，对某个程序的程序说明、程序设计、编码、测试等工作进行评议，在评议过程中检查出错误。“预查”是指被评议的程序要以逐步检查的方式被虚拟地执行一遍。统计数据表明，这种方法能找出典型程序中30%～70%的逻辑设计及编码上的错误。

（2）流图分析。流图分析是通过分析程序的流程图来实现的，它只分析代码的结构而不执行代码，因此，流图分析法比较适合于编码实现阶段。流图分析所能得到的信息主要有：

① 语法错误信息。

② 每个语句中标识符的引用分析，如变量、参数等。

③ 每个例行程序调用的子例行程序和函数。

④ 未给出初值的变量。

⑤ 已定义的但未使用的变量。

⑥ 未经说明或无用的标号。

⑦ 对任何一组输入数据均不可能执行到的代码段。

使用流图分析较直观，且能为动态测试产生测试数据，并显示各种测试数据执行的路径，便于分析测试结果。

2. 动态测试技术

为了找到程序的缺陷，使用最为普遍的方法还是动态分析技术。一般可以把程序看成是一个函数，此函数描述了输入和输出之间的关系。输入的全体叫作程序的定义域，输出的全体叫作程序的值域。

一个动态测试过程可分为5步：

（1）选取在定义域中的有效值，或定义域外的无效值。

（2）对已选的值决定预期的结果。

（3）用选取的值执行程序。

（4）观察程序的行为，并获取其结果。

（5）将结果与预期的结果相对比，如果不吻合，则证明程序存在错误。

我们可以通过定义域中的每个元素执行上述测试过程，从而证明程序有无错误，这就是“穷尽测试（又称穷举测试）”。但实际使用的测试方法只能是一种抽样检查，以把几乎无穷的测试变成一个可行的测试过程。为此，先要寻找一个合适的定义域中具有代表的元——测试数据集，并且专家也已经证明，并不存在寻找测试数据集的标准算法。

在动态测试过程中还应该注意到，程序中某个部分的错误可能比其他部分显著得多。如果某段程序中发现了较多的错误，则测试时应特别注意这一段。

按产生测试数据的不同方式，动态测试可分为功能测试和结构测试。功能测试又叫“黑盒测试”，它从需求分析的系统说明书出发，按程序的输入、输出特性和类型选择测试数据。结构测试又叫“白盒测试”，测试数据的产生涉及程序的具体结构，

所以它应反映程序的结构性质。例如，产生的测试数据应使程序的所有语句至少执行一次；或使程序的所有通路至少通过一次，即使程序的每个分支至少通过一次。

此外，还有接口测试，它包括测试数据接口和控制接口。测试数据接口主要是测试例行程序或模块间的数据传递的正确性；测试控制接口主要是测试例行程序或模块间的调用关系的正确性。

9.3.3 单元测试

软件测试分为单元测试、组装测试和确认测试 3 步。单元测试（也称模块测试或分调）是对程序的每一个模块进行独立测试。根据详细设计的说明，应测试重要的控制路径，力求在模块范围内发现错误。由于单元测试的目的是找出与模块的内部逻辑有关的错误，因此，单元测试一般以白盒法为主，而且可以多个模块平行进行。在单元测试中，一般同时还对模块接口、局部数据接口进行测试。

单元测试应该完成下列任务：指定的模块功能的执行；测试程序的逻辑与数据流路径；输入一切可能的输入数据类型，产生输出并预测比较；给出错误报告供程序排错。

9.3.4 组装测试

组装测试（也称集成测试、联合测试或联调）提供了组合软件的手段，它根据概要设计中各功能模块的说明及制定的组装测试计划，将经过单元测试的模块逐步进行组装和测试，即把每个通过测试的模块并入软件总体结构中。每并入一个模块，都要找出由此产生的错误。组装测试通常采用功能（黑盒）测试法来设计测试用例。

1. 组装测试的任务

组装测试应该完成的任务：测试系统所有功能特性；数据库装载、重组、恢复等方面测试；系统接口，包括内部、外部接口的测试；整体性出错处理测试；检查系统的安全性、保密性。

组装测试的实施步骤包括：

（1）执行测试计划中所有要求做的组装测试。

（2）分析测试结果，找出产生错误的原因。

（3）提交组装测试分析报告，以便尽快修改错误。

（4）评审。

组装测试应注意保证各模块间无错误的连接；应对软件系统或子系统的输入/输出处理进行测试，使其达到设计要求；应测试软件系统或子系统正确处理的能力和经受错误的能力。

2. 组装测试的方式

组装测试一般有两种组合软件方式：

（1）非增量方式：先测试好各个模块，再测试整个程序。这时，测试一个模块（例如 M）时，需要为它设计一个驱动模块和几个桩模块，如图 9-8 所示。

（2）增量方式：把下一个要测试的模块，同已经测试好的模块结合起来进行测试。增量测试方法逐步将要测试的模块同已测试的模块连接起来，把单元测试和集成测试这两步并成了一步。

增量式方法又可分为自顶向下增量式方法和由底向上增量式方法。

例如，在自顶向下增量式方法中，首先利用桩模块测试主模块（见图 9-9，测试 A），然后用实际的下层模块替代桩模块进行测试（集成测试 A、B，再集成测试 A、B、C），重复以上步骤直到替代了全部桩模块。

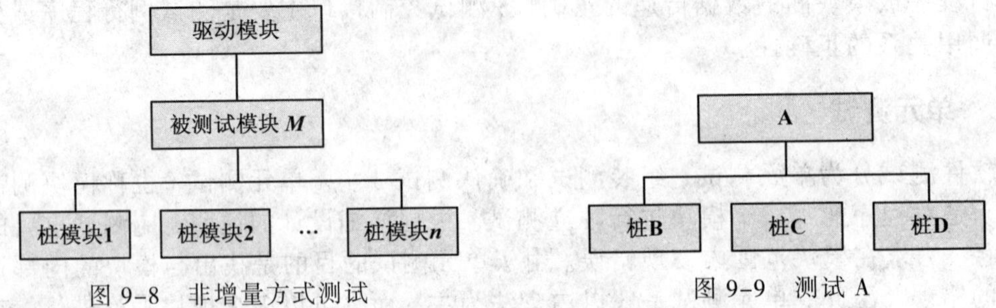

图 9-8　非增量方式测试　　图 9-9　测试 A

一般在决定测试次序时，可选择关键的模块及包含有输入/输出的模块尽早测试。

在自底向上增量式方法中，首先利用驱动模块测试最底层模块，然后用实际的上层模块替代驱动模块进行测试，重复以上步骤直到替代了全部驱动模块为止。

9.3.5　确认测试

确认测试是根据软件需求说明书中定义的全部功能、性能要求以及确认测试计划，来测试整个软件系统是否达到了要求，并提交最终的用户手册和操作手册。

确认测试是软件产品付之实际使用之前的一道既完整又系统的检验，它直接影响到软件产品的质量。也就是说，确认测试是软件质量保证的最后一个关键环节。尽管确认测试的某些部分是在单元测试和组装测试相同的条件下进行的，而且所用的数据相同，但确认测试仍是必要的，这是因为：

（1）错误改正之后所进行的组装测试是局部性的。

（2）系统的需求说明书在软件开发过程中可能会有所改变。

（3）由于每个系统都是由各功能独立的模块组合而成的，即使设计人员费心仔细进行组装测试，但错误仍在所难免。

（4）有利于进一步保证软件产品的质量。

软件经过开发测试之后，留给确认测试的任务有以下几项：

（1）系统级的功能测试。

（2）正规的系统验收测试。

（3）强度测试。在加载所有负荷的情况下，运行系统以验证系统的负荷能力。

（4）负荷和性能测试。在实际运行的环境下是否满足系统的功能。

（5）背景测试。在实际负荷情况下测试多道程序、多重作业的能力。

（6）配置测试。在所有指定组合的逻辑/物理设备下进行测试。

（7）恢复测试。测试系统能否从软件/硬件故障情况下恢复原先控制的数据。

（8）安全性测试。测试并保证系统的安全性，使不合法用户不能使用该系统。

确认测试的实施步骤包括：

（1）在模拟的环境中进行强度测试，即在事先规定的一个时期内运行软件的所有功能，以证明该软件与原目标的不符之处（错误）。

（2）执行测试计划中提出的所有确认测试。

（3）使用用户手册和操作手册，以证实其实用性和有效性，并改正其中的错误。

（4）分析测试结果，找出产生错误的原因。

（5）书写确认测试分析报告。

（6）确认测试结束后，书写整个项目的开发总结报告。

（7）对所有文件进行整理。

（8）评审。

确认测试应该由独立的测试小组进行，并且注意邀请用户一起参加；系统存储设备、输入/输出通道，以及处理时间等必须有足够的余量；全部预期结果、测试结果及测试数据应存档保留。

9.3.6 测试用例设计

测试用例设计的基本目的，是确定一组最有可能发现某个错误或某类错误的测试数据。在实际工作中，采用白盒法和黑盒法相结合的技术，是较为合理的方法。

1. 白盒法

白盒法又称结构化方法（结构测试）或逻辑覆盖法，其基本思想是把程序看作是路径的集合。这样，对程序的测试便转化为对程序中某些路径的测试，要设法让被测程序的“各处”均被执行到，使潜伏在程序每个角落的错误均有机会暴露出来。因此，白盒法实际上是一种选择通过指定路径的输入数据的分析方法。

用白盒法测试程序的步骤如下：

（1）为找出程序中的路径，需要将程序用流程图表示，并在流程图的适当地方加上标号。

（2）确定基本路径并求其功能抽象。

（3）按照覆盖条件，选取欲测试的完整路径。

（4）对于选取的每条路径：

① 计算功能抽象。

② 选取初始状态。

③ 根据需求确定对应的最终状态。

④ 用初始状态执行程序。

⑤ 比较程序的最终状态与预期的最终状态是否一致。

例如，下面的程序：

```
BEGIN
    C:=0;
    WHILE  B<>0  DO
       BEGIN
          C:=A+C;
          B:=B-1
       END
END
```

可用图 9-10 所示的流程图来表示。

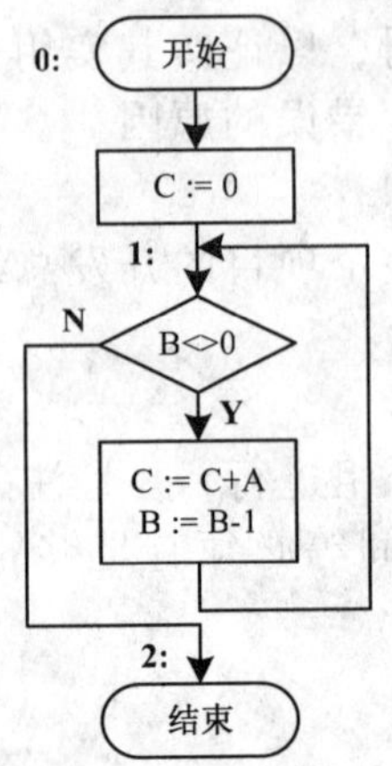

图 9-10　举例流程图

流程图中由有向线段相连的有序标号对组成基本路径，如图 9-10 中的（0→1），（1→1），（1→2）都是基本路径。程序的完整路径是由程序流程图入口到出口结束，由各基本路径前后连接而成的路径。如图 9-10 中的（0→1）（1→2）和（0→1）（1→1）（1→2）等都是完整路径。

当程序含有循环时，完整性路径的数目是无限的，因此，不可能测试程序中的每一条路径，只能按照给定的覆盖条件，使测试用例覆盖程序内部逻辑的程度尽量高些。

2. 测试覆盖率

采用白盒法可以用测试覆盖率作为测试彻底度的定量衡量标准。常用的覆盖率有：

（1）语句覆盖：要求设计足够的测试数据，使程序的每条语句都至少执行一次。

（2）判定覆盖（分支覆盖）：使程序中的每个判定至少出现一次“真值”和一次“假值”，即程序中的每个判定（分支）都至少要经过一次。

（3）条件覆盖：使判定中每个条件的所有可能的结果至少出现一次，并且使每条语句至少执行一次。

（4）判定/条件覆盖：使判定覆盖和条件覆盖同时得到满足。

（5）多重条件覆盖：又称条件的组合覆盖，是使程序中每个判定中的条件的各种组合都至少取到一次，并且每条语句至少执行一次。

此外，还有诸如路径覆盖（程序中每条路径至少执行一次）、基本路径覆盖（循环次数只考虑小于等于一次所组成的程序路径，每条基本路径至少执行一次）等。

为了获取测试覆盖率（不论是哪一种覆盖率）需要有测试工具的帮助，且需要花费人力与机时去做测试工作（设计测试用例、输入测试数据、进行统计计算等）。

在权衡了测试代价与效益之后，一般提倡这样的测试方法：即先按需求说明书构造测试数据，即进行黑盒法（功能）测试，借助于动态测试工具报告测试覆盖情况，然后再用白盒（结构）测试方法补充测试数据，使测试覆盖率提高到指定的标准。

通常经过“全面的”功能测试之后，可望达到 30%～50%，此时由熟悉程序结构的人员补充少量的测试用例，便可很快提高，使之达到 80%～85%。

各种覆盖条件的比较可用图 9-11 来表示，其中，上一覆盖到下一覆盖存在的有向线段即意味着上一覆盖比下一覆盖强。

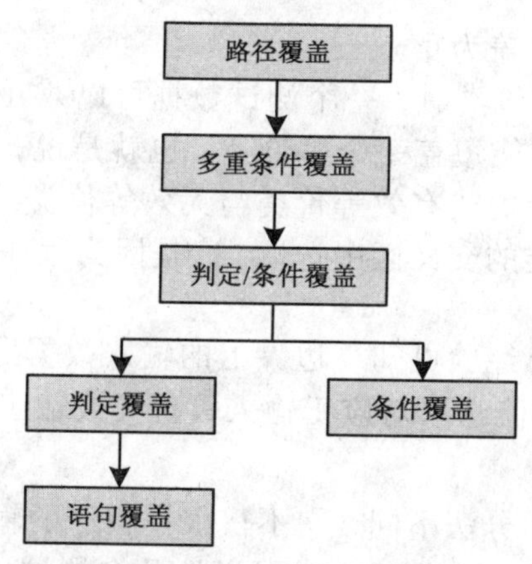

图 9-11 各种覆盖条件的比较

3. 黑盒法

黑盒法又称为功能测试，是根据软件需求说明书上罗列的各项功能、性能指标，来构造测试用例的输入数据，实际执行被测软件，分析执行过程的行为与执行结果，以便检查出被测软件的错误。在黑盒法测试中，测试者可以完全不关心程序的内部结构。可见，白盒法是一种逻辑驱动方法，而黑盒法是一种功能驱动方法。黑盒法是最常用的测试方法。

用黑盒法进行测试作业的流程如下：

（1）确定测试目标。

（2）制订测试计划。

（3）进行测试：

① 设计测试用例。

② 用测试数据执行被测试程序。

③ 分析测试结果。

（4）估计测试所达到的程度。

设计黑盒法测试用例常用如下 4 种方法。

（1）等价划分法。等价划分法的基本思想是将程序的输入区域分割成有限个等价类，假定同一等价类中各数据发现错误的可能性是一样的，所以用每个等价类中的一个具有代表性的数据作为测试数据。等价类可以交叉。

用等价划分法设计测试用例的步骤如下：

① 划分等价类。等价类可分为“有效等价类”和“无效等价类”两种，有效等价类表示程序合理地输入数据。无效等价类表示其他非法地输入数据。寻找等价类的过程在很大程度上是试探性的。

例如，已知每个学生可以选修 1 ~ 3 门课程，则可将输入条件“选修课程数”划分为 3 个有效等价类，即选修 1 门课程、选修 2 门课程、选修 3 门课程，和两个无效等价类，即没选修课程、选修 3 门以上课程。

② 选择测试用例。设计新的测试用例，使它覆盖尽可能多的尚未被覆盖的有效等价类，重复这一步，直到所有有效等价类均被覆盖为止。

设计新的测试用例，使它覆盖一个且仅一个未被覆盖的无效等价类，重复这一步，直到所有无效等价类均被覆盖为止。

注意到，在覆盖有效等价类时，一个测试数据可以兼几个等价类，但在覆盖无效等价类时，每个测试数据只能覆盖一个等价类。也就是说，在设计测试数据时，应尽量在有效等价类与有效等价类或有效等价类与无效等价类的交叉区中选取，但不允许在无效等价类与无效等价类的交叉区中选取。这是因为程序中的某些错误检测常常会抑制另一些错误检测。

（2）边界值分析法。由经验可知，边界上的输入数据发现错误的可能性比较大。边界值分析法认为，应尽可能选取对应于输入等价类或输出等价类的边界值作为测试数据。

边界值分析法和等价划分法不同，它不仅根据程序的输入空间，而且还要根据输出空间设计测试用例，并且一个等价类中可以选几个测试用例。

例如，规定学生的年龄是 16～25 岁，将输入空间分成一个有效等价类（16≤年龄≤25）和两个无效等价类（年龄<16 或年龄>25），然后选取各个等价类的边界值 15 岁、16 岁、25 岁、26 岁作为测试数据。

注意到，边界值分析不是从一个等价类中选择一个测试数据作为代表，而可能选择两个以上的测试数据；再者，边界值分析不仅注重输入条件，也根据输出结果来设计测试数据。运用边界值分析法，需要有一定的创造性。

（3）因果图法。等价划分法和边界值分析法的缺点是没有检查各种输入条件的组合。当然，要检查输入条件的组合并非容易，因为各等价类的组合情况可能极多。因果图法是一种根据输入条件的组合设计测试用例的黑盒方法，其基本思想是从用自然语言书写的功能说明中找出因（输入条件）和果（输出或程序状态的修改），通过画因果图，把模块功能说明书转换成一张判定表，再为判定表的每一列设计测试数据。所以，因果图法实际上是软件需求说明书的一种图示。

由于因果图较为复杂，所以一般只用于较小的程序。

（4）错误推测法。错误推测法就是根据经验或直觉来推测程序容易发生的各种错误，然后设计能检查出这些错误的测试用例。

错误推测法是基于经验的，因而没有确定的步骤。例如，对一个输入文件进行排序的系统，当输入文件是空或只有一个记录是较易出错的情况。因此，可设计输入文件包含 0 个或 1 个记录的测试用例来进行检查。

黑盒法设计测试用例方法的比较：黑盒法设计测试用例的几种常用的方法都能设计出一组较有用的测试数据。但每种测试方法均有不足之处，因为用每一种方法设计的测试数据仅仅容易发现某种类型的错误，而不易发现其他类型的错误，没有一种测试方法能设计一组“完整的”测试数据。通常，对程序进行测试时采用综合策略，即采用各种测试方法进行联合设计测试数据。具体方式如下：

① 在任何情况下都使用边界值分析法，此时应对输入及输出的边界值均进行分析。

② 必要的话，再用等价划分法补充测试数据。

③ 用错误推测法补充一些附加的测试数据。

④ 检查采用上述方法后程序的逻辑覆盖程度。通常可用白盒法中的判定覆盖、条件覆盖、判定/条件覆盖或多重条件覆盖方法，若未达到逻辑覆盖的标准，则可增加一些测试数据以达到覆盖的标准。

9.3.7 测试文件与复审

测试是软件生存周期中一个独立的、关键的阶段，为了提高检测出错误的概率，使测试能有计划、有条不紊地进行，必须编制测试文件。标准化的测试文件如同一种通用的参照体系，可达到便于交流的目的。文件中规定的内容可以作为对测试过程完备性的对照检查表，故采用这些文件将会提高测试过程每个阶段的能见度，极大地提高测试工作的可管理性。

在《计算机软件文档编制规范》(GB/T 8567—2006)规定的 14 个开发文件中，有关测试的文件包括"测试计划"和"测试分析报告"。

《计算机软件测试文档编制规范》(GB/T 9386—2008)也规定了一组描述测试行为的测试文件，所提出的文件类型包括测试计划、测试说明和测试报告。GB/T 9386—2006 中的测试文件是 GB/T 8567—2006 中"测试计划"及"测试分析报告"这两个文件的补充和细化，这样可使文件的书写更具体、更有参照性。

系统复审是在系统测试后对确认测试进行复审，包括：

(1)初步设计复审和待审设计复审。测试计划的复审包括最初形式的初步设计复审和最终形式的待审设计复审。测试计划的复审是保证所有有意义的设计特征都被测试过，而且所有说明的需求都得到验证。在初步测试计划中的测试程序将在概要设计需求说明书中复审，而实际的详细测试将在最终测试计划的待审设计需求说明书中复审。复审工作由质量保证小组进行控制。

(2)软件验收复审。软件验收复审是在用户验收之前正式举行的审核软件产品会议。

9.3.8 排错技术与系统转换

软件的测试是一个可以系统地计划并确定的过程。测试的目的是找出错误，当测试成功以后，就要去排除错误。

但排错和测试是两个不同的概念和过程。虽然排错也应该是一个有条理的过程，但仍然具有很大的技巧成分。软件人员在分析测试的结果时，看到的往往是软件出问题的征兆。也就是说，错误的内部原因与错误的外部表现可能没有明显的关系。于是，排错就成为把一个软件存在的问题的现象与其原因联系起来的人的思维过程。

测试与排错的不同可体现在以下几方面：

(1)测试是发现错误的积极活动，而排错是消除已经发现错误的消极活动。

(2)测试应该事先计划好，即可以预先说明要测试的内容及其所使用的方法，而排错源于测试，不可能预先知道何时何处会发生错误。因此，排错计划不可能事先制订好。

(3)测试通常是揭示一些错误所表现出来的特征和现象，例如，程序不终止、死循环、打印结果与原先设计不一致等。而排错是根据这些特征和现象寻找出程序中潜在错误的位置，并加以纠正。

经测试与排错后，得到了可运行系统，接着应该考虑系统的转换问题，即系统的交付使用。

所谓系统的交付使用，就是新系统与旧系统的交替，旧系统停止使用，新系统正式投入运行。这是一个过程，而不是一个突发的事件。这里需要的是尽可能平稳地过渡，使新系统逐步安全地取代旧系统的功能。这里的问题是，在转换的过程中，信息系统的工作不能停止或中断，而且时间往往非常紧迫。转换之前先要做好用户的培训工作。

系统交付使用之后，系统研制工作的全部过程就结束了。这时，系统研制人员必须进行工作的总结，主要的工作是准备一批资料。例如，要把系统研制过程中的全部资料汇总归档；要对系统做出评价；总结系统研制的方法等。

9.4 软件测试自动化

作为保证软件质量和可靠性的关键技术手段，软件测试正日益受到广泛的重视。但如何进行测试，如何提高测试的质量和效率，从而确保软件产品的质量和可靠性，仍是令人深感困扰的问题。

9.4.1 基于 GUI 的自动化测试

基于图形用户界面（GUI）的自动化测试工具在软件测试自动化领域中发挥着巨大的作用。它的基本原理是：在测试者运行应用程序的同时，把他的所有动作，包括键盘操作、鼠标点击等捕获下来，生成一个脚本文件，这个脚本以后可以被“回放”，也就是按照上一次的所有动作重复执行一遍，实现自动运行和测试。在实际测试过程中，通常脚本按同一动作连续执行的意义并不大，而是要根据测试需求进行一些必要的修改，如选择不同的测试数据、脚本中插入检查点进行跟踪调试等。所以，为使自动测试能够被高效执行，还要依赖于前期所做的充分、周密的准备和定制工作。

基于 GUI 的自动化测试在实际应用中会存在很多问题，其中最直接的一个问题是：测试主要针对程序界面进行，一旦界面有任何改动，就需要手工修改已经录制好的测试脚本，或者重新进行新的录制。这些改动有可能引起大量测试工作的返工，造成测试脚本的日常维护工作量急剧增大。

为解决这个问题，可以在被测应用程序和录制生成的测试脚本之间增加一个抽象层，它将程序界面上的所有元素映射成相对应的一个逻辑对象，测试就针对这些逻辑对象进行，而不依赖于界面元素的变化。另外，可以把一些公共函数进行封装，做成可重用的函数库；还可以把测试执行过程中所需的测试数据做成文件形式，测试脚本在运行时能够随时从此文件读取预先定制好的数据，使脚本和数据可以独立地进行维护。

9.4.2 α、β 测试

事实上，软件开发人员不可能完全预见到用户实际使用程序的情况。例如，用户可能错误地理解命令，或提供一些奇怪的数据组合，亦可能对设计者自认为明了的输出信息迷惑不解，等等。因此，软件是否真正满足最终用户的要求，应由用户进行一系列“验收测试”。验收测试既可以是非正式的测试，也可以是有计划、有系统的测试。有时，验收测试长达数周甚至数月，不断暴露错误，导致开发延期。

一个软件产品，可能拥有众多用户，不可能由每个用户验收，此时多采用称为 α、β 测试的过程，以期发现那些似乎只有最终用户才能发现的问题。因此，软件也通常有α测试版、β测试版及正式版3个版本。

α测试指内部测试版本。软件开发公司组织内部人员模拟各类用户行对即将面市软件产品（α版本）进行测试，试图发现错误并修正。α测试的关键在于尽可能逼真地模拟实际运行环境和用户对软件产品的操作，并尽最大努力涵盖所有可能的用户操作方式。经过α测试调整的软件产品称为β版本。

β测试指公众测试版本。软件开发公司组织各方面的典型用户在日常工作中实际使用β版本，并要求用户报告异常情况、提出批评意见。然后，软件开发公司再对β版本进行改错和完善。

【延伸阅读】 从程序员到软件测试工程师

国内软件公司对软件测试的态度令人担忧。软件测试工程师不足，开发测试人员比例不合理。据调查，最好的企业中测试人员和开发人员的比例是1:8，有的是1:20，甚至没有专职的测试工程师。

曾经参与微软Windows 95、Exchange Server 4.0和4.5、Internet Explorer 4.0和5.0、SQL Server 2000开发与测试工作的陈宏刚博士已经升任微软亚洲研究院商务及高校关系高级经理，但仍然对国内软件测试水平的落后深有感触。

国内很多企业还处在探索阶段，小企业的运作方式造成其主要精力集中在尽快完成初始资本积累。有些企业也了解软件测试的重要性，很努力、很认真地在学，但因为很多原因而学不到精髓，不知道如何去做。于是只能局限于书本上学来的简单的黑箱、白箱测试而已。很多人知道有压力测试和性能测试，但针对产品具体如何去做就不清楚了。

陈宏刚表示，重视测试首先需要有开放性的软件文化，而在很多公司中，测试工程师只是绝对服从的听命角色，没有开发他们的积极性和创造性。一些管理人员对软件开发的流程管理经验不足，仍然用传统企业的方法进行管理，再加上对软件质量的控制理解不对，认为编完程序经过简单的程序员自己测试就可以使用了，而没有认识到软件测试是控制质量最好的方法。

不过，国内还是有一些大型公司和专业公司已经在软件测试方面走上正轨。1994年开始接包IBM软件测试项目，1999年软件测试成为公司主体软件外包业务之一的和腾软件就是其中之一。因为客户就是IBM这样的大型软件公司，和腾软件高级副总裁刘忠表示，它们在软件测试管理上，经同国外的公司相差不大，同时也研究和应用了多种软件测试技术。

1. 软件测试工程师

一提到软件测试工程师，很多人就会想到那些反复使用软件，试图在频繁操作中寻找到错误发生的人员或者软件用户。其实这是一种错误的概念，软件测试早已超越了通过用户使用来发现Bug的基本测试阶段。

陈宏刚介绍说，微软的软件测试工程师分为3种：测试执行者（Basic Software Tester）、测试工具软件开发工程师（Software Development Engineer in Test）和高级软件测试工程师（Ad_hoc Tester）。

测试执行者负责理解产品的功能要求，然后根据测试规范和测试案例对其进行测试，检查软件有无错误，决定软件是否具有稳定性，属于最低级的执行角色。

测试工具软件开发工程师负责写测试工具代码，并利用测试工具对软件进行测试；或者开发测试工具为软件测试工程师服务。产品开发后的性能测试、提交测试等过程，都有可能要用到开发的测试工具。对技术要求最强的是这些人，因为它们要具备写程序的技术。“因为不同产品的特性不一样，对测试工具要求也是不同的，就像Windows的测试工具不能用于Office，Office的也不能用于SQL Server，微软很多测试工程师就是负责专门为某个产品写测试程序的。”

而Ad_hoc Testetr属于比较有经验、自己会找方向并做得很好的测试工程师，这要求具有很强的创造性。刚进入微软时，老板也是只给陈宏刚一个操作流程，每天就按照这个规程去做，几天下来，一个Bug都没有发现。陈宏刚也很沮丧，觉得这样挺对不起公司，后来自己问自己：为什么非要这样做！于是换了其他的方法试试，令他吃惊的是，一下就找到很多严重的Bug，当时也不敢声张。有一天，他找到10多个非常严重的Bug，开发经理一下就惊呆了，怒冲冲地跑到陈宏刚面前问：“你是不是改变了测试方式和测试步骤？”陈宏刚有些被吓住，说道：“可能改变了一点。”对方说：“我非常生气，但我不是生你的气，而是因为以前测试人员水平太差，或者以前的测试方式有问题，软件中有些Bug存在了半年甚至一年，但直到现在才发现，现在修补这些错误要困难很多！”后来陈宏刚得到了老板的赞许，可以按照自己的想法去做测试。对此，陈宏刚感受颇深：“一方面我体会到了微软非常鼓励创造的文化，同时也感到只遵守教条不是好的测试人员，就和用户一样了。做软件测试工程师同样需要开拓和创造性。”

在开发管理上，测试不应该归属于项目管理，也不应该归属于开发人员。这3个部门应该是并驾齐驱，相互协作，测试工程师最终决定产品是否能够发布。

2．软件测试工程师的素质

因为软件测试仍然处在发展阶段，还没有上升到理论层次。对人员的评测，包括微软在内，都还没有一个统一标准，因此评定软件测试工程师只能根据工作实践进行自然淘汰。

软件测试对逻辑思维、学习能力、反应要求很高，是否有严密的思维和逆向思维也非常重要。陈宏刚介绍说，在五六个人的测试小组中，一半以上的Bug都是他找到的。他认为这同自己数学专业的背景关系密切，数学中有逻辑思维的培训，要善于找出各方面的因素。比如，要证明一个定理，各个方面都考虑到，一个条件不满足就无法证明；但如果证明其不成立，最常用的就是找到一个反例，只要有一点证明不成立就可以了，软件测试也是找这一点。

做测试还要考虑到所有出错的可能性，还要做一些不是按常规做的、非常奇怪的事。除了漏洞检测，测试还应该考虑性能问题，也就是要保证软件运行得很好，没有内存泄漏，不会出现运行越来越慢的情况；在不同的使用环境下，考虑软件的兼容性同样重要。软件测试与产品的规模也有很大的关系，因为软件的Bug往往出在大型软件的连接处。

做软件测试工程师需要对软件抱有怀疑态度。这是因为开发人员喜欢想当然，总是找一些有利于自己程序执行的数据，有些开发人员甚至认为不利于程序执行的数据是对代码的玷污和亵渎。而软件测试却要策略性地准备各种数据，从每个细节上设计不同的应用场景，不去想当然地假定任何一个数据是可行的。

在职业素质和交际方面，并不是测试工程师爱挑别人毛病才好，反而这个工作要求很强的沟通能力。经常和开发人员进行沟通，说话办事要很得当，不能指责别人，否则会事倍功半。性格随和才能和开发人员顺畅地沟通，对人和对事是完全不同的两个问题。

3．培养优秀的软件测试工程师

朗川软件测试工程师张建阳从北大力学系毕业之后，曾开发流体力学分析软件，软件缺少测试而产生的问题给她留下了很深的印象。后来去大唐电信做UIM（统一消息管理系统），她发现尽管公司为了鼓励员工找Bug采取了很多奖励方法，但还是很少人愿意去做系统测试。而张建阳却从那时查阅翻译了很多国内外的资料，对软件测试产生了浓厚的兴趣。

像张建阳这样在工作中自己定位在软件测试领域的开发人员并不多见，因为程序员更愿意去做开发而不是测试，从大环境上，测试人员收入水平低也是原因之一。而在微软，测试人员和开发人员的工资水平是相同的。

如何改变这种现状呢？有人说可以派人去先进的国外软件企业学习，但这种方式因为牵涉到商业秘密，可操作性不大。陈宏刚博士认为更好的方法是引进人才，把在国外大型软件公司工作过、有经验的人才引进来，甚至要高薪聘请。他表示，这不仅仅是一个人的问题，关键是能够把整个软件测试的水准提高一个层次。

引进人才只是开始，更重要的是培养一批软件测试人才。软件开发的教育培训都是比较正规的，各个学校也都设有专业，但软件测试还没有正规的专业毕业生，而且没有评判的标准。陈宏刚博士给很多软件学院建议，开设四方面的软件测试专业基础课：软件测试基础、软件测试开发、高级软件测试案例和行业软件特色测试方法。国内现在已经有了一些软件测试基础的教材，但其他的教材还没有。高级软件测试案例主要是大型软件测试案例，大型软件出现的问题具有很强的代表性。而行业特色软件测试的课程可以开阔学生的视野。陈博士介绍说，在国外，也是极少的高等院校开设测试专业，但可以借鉴民间的培训机构课程。在有一批专业的测试人才出现之后，人们会认识到他们的重要性。

如果你已经开始从事软件测试工作，千万不要认为软件测试没有什么发展潜力和前途。刘忠从1995年接下IBM的OS2汉化版本的测试开始到现在，他一直工作在软件测试领域，并升到了公司高级副总裁的位置。和腾软件也培养了一批测试工程师，它们从对测试职业将信将疑到明确自己的测试方面的职业目标。刘忠介绍说："很多人开始做测试执行工作时会说很麻烦、很枯燥，只是一味地埋怨，而不是主动地去学习，他没有看到软件测试背后所隐藏的知识。因为学习可以做这些工作，不学习也可以做这些工作，但质量是不同的。有些人自学和请教了很多测试技术和管理方面的知识，公司自然就会在下个项目中去培养他。"

因此，对于一个新手，要在各方面培养自己的能力。首先是要理解各种测试流程，并在理解的基础上转化为自己的知识，以后遇到相似的问题能自己去解决。在测试技能上，要知道测试有哪些手段，比如压力测试有哪些方法，哪些工具可以辅助做测试。从专业技能上，面向不同的技术方向，像操作系统、网络、通信等都要从专业上深入了解。这三方面要同步去成长。

4. 软件测试工程师未来的发展

从事软件测试有没有前途，未来的职业发展方向怎样呢？

陈宏刚博士表示，软件测试工程师在微软的发展有几种途径：一种走技术路线，成长为高级软件测试工程师，这时他能够独立测试很多软件，再向上可以成为软件测试架构设计师。第二种就是向管理方向发展，从测试工程师到组长（Lead），再到项目经理（Manager），到更高的职位。第三种可以换职业，做项目管理，做开发人员都可以。很多测试工具软件开发工程师在写测试软件的过程中，因为开发方面积累了经验，同时对软件产品本身产生了自己的看法，很容易转去做产品编程。

陈宏刚博士现在还带着一个测试小组，两个清华软件学院的学生，一个南开的专门做软件测试的博士生，一个北邮的学生，他们负责总部一个产品的测试。陈博士表示，在自己简单地讲讲思路，共同探讨之后，他们一星期就找出了 70 多个 Bug，也感觉学了很多知识，并表示以后专注于软件测试专业，因为他们感觉软件测试真的是一门很深的学科，有很多可以研究的课题。其实微软的测试人员很多也都是硕士、博士，他们同样在做创造性的工作，保证着程序质量，推动着软件的进步。

软件测试是正在快速发展，充满挑战的领域。尽管现在单机版桌面软件的测试已经成熟了很多，但对于网络时代的来临，包括微软在内的公司对基于网络的测试也没有一套完整的体系，也是处于探索中。网络中被攻击的可能性太大，这就是为什么黑客在网络上能兴风作浪的原因。网络测试是一个新环境，而且是很大的挑战。

软件测试未来的发展空间很大，软件测试工程师的职业之路同样充满希望。

资料来源：软件测试网（http://www.51testing.com），有删改

【实验与思考】 文档编制与软件测试

“练习与实验”的目的：

（1）理解软件工程的基本概念，熟悉软件、软件生存周期、软件生存周期过程和软件生存周期各阶段的定义和内容。

（2）熟悉 GB/T 8567—2006《计算机软件文档编制规范》，掌握软件项目规模与软件文档实施关系的处理方法。

1. 工具/准备工作

在开始本实验之前，请回顾教科书的相关内容。

通过虚构一个应用软件开发项目，以这个项目开发过程中软件文档需求为基础，来进行本实验。

2. 实验内容与步骤

[概念理解]

（1）请查阅有关资料，给“软件”下一个权威性的定义。

答：____

____

____

这个定义的来源是：______________________

（2）“软件生存周期”是软件工程技术的重要基础，是对软件的一种长远发展的

看法，这种看法把软件开始开发之前和软件交付使用之后的一些活动都包括在软件生存周期之内。

请查阅有关资料，给出“软件生存周期”的定义。

答：

这个定义的来源是：

（3）“软件生存周期过程”概念进一步完善了关于软件生存周期的定义，其主要内容是什么？

答：

这个定义的来源是：

（4）由于工作对象和范围的不同以及经验的不同，对软件生存周期过程中各阶段的划分也不尽相同。但是，这些不同划分中有许多相同之处。相关的软件工程国家标准把软件生存周期划分为 8 个阶段，这 8 个阶段是：

①

②

③

④

⑤

⑥

⑦

⑧

你认为把软件生存周期划分为不同阶段的意义何在？

答：

（5）有关测试类型的一些主要概念是：

① 单元测试：

② 组装测试：

③ 确认测试：

④ 黑盒测试：

⑤ 白盒测试：

⑥ 功能测试：____

⑦ 负载测试：____

⑧ Web 测试：____

⑨ α 测试：____

⑩ β 测试：____

[软件分析] 在因特网上寻找免费软件和共享设备。

购买计算机时，大部分计算机都预装一些基础软件。此后，为了获得商业软件，读者不妨采用一些共享软件和免费软件。

共享软件有时被称为“试用”软件，这是因为允许用户不必付费就可以在自己的计算机上试用这种软件（通常会限制时间）。经过试用评价后，再决定是否保留此软件和付款。免费软件是一种不向使用者收费的软件。

到目前为止，最流行的共享软件是游戏软件。真正的共享软件是允许下载并免费使用的。

请通过因特网连接几个提供免费软件和共享软件的网站，从中精选至少 2 个游戏软件，然后下载。对于每一个软件，请回答下列问题：

（1）提供游戏说明了吗？ □ 有 □ 没有

（2）列出系统的使用需求了吗？ □ 有 □ 没有

（3）在正式下载之前，你能断定该软件是免费软件还是共享软件吗？

□ 有 □ 没有

（4）如果该软件是共享（试用）软件，在被要求注册之前，允许你使用多长时间？

____

（5）下载这个软件需要多长时间？你认为值得吗？ □ 值得 □ 不值得

[文档编制]

软件文件是在软件开发过程中产生的，与软件生存周期有着密切关系。请参阅有关资料（教科书或专业网站等），了解就一个软件而言，其生存周期各阶段与各种文件编写的关系，并在表 9-1 中适当的位置上填入“✓”。

表 9-1 软件生存周期各阶段中的文件编制

阶段 文件	可行性研究与计划	需求分析	设 计	实现	测试	使用与维护
可行性研究报告						
项目开发计划						
软件需求说明书						
数据要求说明书						
测试计划						
概要设计说明书						
详细设计说明书						

续表

文件 \ 阶段	可行性研究与计划	需求分析	设　计	实现	测试	使用与维护
数据库设计说明书						
模块开发卷宗						
用户手册						
操作手册						
测试分析报告						
开发进度月报						
项目开发总结						

注意其中有些文件的编写工作可能要在若干个阶段中延续进行。

（1）文件的读者及其关系

文件编制是一个不断努力的工作过程，是一个从形成最初轮廓，经反复检查和修改，直到程序和文件正式交付使用的完整过程。

在软件开发的各个阶段中，不同人员对文件的关心不同。请根据你的判断，用符号“√”表示某部分人员对某个文件的关心程度，完成表 9-2 的填写。

表 9-2　各类人员与软件文件的关系

文件 \ 人员	管理人员	开发人员	维护人员	用　户
可行性研究报告				
项目开发计划				
软件需求说明书				
数据要求说明书				
测试计划				
概要设计说明书				
详细设计说明书				
数据库设计说明书				
模块开发卷宗				
用户手册				
操作手册				
测试分析报告				
开发进度月报				
项目开发总结				

（2）文件内容的重复性

由于不同软件在规模上和复杂程度上差别极大，在 GB/T 8567—2006 所要求的 14 种软件文件的编制中，允许有一定的灵活性，这主要体现在应编制文件种类的多少、文件的详细程度、文件的扩展与缩并、程序设计和文件的表现形式等方面。

此外，分析在 GB/T 8567—2006 中列出的 14 种软件文件的“内容要求”部分，可以看出其中存在着某些重复。较明显的重复有两类，即

第一类：____

第二类：____

这种内容重复的目的，是为了：

（3）文件编制实施规定的实例

GB/T 8567—2006 指出，对于具体的软件开发任务，应编制的文件种类、详细程度等取决于开发单位的管理能力、任务规模、复杂性和成败风险等因素。为了控制文件编制中存在的灵活性，保证文件质量，软件开发单位应该制定一个文件编制实施规定，说明在什么情况下应该编制哪些文件。

通过下面的例子，来说明了如何建立这种实施规定，使项目经理能确定本项目开发过程中应编制的文件的种类。

采用求和法来确定应编制的文件。该方法的要点是：提出 12 个考虑因素（见表 9-3）来衡量一个应用软件，每个因素可能取值的范围是 1～5。项目经理可用这 12 个因素对所要开发的程序进行衡量，确定每个因素的具体值；把这 12 个因素的值相加，得到一个总和；然后由这个总和的值来确定应该编制的文件的种类。

表 9-3　文件编制的 12 项衡量因素

序号	因　素	因素取值准则				
		1	2	3	4	5
1	创造性要求	没有—在不同设备上重编程序	很少—具有更严格的要求	有限—具有新的接口	相当多—应用现有的技巧	重大的—应用先进的技巧
2	通用程度	很强的限制—单一目标	有限制—功能范围是参量化的	有限的灵活性—允许格式上有某些变化	多用途、灵活的格式—有一个主题领域	很灵活—能在不同设备上处理范围广泛主题
3	工作范围	局部单位	本地应用	行业推广	全国推广	国际项目
4	目标范围的变化	没有	极少	偶尔有	经常	不断
5	设备复杂性	单机、常规处理	单机、常规处理，扩充的外设系统	多机，标准外设系统	多机，复杂的外设系统	主机控制系统、多机、自动I/O显示
6	人员	1 ~ 2 人	3 ~ 5 人	5 ~10 人	10 ~ 18 人	18 人以上
7	开发投资	6 人月以下	6 人月 ~3 人年	3 ~ 10 人年	10 ~ 30 人年	30 人年以上
8	重要程度	数据处理	常规过程控制	人身安全	单位成败	国家安危
9	对程序改变的完成时间要求	2 周以上	1 ~ 2 周	3 ~ 7 天	1 ~ 3 天	24 小时以内
10	对数据输入的响应时间要求	2 周以上	1 ~ 2 周	1 ~ 7 天	1 ~ 24 小时	60 分钟以内
11	程序语言	高级语言	高级语言带一些汇编	高级语言带相当多汇编	汇编语言	机器语言
12	并行的软件开发	没有	有限	中等程序	很多	完全并行开发

步骤 1：虚拟一个正要组织开发的软件项目。考虑的这个项目的名称是：

答：

步骤 2：按表 9-3 中的 12 个因素衡量所要开发的软件，得到每个因素的值。

你为自己要开发的软件确定的各个因素的值是：

（1）创造性要求：__________

说明：________________________________

（2）通用程度：__________

说明：________________________________

（3）工作范围：__________

说明：________________________________

（4）目标范围：__________

说明：________________________________

（5）设备复杂性：__________

说明：________________________________

（6）人员：__________

说明：________________________________

（7）开发投资：__________

说明：________________________________

（8）重要程度：__________

说明：________________________________

（9）对程序改变的完成时间的要求：__________

说明：________________________________

（10）对数据输入的响应时间的要求：__________

说明：________________________________

（11）程序语言：__________

说明：________________________________

（12）并行的软件开发：__________

说明：________________________________

步骤3：把衡量所得的各个因素的值相加，得总和之值：__________分。

步骤4：根据总和之值，从表9-4查出应编制的文件的种类。

表9-4　各项因素总和与文件编制要求的关系

因素值	可行性研究报告	项目开发计划	软件需求说明书	数据要求说明书	概要设计说明书	详细设计说明书	数据库设计说明书	用户手册	操作手册	模块开发卷宗	测试计划	测试分析报告	项目开发总结报告①	开发进度月报
12～18		√						√					√	
16～26		√	√	③			③	√		√	√	②	√	√
24～38	√	√	√	③			③	√	√	√	√	②	√	√
36～50	√	√	√	③	√		③	√	√	√	√	√	√	√
48～60	√	√	√	③	√	√	③	√	√	√	√	√	√	√

注：①——项目开发总结报告的内容应包括程序的主要功能、基本流程、测试结果和使用说明。

②——测试分析报告应该写，但不必很正规。

③——数据要求说明和数据库设计说明是否需要编写应根据所开发软件的实际需要来决定。

在虚拟构思的开发项目中，确定应编制的文件的种类是：

（1）______

（2）______

（3）______

（4）______

（5）______

（6）______

（7）______

（8）______

（9）______

（10）______

（11）______

（12）______

（13）______

（14）______

3. 实验总结

______

______

______

______

4. 实验评价（教师）

______

______

信息系统安全管理 ⋘ 第 10 章

信息安全是指信息网络的硬件、软件及系统中的数据受到保护，不因偶然的或者恶意的原因而遭到破坏、更改或泄露，系统连续可靠正常地运行，使信息服务不中断。

如今，基于网络的信息安全技术已是未来信息安全技术发展的重要方向。由于因特网是一个全开放的信息系统，窃密和反窃密、破坏与反破坏广泛存在于个人、集团甚至国家之间，资源共享和信息安全一直作为一对矛盾体而存在着，网络资源共享的进一步加强以及随之而来的信息安全问题也日益突出。

10.1 信息系统安全基础

信息安全是一门涉及计算机科学、网络技术、通信技术、密码技术、信息安全技术、应用数学、数论、信息论等多种学科的综合性学科。从广义上说，凡是涉及网络上信息的保密性、完整性、可用性、真实性和可控性的相关技术和理论都属于信息安全的研究领域。

10.1.1 信息安全的目标

无论是在计算机上存储、处理和应用，还是在通信网络上传输，信息都可能被非授权访问而导致泄密，被篡改破坏而导致不完整，被冒充替换而导致否认，也有可能被阻塞拦截而导致无法存取。这些破坏可能是有意的，如黑客攻击、病毒感染；也可能是无意的，如误操作、程序错误等。因此，普遍认为，信息安全的目标应该是保护信息的机密性、完整性、可用性、可控性和不可抵赖性（即信息安全的五大特性）。

（1）机密性：指保证信息不被非授权访问，即使非授权用户得到信息也无法知晓信息的内容，因而不能利用。

（2）完整性：指维护信息的一致性，即在信息生成、传输、存储和使用过程中不发生人为或非人为的非授权篡改。

（3）可用性：指授权用户在需要时能不受其他因素的影响，方便地使用所需信息。这一目标是对信息系统的总体可靠性要求。

（4）可控性：指信息在整个生命周期内部可由合法拥有者加以安全控制。

（5）不可抵赖性：指保障用户无法在事后否认曾经对信息进行的生成、签发、接收等行为。

事实上，安全是一种意识，一个过程，而不仅仅是某种技术。进入 21 世纪后，信息安全的理念发生了巨大的变化，从不惜一切代价把入侵者阻挡在系统之外的防御思想，开始转变为预防-检测-攻击响应-恢复相结合的思想，出现了 PDRR（Protect/Detect/React/Restore）等网络动态防御体系模型（见图 10-1），倡导一种综合的安全解决方法，即：针对信息的生存周期，以“信息保障”模型作为信息安全的目标，以信息的保护技术、信息使用中的检测技术、信息受影响或攻击时的响应技术和受损后的恢复技术作为系统模型的主要组成元素，在设计信息系统的安全方案时，综合使用多种技术和方法，以取得系统整体的安全性。

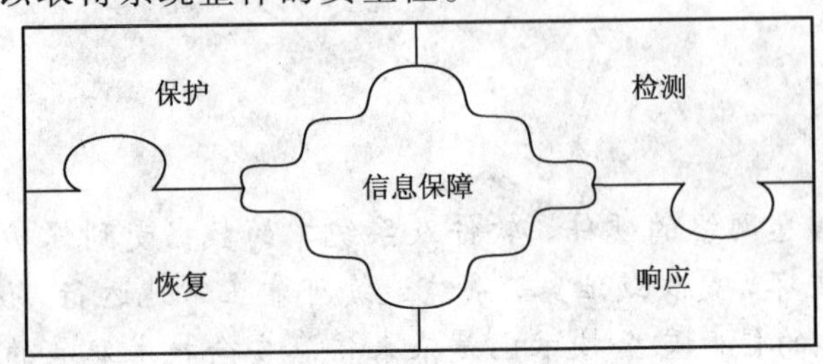

图 10-1　信息安全的 PDRR 模型

PDRR 模型强调的是自动故障恢复能力，把信息的安全保护作为基础，将保护视为活动过程，用检测手段来发现安全漏洞，及时更正；同时采用应急响应措施对付各种入侵；在系统被入侵后，采取相应的措施将系统恢复到正常状态，使信息的安全得到全方位的保障。

10.1.2　信息安全技术发展的四大趋势

信息安全技术的发展，主要呈现四大趋势：

1．可信化

可信化是指从传统计算机安全理念过渡到以可信计算理念为核心的计算机安全。面对愈演愈烈的计算机安全问题，传统安全理念很难有所突破，而可信计算的主要思想是在硬件平台上引入安全芯片，从而将部分或整个计算平台变为“可信”的计算平台。目前主要研究和探索的问题包括：基于 TCP 的访问控制、基于 TCP 的安全操作系统、基于 TCP 的安全中间件、基于 TCP 的安全应用等。

2．网络化

网络化是由网络应用和普及引发的技术和应用模式的变革，正在进一步推动信息安全关键技术的创新发展，并引发新技术和应用模式的出现。例如，安全中间件、安全管理与安全监控等都是网络化发展所带来的必然的发展方向。网络病毒、垃圾信息防范、网络可生存性、网络信任等都是重要的研究领域。

3．标准化

安全技术要走向国际，也要走向应用，政府、产业界和学术界等将更加高度重视信息安全标准的研究与制定，如密码算法类标准（加密算法、签名算法、密码算法接口等）安全认证与授权类标准（PKI、PMI、生物认证等）安全评估类标准（安全评估准则、方法、规范等）系统与网络类安全标准（安全体系结构、安全操作系统、安全数据库、安全路由器、可信计算平台等）、安全管理类标准（防信息遗漏、质量保证、机房设计等）。

4．集成化

集成化即从单一功能的信息安全技术与产品，向多种功能融于某一个产品，或者是几个功能相结合的集成化产品发展。安全产品呈硬件化/芯片化发展趋势，这将带来更高的安全度与更高的运算速率，也需要发展更灵活的安全芯片的实现技术，特别是密码芯片的物理防护机制。

10.1.3 因特网的安全模式

目前，在因特网应用中采取的防卫安全模式归纳起来主要有以下几种：

1．无安全防卫

在因特网应用初期多数采取此方式，安全防卫上只使用随机提供的简单安全防卫措施，这种方法是不可取的。

2．模糊安全防卫

采用这种方式的网站总认为自己的站点规模小，对外无足轻重，没人知道；即使知道，黑客也不会对其实行攻击。事实上，许多入侵者并不是瞄准特定目标，只是想闯入尽可能多的机器。虽然它们不会永远驻留在你的站点上，但它们为了掩盖闯入你网站的证据，常常会对你的网站的有关内容进行破坏，从而给网站带来重大损失。为此，各个站点一般要进行必要的登记注册。这样，一旦有人使用服务时，提供服务的人知道它从哪里来，但是这种站点防卫信息很容易被发现，例如登记时会有站点的软、硬件以及所用操作系统的信息，黑客就能从这发现安全漏洞，同样在站点与其他站点连机或向别人发送信息时，也很容易被入侵者获得有关信息，因此，这种模糊安全防卫方式也是不可取的。

3．主机安全防卫

这可能是最常用的一种防卫方式，即每个用户对自己的机器加强安全防卫，尽可能地避免那些已知的可能影响特定主机安全的问题，这是主机安全防卫的本质。主机安全防卫对小型网站是很合适的，但是，由于环境的复杂性和多样性，例如操作系统的版本不同、配置不同以及不同的服务和不同的子系统等都会带来各种安全问题。即使这些安全问题都解决了，主机防卫还要受到软件本身缺陷的影响，有时也缺少有合适功能和安全的软件。

4．网络安全防卫

这是目前因特网中各网站所采取的安全防卫方式，包括建立防火墙来保护内部系统和网络、运用各种可靠的认证手段（如：一次性密码等），对敏感数据在网络上传输时，采用密码保护的方式进行。

10.1.4 安全防卫的技术手段

在因特网中，信息安全主要是通过计算机安全和信息传输安全这两个技术环节，来保证网络中各种信息的安全。

1．计算机安全技术

（1）健壮的操作系统。操作系统是计算机和网络中的工作平台，在选用操作系统时，应注意软件工具齐全和丰富、缩放性强等因素，例如当有多个版本可供选择时，应选用户群最少的那个版本，使入侵者用各种方法攻击计算机的可能性减少，另外还要有较高访问控制和系统设计等安全功能。

（2）容错技术。尽量使计算机具有较强的容错能力，如组件全冗余、没有单点硬件失效、动态系统域、动态重组、错误校正互连；通过错误校正码和奇偶校验的结合保护数据和地址总线；在线增减域或更换系统组件，创建或删除系统域而不干扰系统应用的进行，也可以采取双机备份同步校验方式，保证网络系统在一个系统由于意外而崩溃时，计算机进行自动切换以确保正常运转，保证各项数据信息的完整性和一致性。

2. 防火墙技术

这是一种有效的网络安全机制，用于确定哪些内部服务允许外部访问，以及允许哪些外部服务访问内部服务。其准则就是：一切未被允许的就是禁止的；一切未被禁止的就是允许的。防火墙有下列几种类型：

（1）包过滤技术：通常安装在路由器上，对数据进行选择，它以 IP 包信息为基础，对 IP 源地址，IP 目标地址、封装协议（如 TCP/UDP/ICMP/IPtunnel）、端口号等进行筛选，在 OSI 协议的网络层进行。

（2）代理服务技术：通常由两部分构成，服务端程序和客户端程序、客户端程序与中间结点（Proxy Server）连接，中间结点与要访问的外部服务器实际连接等。与包过滤防火墙的不同之处在于内部网和外部网之间不存在直接连接，同时提供审计和日志服务。

（3）复合型技术：把包过滤和代理服务两种方法结合起来，可形成新的防火墙，所用主机称为堡垒主机，负责提供代理服务。

（4）审计技术：通过对网络上发生的各种访问过程进行记录和产生日志，并对日志进行统计分析，从而对资源使用情况进行分析，对异常现象进行追踪监视。

（5）路由器加密技术：加密路由器对通过路由器的信息流进行加密和压缩，然后通过外部网络传输到目的端再进行解压缩和解密。

3. 信息确认技术

安全系统的建立依赖于系统用户之间存在的各种信任关系。目前在安全解决方案中，多采用两种确认方式：一种是第三方信任；另一种是直接信任，以防止信息被非法窃取或伪造。可靠的信息确认技术应具有：身份合法的用户可以校验所接收的信息是否真实可靠，并且十分清楚发送方是谁；发送信息者必须是合法身份用户，任何人不可能冒名顶替伪造信息；出现异常时，可由认证系统进行处理。目前，信息确认技术已较成熟，如信息认证、用户认证和密钥认证、数字签名等，为信息安全提供了可靠保障。

4. 密钥安全技术

网络安全中的加密技术种类繁多，它是保障信息安全最关键和最基本的技术手段和理论基础，常用的加密技术分为软件加密和硬件加密。信息加密的方法有对称和非对称密钥加密两种。

（1）对称密钥加密：在此方法中，加密和解密使用同样的密钥，目前广泛采用的密钥加密标准是 DES 算法，其优势在于加密解密速度快、算法易实现、安全性好；缺点是密钥长度短、密码空间小。它的机制就是采取初始置换、密钥生成、乘积变换、逆初始置换等几个环节。

（2）非对称密钥加密：在此方法中加密和解密使用不同密钥，即公开密钥和秘密密钥。公开密钥用于机密性信息的加密；秘密密钥用于对加密信息的解密。一般采用RSA算法，优点在于易实现密钥管理，便于数字签名。不足是算法较复杂，加密解密花费时间长。

在安全防范的实际应用中，尤其是信息量较大，网络结构复杂时，常采取对称密钥加密技术。为了防范密钥受到各种形式的黑客攻击，如基于因特网的"联机运算"，即利用许多台计算机采用"穷举"方式进行计算来破译密码，密钥的长度越长越好。目前一般密钥的长度为64位、1 024位，实践证明它是安全的，同时也满足当前计算机速度的现状。2 048位的密钥长度，也已开始在某些软件中应用。

5. 病毒防范技术

计算机病毒实际上是一种在计算机系统运行过程中能够实现传染和侵害计算机系统的程序。在系统穿透或违反授权攻击成功后，攻击者通常要在系统中植入一种能力，为攻击系统、网络提供方便。例如，向系统中渗入病毒、蛀虫、特洛伊木马、逻辑炸弹；或通过窃听、冒充等方式来破坏系统正常工作。从因特网上下载软件和使用盗版软件是病毒的主要来源。

针对病毒的严重性，应提高防范意识，做到：所有软件必须经过严格审查，经过相应的控制程序后才能使用；采用防病毒软件，定时对系统中的所有工具软件、应用软件进行检测，防止各种病毒的入侵。

10.2 信息灾难恢复规划

数据备份技术与服务器高可用集群技术以及远程容灾技术在本质上是有所区别的。虽然这些技术都是为了消除或减弱意外事件给系统带来的影响，但是，由于其侧重的方向不同，实现的手段和产生的效果也不尽相同。

高可用集群系统：集群技术是将多台服务器连在一起，组成一个透明的系统，这些服务器之间互相共享资源，如IP、数据或应用软件等。对最终用户来说，可把这个集群系统当作一个虚拟的服务器来使用。当集群中的某台服务器由于软件或硬件原因发生故障时，集群系统可以把IP、应用软件等资源切换到其他健康的服务器上，即另外的服务器可立即取代该故障机的职责，继续为用户提供服务，使整个系统能连续不间断地对外提供服务，从而为企业的关键业务提供了可靠的保障。

备份技术的目的，是将整个系统的数据或状态保存下来，这种方式不仅可以挽回硬件设备坏损带来的损失，也可以挽回逻辑错误和人为恶意破坏的损失。但是，数据备份技术并不保证系统的实时可用性。也就是说，一旦意外发生，备份技术只保证数据可以恢复，但是恢复过程需要一定的时间，在此期间，系统是不可用的。

而集群和容灾技术的目的是为了保证系统的可用性。也就是说，当意外发生时，系统所提供的服务和功能不会因此而间断。对数据而言，集群和容灾技术是保护系统的在线状态，保证数据可以随时被访问。

在具有一定规模的系统中，备份技术、集群技术和容灾技术互相不可替代，并且稳定和谐地配合工作，共同保证着系统的正常运转。

10.2.1 数据容灾计划

严格地说，容灾计划包括一系列应急计划，例如：

（1）业务持续计划（Business Continuitv Plan，BCP）：这是一套用来降低组织的重要营运功能遭受意料之外的中断风险的作业程序。它可以是人工或自动系统，目的是使一个组织及其信息系统在灾难事件发生时仍可以继续运作。

（2）业务恢复计划（Business Recovery Plan，BRP）：也叫业务继续计划，涉及紧急事件后对业务处理的恢复，但与 BCP 不同，它在整个紧急事件或中断过程中缺乏确保关键处理的连续性的规程。BRP 的制定应该与灾难恢复计划及 BCP 进行协调。

（3）操作连续性计划（Continuity of Operations Plan，COOP）。COOP 关注位于机构（通常是总部单位）备用站点的关键功能以及这些功能在恢复到正常操作状态之前最多 30 天的运行。由于 COOP 涉及总部级的问题，它和 BCP 是互相独立制定和执行的。COOP 的标准要素包括职权条款、连续性的顺序、关键记录和数据库。由于 COOP 强调机构在备用站点恢复运行中的能力，所以该计划通常不包括 IT 运行方面的内容。

（4）事件响应计划（Incident Response Plan，IRP）：建立了处理针对机构的 IT 系统攻击的规程。这些规程用来协助安全人员对有害的计算机事件进行识别、消减并进行恢复。

（5）场所紧急计划（Occupant Emergency Plan，OEP）：在可能对人员的安全健康、环境或财产构成威胁的事件发生时，为设施中的人员提供反应规程。OEP 在设施级别进行制定，与特定的地理位置和建筑结构有关。

（6）危机通信计划（Crisis Comnunication Plan，CCP）：机构应该在灾难之前做好其内部和外部通信规程的准备工作。危机通信计划（CCP）通常由负责公共联络的机构制定。危机通信计划规程应该和所有其他计划协调，以确保只有受到批准的内容公之于众，它应该作为附录包含在 BCP 中。通信计划通常指定特定的人员作为在灾难反应中回答公众问题的唯一发言人。它还可以包括向个人和公众散发状态报告的规程，如记者招待会的模板。

（7）灾难恢复计划（Disaster Recovery Plan，DRP）：应用于重大的、通常是灾难性的、造成长时间无法对正常设施进行访问的事件。通常，DRP 指用于紧急事件后在备用站点恢复目标系统、应用或计算机设施运行的 IT 计划。但是，DRP 的范围比较狭窄，它不涉及无须重新配置的小型危害。

10.2.2 数据容灾与数据备份的联系

数据容灾与数据备份的联系主要体现在以下几方面：

（1）数据备份是数据容灾的基础。数据备份是数据高可用的最后一道防线，其目的是为了系统数据崩溃时能够快速恢复数据。虽然它也算一种容灾方案，但这种容灾能力非常有限，因为传统的备份主要是采用数据内置或外置的磁带机进行冷备份，备份磁带同时也在机房中统一管理，一旦整个机房出现了火灾、盗窃和地震等灾难时，这些备份磁带也随之销毁，所存储的磁带备份起不到任何容灾功能。

（2）容灾不是简单备份。真正的数据容灾就是要避免传统冷备份具有先天不足，它能在灾难发生时，全面、及时地恢复整个系统：容灾按其容灾能力的高低可分为多个层次。例如，国际标准 SHARK 78 定义的容灾系统有三类 7 个等级：从最简单的仅在本地进行磁带备份，到将备份的磁带存储在异地，再到建立应用系统实时切换的异地备份系统，恢复时间也可以从几天到小时级到分钟级、秒级或 0 数据丢失等。无论是采用哪种容灾方案，数据备份还是最基础的，没有备份的数据，任何容灾方案都没有现实意义。但光有备份是不够的，容灾也必不可少。容灾对于 IT 而言，就是提供一个能防止各种灾难的计算机信息系统。从技术上看，衡量容灾系统有两个主要指标：RPO（Recovery Point Object）和 RTO（Recovery Time Object）。其中，RPO 代表了当灾难发生时允许丢失的数据量；RTO 则代表了系统恢复的时间。

（3）容灾是一个工程。它不仅包括容灾技术，还应有一整套容灾流程、规范及其具体措施。表 10-1 为数据备份技术与容灾技术的功能联系。

表 10-1　数据备份技术与容灾技术的功能联系

项　目		数据备份技术	容 灾 技 术
防范意外事件	物理硬件故障	是	是
	病毒发作	是	部分
	人为误操作	是	部分
	人为恶意破坏	是	否
	自然灾害	否	是
保护对象	数据和文件	是	是
	应用和设置	部分	是
	操作系统	部分	是
	网络系统	否	是
	供电系统	否	是
系统恢复	系统连续性	不保证	保证
	数据损失	有少量损失	完全不损失
	可恢复到时间点	多个	当前
其他方面	数据管理方式	搬移到离线	在线同步
	适用系统规模	任何系统规模	大型系统

10.2.3　数据容灾等级

一般来说，将容灾等级划分为以下 4 个等级：

第 0 级：本地备份、本地保存的冷备份。这一级容灾备份，实际上就是上面所指的数据备份。它的容灾恢复能力最弱，只在本地进行数据备份，并且被备份的数据磁带只在本地保存，没有送往异地。

第 1 级：本地备份、异地保存的冷备份。在本地将关键数据备份，然后送到异地保存，如交由银行保管。灾难发生后，按预定数据恢复程序恢复系统和数据。这种容灾方案也是采用磁带机等存储设备进行本地备份，同样还可以选择磁带库、光盘库等存储设备。

第 2 级：热备份站点备份。在异地建立一个热备份点，通过网络进行数据备份。二就是通过网络以同步或异步方式，把主站点的数据备份到备份站点。备份站点一般只备份数据，不承担业务。当出现灾难时，备份站点接替主站点的业务，从而维护业务运行的连续性。

第 3 级：活动互援备份。这种异地容灾方案与前面介绍的热备份站点备份方案差不多，不同的只是主、从系统不再是固定的，而是互为对方的备份系统。这两个数据中心系统分别在相隔较远的地方建立，它们都处于工作状态，并进行相互数据备份。当某个数据中心发生灾难时，另一个数据中心接替其工作任务。通常在这两个系统中的光纤设备连接中还提供冗余通道，以备工作通道出现故障时及时接替工作，采取这种容灾方式的主要是资金实力较雄厚的大型企业和电信级企业。

10.3 容灾技术

在建立容灾备份系统时会涉及多种技术，如 SAN（Storage Area Network，存储域网络）或 NAS（Network Attached Storage，网络附属存储）技术、远程镜像技术、虚拟存储、基于 IP 的 SAN 的互连技术、快照技术等。

10.3.1 远程镜像技术

远程镜像技术在主数据中心和备援中心之间的数据备份时用到。镜像是在两个或多个磁盘或磁盘子系统产生同一个数据的镜像视图的信息存储过程，一个叫主镜像系统，另一个叫从镜像系统。按主从镜像存储系统所处的位置可分为本地镜像和远程镜像。

远程镜像又叫远程复制，是容灾备份的核心技术，同时也是保持远程数据同步和实现灾难恢复的基础。远程镜像按请求镜像的主机是否需要远程镜像站点的确认信息，又可分为同步远程镜像和异步远程镜像。

同步远程镜像（同步复制技术）是指通过远程镜像软件，将本地数据以完全同步的方式复制到异地，每一本地的 I/O 事务均需要等待远程复制的完成确认信息，方予以释放。同步镜像使远程复制总能与本地机要求复制的内容相匹配。当主站点出现故障时，用户的应用程序切换到备份的替代站点后，被镜像的远程副本可以保证业务继续执行而没有数据的丢失。但它存在往返传播造成延时较长的缺点，只限于在相对较近的距离应用。

异步远程镜像（异步复制技术）保证在更新远程存储视图前完成向本地存储系统的基本 I/O 操作，而由本地存储系统提供给请求镜像主机的 I/O 操作完成确认信息。远程的数据复制是以后台同步的方式进行的，这使本地系统性能受到的影响很小，传输距离长（可达 1 000 km 以上），对网络带宽要求小。但是，许多远程的从属存储子系统的写没有得到确认，当某种因素造成数据传输失败，可能出现数据一致性问题。为解决这个问题，目前大多采用延迟复制的技术，即在确保本地数据完好无损后进行远程数据更新。

10.3.2 快照技术

远程镜像技术往往同快照技术结合起来实现远程备份，即通过镜像把数据备份到远程存储系统中，再用快照技术把远程存储系统中的信息备份到远程的磁带库、光盘库中。

快照是通过软件对要备份的磁盘子系统的数据快速扫描，建立一个要备份数据的快照逻辑单元号 LUN 和快照 Cache，在快速扫描时，把备份过程中即将要修改的数据块同时快速复制到快照 Cache 中。快照 LUN 是一组指针，它指向快照 Cache 和磁盘子系统中不变的数据块（在备份过程中）。在正常业务进行的同时，利用快照 LUN 实现对原数据的一个完全的备份。它可使用户在正常业务不受影响的情况下，实时提取当前在线业务数据。其“备份窗口”接近于零，可大大增加系统业务的连续性，为实现系统真正的 7×24 h 运转提供了保证。快照是通过内存作为缓冲区（快照 Cache），由快照软件提供系统磁盘存储的即时数据映像，它存在缓冲区调度的问题。

10.3.3 互连技术

早期的主数据中心和备援数据中心之间的数据备份，主要是基于 SAN 的远程复制（镜像），即通过光纤通道 FC 把两个 SAN 连接起来，进行远程镜像（复制）。当灾难发生时，由备援数据中心替代主数据中心保证系统工作的连续性。这种远程容灾备份方式存在一些缺陷，如实现成本高、设备的互操作性差、跨越的地理距离短（10 km）等，这些因素阻碍了它的进一步推广和应用。

目前，出现了多种基于 IP 的 SAN 的远程数据容灾备份技术。它们是利用基于 IP 的 SAN 的互连协议，将主数据中心 SAN 中的信息通过现有的 TCP/IP 网络远程复制到备援中心 SAN 中。当备援中心存储的数据量过大时，可以利用快照技术将其备份到磁带库或光盘库中。这种基于 IP 的 SAN 的远程容灾备份，可以跨越 LAN、MAN 和 WAN，成本低、可扩展性好，具有广阔的发展前景。基于 IP 的互连协议包括 FCIP、iFCP、Infiniband、iSCSI 等。

10.3.4 虚拟存储

在有些容灾方案产品中，还采取了虚拟存储技术。虚拟存储技术在系统弹性和可扩展性上开创了新的局面，它将几个 IDE 或 SCSI 驱动器等不同的存储设备串联为一个存储池。存储集群的整个存储容量可以分为多个逻辑卷，并作为虚拟分区进行管理。存储由此成为一种功能而非物理属性，而这正是基于服务器的存储结构存在的主要限制。

虚拟存储系统还提供了动态改变逻辑卷大小的功能。事实上，存储卷的容量可以在线随意增加或减少。可以通过在系统中增加或减少物理磁盘的数量来改变集群中逻辑卷的大小。这一功能允许卷的容量随用户的即时要求动态改变。另外，存储卷能够很容易地改变容量、移动和替换。安装系统时，只需为每个逻辑卷分配最小的容量，并在磁盘上留出剩余的空间。随着业务的发展，可以用剩余空间根据需要扩展逻辑卷，也可以将数据在线从旧驱动器转移到新的驱动器上，而不中断服务的运行。

存储虚拟化的一个关键优势是它允许异质系统和应用程序共享存储设备，而不管它们位于何处。公司将不再需要在每个分部的服务器上都连接一台磁带设备。

10.4 大数据安全

大数据给信息安全带来了新的挑战，随着云计算，社交网络和移动互联网的兴起，对数据存储的安全性要求也随之增加。互联网给人们的生活带来了方便，与此同时也使得个人信息的保护变得更加困难。各种在线应用中共享数据的比例在增大。这种大量数据共享的一个潜在问题就是信息安全。近些年，信息安全技术发展迅速，然而企图破坏和规避信息保护的技术和工具也在发展，各种网络犯罪的手段更加不易追踪和防范。大数据安全分析如图 10-2 所示。

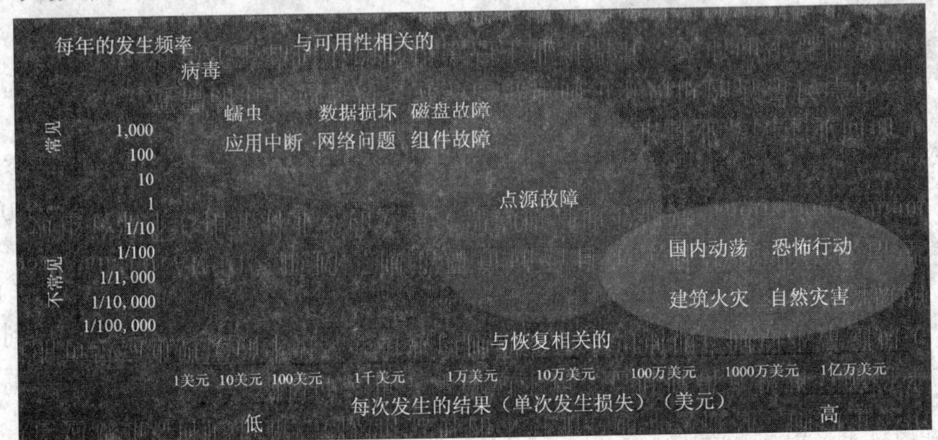

图 10-2　大数据安全分析

信息安全的另一方面是管理。在加强技术保护的同时，加强全民的信息安全意识，完善信息安全的政策和流程也是至关重要的。即使技术再先进，如果企业的员工忽视公司的信息安全政策，例如没有备份应该备份的数据，没有及时更新安全软件等，即使有先进的技术保障，也不能保证企业信息万无一失。

大数据时代信息安全需要更完备的信息安全标准。例如，如何规范电子商务中客户信息的管理，保障客户信息的安全，在大数据时代提出了新的要求。客户的身份数据、购买记录等如果和其他社交网络中客户的行为与记录放在一起进行综合分析，可能会造成意想不到的信息泄露。什么样的个人信息可以保留，什么组织和机构可以有权利保存、收集和汇总私人信息，都需要制定详尽的信息管理法规，并由各部门参与协调，从而切实保证客户的信息安全。另一方面，大数据也为数据安全带来了新的技术突破的可能。通过大数据分析的方法，实现信息安全策略的动态调整，从而更好地提高信息安全措施的实时性和完备性。

10.5 道德与隐私问题

随着信息系统的发展，道德和隐私问题已经得到越来越多的关注，它也成了管理信息系统必然要涉及的十分重要的问题。

隐私（Privacy）是一种与公共利益、群体利益无关，当事人不愿他人知道或他人不便知道的个人信息，当事人不愿他人干涉或他人不便干涉的个人私事，以及当事人不愿他人侵入或他人不便侵入的个人领域。从法理意义上讲，隐私的定义是：已经发生了的符合道德规范和正当的而又不能或不愿示人的事或物、情感活动等。

隐私权是指自然人享有的私人生活安宁与私人信息秘密依法受到保护，不被他人非法侵扰、知悉、收集、利用和公开的一种人格权，而且权利主体对他人在何种程度上可以介入自己的私生活，对自己是否向他人公开隐私以及公开的范围和程度等具有决定权。随着社会文明进程的不断推进，个人权利与人身尊严越来越引起人们的重视，隐私权已成为当代公民保护自身人格的一项重要权利。科技手段和现代传媒的普及，使猎取他人隐私、满足好奇心理或达到商业及政治目的的社会现象已屡见不鲜，如今，涉及隐私权的案例呈上升趋势。

10.5.1 道德原则

信息技术对社会产生影响，从而产生的信息道德问题主要有：隐私问题、犯罪问题、健康问题、工作条件问题、个性问题、雇用问题等。在所有这些方面，信息技术均存在有利的一面和不利的一面。例如，生产过程的计算机化能改善工作条件，提高职工满意度，但又面对如何保证就业问题，保证产品高质量和降低成本的问题。所以，应当考虑使负面影响最小化，而使受益尽可能最大化。

在处理信息技术以及其他新技术所带来的道德问题时，有四条道德原则：

（1）匀称原则。新技术所带来的好处必须超过其危害或风险，不能再有别的比它的好处多而危害少的方案。

（2）获许原则。对新技术的影响应当事先知道，并同意接受风险。

（3）公正原则。必须公平地分配技术的利益和风险，谁得到利益谁就应当承担风险的公平份额；谁没有得到利益，就不应当承受重大的风险。

（4）风险最小原则。即使以上三条原则均被接受，技术的实现也应尽可能地避免不必要的风险。

一些信息专业组织制定了自己的道德准则，例如，DPMA（Data Processing Management Association，数据处理管理联盟）建立的专业标准由3个部分组成，具体如下：

（1）面向业主的专业标准：

① 努力学习最新的知识并正确地总结经验，以适应工作的需要。

② 避免利益上的冲突，并保护业主已意识到的任何潜在矛盾。

③ 保护业主委托的信息的隐私性和机密性。

④ 不能错误地表达和删除源于实情的信息。

⑤ 不能利用业主的资源获得自己的好处，或做任何未经正式批准的事情。

⑥ 不能利用计算机系统的缺陷得到个人的好处或达到个人的目的。

（2）面向社会的专业标准：

① 将技术和知识传播给公众。

② 尽最大努力，保证产品得到社会的信任和应用。

③ 支持、尊重、服从国家和地区的法律。

④ 不能错误地表达和删除公众关心的源于问题与实情的信息，也不允许这种已

知的信息搁置作废。

⑤ 不能利用个人性或秘密性的知识，不以任何非法的形式得到个人的好处。

（3）面对同行的专业标准：

① 忠于自己所有的专业关系。

② 当看到非法的不道德的事件时，应采取合适的行动。然而，当反对任何人的时候，必须坚信自己是有理的、正确的、负责任的，并不带任何个人情绪。

③ 尽力与人共享专业知识。

④ 与他人合作以达到了解和识别问题。

⑤ 在没得到特殊许可和批准的情况下，不利用信誉去做其他工作。

⑥ 不利用他人缺乏经验和缺乏知识去贪图别人的便宜，以得到个人的好处。

10.5.2 隐私与创新

在访问电商网站时，常常会看到这样的提示："购买了该商品的顾客还会购买以下这些商品。"网站是通过所谓协同过滤技术，来实现这一商品推荐功能的。

协同过滤是根据商品的购买记录加上网站访问记录等行为数据，对用户间爱好的相似度进行自动计算，从而实现商品推荐的。这个过程与商品本身的内容无关，而只是基于购买记录和行为记录，从某个用户与其他用户间爱好的相似度来计算出要推荐的商品，这正是这一机制的关键所在。因此，系统可能会推荐出乍看之下和用户的爱好无关的出乎意料的商品，但反过来说，这也可能会为用户带来意想不到的发现。在Web领域中，用户通过搜索引擎和推荐系统可发现出乎意料的商品。

亚马逊（Amazon）于2011年发布的平板计算机Kindle Fire中，采用安卓（Android）操作系统，继承了亚马逊自行开发的新浏览器Amazon Silk。之所以要自行开发一款浏览器，是为了在硬件性能低于PC的移动设备上实现更快速的网页浏览。

为了弥补硬件性能的不足，亚马逊采取了下列对策：

（1）在浏览器的后台利用亚马逊自己的云计算服务EC2，事先对视频、图片等数据量较大的内容进行压缩等处理，将优化后的数据传送给终端。这种方式被亚马逊称为Split Browser，通过将负荷较高的处理转移到云端执行，可以比由终端直接执行实现更加快速的内容处理，还可以延长电池的续航时间。

（2）基于内容浏览记录，通过机器学习找出用户的Web浏览模式，从而判断出用户接下来可能要访问的页面，并事先在云端进行缓存。通过这一机制，页面加载的时间得以大幅缩短。

亚马逊开发的新浏览器所采用的上述机制，充分利用了该公司在云计算方面的优势，实现了Web浏览的高速化。然而，从另一个角度来说，也有一些人认为这样做有侵犯用户隐私之嫌。

也就是说，用户使用Kindle Fire浏览网站时，在真正连接用户所指定的网页之前，首先要连接到亚马逊的云计算服务。用户在浏览网站期间，与亚马逊云服务之间的连接会被一直保持，亚马逊会对用户在Web上的行为，如访问的网站URL、IP地址、MAC地址等信息进行记录，最长保存30天。

根据亚马逊的解释，对于这些数据的记录，是"为了解决和诊断浏览器的技术问

题”，用户数据在保存和使用时不会与用户个人身份产生关联。

此外，用户还可以在使用云计算平台的 Cloud 模式和不连接到云端直接访问网页的 Off-cloud 模式之间进行选择。但是，如果选择了 Off-cloud 模式，用户便无法享受到 Amazon Silk 所提供的对网页内容传输的优化、加速等好处。

对于由 Amazon Silk 浏览器所引发的隐私问题，美国国会议员提出了下列 4 个问题，要求亚马逊回答：

（1）亚马逊对 Kindle Fire 的用户收集了哪些信息？

（2）亚马逊准备如何利用这些信息？亚马逊是否计划将这些客户信息以出售、租赁或其他形式交给其他企业来进行利用？如果有，那么亚马逊计划对哪些企业提供这些信息？

（3）亚马逊准备采用何种方法向 Kindle Fire 以及 Silk 用户告知公司的隐私权政策？如果存在相应的政策，请提供适用于 Kindle Fire 的隐私权政策条款。

（4）假设亚马逊准备对用户的互联网浏览习惯信息进行收集，那么用户是否可以通过主动许可（Opt-in）的方式同意并加入这一数据共享计划？

对于议员所提出的大部分问题，亚马逊在其公开的“Amazon Silk 使用协议”和 FAQ 中都已经涉及，因此并未造成很大的混乱。不过，这一质询的确引发了人们对于为用户提供便利所必需的数据收集与隐私权两者之间关系的关注。

10.5.3 社交化档案的是非

除了 Web 上的行为跟踪之外，还有一个被广泛议论的对象，就是 QQ、微信、领英等社交媒体上所记录的实名制个人资料。为了实现个别优化，需要对特定人或物的相关信息进行收集，这意味着不得不去接触如个人信息、隐私等敏感信息，以这些服务为中心来收集信息，和客户的真实姓名进行关联，就可以刻画出包括兴趣爱好在内的人物特征。尤其是随着社交化 CRM 概念的渗透，对社交媒体上个人资料的利用也被赋予了越来越高的期望。然而，这一做法如果超过某个底线，就会侵犯客户的隐私。

美国创业型公司 Rapleaf 是一家收集 SNS 和博客等在线信息，与真实姓名、地址、电子邮件地址等线下信息结合起来，提供个人信息中介服务的公司。该公司服务的独特之处，也是其恐怖之处，在于其不仅能够收集到姓名、年龄、性别、职业等属性信息，还能提供婚姻记录、有无子女、家庭年收入、投资的金融产品、自有房产还是租房、自有房产价值多少、居住时间段、其他兴趣爱好（读书、运动、宠物、美容、园艺、汽车、旅游、健康等）等个人资产信息和生活方式信息。

Rapleaf 拥有多达 10 亿条与电子邮件地址相关联的个人信息。想要着手构建社交化 CRM 的企业，只要向 Rapleaf 提供一份包含电子邮件地址的客户清单，就可以轻而易举地建立社交化档案。“我们的目标是让客户企业能够在更合适的时机，为他们的客户提供更加个性化的服务。” Rapleaf 对公司的企业目标是这样描述的。

然而，Rapleaf 将线上的个人档案和行为记录与线下的个人真实姓名关联起来，甚至连资产信息都进行收集，做法似乎有些过分，因而引发了来自隐私保护组织的质疑。

以“整体优化”为目的，一般会对单个数据进行统计学处理，这时，从结果来看，最终用户是看不到每个单独数据的。但企业在数据收集过程中，对个人信息还是要事先采取删除、掩盖等措施。在这种情况下，值得考虑的方法是，利用政府机关拥有的各种统计数据，以及对民间经营者收集的、经过妥善处理之后公开的数据进行交易的一站式商店——数据市场。

10.5.4 消费者隐私权法案

2010 年 12 月，美国商务部发表了一份题为“互联网经济中的商业数据隐私与创新：动态政策框架”的长达 88 页的报告。在这份报告指出，为了对线上个人信息的收集进行规范，需要出台一部“隐私权法案”，在隐私问题上对国内外的相关利益方进行协调。

受这份报告的影响，2012 年 2 月 23 日，“消费者隐私权法案”正式颁布。这项法案中，对消费者的权利进行了如下具体的规定：

（1）个人控制：对于企业可收集哪些个人数据，并如何使用这些数据，消费者拥有控制权。

对于消费者和他人共享的个人数据，以及企业如何收集、使用、披露这些个人数据，企业必须向消费者提供适当的控制手段。为了能够让消费者做出选择，企业需要提供一个可反映企业收集、使用、披露个人数据的规模、范围、敏感性，并可由消费者进行访问且易于使用的机制。

例如，通过收集搜索引擎的使用记录、广告的浏览记录、社交网络的使用记录等数据，就有可能生成包含个人敏感信息的档案。因此，企业需要提供一种简单且醒目的形式，使得消费者能够对个人数据的使用和公开范围进行精细的控制。

此外，企业还必须提供同样的手段，使得消费者能够撤销曾经承诺的许可，或者对承诺的范围进行限定。

（2）透明度：对于隐私权及安全机制的相关信息，消费者拥有知情、访问的权利。

前者的价值在于加深消费者对隐私风险的认识并让风险变得可控。为此，对于所收集的个人数据及其必要性、使用目的、预计删除日期、是否与第三方共享以及共享的目的，企业必须向消费者进行明确的说明。

此外，企业还必须以在消费者实际使用的终端上容易阅读的形式提供关于隐私政策的告知。特别是在移动终端上，由于屏幕尺寸较小，要全文阅读隐私政策几乎是不可能的。因此，必须要考虑到移动终端的特点，采取改变显示尺寸、重点提示移动平台特有的隐私风险等方式，对最重要的信息予以显示。

（3）尊重背景：消费者有权期望企业按照与自己提供数据时的背景相符的形式对个人信息进行收集、使用和披露。

这是要求企业在收集个人数据时必须有特定的目的，企业对个人数据的使用必须仅限于该特定目的的范畴，即基于 FIPP（公平信息行为原则）的声明。

从基本原则上说，企业在使用个人数据时，应当仅限于与消费者披露个人数据时的背景相符的目的。另一方面，也应该考虑到，在某些情况下，对个人数据的使用和披露可能与当初收集数据时所设想的目的不同，而这可能成为为消费者带来恩惠的创新之源。在这样的情况下，必须用比最开始收集数据时更加透明、醒目的方式来将新的目的告知消费者，并由消费者来选择是允许还是拒绝。

（4）安全：消费者有权要求个人数据得到安全保障且负责任地被使用。

企业必须对个人数据相关的隐私及安全风险进行评估，并对数据遗失、非法访问和使用、损坏、篡改、不合适的披露等风险维持可控、合理的防御手段。

（5）访问与准确性：当出于数据敏感性的因素，或者当数据的不准确可能对消费者带来不良影响的风险时，消费者有权以适当的方式对数据进行访问，以及提出修正、删除、限制使用等要求。

企业在确定消费者对数据的访问、修正、删除等手段时，需要考虑所收集的个人数据的规模、范围、敏感性，以及对消费者造成经济上、物理上损害的可能性等。

（6）限定范围收集：对于企业所收集和持有的个人数据，消费者有权设置合理限制。

企业必须遵循第三条“尊重背景”的原则，在目的明确的前提下对必需的个人数据进行收集。此外，除非需要履行法律义务，当不再需要时，必须对个人数据进行安全销毁，或者对这些数据进行身份不可识别处理。

（7）说明责任：消费者有权将个人数据交给为遵守“消费者隐私权法案”具备适当保障措施的企业。

企业必须保证员工遵守这些原则，为此，必须根据上述原则对涉及个人数据的员工进行培训，并定期评估执行情况。在有必要的情况下，还必须进行审计。

在上述7项权利中，对于准备运用大数据的经营者来说，第三条“尊重背景”是尤为重要的一条。例如，如果将在线广告商以更个性化的广告投放为目的收集的个人数据，用于招聘、信用调查、保险资格审查等目的，就会产生问题。

此外，社交网络服务中的个人档案和活动等信息，如果用于其自身的服务改善以及新服务的开发是没有问题的。但是，如果要对第三方提供这些信息，则必须以醒目易懂的形式对用户进行告知，并让用户有权拒绝向第三方披露信息。

【延伸阅读】M公司的灾难恢复计划

M公司是一家在线贸易公司，有800余名员工，分布在公司的财务、法律、人事、信息、公关和安全等部门。该公司利用因特网向客户销售货物和提供服务。该公司的Web站点允许客户通过拍卖和固定价格贸易买卖货物。在典型的一天中，该公司可以交易数百万种货物，获利可达数千万美元。客户可以买卖的货物包括体育用品和计算机等。该公司的在线支付服务允许使用信用卡。

该公司在市场上的生存取决于其IT基础设施的可用性和可靠性。IT基础设施包括通信链接和操作过程，如备份。该公司使用着不同的存储平台，包括SAS（服务器附加存储器）、NAS（网络附加存储器）和SAN（存储区域网络）以执行其各种业务操作。由于分公司遍布全国，所以它使用的是分散式系统设置。如果某个数据中心受到影响，分散式系统设置确保了其他数据中心可以在相互之间分配工作量。

该公司的主数据中心位于加州。在佛罗里达、宾夕法尼亚和得克萨斯州有该公司的分公司。每个分公司的业务都依赖于关键资产——如备份系统、Web服务器、数据服务器、通信链接和员工等。

由于下列原因，主数据中心构成了该公司的关键资产：

（1）它驻留着支持公司的应用程序和数据的大型计算机和主要服务器。该公司的所有关键操作，如付款和交易处理，都在这个主数据中心进行。

（2）它充当着付款网关，与商业银行的连接在此实现，以验证所发生的付款。在这个数据中心的客户数据库中存储着所有关键数据，如信用卡的详细情况和客户的购买模式等。

（3）它充当着在其他数据中心之间发送信息的经销商网络。

因此，主数据中心的连续性和可靠性是整个公司业务连续性的关键。此外，不能在其他数据中心之间分布主数据中心执行的操作。主数据中心的关键性以及把该数据中心的操作分散到其他数据中心的复杂性规定了主数据中心只能在一个地方。另外，系统要求一旦发生灾难，应在尽可能短的时间内恢复主数据中心的关键活动。

该公司的主数据中心位于地震区。在过去两年中，该数据中心经受住了两次地震的影响，这促使管理层创建了灾难恢复计划。基于该公司分布在全国，所以每个分公司都有自己的灾难恢复计划。因此，该公司的灾难恢复计划是不同分公司各自灾难恢复计划的汇编。

在这个灾难恢复计划中，公司进行了充分的安排，以确保公司能够从可能发生并影响公司及其业务操作的灾难中恢复。该计划关注的是每个机构容易遭受的主要灾难及其后继的影响。

根据要求，该公司选择热站点作为其恢复策略。为此，该公司与恢复供应商 A 公司签订了合同。根据这份合同，A 公司将提供热站点设施。这个热站点设施位于内布拉斯加州。

为了确保由技术熟练的人员执行所有与后勤有关的活动，A 公司答应让它的恢复人员提供帮助，保障灾难恢复中心中的 IT 设置、后勤和其他与恢复有关的任务。也就是说，在 M 公司的员工转移到灾难恢复站点以前，A 公司的恢复人员要确保灾难恢复中心的系统处于运行状态。

（1）灾难恢复计划的启动。自新的一年开始以来，媒体就一直在警告有可能发生地震。2 月第 2 个周末的晚上 11 点，M 公司主数据中心的安全人员感觉到脚下的地面开始震动，这是气象部门一直在警告的地震。这次里氏 7.2 级的地震将这个主数据中心夷为瓦砾，地震还切断了电源和通信链接。

安全人员按照灾难恢复计划中规定的通知步骤，使用为紧急事件预留的特殊求救线路通知了规划小组的代表。安全人员详细说明了损害的程度、地震发生的时间等情况。夜里 12 点以前，规划小组的代表已经把地震及其对数据中心的影响通知了规划协调员 Ruben Huxley。

第二天早些时候，M 公司的安全经理 Ruben Huxley 到达现场，随同前来的还有评价地震损害程度的评估小组。与此同时，恢复小组与地方机构（如消防部门）开始进行配合，以抢救被损坏站点中的设备。该小组还确保了保护灾难现场资产的安全控制措施的持续性。

为了进行评估，评估小组使用了灾难恢复计划中规定的参数，并执行了下列活动：

① 把地震对关键资产所造成损坏的数据记入文档。

② 抢救没有被严重损坏并且能够使用的设备或者具有关键信息的设备。

③ 抢救小组将具有关键数据的设备运送到热站点；其余的设备则存放在加州的临时仓库中。

基于评估的结果，Ruben 启动了灾难恢复计划。接着，Ruben 将员工将要到达热站点的情况通知了 A 公司的联系人。供应商据此启动了热站点，并配置了工作站和 WAN 链接。此外，供应商指派的恢复人员执行了下列活动：

① 提供了因特网访问。

② 将所有打进来的电话重新路由到站外位置。

③ 在最短的时间内满足了恢复所有关键活动的要求。

④ 让员工适应了新的工作环境。

在从灾难的影响中恢复期间，公司控制和跟踪着与恢复活动有关的资金。所有针对业务活动恢复的与法律和保险有关的任务都被启动。

在热站点，员工重新开始了工作，包括客户账户处理在内的所有关键活动都可以像在正常情况下那样进行。在通知之后的几个小时内，M 公司的员工就完成了转移，业务操作得以恢复。对于 M 公司的客户和分公司来说，这意味着只中断了几分钟的业务。因此，在没有错过一项交易的情况下，数据的时效性得以保持。

在主数据中心被毁后，员工在热站点的灾难恢复中心工作了 4 个月。在此期间，为了维护公司的标准和策略，M 公司的审计小组审计了恢复规程和计划。同时，开始重建主数据中心，公司更换了被损坏的设备，并使必需的网络和通信链接开始运行。

因此，公司已经开发和定期测试的所有恢复计划和规程确保了业务在尽可能短的时间内以及发生最短时间中断的情况得到了恢复。

（2）成功恢复的因素。主数据中心的成功恢复可以归功为几个因素，为了帮助理解，这里分灾难前阶段、规划阶段和灾难后的阶段来讨论这些因素。

① 灾难前的阶段。M 公司决定制定灾难恢复计划是正确方向上的第一步。公司意识到可能会受到灾难的影响，然后为确保业务连续性进行规划是主数据中心得以成功恢复的主要原因。如果没有制订灾难恢复计划，公司将遭受巨大的财务损失。如果没有制订灾难恢复计划，公司还有可能面临停业的危险。

但是，停业和财务损失都没有发生在 M 公司的身上。M 公司的管理层认识到，作为一个公司，它容易遭到灾难的攻击，因此，它的业务就容易停止。由于有这样一种观点，管理层创建了一个关键人员小组来领导灾难恢复规划过程。这个小组准备了任务和在规划演习结束时承诺的成绩的大纲。此外，该小组还概括描述了规划项目的过程、成本和最后期限的详细情况。

② 规划阶段。规划阶段对恢复过程的成功起着最重要的作用。所有部门的成员都参与规划过程。规划小组遵循的步骤涉及恢复计划和规程的创建。

在风险分析期间，该小组创建了一个包括与所有资产有关的信息的清单，这个清单是公司中所有物理资产的一个详细和准确的列表。所有关键资产（如大型计算机、网桥、路由器和网关）都被列明为关键。

除了物理清单以外，该小组还对安装在公司计算机上的所有应用程序和软件创建

了一个设备清单。设备清单包括下列内容:

- 按照类型和型号排列的所有设备的列表。
- 具有版本号的软件包。
- 购买日期和设备的价格。

该小组还创建了软件清单。这个清单列出了与公司所需软件有关的信息，如软件的用途、价格、许可证号和版本号。此外，该小组还执行了下列活动:

- 识别具有专门技能的人员。
- 评估公司的房产及其周围的建筑物。
- 识别关键活动和资产。
- 识别关键资产的价值。
- 按优先次序排列活动和资产。
- 保证管理层认可关键活动和资产。

管理层确保了备份规程和其他类似的安全措施的设置到位。M 公司利用了大量自动化工具，以此作为减少对人员依赖性的方法。规划小组在编制灾难恢复计划的文档时，清楚地定义了该计划的范围，也就是说，该小组识别了被归类为灾难的事件。

该小组设计了短期恢复和长期恢复的策略。在备用站点继续工作是该小组决定的短期恢复策略。长期恢复策略包括在主站点继续进行业务操作的方法。该小组评价了备用站点的必要性，并决定获得一个这样的站点。为此，该小组决定了供应商、备用站点的类型和在这个站点所需的资源。

为了评估和选择备用站点，该小组考虑了这样一些问题，如该站点和主站点之间的距离以及在这个站点的资源。考虑到这些事项，该小组决定了一个远离公司所有分公司的站点。这样做的目的是为了确保备用站点不会受到影响分公司的同种灾难的影响。在考虑供应商提供的恢复服务时，管理层进行了广泛的调查。

公司是把数据镜像作为一种满足基本要求的解决方案来实施的。为了确保数据镜像，公司在目标数据中心和源数据中心之间投资建立了高速光纤线路。镜像取消了从站外存储器检索备份磁带和重载数据的必要性。也就是说，恢复是瞬间的事情。

该小组在灾难发生之前确定了在灾难期间可能需要的所有资源。例如，公司确定了从当地的消防部门和急救服务机构获得帮助，该小组还记下了在灾难发生时联系供应商和资源所需的所有联系信息。

在该小组编制了计划的文档以后，针对灾难恢复计划中记录的恢复任务，对员工进行了培训。最后，通过模拟现实生活的场景，对计划进行了多轮测试。测试演习包括了地方灾难响应团体的参与。

测试小组为管理层准备了一个文档，详细说明了对灾难恢复计划进行的所有测试的结果，他们还记录了对计划所做的所有修改。

③ 灾难后的阶段。灾难时期经常是混乱时期，但是 M 公司在没有出现混乱的情况下数小时内就恢复了关键业务活动。这是因为所有参与恢复任务的人员都知道要干什么。这之所以能够实现，是由于在灾难恢复计划中存在描述所有参与恢复任务的人员的任务和责任的详尽文档。该公司预先进行的通知和广泛的演习保证了通信以及对各自任务和责任的了解。例如，以通知步骤为例，安全人员知道在灾难发生时要通知

的人员的姓名和联系号码，另外也没有出现与权威流有关的混乱。

A 公司的恢复人员也参与到了 M 公司进行的测试中。因此，有关供应商的人员需要执行的任务的信息是非常清楚的。此外，A 公司还保证了灾难恢复站点的安全和通信。

该小组决定把联系信息存储在站外位置。此外，所有与银行业务和公司注册有关的信息都被转移到一个站外位置。这证明是非常有用的，因为救援小组不必从主数据中心的碎石中搜寻联系号码。

所有电子设备都被恢复，软件被重载，电源、UPS 和其他公共的建筑系统都被恢复。此外，还更换了火灾抑制系统，重新在建筑物中铺设了电线，并且恢复了 LAN 和 WAN 连接。

【实验与思考】了解信息安全技术

"实验与思考"的目的：

（1）熟悉信息安全的基本概念，了解信息安全技术的基本内容。

（2）熟悉数据容灾技术的概念与内容；熟悉和掌握信息灾难及其恢复计划的概念、内容及其意义。

（3）通过一个虚构案例举例说明一个公司从灾难中的恢复，以便更好地理解灾难恢复规划的概念。

1. 工具/准备工作

在开始本实验之前，请认真阅读课程的相关内容。

需要准备一台带有浏览器，能够访问因特网的计算机。

2. 实验内容与步骤

[系统安全]

以下是一些普通的计算机用户经常会犯的安全性错误，请对照并根据自己的实际情况做出选择（在供选择的答案前面打"✓"，注意：单选）。

（1）使用没有过电压保护的电源。这个错误真的能够毁掉计算机设备及其所保存的数据。你可能以为只在雷暴发生时，系统才会有危险，但其实任何能够干扰电路，使电流回流的因素都能烧焦你的设备元件。有时甚至一个简单的动作，比如打开与计算机设备在同一个电路中的设备（如电吹风、电加热器或者空调等高压电器）就能导致电涌。如果遇到停电，当恢复电力供应时也会出现电涌。

使用电涌保护器就能够保护系统免受电涌的危害，但是请记住，大部分价钱便宜的电涌保护器只能抵御一次电涌，随后需要进行更换。不间断电源（UPS）更胜于电涌保护器，UPS 的电池能使电流趋于平稳，即使断电，也能给你提供时间，从容地关闭设备。请选择：

□ A. 我懂并已经做到了　　□ B. 我懂得一点，但觉得没必要

□ C. 知道电涌的厉害，但不知道 UPS　　□ D. 现在刚知道，我会关注这一点

□ E. 不知道也无所谓，我是外行我怕谁

（2）不使用防火墙就上网。许多家庭用户会毫不犹豫地启动计算机开始上网，而

没有意识到他们正将自己暴露在病毒和入侵者面前。无论是宽带调制解调器或者路由器中内置的防火墙，还是调制解调器或路由器与计算机之间的独立防火墙设备，或者是在网络边缘运行防火墙软件的服务器，或者是计算机上安装的个人防火墙软件（如 Windows 中内置的防火墙，或者第三方防火墙软件），总之，所有与互联网相连的计算机都应该得到防火墙的保护。

在笔记本式计算机上安装个人防火墙的好处在于，当用户带着计算机上路或者插入酒店的上网端口，或者与无线热点相连接时，已经有了防火墙。拥有防火墙不是全部，还需要确认防火墙是否已经开启，并且配置得当，能够发挥保护作用。请选择：

□ A. 我懂并已经做到了　　□ B. 我懂得一点，但觉得没必要

□ C. 知道有防火墙但没有用过　　□ D. 现在刚知道，我会关注这一点

□ E. 不知道也无所谓，我是外行我怕谁

（3）忽视防病毒软件和防间谍软件的运行和升级。事实上，防病毒程序令人讨厌，它总是阻断一些用户想要使用的应用，而且为了保证效用还需要经常升级，在很多情况下升级都是收费的。但是，尽管如此，在现在的应用环境下，用户无法承担不使用防病毒软件所带来的后果。病毒、木马、蠕虫等恶意程序不仅会削弱和破坏系统，还能通过计算机向网络其他部分散播病毒。在极端情况下，甚至能够破坏整个网络。

间谍软件是另外一种不断增加的威胁。这些软件能够自行在计算机上进行安装（通常都是在用户不知道的情况下），搜集系统中的情报，然后发送给间谍软件程序的作者或销售商。防病毒程序经常无法察觉间谍软件，因此需要使用专业的间谍软件探测清除软件。请选择：

□ A. 我懂并已经做到了　　□ B. 我懂得一点，但觉得没必要

□ C. 知道防病毒，但不知道防间谍　　□ D. 现在刚知道，我会关注这一点

□ E. 不知道也无所谓，我是外行我怕谁

（4）安装和卸载大量程序，特别是测试版程序。由于用户对新技术的热情和好奇，经常安装和尝试新软件。免费提供的测试版程序甚至盗版软件能够使用户有机会抢先体验新的功能。另外，还有许多可以从网上下载的免费软件和共享软件。

但是，安装软件的数量越多，使用含有恶意代码的软件，或者使用编写不合理的软件而可能导致系统工作不正常的几率就高。这样的风险远高于使用盗版软件。另一方面，过多的安装和卸载也会弄乱 Windows 的系统注册表，因为并不是所有的卸载步骤都能将程序剩余部分清理干净，这样的行为会导致系统逐渐变慢。

用户应该只安装自己真正需要使用的软件，只使用合法软件，并且尽量减少安装和卸载软件的数量。请选择：

□ A. 我懂并已经做到了　　□ B. 我懂得一点，但觉得没必要

□ C. 有点了解但不知道什么是注册表　　□ D. 现在刚知道，我会关注这一点

□ E. 不知道也无所谓，我是外行我怕谁

（5）磁盘总是满满的并且非常凌乱。频繁安装和卸载程序（或增加和删除任何类型的数据）都会使磁盘变得零散。信息在磁盘上的保存方式导致了磁盘碎片的产生，这样就使得磁盘文件变得零散或者分裂，导致在访问文件时，磁头不会同时找到文件的所有部分，而是到磁盘的不同地址上找回全部文件，这样就会使得访问速度变慢。

如果文件是程序的一部分，程序的运行速度就会变慢。

可以使用 Windows 自带的“磁盘碎片整理”工具（选择 Windows 的“开始”→“所有程序”→“附件”→“系统工具”命令）来重新安排文件的各个部分，以使文件在磁盘上能够连续存放。

另外，一个常见的能够导致性能问题和应用行为不当的原因是磁盘过满。许多程序都会生成临时文件，运行时需要磁盘提供额外空间。请选择：

□ A. 我懂并已经做到了　　□ B. 我懂得一点，但觉得不重要

□ C. 有点知道但不懂“磁盘碎片整理”　　□ D. 现在刚知道，我会关注这一点

□ E. 不知道也无所谓，我是外行我怕谁

（6）打开所有的附件。收到带有附件的电子邮件就好像收到一份意外的礼物，总是想窥视一下是什么内容。但是，电子邮件的附件可能包含能够删除文件或系统文件夹，或者向地址簿中所有联系人发送病毒的编码。

最容易被洞察的危险附件是可执行文件（即扩展名为 .exe，.cmd 的文件）以及其他很多能自行运行的文件，如 Word 的 .doc 和 Excel 的 .xls 文件等，其中能够含有内置的宏。脚本文件（Visual Basic、JavaScript、Flash 等）不能被计算机直接执行，但是可以通过程序运行。

过去一般认为纯文本文件（.txt）或图片文件（.gif，.jpg，.bmp）是安全的，但现在不是这样了。文件扩展名也可以伪装，入侵者能够利用 Windows 默认的特性设置，将文件的实际扩展名隐藏起来，这样收件人会以为它是图片文件，但实际上却是恶意程序。

用户只能在确信附件来源可靠并且知道是什么内容的情况下才打开附件。即使带有附件的邮件看起来似乎来自于可以信任的人，也有可能是某些人将他们的地址伪装成这样，甚至是发件人的计算机已经感染了病毒，在他们不知情的情况下发送了附件。请选择：

□ A. 我懂并已经做到了　　□ B. 我懂得一点，但觉得并不严重

□ C. 知道附件危险但不太了解扩展名　　□ D. 现在刚知道，我会关注这一点

□ E. 不知道也无所谓，我是外行我怕谁

（7）点击所有链接。点击电子邮件或者网页上的超链接有可能将用户带入植入 ActiveX 控制或者脚本的网页，利用这些就可能进行各种类型的恶意行为，如清除硬盘，或者在计算机上安装后门软件，这样黑客就可以潜入并夺取控制权。

点错链接也可能会带你进入具有不良内容的网站。如果用户使用的是工作计算机就可能会因此麻烦缠身，甚至惹上官司。

在点击链接之前请务必考虑一下。有些链接可能被伪装在网络钓鱼信息或者那些可能将用户带到别的网站的网页里。例如，链接地址可能是 www.a.com，但实际上会指向 www.b.com。一般情况下，用鼠标在链接上滑过而不点击，就可以看到实际的 URL 地址。请选择：

□ A. 我懂并已经做到了　　□ B. 我懂得一点，但觉得并不严重

□ C. 以前遇到过但没有深入考虑　　□ D. 现在刚知道，我会关注这一点

□ E. 不知道也无所谓，我是外行我怕谁

（8）共享或类似共享的行为。分享是一种良好的行为，但是在网络上，分享则可能将用户暴露在危险之中。如果用户允许文件和打印机共享，别人就可以远程与用户的计算机连接，并访问用户的数据。即使没有设置共享文件夹，在默认情况下，Windows系统会隐藏每块磁盘根目录上可管理的共享。一个黑客高手有可能利用这些共享侵入用户的计算机。解决方法之一就是，如果用户不需要网络访问用户计算机上的任何文件，就请关闭文件和打印机共享。如果确实需要共享某些文件夹，则务必通过共享级许可和文件级（NTFS）许可对文件夹进行保护。另外，还要确保用户的账号和本地管理账号的密码足够安全。请选择：

□ A. 我懂并已经做到了　　□ B. 我懂得一点，但觉得并不严重

□ C. 知道共享文件和文件夹有危险，但不知道共享打印机也危险

□ D. 现在刚知道，我会关注这一点

□ E. 不知道也无所谓，我是外行我怕谁

（9）用错密码。这也是使得用户们暴露在入侵者面前的又一个常见错误。即使网络管理员并没有强迫用户选择强大的密码并定期更换，用户也应该自觉这样做。不要选用容易被猜中的密码，且密码越长越不容易被破解。因此，建议用户的密码至少为8位。常用的密码破解方法是采用“字典”破解法，因此，不要使用字典中能查到的单词作为密码。为了安全，密码应该由字母、数字以及符号组合而成。很长的无意义的字符串密码很难被破解，但是如果用户因为记不住密码而不得不将密码写下来，就违背了设置密码的初衷，因为入侵者可能会找到密码。例如，可以造一个容易记住的短语，并使用每个单词的第一个字母，以及数字和符号生成一个密码。请选择：

□ A. 我懂并已经做到了　　□ B. 我懂得一点，但觉得并不严重

□ C. 知道密码但不了解密码　　□ D. 现在刚知道，我会关注这一点

□ E. 不知道也无所谓，我是外行我怕谁

（10）忽视对备份和恢复计划的需要。即使用户听取了所有的建议，入侵者依然可能弄垮用户的系统，用户的数据可能遭到篡改，或因硬件问题而被擦除。因此，备份重要信息，制定系统故障时的恢复计划是相当必要的。

大部分计算机用户都知道应该备份，但是许多用户从来都不进行备份，或者最初做过备份但是从来都不定期对备份进行升级。应该使用内置的Windows备份程序或者第三方备份程序以及可以自动进行备份的定期备份程序。所备份的数据应当保存在网络服务器或者远离计算机的移动存储器中，以防止水灾、火灾等灾难情况的发生。

请牢记：数据是用户计算机上最重要的东西。操作系统和应用都可以重新安装，但重建原始数据则是难度很高甚至根本无法完成的任务。请选择：

□ A. 我懂并已经做到了　　□ B. 我懂得一点，但灾难毕竟很少

□ C. 知道备份重要但不会应用　　□ D. 现在刚知道，我会关注这一点

□ E. 不知道也无所谓，我是外行我怕谁

请汇总并分析：上述10个安全问题，如果A选项为10分，B选项为8分，C选项为6分，D选项为4分，E选项为2分，请汇总，你的得分是：＿＿＿＿＿＿分。

用户总是会不经意地法给自己惹上麻烦，与你的同学和朋友们分享这种原因从而避免他们犯这些原本可以避免发生的错误。

请简述你的看法：____

____

____

[概念理解]

（1）查阅有关资料，根据自己的理解和看法，给出“信息安全”的定义。

答：____

____

____

____

这个定义的来源是：____

（2）通过阅读教科书和查阅网站资料，简单解释以下信息安全技术的基本概念：

① 信息安全的五大特性是指：

a. ____________：____

____

____

b. ____________：____

____

____

c. ____________：____

____

____

d. ____________：____

____

____

e. ____________：____

____

____

② 信息安全技术发展的四大趋势是：

a. ____________：____

____

____

b. ____________：____

____

____

c. ____________：____

____

____

d. ____________：____

____

（3）数据备份与服务器高可用集群技术和远程容灾技术在本质上有什么区别？

答：

（4）数据容灾计划是由一系列应急计划组成的，主要包括：

①

②

③

④

⑤

⑥

⑦

（5）数据容灾等级一般分为以下 4 个等级：

第 0 级：

第 1 级：

第 2 级：

第 3 级：

[小组讨论]　必要性、便利性和个人隐私

当用户考虑自己是否使用某项技术时，考虑的重点是该项技术应用所涉及的必要性、便利性和个人隐私。回答下面两个问题：

A. 必要性——如果确实需要某项技术完成个人任务，你愿意放弃多少个人隐私？

B. 便利性——如果使用技术能使生活更便利（不是绝对需要），你愿意放弃多少个人隐私？

给出关于问题 A 的 1～5 个等级的回答：A1 级用实例说明使用某项技术是必要的，因而应该放弃全部个人隐私；A5 级用实例说明即使某项技术的使用是必要的，也不应该放弃个人隐私。

问题 A：

A1：

A2：

A3：

A4：

A5：

给出关于问题 B 的 1～5 个等级的回答：B1 级用实例说明用户愿意放弃全部个人隐私以换取使生活更方便的技术使用；B5 级用实例说明用户不愿意放弃任何个人隐私，甚至意味着不能使用使你生活更方便的技术。

问题 B：

B1：

B2：

B3：

B4：

B5：

将你的答案和其他一些同学的答案进行比较。比较结果如何？

答：

3. 实验总结

4. 实验评价（教师）

第 11 章

发展与展望

在大数据运用框架的基础上，除了自己公司内部的数据之外，对公司外部数据的关注也非常重要。为此，企业需要放宽视野，如使用、购买外部数据，出售内部数据等。

拥有原创数据的企业，在大数据时代更有可能成为赢家。首先要找出自己公司的原创数据，然后再考虑通过与外部数据进行整合，使之升华为增值数据。

作为供应商企业来说，新的商机在于数据聚合商这一角色。只要有数据的产生，在任何一个行业都有成为数据聚合商的机会。

与技术日新月异地发展相比，更重要的是需要认真思考这些发展和变化将如何影响到人们的生活和商务活动。本章将了解几项前沿技术，其中包括语音识别、生物测量、植入式芯片和电子现金等，这些新技术和 4 个重要发展趋势相关，如图 11-1 所示。

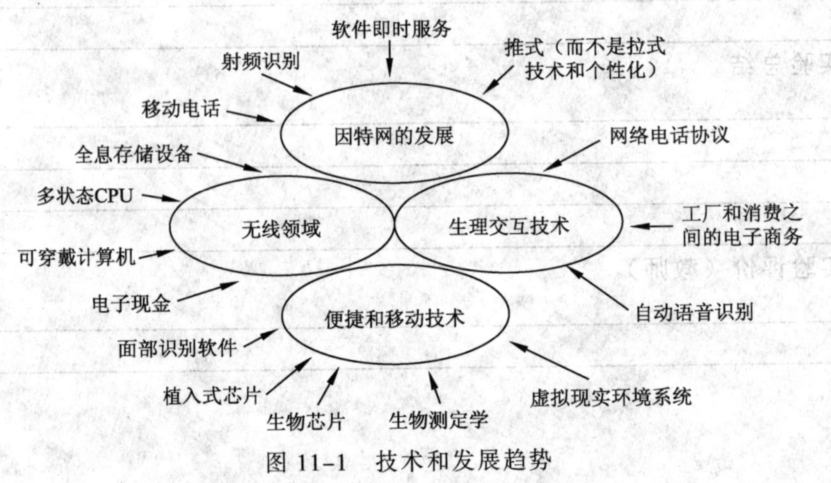

图 11-1 技术和发展趋势

11.1 因特网的变化

几乎没有一项技术能像因特网一样被人们普遍使用并得到快速更新。在未来的日子里，人们将会不断地看到许多基于因特网的新趋势和新技术。其中包括软件即服务、推式（而不是拉式）技术和个性化、工厂消费者之间的电子商务（FzBzC 也能实现个性化）和因特网电话（如网络电话协议）等。

11.1.1 软件即服务

软件即服务（SaaS）是一种软件的使用支付模式，用户可以按使用次数来支付应用软件的费用，而不必完全买下这个软件。随着更多的技术可供选择（如智能电话、个人数字助理、上网本等），用户使用这些技术来满足移动式计算的需求也会增加，但这些设备还不可能存储用户所需要的全部技术。基于这点原因，用户将需要一种特定的软件，例如，图片和录像编辑软件，但可能每年只用两次。因此，租用软件将会是一个很好的选择，这就是 SaaS 模式打算传递的信息。

在 SaaS 模式中，用户可以利用应用软件服务提供商（ASP），按使用次数来支付应用软件的费用。应用软件服务提供商在因特网上提供应用软件服务（和一些相关的服务，比如维修、技术支持、信息存储及类似的服务），这些服务将存留在用户的计算机中。例如，一些企业使用由 Salesforce.com 网站提供的客户关系管理（CRM）软件，该网站将 CRM 软件提供给因特网服务器。订购该 CRM 软件的企业雇员在因特网上使用软件，从而省去了在自己计算机上购买、存储和维修软件。

例如，某人身在机场并且需要用自己的上网本建立一个工作簿，而这个上网本没有完整的 Excel 版本。于是，该用户将自己的上网本连接到因特网和 ASP 上。通过上网本，用户使用个人 ASP 提供的 Excel 软件来创建自己的工作簿，同时将它保存在 ASP 的 Web 服务器上。当用户最终返回办公室时，就可以通过自己的计算机连接到同一个 ASP 上，重新得到自己的工作簿并将其保存在办公室的计算机里。

这里有许多关于隐私和可靠性的争论，因此，用户需要考虑是否及何时使用个人 ASP。如果用户的所有信息都存储在 Web 服务器上，这比起将所有信息都存储在家中或办公室的计算机里，更容易让别人获取（由于错误的原因）。在考虑可靠性时，需要思考诸如个人 ASP 的 Web 站点出故障将会发生什么事情？但是，尽管新技术存在着潜在的缺陷，但可以相信，个人 ASP 和 SaaS 模式将成为未来日常生活的一部分。

11.1.2 推式技术和个性化

人们正生活在一个推式技术环境中，也就是通过查询找到所需的信息。例如，访问因特网的某个特定网站查询一些服务或产品信息，这时用户是在一点点地“拉”出想要的信息。未来的重点将是推式技术。在推式技术环境中，企业和组织会根据用户的个人信息，主动为其提供服务或产品信息，而不是无目的地发送广告或者是群发电子邮件。

举例来说，在一些地方可以通过预定手机信息服务来获得录像租赁信息。只要用户在一家音像店附近经过，其具有 GPS 功能的手机就会触发音像店中的计算机，计算机对内部存储的关于该人的租赁历史信息进行分析，查询是否有他可能喜欢的音像资料到货。在这种情况下，该系统会产生一个有关该用户租赁历史信息的个人数据仓库（包括星期、时间和录像种类 3 个维度），然后分析小立方体中的信息，如图 11-2 所示。

分析结果力图确认该用户的以下信息内容：

（1）经常在特定的某一天租赁录像；

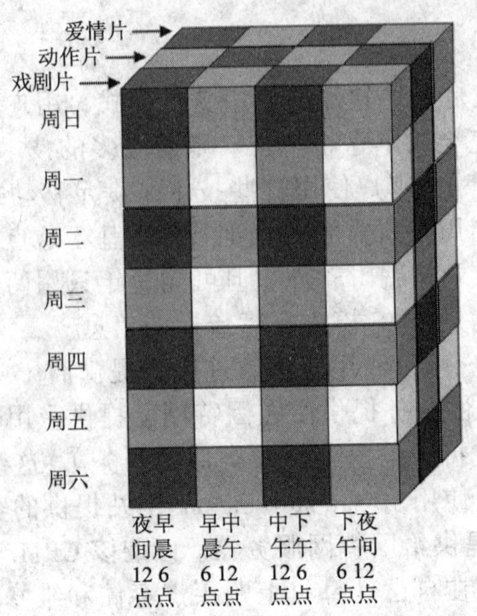

图 11-2　利用数据仓库追踪用户的需求及需求产生的时间

（2）经常在哪一天的哪一时间租赁录像。

（3）在该时间租赁的录像是特定的录像种类。

系统将检查在这种种类中是否还有该顾客还没有租过的电影以及之前没有接触过的电影。如果有，音像店中的计算机会将新的发行信息发送到该顾客的手机中，同时发送各音像店的地址，并且通知音像店为该顾客保留这部录像。如果音像店没有该顾客可能感兴趣的新录像发行信息，其手机将不会收到任何消息。

当然，类似这些功能的实现依赖于大量个人信息的存储，因此，在推式技术发展中，数据库和数据仓库技术无疑具有重要地位。和广告、群发电子邮件相比，推式技术更具有优势。

11.1.3　F2b2C 电子商务

在电子商务领域中，商务模式被参与者定义为诸如 B2B（企业和企业之间的电子商务）和 G2C（政府和消费者之间的电子政务）等模式。现在，有了引入第三方参与者来创建一种全新的电子商务模式的想法。

最早出现的新型商务模式是 F2b2C（工厂和消费者之间的电子商务），一种电子商务模式，消费者通过网上的交易直接向工厂提供产品的规格，工厂根据消费者提供的规格生产定制化的、个性化的产品，并且直接送到消费者手中。

注意：在 F2b2C 中，字母 F 和 C 是大写的，而字母 b（对于商家）却不是。因为在这个模式中，商家仅仅是在工厂和消费者之间提供沟通渠道的网络中间商。当这个模式运作起来后，取消中介的形式便出现了。广泛地定义，取消中介就是以因特网作为传输工具，可以跳过在分销渠道中的中介人员的工作。其中，旅游代理行业就是取消中介的一个很好的例子。如今，顾客可以直接与航空公司联系并且购买机票，这样做还经常会获得按行程计数的交通补贴。网络取消了对旅游代理商中介的需求。

想象一下链接到因特网的一个网站并且定制商品，比如一条裤子。顾客将会详细

说明自己的尺寸，比如裤管内缝、腰部、臀部和大腿的尺寸等，以及其他信息，比如颜色、钱袋的样式、有多少腰带孔……该网站会立即把顾客的信息传递给工厂。工厂将为该顾客裁剪出一条定制化、个性化裤子并且直接送到顾客家中。

11.2 交互方式的变革

人与计算机之间的交互目前主要通过物理界面，如键盘、鼠标、显示器和打印机等。所谓生理界面，是指能够捕获和应用人的真实身体特征，如呼吸、声音、身高和体重，甚至眼内的视网膜的人机交互方式。生理交互方式包括语音识别、虚拟现实、虚拟现实环境、生物测定和许多其他技术。

11.2.1 语音识别

语音识别（ASR）系统不但能识别语音单词，还能识别组成句子的词组。通常 ASR 系统按照下面 3 个步骤完成这项工作：

（1）特征分析：系统获取使用者说的话，消除背景噪声，将其语音的数字信号转化成音节。

（2）模式分类：将语音音节数码信号和存储在声学模型数据库的某音节序列进行匹配。例如，如果一个音节是 du，系统会将这个音节与单词 do 或者 due 的音节序列进行匹配。

（3）语言处理：通过将（2）所产生的音节同语言模式数据库进行比较，构建使用者所说的话。

ASR 系统已经应用于计算环境中。例如，微软公司的 Office 应用软件在内容输入和命令输入方面就提供了易用的语音识别功能。ASR 系统允许用户以正常的语音发音来和计算机进行交谈。

11.2.2 虚拟现实环境

前面已经介绍了虚拟现实和增强现实，而虚拟现实环境（CAVE）是一个特殊的三维虚拟现实环境，是一种能够用全真的三维方式创建、捕获并显示图像的全息图像装置。在这个环境中，能够显示位于全世界任何地方的其他所有 CAVE 中的人和物的图像。CAVE 系统的工作方式是：用户进入一个 CAVE 环境，在同一时间，另外一个人将进入位于其他地方的 CAVE 环境。多个数码摄像机开始对参与的双方进行拍录，经过重新创作后，各自将拍录的全息图像发送到对方的 CAVE 环境，然后就能够看到对方，相互交谈，就好像那个人和你在同一个地方。

CAVE 的研究工作致力于解决环境中其他物体对象处理带来的问题。例如，假如在 CAVE 环境中某人坐在长沙发上，那么他就会使沙发产生凹陷，并且要把凹陷信息传送到另一个 CAVE 环境的沙发。那个沙发通过压缩内部橡胶网眼来响应接收到的信息，这样所坐的沙发凹陷也会出现在对方沙发上。

11.2.3 生物测量学

生物测量学利用生物特征（如指纹、视网膜的血管脉络、声音甚至呼吸）进行识别。这是个严密的、狭义的定义，然而生物测定学正逐渐包含更多的内容，不仅仅是识别。

下面是在现实生活中的实际应用：

（1）能上网的卫生间：这些卫生间利用顾客的生物输出信号获取相关信息（比如白细胞数、红细胞数、含钠水平、含糖水平、某药品含量等），并将这些信息通过因特网发送到医生的计算机中进行分析，从而确定该顾客是否患病或者食用了错误类型的药品。当然，这需要给卫生间同时安装上电子输出和因特网连接设备。现在这种能上网的卫生间正在许多生命支持关怀机构中发挥作用，在这些机构中的老年人需要全天 24 h 监控自己的身体状况。

（2）定制鞋子：一些售鞋的商店，尤其是提供优质皮鞋的商店，不再需要任何库存。顾客选择好喜欢的鞋子款式后，把脚放入一个可以扫描出脚的形状的盒子中。然后，扫描得到的信息被用来制作一双定制的鞋子。如果双脚的大小和形状几乎相同（大多数人都是这种情况），定制效果将非常好。

（3）定制睡衣：某些高级宾馆在登记时让顾客在人体扫描设备前走过。这种扫描设备能测量出顾客的身体特征，然后将这些信息发送到一个可以自动制作睡衣的装置中。

11.3 便携和移动技术的发展

便携技术是指如何将所需的技术设备方便地随身携带；而移动技术则更为重要，意味着用户能否使用随身携带的技术设备进行工作。例如，PDA 的重量不到一磅，非常容易装进口袋或挎包内，具有很好的便携性能，但是，其可移动性能可能会限制 PDA 的使用。例如，可以使用 PDA 安排日程，做一些记录，甚至发送电子邮件，但却不能使用 PDA 生成带有复杂统计图形的电子表格。

当然，实现最佳的便携和移动性能，需要完善的无线通信支持。无线通信技术是一个广阔的不断发生变革的领域。随着便携和移动技术的进一步发展，人们将期望在未来看到电子现金、可穿戴的计算机、多状态 CPU 和全息存储设备等先进技术。

11.3.1 电子现金

数字经济的实现必须有数字化货币的支持。与人们曾经使用过的黄金和白银相比，在商品和服务交易中使用硬币和纸币支付更为方便，因此硬币和纸币成为全世界经济活动普遍使用的支付工具。而如今，电子现金（也称为数字现金）是现金的一种电子化形式。

使用电子现金必须先从电子银行购买，如图 11-3 所示。购买电子现金可以通过邮寄实际现金，使用借记卡或者信用卡，或者在电子银行开设账户时要求从余额中划取等不同方式。无论使用哪种方法，电子银行都会以电子方式将电子现金文件发送给

用户。用户在网上查找自己所需要的商品或服务，并且将和购买金额相应数量的电子货币文件发送给商家。商家使用这些电子货币文件从电子银行将其兑换成现金。

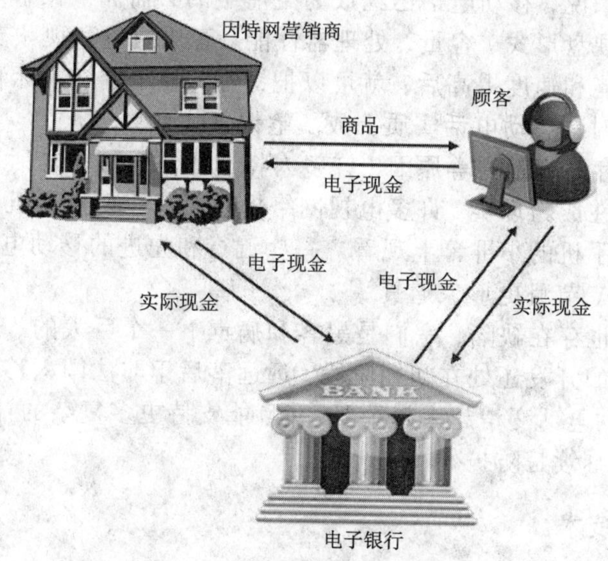

图 11-3　在因特网上使用电子现金

电子现金的概念虽然简单，但实施起来却有很多困难。原因很多，其中包括：

（1）如果用户的系统瘫痪了，并且电子现金文件被清除，这就和丢了钱包一样，电子银行不会把这些文件再放回来。

（2）电子现金使洗钱更容易。由于电子现金不带有任何个人信息，因此，黑钱能够非常容易地换成电子现金。

（3）电子现金跨越范围广大的因特网进行传送，容易被窃取。数字信息（含有电子现金的）容易被窃取并且难于跟踪，这可能是电子现金普及应用的最大直接障碍。

尽管存在着种种困难和挑战，电子现金注定要在标准技术中占有一席之地。真正问题是要花多长时间。

11.3.2　多状态 CPU 和全息存储设备

迅速发展的电子技术使得能在更小的空间存储更多的信息，从而增强了便携和移动功能。多状态 CPU 和全息存储设备就是这方面的技术创新。

人们正在使用的计算机 CPU 使用二进制，仅能处理表示为 1 或 0 的信息，这极大地减慢了处理速度。多状态 CPU 处理两种以上状态表现的信息，例如可能是 10 个不同的状态，每个状态都表示着一个 0～9 之间的数字。当多状态 CPU 真正实现时，计算机将不再需要经历与二进制转换有关的进程和之后还原转换的进程，这将大大加快计算机的处理速度。

另一方面，现在的计算机存储设备只能存储二维空间的信息，但全息存储设备是在具有许多正面和侧面的像 3D 水晶一样的物质所组成的存储媒介上存储信息。在未来的全息存储设备上，在单个晶片上就能存储一整套百科全书。

11.3.3 下一代移动电话技术

对于大多数人来说，移动电话已经成为生活中的必需品。在未来几十年里，移动电话将在存储器（硬盘形式）容量、处理器性能、音乐质量和视频支持等方面进行技术创新。当这些性能和速度提高后，就可以把键盘、显示器、鼠标和打印机无线连接到移动电话上。这时，移动电话实质上成了笔记本式计算机。

由于电力足、存储容量大等原因，许多人将选择使用移动电话来听音乐，通过移动电话进行视频正在成为现实。许多电视网络提供商正在创作手机剧集，从电视上裁剪的短剧，可以在手机的小屏幕上观看。一些流行和先进的移动电话支持 HD（高清晰）技术，使 HDTV 节目更形象逼真。

但是移动电话也存在缺陷，它们是黑客和病毒下一个巨大的、未知的空间，而抗病毒移动电话软件的开发还处在初期阶段，远远落后于非法闯入移动电话、四处传播病毒的能力。当移动电话变得越来越重要，并且能支持更多复杂的计算机功能的时候，用户面临的挑战将继续是防护。

11.3.4 射频识别技术

射频识别技术（RFID）使用标签或商标上的条码存储信息，当标签或商标被正确频率的无线电波射到时，信息就被发送或写入。人们可能已经熟悉一些 RFID 工具，例如，收费公路上的司机通行车道，当司机在路上行驶时，如果车上装有 RFID 设备，这些设备将会从账户中自动收费。一些公司为顾客提供具备 RFID 功能的钥匙圈，这种“快速通行”钥匙圈存有顾客账户信息。顾客买东西时，只需在读卡机前轻微晃过钥匙圈，读卡机就可以和钥匙圈中的 RFID 芯片进行通信，读取顾客的账户信息并且从账户中收取费用。最常见的 RFID 工具是无源 RFID 芯片。无源 RFID 芯片本身没有电源，并且一直处于无效状态，直到在发射无线电波的读卡机前穿过，RFID 芯片附近的天线接收读卡机发出无线电波，该芯片以能量形式保存这些电波直到它聚集足够多的能量可以工作为止。然后，芯片将信息发送给读卡机，这个读卡机与存有账户信息和类似信息的某种计算机系统相连。该芯片在发送信息后重新回到无效状态。

1. RFID 的应用

RFID 技术的应用很多，其中包括：

（1）防偷盗的车钥匙：车钥匙里面有一个 RFID 芯片。将车钥匙插入汽车点火装置时，RFID 将与发动机系统中的读卡机进行通信（并且传送密码的等价物），让车启动。因此，配制车钥匙对盗车者没有任何好处。当然，如果丢了车钥匙，就不得不重新制作一把。

（2）图书跟踪：RFID 芯片取代了条形码，它存储 ISBN 信息，图书将更容易地被借出和归还。

（3）供应链：目前，几乎每一个供应链过程中的主要参与者都开始委托对方使用 RFID 芯片给商品贴标签，进行包装，装箱托运等。

（4）护照：可在封面上含有 RFID 芯片。这种芯片将存有个人护照信息和一个用于生物测定的特征“指纹”。

2. RFID的未来

如今，几乎每一件商品都利用通用产品代码（UPC）进行识别。但是，相似的商品具有相同的UPC代码。例如，两听可乐饮料就具有完全相同的UPC代码，这使它们难以区分。使用RFID技术，每件商品都具有唯一的电子产品代码（EPC）。EPC包括UPC的设计，但是给每听不同的可口可乐饮料分配了唯一的号码，这个号码和截止日期、供应链活动以及人们所想象到的任何事物连在一起。

例如，如果食品杂货店的每一件商品都可以与结账系统进行无线通信，将不再需要计价付费过程，顾客在购物时，将商品装入袋里并放入手推车中，当从前门走出的时候，RFID系统将与顾客口袋中的信用卡及手推车中的每一件商品进行无线通信，同时准确地从信用卡账户中收取费用。

设想一下洗衣服。假定洗衣机装满了“白色产品”，比如袜子和毛巾，但却无意中扔进去一件红色衬衣。非常幸运的是，每一件衣服都附有包含洗涤说明信息的RFID芯片。洗衣机将和每一件衣服进行无线通信并确定其中一件不属于这个范围，这时，洗衣机将不会工作并且通知用户：你将衣服混合在一起了。

未来RFID能做的事情可能仅仅会被你的想象力所限制。

11.4 云 计 算

云计算（Cloud Computing）的一个典型定义：一种基于Web的服务，目的是让用户只为自己所需要的功能付钱，同时消除传统软件在硬件、软件和专业技能等方面的投资。云计算让用户脱离技术与部署上的复杂性而获得应用。作为一种新兴的共享基础架构方法，云计算将巨大的系统池连接在一起以提供各种IT服务，如图11-4所示。

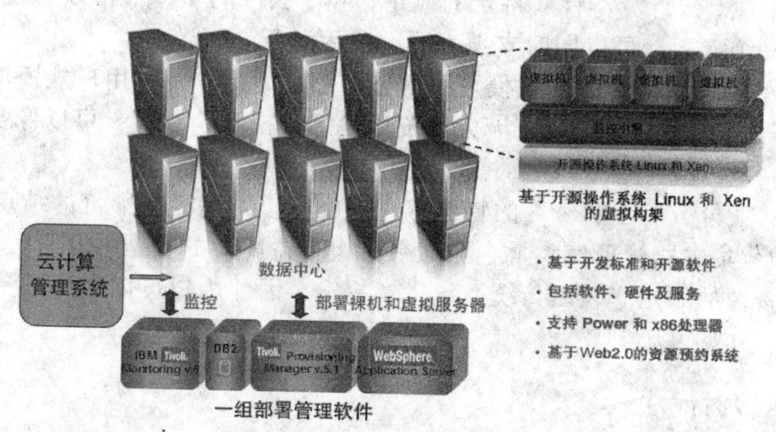

图11-4　IBM云计算架构体系

11.4.1 基本概念和特点

从狭义上理解，云计算是指IT基础设施的交付和使用模式，指通过网络以按需、易扩展的方式获得所需的资源（硬件、平台、软件）。提供资源的网络被称为“云”。“云”中的资源在使用者看来是可以无限扩展的，并且可以随时获取，按需使用，随时扩展，按使用付费。这种特性经常被称为像使用水、电一样的 IT 基础设施。

从广义上将，云计算是指服务的交付和使用模式，指通过网络以按需、易扩展的方式获得所需的服务。这种服务可以是 IT 和软件、互联网相关的，也可以是任意其他的服务。

资源池“云”中是一些可以自我维护和管理的虚拟计算资源，通常是一些大型服务器集群，包括计算服务器、存储服务器、宽带资源等。云计算将所有的计算资源集中起来，并由软件实现自动管理，无须人为参与。这使得应用提供者无须为烦琐的细节而烦恼，能够更加专注于自己的业务，有利于创新和降低成本。

云计算是并行计算（Parallel Computing）、分布式计算（Distributed Computing）和网格计算（Grid Computing）的发展，或者说是这些计算机科学概念的商业实现。云计算是虚拟化（Virtualization）、效用计算（Utility Computing）、IaaS（基础设施即服务）、PaaS（平台即服务）、SaaS（软件即服务）等概念混合演进并跃升的结果。

云计算具有以下特点：

（1）超大规模。“云”具有相当的规模，Google（谷歌）云计算已经拥有 100 多万台服务器，Amazon、IBM、微软、Yahoo（雅虎）等的“云”均拥有几十万台服务器。企业私有云一般拥有数百上千台服务器。“云”能赋予用户前所未有的计算能力。

（2）虚拟化。云计算支持用户在任意位置、使用各种终端获取应用服务。所请求的资源来自“云”，而不是固定的有形的实体。应用在“云”中某处运行，但实际上用户无须了解、也不用担心应用运行的具体位置。只需要一台笔记本式计算机或者一部手机，就可以通过网络服务来实现人们需要的一切，甚至包括超级计算这样的任务。

（3）高可靠性。“云”使用了数据多副本容错、计算结点同构可互换等措施来保障服务的高可靠性，使用云计算比使用本地计算机可靠。

（4）通用性。云计算不针对特定的应用，在“云”的支撑下可以构造出千变万化的应用，同一个“云”可以同时支撑不同的应用运行。

（5）高可扩展性。“云”的规模可以动态伸缩，满足应用和用户规模增长的需要。

（6）按需服务。“云”是一个庞大的资源池，可按需购买；云可以像自来水、电、煤气那样计费。

（7）极其廉价。由于“云”的特殊容错措施可以采用极其廉价的结点来构成云，“云”的自动化集中式管理使大量企业无须负担日益高昂的数据中心管理成本，“云”的通用性使资源的利用率较之传统系统大幅提升，因此用户可以充分享受“云”的低成本优势。

11.4.2 云计算时代

区别于 PC 时代，在云计算时代，“云”会替人们做存储和计算的工作。“云”就是计算机群，每一个群包括了几十万、甚至上百万台计算机。“云”的好处还在于，其中的计算机可以随时更新。Google 就有好几个这样的“云”，其他 IT 巨头，如微软、雅虎、亚马逊（Amazon）也有或正在建设这样的“云”。届时，人们只需要一台能上网的计算机，不需关心存储或计算发生在哪朵“云”上。但一旦有需要，人们就可以在任何地点用任何设备，如计算机、手机等，快速地计算和找到这些资料。

11.4.3 云计算的形式

云计算有以下主要形式：

（1）SaaS（软件即服务）：这种类型的云计算通过浏览器把程序传给成千上万的用户。在用户眼中来看，这样会省去在服务器和软件授权上的开支；从供应商角度来看，这样只需要维持一个程序就够了，能够减少成本。SaaS 在人力资源管理程序和 ERP 中比较常用。

（2）实用计算（Utility Computing）：这种计算很早就有了，但是直到最近才在 Amazon.com、Sun、IBM 和其他提供存储服务和虚拟服务器的公司中得到应用。这种云计算是为 IT 行业创造虚拟的数据中心使得其能够把内存、I/O 设备、存储和计算能力集中起来成为一个虚拟的资源池来为整个网络提供服务。

（3）网络服务：同 SaaS 关系密切，网络服务提供者能够提供 API 让开发者开发更多基于互联网的应用，而不是提供单机程序。

（4）平台即服务：另一种 SaaS，这种形式的云计算把开发环境作为一种服务来提供。用户可以使用中间商的设备来开发自己的程序并通过互联网和其服务器传到用户手中。

（5）MSP（管理服务提供商）：这是最古老的云计算运用之一。这种应用更多的是面向 IT 行业而不是终端用户，常用于邮件病毒扫描、程序监控等。

（6）商业服务平台。SaaS 和 MSP 的混合应用，该类云计算为用户和提供商之间的互动提供了一个平台。比如，用户个人开支管理系统，能够根据用户的设置来管理其开支并协调其订购的各种服务。

（7）互联网整合：将互联网上提供类似服务的公司整合起来，以便用户能够更方便地比较和选择自己的服务供应商。

11.5 大数据时代的企业 IT 战略

随着传感器网络的发展和智能手机的普及，数据的收集逐步自动化，数据量也必将不断增加，像生活日志、服务器日志这样的日志数据将会迎来爆炸式的增长。这些庞大的数据乍看之下只是数值、文字、符号的罗列，但为了要从中发现“金矿”并有效运用，就必须要做到有备而来。随着 LOD 技术的发展和数据市场的出现，将能够免费或者廉价获得国家、地方政府所拥有的统计数据、地图信息，以及社交媒体相关的各种统计数据。

另一方面，对于企业来说，有一些数据（如其他公司的顾客购买记录等）是花钱也很难买到的。但是，要想在大数据时代确立企业的竞争优势，在数据战略上，除了公司内部数据之外，必要时也应该考虑从外部获取数据。

下面将按照自己公司拥有的内部数据、其他公司拥有的公司外部数据，以及招徕客户所需的体现差异化的核心数据、除核心数据以外的背景数据这两个维度进行分类，并针对这一框架进行讨论，如图 11-5 所示。

左上方区域指的是自己公司在商业活动中产生的原创数据，这些数据可在招徕客户方面体现差异化，例如 POS 数据和会员购买记录等。由于是自己公司的数据，不但比较容易获取，而且对其他公司来说也是十分有用的数据，因此市场价值非常高。

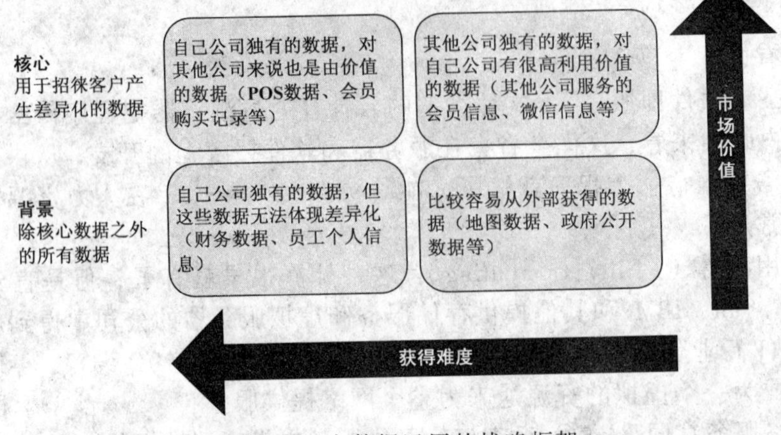

图 11-5　大数据运用的战略框架

属于这一领域的数据对企业来说是战略性资产，传统的思路是直接保护起来，不会对外提供。然而，最近出现的一些案例表明，如果这些数据对自己公司有很大的好处，那么可以通过与其他公司进行战略性合作的方式，对数据进行共享和交换。今后人们不应只考虑保护这些数据，在某些情况下，也应考虑和其他公司进行分享。

左下方区域指的是除了左上方区域以外的数据，也就是说，虽然是自己公司原创的数据，但这些数据不能在招徕客户方面直接体现差异化。例如，总营业额、销售利润等财务数据，或者是员工的学历、资质、家庭结构、邮件记录等。

对该区域数据的处理体现了两极分化的特点。以财务数据为例，如果是上市企业，每过一段时间就有义务对外公开其中的一部分数据，但也有一些机密数据和个人信息相关的数据是绝对不允许泄露出去的。因此，对这两类数据应分别采取依法公开和严格保护的措施。

右下方区域指的是地图数据、政府公开的统计数据、社交网站上公开的用户档案、从数据市场中可以获得的数据等一般性公开的数据。由于这些数据可以免费获得，或者可以以很低廉的价格购买到，因此其市场价值并不是很高。作为企业来说，属于可以积极利用（Use）或购买（Buy）的数据。

右上方区域指的是其他公司的客户信息和可实时访问的所有公开的 API 等。所有的人都可以使用普通 API 所能够获取的数据是有限制的，例如需要指定关键字来获取过滤过的结果，但无法获取未经过滤的全部公开推文。由于这些数据没有进行一般性的公开，因此相对较难获得，其相对的市场价值就较高。作为企业来说，即便需要付出相应的代价，也希望能够得到这些数据。

如图 11-6 所示的情形，如果企业今后想要依靠数据来获得竞争优势，除了自己公司所拥有的内部数据外，还需要在制定数据运用战略时将外部数据也考虑在内。

为此，需要进行有逻辑有条理的讨论，例如，为了达到某个目的，需要哪些数据？这些数据仅靠自己公司的数据能够满足吗？如果不能满足，应该从外部引入哪些数据？然后，如果需要一些难以获得的其他公司数据，就需要以更宽广的视野来进行讨论，包括进行战略性合作等。在某些情况下，还需要设立一个专门负责管理企业数据战略的 CDO（首席数据官）职位。

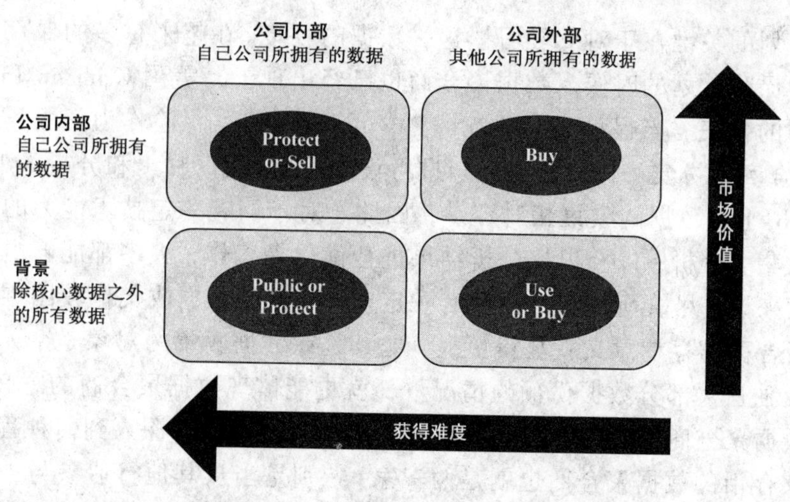

图 11-6 大数据运用方针的示例

11.6 供应商企业的新商机：数据聚合商

11.6.1 数据聚合商的作用

从需要利用大量数据的第三方（比如这里的 COOKPAD）的角度来看，数据聚合商可以帮助他们免去与消费者进行单独交涉的麻烦，为他们提供了极大的便利。其所扮演的角度如图 11-7 所示。

在其他行业中，数据聚合商也已经开始出现。例如，电力行业中的需求响应聚合商，当用电需求达到高峰时，自动关闭一些非必要设备的自动需求响应机制。然而，当电力公司需要削减用电量时，就需要通过作为中间商的需求响应聚合商来呼吁各家庭和企业节电。需求响应聚合商会事先征集一些愿意合作的家庭和企业，在关键时刻对这些合作者发出节电的呼吁，并对配合的家庭和企业提供奖励（现金或积分等）。奖励金本身来自电力公司，需求响应聚合商从中扣除一定的手续费，再根据实际的节电量支付给各个家庭和企业。

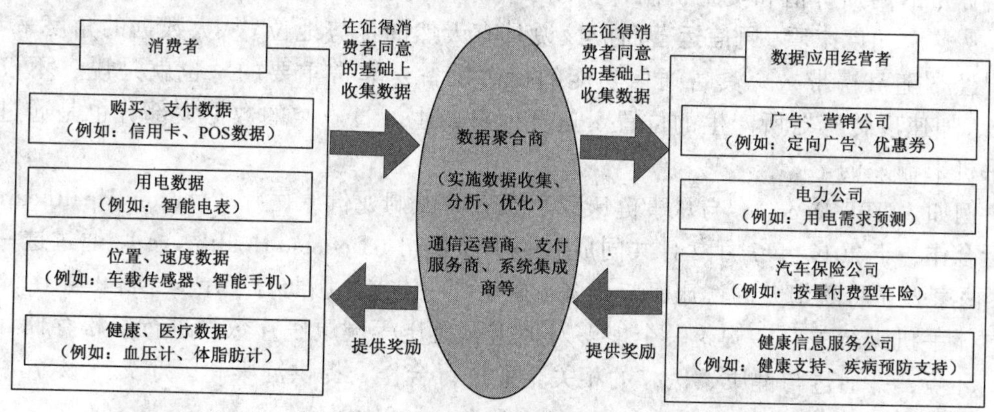

图 11-7 数据聚合商所扮演的角色

例如，根据被保险人驾驶习惯对保费提供相应折扣的 Pay as You Drive 汽车保险。

这种保险计划的关键在于对驾驶习惯这一数据的收集。在越来越多的保险公司开始考虑推出这种保险计划的时候，数据聚合商也已经出现了，美国 Crimson Informatics 公司就是其中的代表。当保险公司准备将 Pay as You Drive 保险作为新服务提供给客户时，数据聚合商就扮演了代替保险公司进行设备发放、数据收集和分析等工作的角色。

在 Web 上，数据的收集相对容易，因此，对于拥有一定技术能力的企业来说，对数据的收集、分析，以及根据分析结果进行优化等工作，大多都能够由自己公司来完成。相对来说，尽管所扮演的角色有一定差异，但在数据收集比较困难的线下业务中，数据聚合商的存在意义就显得更大。尤其是在数据收集的对象是个人，以及不存在一家企业独占大部分数据份额的情况下，就更能体现数据聚合商的意义。

一家数据聚合商的优劣，在于其对所在领域的数据能够深入到何种程度。在同一个领域能够存活的数据聚合商也就是两三家，特别是当从其他行业参与进来的第三方成为数据聚合商的情况下，尽快发现数据的价值，并比对手更早开始收集数据的企业，胜出的可能性更大。

11.6.2 谁能成为数据聚合商

虽然谁都有可能成为数据聚合商，但作为数据入口的数据收集设备开发和运用的企业，则更有可能近水楼台先得月。

有一款软件 Carrier IQ，它能够对智能手机用户的详细操作数据（使用了哪些应用、位置信息、键盘输入信息、照相机和音乐播放器的工作情况等）进行记录，并发送给移动运营商和手机厂商。由于这个软件是在未经用户同意的情况下，由移动运营商预装在智能手机中的，因此在美国引起了轩然大波。

虽然这只是一个极端的例子，但毋庸置疑的是，靠近数据入口位置的经营者在竞争中处于有利的地位。当然，对数据进行收集和运用必须征得数据拥有者的许可。这是一个大前提，且越是对个人敏感的数据以及对企业有价值的数据，就越难以获得。因此，企业是否拥有良好的社会信誉，是否能够提供让数据拥有者感觉“可以把数据交给你”的附加价值和奖励机制，就成了竞争中的重要条件。

从这个角度来看，通信运营商应该说具有天然的优势地位。从大数据的角度来看，用户经常随身携带一个具备通信功能的传感设备是非常重要的。也就是说，不仅是 GPS、加速度传感器所产生的位置、速度信息，生活日志类的数据大部分也是通过智能手机来输入的。

例如，NTT Docomo[①]与从事健康管理服务的欧姆龙健康医疗（Omron Healthcare）进行合作，于 2012 年 7 月 2 日共同成立一个新公司（Docomo Healthcare）。通过这一合作，两家公司将欧姆龙的健康医疗设备（血压计、体重体脂肪计、计步器等）与 Docomo 的智能手机进行关联，构筑一个能够对体重、血压等健康医疗数据进行轻松存储和管理的环境，并通过与健康、医疗的相关企业进行合作，提供健康和医疗支持服务。

---

① NTT Docomo 是日本一家电信公司，也是日本最大的移动通信运营商，成立于 1991 年 8 月 14 日，它在全日本范围内提供移动网络服务，拥有超过 6 千万的签约用户。

NTT Docomo 目前正在运营一个手机健康支持服务 iBodymo。该服务可通过自动记录步数的计步器记录慢跑的距离、时间、步幅等数据。通过与欧姆龙健康医疗的合作，这一服务可以得到扩展，实现包括体重、血压等测量数据的管理和分析，还可以通过与健康医疗管理机构的合作，提供多种多样的健康支持服务和疾病预防支持服务。对于 NTT Docomo 来说，这次合作仅仅是其众多合作业务中的一例。如果将手机看作是数据的入口，那么控制这一入口的通信运营商可以说近乎拥有无限可能性。

11.6.3 将原创数据变为增值数据

无论是与其他公司结成联盟，还是利用数据聚合商，如果自己的公司拥有原创数据，接下来就可以通过与其他公司的数据进行整合，来催生出新的附加价值，从而升华成为增值数据。这样能够产生相乘的放大效果，这也是大数据运用的真正价值之一。

前面讲过的数据聚合商与 COOKPAD 的合作，将实际购买的食材数据和菜谱数据相结合，就是一个很好的例子。

选择什么公司的数据与自己公司的原创数据整合，这需要想象力。在自己公司内部认为已经没什么用的数据，对于其他公司来说，很可能就是求之不得的数据。

例如，耐克提供了一款面向 iPhone 的慢跑应用 Nike + GPS，如图 11-8 所示。它可以通过使用 GPS 在地图上记录跑步的路线，将这些数据匿名化并进行统计，就可以找出跑步者最喜欢的路线。在体育用品店看来，这样的数据在讨论门店选址计划上是非常有效的。此外，在考虑具备淋浴、储物柜功能的收费休息区以及自动售货机的设置地点、售货品种时，这样的数据也是非常有用的。

对于拥有原创数据的企业和数据聚合商来说，不应该将目光局限在自己的行业中，而应该以更加开阔的视野来制定数据运用的战略。

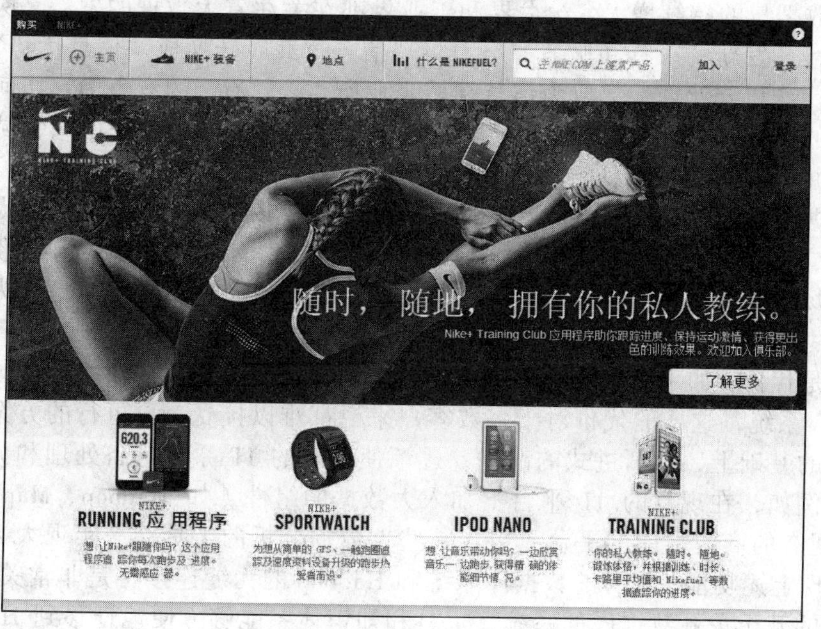

图 11-8 Nike + GPS

11.6.4 传统 IT 系统到大数据系统的过渡

大数据是继云计算、移动互联网之后，信息技术领域的又一大热门话题。根据预测，大数据将继续以每年 40%的速度持续增加，而大数据所带来的市场规模也将以每年翻一番的速度增长。有关大数据的话题也逐渐从讨论大数据相关的概念，转移到研究从业务和应用出发如何让大数据真正实现其所蕴含的价值。大数据无疑给众多的 IT 企业带来了新的成长机会，同时也带来了前所未有的挑战。图 11-9 所示为消费者的八大类数字行为。

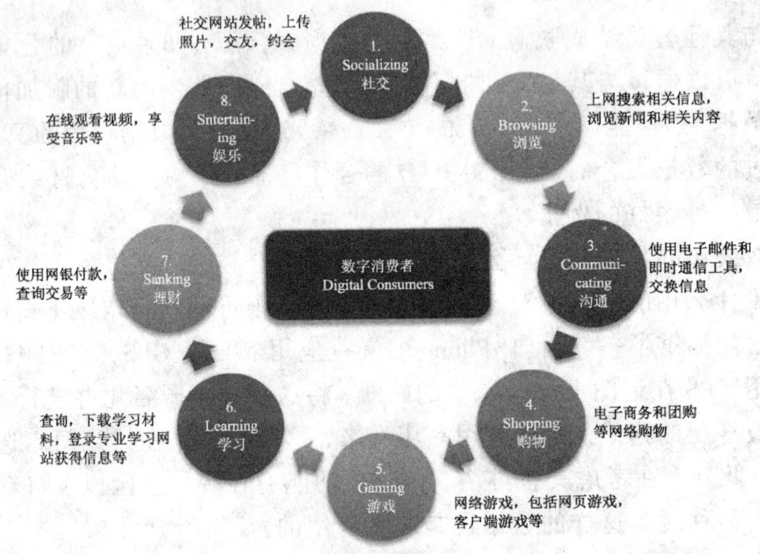

图 11-9 消费者的八大类数字行为

随着数据量的持续增大，学术界和工业界都在关注着大数据的发展，探索新的大数据技术，开发新的工具和服务，努力将“信息过载”转换成“信息优势”。大数据将跟移动计算和云计算一起成为信息领域企业所“必须有”的竞争力。如何应对大数据所带来的挑战，如何抓住机会真正实现大数据的价值，将是未来信息领域持续关注的课题，并同时会带来信息领域里诸多方面的突破性发展。

大数据的有用性毋庸置疑，问题的关键是如何能够开发出经济实用的大数据应用解决方案，使得用户能够利用手中掌握的各种数据，揭示数据中所存在的价值，从而带来在市场上的竞争优势。这里面使用大数据的代价和大数据可用性是尤为关键的两个问题。

首先是代价：如果为了实现大数据的价值，需要用户重新搭建一套从硬件到软件的全新 IT 系统，这样的代价对于多数客户来说都难以接受。更可行的方案是在现有数据平台的基础上，做渐进式的改进，逐渐使现有的 IT 系统具备处理和分析大数据的能力。例如，在现有的 IT 平台上加入大数据的组件（如 Hadoop、MapReduce、R 等），在现有的商业智能的平台上引入一些大数据分析的工具，来实现大数据分析功能。要实现上述功能，现有的数据库系统和 Hadoop 的无缝连接将是非常关键的技术。使得现有的基于关系数据库的系统、工具和知识体系能够方便地迁移到 Hadoop 生态系统中，这就要求关系数据库的查询能够直接在 Hadoop 文件系统上进行而不是通过中间步骤（如外部表的方式）来实现。

其次是可用性：大数据的根本是要为用户带来新的价值，而通常这些用户是各个职能部门的业务人员而非数据科学家或 IT 专家，所以大数据分析的平民化尤为重要。大数据科研人员要和业务人员密切合作，借助可视化技术等，真正使大数据的应用做到直观、易用，为客户带来可操作的洞察和可度量的结果。同时，数据分析将更加趋于网络化。基于云计算的分析即服务，使得大数据分析不再局限于拥有昂贵的数据分析能力的大企业，中小企业甚至个人也可以通过购买数据分析服务的方式来开发大数据分析应用。

【延伸阅读】 云计算带给 SaaS 的新机遇

云计算（Cloud Computing）是基于互联网的商业计算模型，是一种新兴的共享基础架构的方法。通常为一些大型服务器集群，包括计算服务器、存储服务器、宽带资源等。云计算利用高速互联网的传输能力，可以将巨大的系统池连接在一起以提供各种 IT 服务，将数据的处理过程从个人计算机或服务器移到互联网上的服务器集群中。云计算中的服务器由一个大型的数据处理中心管理着，数据中心按客户的需要分配计算资源，达到与超级计算机同样的效果，并由软件实现自动管理，无须人为参与。这使得企业无须为烦琐的细节而烦恼，能够更加专注于自己的业务，有利于创新。

SOA（Service-Oriented Architecture，面向服务架构）是一个面向服务的架构模型，它将应用程序的不同功能单元——服务（Service），通过服务间定义良好的接口和契约联系起来。接口采用中立的方式定义，独立于具体实现服务的硬件平台、操作系统和编程语言，使得构建在这样的系统中的服务可以使用统一和标准的方式进行通信。SOA 与大多数通用的客户端/服务器模型的不同之处，在于它着重强调软件组件的松散耦合，并使用独立的标准接口。

SaaS（Software as a Service，软件即服务）作为应用软件的一种全新的销售方式已经开始蓬勃发展起来，客户按使用时间或使用量付费。这些应用软件通常是在企业管理软件领域，并通过互联网来使用。SaaS 具备这样的特点："软件部署为托管服务，通过因特网存取。"

但是随着 SaaS 软件客户的增长，网络存储和带宽等基础资源就会逐步成为发展的瓶颈，对众多企业来说，自身计算机设备的性能也许永远无法满足需求，一个简单的办法是采购更多、更先进的设备，随之而来就是设备成本急剧增长，利润随之降低，有没有更加经济有效的解决途径呢？"云计算"的出现也许为这个问题的解决推开了大门的一个缝隙。SaaS 出租软件服务，云计算出租网络资源。

云计算的出现，恰好解决了 SaaS 发展过程中面临的一些问题，当 SaaS 提供商的客户快速增加到一定程度，客户所消耗的巨大资源将迫使 SaaS 供应商提供更多的硬件资源，但由于成本的问题，SaaS 又不想花费大量资金购买硬件或带宽资源的时候，云计算无疑是个不错的选择。

根据通常的概念，云计算处于 SaaS 的更底层，而 SaaS 位于云计算和最终客户之间，如果 SaaS 在最初开发的时候是基于云计算架构的，就很容易利用云计算架构来获取海量的资源，并提供给最终用户，一劳永逸地解决了 SaaS 发展瓶颈问题。

SaaS 供应商面临的选择是，在现有的 SOA 架构（Service-Oriented Architecture，面向服务架构）下开发应用并租出给最终客户，还是在 Cloud Computing（云计算）平台进行开发，使用云计算架构并租出给最终用户。

通常情况下，SaaS 供应商更专注于软件的开发，而对网络资源管理能力较弱，往往会浪费大量资金购买服务器和带宽等基础设施，但提供的用户负载依然有限，而云计算提供了一种管理网络资源的简单而高效的机制，如分配计算任务、工作负载重新平衡、动态分配资源等，可以帮助 SaaS 厂商提供不可想象的巨大资源给海量的用户。SaaS 供应商可以不在服务器和带宽等基础设施上浪费自己的资源，而专注于具体的软件开发和应用，从而达到最终用户、SaaS、云计算三方的共赢。

由此可见，云计算在企业软件市场上具有相当大的潜力，对于 SaaS 供应商来说也是一大机遇，他们可以选择云计算平台，使用云计算的基础架构，使用及其低廉的价格为海量的用户群提供更为稳定、快速、安全的应用和服务。

【课程实验总结】

至此，我们顺利完成了本课程的教学任务以及本书有关大数据、技术与应用的全部实验。为巩固通过实验所了解和掌握的相关知识和技术，请就所做的全部实验做一个系统的总结。由于篇幅有限，如果书中预留的空白不够，请另外附纸张粘贴在边上。

1. 实验的基本内容

（1）本学期完成的大数据、技术与应用实验主要有（请根据实际完成的实验情况填写）：

第 1 章：主要内容是____________________

____

____

第 2 章：主要内容是____________________

____

____

第 3 章：主要内容是____________________

____

____

第 4 章：主要内容是____________________

____

____

第 5 章：主要内容是____________________

____

____

第 6 章：主要内容是____________________

____

____

第 7 章：主要内容是____________________

第 8 章：主要内容是____________________

第 9 章：主要内容是____________________

第 10 章：主要内容是____________________

（2）通过实验，你初步了解了哪些有关大数据时代管理信息系统的重要概念（至少 3 项）：

① 名称：____________________
简述：____________________

② 名称：____________________
简述：____________________

③ 名称：____________________
简述：____________________

④ 名称：____________________
简述：____________________

⑤ 名称：____________________
简述：____________________

2．实验的基本评价

（1）在全部实验中，你印象最深，或者相比较而言你认为最有价值的实验是：

①

你的理由是：

②

你的理由是：

（2）在所有实验中，你认为应该得到加强的实验是：

①

你的理由是：

②

你的理由是：

③ 对于本课程和本书的实验内容，你认为应该改进的其他意见和建议是：

3．课程学习能力测评

请根据在本课程中的学习情况，客观地对自己在大数据时代管理信息系统知识方面做一下能力测评。在表 11-1 所示的“测评结果”栏中合适的项下打“✓”。

表 11-1 课程学习能力测评

关键能力	评价指标	测评结果					备注
		很好	较好	一般	勉强	较差	
课程基础	1. 了解本课程的知识体系、理论基础及其发展						
	2. 熟悉什么是大数据						
	3. 熟悉什么是管理信息系统						
	4. 了解信息主管岗位特点						
大数据思维	1. 了解大数据商业规则						
	2. 了解大数据营销						
	3. 熟悉大数据时代思维变革						
技术基础与能力	1. 熟悉波特的五力模型						
	2. 熟悉电子商务与商务智能概念						

续表

关键能力	评价指标	测评结果					备注
		很好	较好	一般	勉强	较差	
技术基础与能力	3. 熟悉信息系统技术基础						
	4. 熟悉数据库与数据存储概念						
	5. 了解数据挖掘与大数据分析						
	6. 了解决策支持与人工智能						
软件开发技术	1. 熟悉信息系统开发技术						
	2. 了解软件测试技术						
安全与发展	1. 熟悉信息系统安全管理						
	2. 了解大数据安全与隐私						
	3. 了解管理信息系统发展与展望						
解决问题与创新	1. 掌握通过网络提高专业能力、丰富专业知识的学习方法						
	2. 能根据现有的知识与技能创新地提出有价值的观点						

说明："很好"5分，"较好"4分，依次类推。全表满分为100分，你的测评总分为：________分。

4. 管理信息系统实验总结

5. 实验总结评价（教师）

参 考 文 献

[1] 周苏．管理信息系统新编[M]．北京：中国铁道出版社，2010.

[2] 斯蒂芬·哈格．信息时代的管理信息系统[M]．6版．严援朝，等．译．北京：机械工业出版社，2007.

[3] 周苏．大数据时代供应链物流管理[M]．北京：中国铁道出版社，2016.

[4] 周苏．IT创新思维与创新方法[M]．北京：中国铁道出版社，2016.

[5] 周苏．大数据技术与应用[M]．北京：机械工业出版社，2016.

[6] 周苏．创新思维与方法[M]．北京：中国铁道出版社，2016.

[7] 周苏．大数据及其可视化[M]．北京：中国铁道出版社，2016.

[8] 周苏．大数据导论[M]．北京：清华大学出版社，2016.

[9] 周苏．大数据可视化[M]．北京：清华大学出版社，2016.

[10] 周苏．大数据可视化技术[M]．北京：机械工业出版社，2016.

[11] 周苏．创新思维与TRIZ创新方法[M]．北京：清华大学出版社，2015.

[12] 周苏．创新思维与科技创新[M]．北京：机械工业出版社，2016.

[13] 周苏．创新：思维与方法[M]．北京：机械工业出版社，2016.

[14] 周苏．现代软件工程[M]．北京：机械工业出版社，2016.